U0896793

重庆市社会科学界联合会专项资助成果

《西南大学学报》建设丛书

明清史研究文集

西南大学期刊社 / 编

主　　编　黄大宏
执行主编　张颖超

西南師範大學出版社
国家一级出版社　全国百佳图书出版单位

图书在版编目(CIP)数据

明清史研究文集 / 西南大学期刊社编. -- 重庆 ：
西南师范大学出版社，2017.12
(《西南大学学报》建设丛书)
ISBN 978-7-5621-9134-6

Ⅰ. ①明… Ⅱ. ①西… Ⅲ. ①中国历史—明清时代—文集 Ⅳ. ①K248.07—53

中国版本图书馆 CIP 数据核字(2017)第 310646 号

明清史研究文集

MINGQINGSHI YANJIU WENJI

重庆市社会科学界联合会专项资助成果

西南大学期刊社　编

主　　编　黄大宏
执行主编　张颖超

责任编辑：赖晓玥
封面设计：王玉菊
出版发行：西南师范大学出版社
地址：重庆市北碚区天生路 1 号
邮编：400715　市场营销部电话：023-68868624
http：//www.xscbs.com
经　　销：新华书店
印　　刷：重庆共创印务有限公司
成品尺寸：165mm×235mm
印　　张：22.5
字　　数：390 千字
版　　次：2018 年 9 月　第 1 版
印　　次：2018 年 9 月　第 1 次印刷
书　　号：ISBN 978-7-5621-9134-6

定　　价：70.00 元

《西南大学学报》建设丛书

社 会 科 学 编 辑 委 员 会

《西南大学学报》建设丛书

自 然 科 学 编 辑 委 员 会

分册主编

《马克思主义与哲学文集》	主　　编	黄大宏
	执行主编	毛兴贵　高阿蕊
《文学与中国侠文化文集》	主　　编	黄大宏
	执行主编	韩云波
《明清史研究文集》	主　　编	黄大宏
	执行主编	张颖超
《教育学研究文集》	主　　编	李远毅
	执行主编	曹　莉
《心理学研究文集》	主　　编	李远毅
	执行主编	曹　莉
《“领跑者5000”论文集》	主　　编	欧　宾

本丛书是《西南大学学报》改版10年来，首次精选所刊发的各学科领域代表性论文编纂而成的系列文集，比较全面地展示了办刊的成绩，并作为创刊60周年的纪念。

《西南大学学报》的前身是创自1957年的《西南师范学院学报》(人文社会科学版)和《西南农学院学报》，两刊都属1949年以来，创办时间最悠久的高校综合性学术期刊之一。1985年以后，随着两校办学的发展，先后分别改为《西南师范大学学报》(人文社会科学版)和《西南农业大学学报》(自然科学版)，至2005年两校合并组建西南大学，各自走过了近半个世纪的发展历程。

2005年，世所熟知的“西师”“西农”两校，皆源出于1906年创建之官立川东师范学堂，在各经百年发展后，又重新融合，合并组建为西南大学。在2016年迎来合并组建10周年暨办学110周年的历史节点。在这12年间，随着西南大学成为国家“211工程”建设高校，并获准为“985工程优势学科创新平台”，原来的两刊也变更为《西南大学学报》社会科学版和自然科学版，秉承“含弘光大　继往开来”的校训，以新的面貌继续发挥着沟通西南大学与学界、业界的纽带与桥梁的作用。

两刊创立伊始，就以繁荣学术、发展科学文化事业、促进社会全面进步为宗旨。几代编辑同仁数十年如一日，在各自的学科领域内，孜孜矻矻，甘作嫁衣，以广交天下英才，提高办刊质量和学术水准，扩大期刊学术影响力，使之成为学界重要成果的主要发表平台为追求。以今视往，《西南大学学报》在政治与学术上的导向作用、优秀学术成果的推广作用、对外交流中的形象作用、对学术人才的扶持作用、反映本校教学科研水平的窗口作用日臻显著，也锻炼了一支业务精湛的学术型编辑队伍，得到学界和业界的高度认可。《西南大学学报》(社会科学版)是CSSCI(中文社会科学引文索引)来源期刊，被重庆市人民政府授予"第一届重庆出版政府奖"，获得"全国高校三十佳社科期刊""全国高校精品社科期刊"称号，作为重庆市社会科学学术期刊界的代表性刊物，在全国同类学术期刊中位居前列。《西南大学学报》(自然科学版)近年来四次荣获"百种中国杰出学术期刊"称号，多次荣获"中国精品科技期刊"及"中国高校百佳科技期刊"称号。两刊多次被重庆市评为一级期刊，2012年以来各年度均获得重庆市重点学术期刊建设工程出版专项资金资助。总结和展示两刊60年来的办刊成绩以及组建后的西南大学办学成就，是我们编集本丛书的源起和初衷。

在2017年6月动议之时，本丛书只是基于《西南大学学报》(社会科学版)多年设立的几个主要栏目，精选历年高转载、高被引论文，分别编集系列专题论文集，即《马克思主义与哲学文集》《文学与中国侠文化文集》《教育学研究文集》《心理学研究文集》和《明清史研究文集》5种，拟入选论文100余篇，暂定名为"《西南大学学报》(社会科学版)建设丛书”,共一百多万字,由西南师范大学出版社出版。

在社科版论文集的编纂过程中,我们一直希望涵容自然科学版刊发的高质量论文,使本丛书真正成为《西南大学学报》创刊60周年暨改版10周年的纪念文集。但因编选体例难于确定,这一想法一直悬而未决。10月底,国家科技部中国科学技术信息研究所发布“2017年中国科技论文统计结果”,知自然科学版第3次入选“中国精品科技期刊”,即“中国精品科技期刊顶尖学术论文(F5000)”项目来源期刊,又新入选3篇“‘领跑者5000’(F5000)中国精品科技期刊顶尖学术论文”(即各学科年度所发表论文中的前1%高被引论文)。至此,共有30多篇论文入选“领跑者5000”项目,既体现了自然科学版的学术影响力,也落实了文集编选体例,使《“领跑者5000”论文集》与前5种社科文集一起,共同构成《〈西南大学学报〉建设丛书》的完整面貌。

本丛书的编纂,固然是基于本刊同仁数十年来励志耕耘的心血,也有赖于西南大学领导、各院系及党政部门的大力支持,学界大批专家学者的信任,以及业界先进的指引,我们对此深怀感激。这次旧文新刊,就是一次总结性的汇报。“嘤其鸣矣,求其友声”!我们希望得到来自各方面的批评和指导,使我们能不忘初心,继续前进。

西南大学期刊社

2017年12月

目录

MULU

上编

明清政治研究

明代的密疏：下情上达的一种特殊方式

——以题本、奏本为参照

王 剑

（吉林大学 文学院，吉林 长春 130012）

摘　要：在明代，下情上达的正常渠道主要有十种，即题、奏启、表笺、讲章、书状、文册、揭帖、会议、露布、译等。而密疏与正常的题奏本相比，密疏有着奏报时效性强、奏报内容相对真实、皇帝更加重视并能及时批答等特点，就其本质来说，它仍然是一种特殊的下情上达的官文书。

在明代，下情上达的正常渠道主要有十种，即题、奏启、表笺、讲章、书状、文册、揭帖、会议、露布、译等[1]卷4,《三百四十三》。这十种文体都各有独特之处，既有固定的文档格式和内容范围，又有相应的上呈渠道和处理程式。而密疏作为一种特殊的上行官文书，在内容上，它可以是包括题、奏启、表笺等任何形式的上行官文书的内容；在文档格式上，它不像其他上行官文书严格受文档格式的限制；在密疏的上呈上，它是直达御前开拆；从内容的保密性上说，密疏也比其他上行官文书的保密性要强得多。与正常的题奏本相比，除以上差异外，密疏还有正常题奏本所没有的长处。

一、密疏奏报的时效性

正常题奏本的书写，要严格遵循格式，在转呈时也会因经手部门较多，且受到各衙门正常作息时间的限制，往往会造成政情奏报的不及时或延误。而密疏则不同，对于紧急事件的奏报，密疏奏报的时效性比正常题奏本要及时得多。密疏的奏报，明初时曾规定要“不限旦晚”或“不时以闻”。即便是密疏按正常方式奏至通政司，通政司当值人员亦可持书有“奏事使”三字的红牌，直入内府奏报，“各门守卫等官不敢阻挡”，从而保证密疏奏报的及时性。而自会极门转呈者更是如此，会极门内的当值内使遇密疏奏报，更须即刻呈入。至于从宫门递入内廷的密疏，宣德年间，宣宗听说府军后卫有题进本夜递至北中门，守卫不肯转达，即刻下诏锦衣卫官：“祖宗成法，朝罢外廷有事急奏者，不问晨夜，即具本进，守门者即为上达，所以通警急，绝壅蔽。今敢若此，不可宽贷，其执付法司罪之。”[2]卷9 自此，从宫门递入内廷的密疏的时效性也得到了根本的保障。

在明代，用密疏及时奏报重大突发事件的记载是很多的。如英宗天顺初年，曹吉祥、曹钦在北京策谋反叛，其部下都指挥马亮告变于恭顺侯吴瑾，吴瑾再告怀宁侯孙镗，吴瑾、孙镗等遂草拟密疏从长安右门门隙将密疏递入内廷示警，致使英宗“急絷(曹)吉祥于内，而敕皇城及京城九门闭弗启”，从而为及时粉碎叛乱做好准备。[3]卷304,《曹吉祥传》同样在曹吉祥之乱时，内阁大学士李贤亦在紧急关头上密疏奏请擒贼[3]卷167,《李贤传》。如果没有孙镗、李贤等人及时密疏奏报，曹吉祥之乱可能产生的影响亦未可知，很显然，此时密疏奏报的时效性是正常的题奏本不能比拟的。

再如，万历四十一年九月，当时有武弁王曰乾向神宗奏报：“有女人大姐嫁与皇贵妃宫中内相姜丽山(《明史》作严山)，时在阜城门外庄上歃血为盟，必报郑贵妃厚恩，要结心腹好汉，共图大事，将皇上并皇太子弑毒，得立福王，必大升赏，富贵非小；立有妖书一册，会填姓名，令宗舜男、赵思圣(《明史》及《明史纪事本末》作赵圣)收掌。二月初，宗舜、孔学等设席请妖人王三诏等至家，书写圣母同皇上圣号、皇太子生辰，在学后花园内摆设香纸数分，又用黑瓷射魂瓶一个，披发仗剑，念咒烧符，又剪纸人三个，将新铁针四十九只钉在纸人目上，七日方焚化，收坛，相聚约定，只在圣节前后下手等云。”此事非同寻常，事由很像早年的妖书案和续妖书案，且此次妖事活动不仅仅指向皇太子，而且事涉圣母李太后和神宗自己，最严重的是要将神宗一并弑毒，所以“疏进，神庙愤怒不堪，绕案而行者半日，左右俱辟易，莫敢近”。一场重大的政治事件即将开始，可能要有很多人受到牵连。此时首辅叶向高立即给神宗进密疏，提出自己对处理此事的建议:“往年妖书出于匿名,无可究治,故难于处置,今告者与被告者人皆现在,一下法司鞫审,其情立见,皇上但静以处之,不必张惶,一或张惶,则中外纷扰,其祸有不可言者矣。”但叶向高在此通密疏呈入以后仍觉得事关重大,因而又密疏奏请:“不如姑且留中,勿行宣布,所有奸徒当于别疏批出,或另传圣谕,中有干碍事情,不必尽露,要以正国法,尊国体,两尽而无伤,且速定福王明春之国吉期,以息群喙,则天下恬然无事矣。”叶向高的密疏再次呈入,“漏已下四鼓,神庙尚未就寝”,神宗看了叶向高的密疏后“怒始霁,既而怡然曰:‘我父子兄弟得安矣。’”第二天神宗按叶向高密疏的奏请,将王曰乾置于法司并毙之于狱,并谕礼部,择福王之国吉期以闻[4]卷上。从而解决了这场政治危机。应该说,叶向高的密疏奏闻十分及时,否则盛怒的神宗很可能将事态迅速扩大,而将遭到危害的也必将是郑贵妃一党,这是神宗皇帝和叶向高都不愿意看到的。这种时效性,恐怕是正常的章奏所达不到的。

二、密疏奏报内容的真实性

强调密疏奏报内容的真实性,并不是说朝臣用正常的题奏本向皇帝奏报事务就不真实可靠,也不等于说密疏奏报的内容就绝对都真实,这里所说的真实性,只是相对而言。

奏报者有时为了某种利益故意向皇帝隐瞒事实真相,而此时密疏的奏报才把事情的真相揭示出来。如,嘉靖六年六月,霍韬、桂萼两人极力举荐王琼事。王琼,成化二十年进士,以敏练著称,历户部郎中、河南右布政使,正德十年改兵部尚书。正德间,“厚事钱宁、江彬等”,因所行之事“多取中旨,不关内阁”,与内阁首辅杨廷和有隙。嘉靖初年,“言官交劾琼,系都察院狱。琼力讦廷和,帝愈不直琼,下廷臣杂议。坐交结近侍律论死,命戍庄浪。琼复诉年老,改戍绥德”[3]卷198,《王琼传》。霍、桂二人举荐王琼最早于嘉靖元年,当时张璁、霍韬、桂萼等用事,因王琼与杨廷和有仇,欲通过力荐王琼来和杨廷和抗衡,结果没有成功。六年三月,边地有警,宣府失事,桂萼因受王琼巨贿又极力举荐王琼,而给事中郑自璧“率同官与御史谭缵等言琼罪宜追治,萼引奸邪,请并论”[3]卷208,《郑自璧传》。可见桂萼、霍韬等举荐王琼大有隐情。而杨一清洞察其奸,上密疏说明事情真相:

> 臣与王琼素相知厚。臣在吏部,琼在户部尚书,交处数年。其才识之优,识见之敏,人多不及。但心险难测,姓(性)贪有疾,始则厚结钱宁倚为心腹贿赂交通,三边将帅,尽出二门。后又交结江彬,宁败而无祸者,江彬为之援也。皇上嗣位之初,科、道交章效(劾)其罪恶,奉旨拿问。法司议拟,比依交结朋党,紊乱朝政律处斩。节该奉钦依:"饶死,发边远充军。"数年以来,无人敢议其可起用者,至今年六月间,桂萼始荐之。……今因萼、韬论荐,拟复尚书致仕,以俟圣明裁择。臣等于此,大有不得已者,而一寸之忠,终不能自白于君父之前,其罪大矣。……若违众论之同情,拂天下之公议,而徒徇乎一二人所见之偏,万一得志柄用,恣其机巧,以坏天下之事,彼固不足惜,而荐之者亦岂能逃乎其责哉?[5]卷5政谕上,《论王琼可用否奏对》

当时杨一清与桂萼、霍韬已产生了矛盾,其中不排除杨一清借机参劾桂、霍二人的可能,但杨一清的密疏所反映的桂萼私昵王琼,以及王琼在正德年间的种种不法也确是事实。

再如,嘉靖三十六年夏,辽东地区遭遇百年不遇的大水,死伤军民无算,下半年水退后又遭大旱,三十七年再遭大水,整个辽东陷入了绝境。当时辽东地方上下请援,但此时朝中正值严嵩当权,对辽东地面救助不力,致使辽东全面处于饥馑之中。直到四十一年四月,世宗皇帝方初略得知辽东危困,但仍不知是何原因导致辽东疲困,因而密谕垂问徐阶:"辽东久不受困,近何疲乏之?"辽东大水已过五年,形成大饥荒已有四年,世宗竟然不知。世宗长期在西苑修道斋醮,除了朝臣的题本奏报外,几乎没有什么其他正常途径可以了解下情,若朝臣所奏内容不实,世宗自然很难得知事情的原委与实际情况。此时徐阶的密疏上奏,为世宗解开了辽东受困的疑惑:"辽东旧称强镇,自三十七年大水之后,边墙倒塌,军民损伤过半,其时赖有总兵杨照,谋勇廉洁,人甚戴之,虏亦畏之,稍能支撑一二。后因照与管粮郎中等官节次讦奏革任。不惟朝廷不得照之用,而继照者,以照为戒,惟务苟全,遂致边务日费日坏,今事势危迫,有不但如吉澄疏中所云者,此须乞皇上独断。"[6]卷2,《答辽东宣大边事谕》假如没有徐阶的密疏奏闻,可能世宗永远不会知道辽东地面的军民百姓是如何的艰苦,也就不会有后来对辽东的进一步救助。

三、皇帝对密疏更加重视

密疏上呈的及时性、奏报内容的真实性,以及密疏的保密性等特征,使得密疏成为深居内廷的君王了解下情的重要渠道,自然其重要性会得到皇帝的重视。因而皇帝对密疏的高度重视,是其他正常题奏本所不能比拟的。

从明初朱元璋时代起,明代的每一位皇帝都十分重视密疏的作用。应该说,在明英宗正统以前,皇帝的勤政、君臣间议政方式的多样性,使得下情上达基本上还是畅通的,即便如此,明前期诸帝,或是制定相关规定保证密疏能顺利直达御前,或是用不同方式鼓励朝臣密疏言事,或是给朝臣赐印允密疏言事,特别是明代中前期,历朝对密疏言事制度化的初步建设,使得密疏言事基本上做到了有章可循。自英宗正统以后,在日常政治生活中,密疏的地位更加重要,其作用也更加引起诸皇帝的重视。

究其原因,主要是因为自正统以后,明代前期的各种良好的议政传统,如"君臣同游""赐宴""留宿""入直奏对"等,大多没有得到很好的遵守,皇帝普遍地厌政、怠政,甚至是荒政,内阁政治的发展,内阁与司礼监的紧密合作,使得明代的政治在没有皇帝严密控制的情况下,照常运行。因而,明人言"至我宪庙以来,召对延访之典缺焉,而政事大权俱归于左右。夫在帝左右者,纵皆谨厚之人,而身在大内,天下之事安得尽知,蒙蔽之患由之以兴,而威福不能不下移矣"[5]卷6政谕中,《论进广圣德以弭天变本奏对》。按此说法,蒙蔽之患与威福下移,皆源于皇帝不能及时了解下情,但事实上从宪宗以后,在明代除极个别时期,并没有出现"蒙蔽之患"与"威福下移"的局面。个中缘由,恐怕与皇帝可以通过朝臣的密疏来增加外来信息分不开。

孝宗朝最称宫府一体,且孝宗视朝之勤及对朝臣章奏的及时批答,是明代中期最为突出的,即便如此,孝宗还是希望刘大夏能给他进密疏。在日常的政治生活中,也是"阁臣密奏,与主上密谕,上下传达"[7]补遗卷2,《内阁密封之体》,可见,孝宗对密疏的使用是十分重视的。至于世宗和神宗就更突出了,沈德符称这个时期的密疏的作用为:"不知转移圣意,全恃此一线,外廷千言,不如禁密片语"。[7]卷7,《内阁密揭》沈德符所说的转移圣意全恃密疏,"外廷千言,不如禁密片语"的说法,可能有些夸大,但世宗和神宗都是二十几年不上朝,特别是神宗对朝臣正常章奏的批答,动辄留中。应该说,下情上达的正常渠道并不是十分畅通,而世宗和神宗，甚至也包括明代其他怠政的皇帝，对朝政并没有失控，主要是密疏弥补了正常章奏在下情上达方面的不足。这是明代中后期密疏言事十分广泛的重要原因之一。

当然在明代也有反对使用密疏的言论，如孝宗时的刘大夏，神宗时的段然、钱一本等，但他们反对的声音太微弱了，根本起不到任何作用，皇帝对朝臣密疏言事还是支持的。与这几位大臣的反对相对立的是，许多大臣对密疏言事乐此不疲。而主张可以密疏言事的人的理由似乎更加充分，如嘉靖初年，内阁学士张璁与首辅杨一清的矛盾激化以后，张璁曾上疏指责杨一清密疏建言，而杨一清反驳说，“去年，钦蒙赐给图书。先朝故事，凡朝政民隐及事有缺失，许其密疏上闻，不拘朝暮，直达御前，近侍之臣茫不与闻。密札下颁，惟本官自知之。君臣相与之密，无以过此。……且所谓密疏，正古人‘嘉谋嘉猷，入告尔后于内’之意，且防几事之泄，欲使恩威俱自上出耳！至于论列天下之事，自当开具明本，亦未尝相妨也”[5]卷6政谕中,《论进广圣德以弭天变本奏对》。杨一清的反驳基本上是立足于密疏的特点，如密疏的“不拘朝暮，直达御前”“防几事之泄”以及“恩威上出”等，特别是强调密疏在联系君臣方面的突出作用，即“君臣相与之密，无以过此”，而这些都是一般的章奏所没有的。

四、皇帝对密疏处理的及时性

明代皇帝对朝臣正常章奏的处理，是皇帝理政最重要的内容。相对来说，明初诸帝处理朝政的热情还是比较高的，对章奏处理也是及时的，所以明人王琦说“自太祖、太宗列圣临朝，每至日鼎食不遑暇，惟欲达四聪，以来天下之言”。但是，从正统初年以后，皇帝对章奏的处理就出现了问题，个中缘由带有很大的偶然性。英宗年幼即位不能亲政，三杨等考虑皇帝“圣体易倦”，于是便“因创权制：每一早朝，止许言事八件，前一日先以副封诣阁下，预以各事处分陈上。遇奏，止依所陈传旨而已”。三杨所创之制“每一早朝，止许言事八件”，只是权宜之制，目的是为了体现皇上的“朝纲乾断”，而不是政出三杨，应当在英宗既壮之后恢复原制，仍由皇帝亲批章奏。但不想“英宗既壮，三臣继卒，无人敢言复祖宗之旧者，迄今遂为定制”。偶然性的权宜之制却变成了历朝都遵循的"故事"。可见,明代皇帝,除极个别的或在极个别的时期对正常章奏的批答还能照常进行外,大多数的皇帝对正常章奏的批答是很懒散而不及时的。

从体制上说,内阁政治自英宗正统以后,皇权、内阁及司礼监之间在处理朝臣章奏的程序上,已经形成了固定的运作程序,即章奏经通政司转至内廷以后,交文书房内臣备案,备案后送内阁票拟,票拟后奏请皇帝定夺,皇帝批红后经司礼监转至六科发抄。在这个过程中,由于皇帝怠政,皇帝的批红权往往由司礼监太监代行,因而,这个过程中最实质、最核心的步骤是阁臣的票拟与司礼监代为批红。也正是阁臣与司礼监结合,在一般程式上为皇帝不积极处理章奏提供了制度上的依赖。因此,在明代中后期,皇帝对正常题奏本的批答在很多时候是十分懈怠的,甚至武宗、世宗、神宗和熹宗等对正常章奏都很少批答,更多是假于内阁与司礼监之手。因此,在万历十八年十二月,对神宗怠政极度无奈的雒于仁,上《酒色财气四箴》,对神宗不批答章奏的行为痛加批评。被戳到痛处的神宗欲严惩雒于仁,而首辅申时行给神宗的建议是"请毋下其章,而讽于仁自引去"[3]卷218,《申时行传》。本来申时行是为了保护雒于仁免遭神宗的严惩,"请毋下其章"只是免于将事态进一步扩大,不想神宗此后却将其他的题奏本一并留中[7]卷2,《章奏留中》。

与皇帝对正常章奏批答的态度相比,明代皇帝对密疏的批答要更及时、更重视。朱元璋要求上密疏者"不时以闻",这个要求实际上意味着皇帝对朝臣密疏的处理也应是及时的,否则要求大臣对密疏"不时以闻",也就不可理解了。就朱元璋对密疏处理的实践来说也确实如此。如吴王元年,叶琛被朱元璋指为洪都府知府,不久陈友谅入侵,叶琛部将祝宗、康泰反叛,叶琛被杀,恰当时又有"荧惑守心",因而群臣震惧。刘基为太史令,遂上密奏,请朱元璋"宜罪己以回天意"。"次日上临朝,即基语谕群臣,众心始安"[8]卷4,《献替》。叶琛当时是和刘基、宋濂影响相当的人物,叶琛之死的影响是很大的,而叶琛死时又值"荧惑守心"这个异常的天象,故而群臣震惧。刘基的密疏上呈后,朱元璋当即处理,并于次日以基语谕群臣,从而缓解了群臣的恐惧。

明成祖对密疏及时处理的急切,可以从他对胡濙密奏的要求上得到反映。永乐十六年六月,成祖遣礼部侍郎胡濙巡江浙,临行前,成祖谕胡濙说:"人言东宫多失德,汝至京师,可多留数日,试观何如,密奏来,奏字须大,晚至即欲观也。"[9]卷17,《纪十七》"奏字须大,晚至即欲观也",反映了成祖对密疏及时批阅处理的事实。当然,成祖对胡濙的要求,也可理解为成祖在汉王朱高煦的挑拨下,太关心东宫是否失德,因而才会有如此急切的心情。但密疏作为一种载体,它所奏报的内容是十分广泛的,奏报东宫是否失德固然是成祖关心的重要事情,但对于密疏奏报的其他重要内容,可以想见,皇帝也会及时处理,绝不会像对待一般章奏那样,可能迁延时日。

由于可见的附有皇帝御批的密疏原文有限,我们还难以对明代其他皇帝处理密疏的及时性问题进行准确的研究,但明世宗对朝臣密疏批答的及时性是有据可查的。世宗对朝臣正常章奏的处理并不是最勤快的,但也不是最懒散的,他对密疏的及时处理,多少可以反映出其他皇帝对密疏处理的急切与重视。

世宗朝是朝臣使用密疏非常频繁的时期。在杨一清和徐阶的文集里保留了大量密疏及世宗的批答。杨一清所上的密疏主要集中在嘉靖六年九月至九年九月间,徐阶文集中收录的密疏最早是嘉靖二十九年八月十七日的《请还大内并召见大臣计议边事》,最后一通则是四十五年十月三十日的《论将军缙贵请继》,而此后世宗一直处于病危状态,无法再批答密疏,直至十二月十四日驾崩。因此,世宗对嘉靖初年的杨一清和中后期的徐阶二人密疏的批答是最能反映问题的。

嘉靖初年,世宗皇帝精力旺盛,既要与臣下论学,又要继续他的议礼活动,日常还有许多繁杂的政务要处理,此间对杨一清所上密疏的批答都是十分及时的,有当日批答者,更多的是第二天批出者,但很少有第三天或更长时间批答的。当日批答者,如嘉靖六年,世宗因礼部尚书桂萼请禁约尼僧,毁其寺院,欲禁毁京师皇姑寺,但杨一清考虑到孝宗皇后张氏及世宗母后不毁皇姑寺的建议,上密疏《论存留皇姑寺奏对》,提醒世宗要"曲体两宫之意",并建议世宗将皇姑寺存留。世宗接到杨一清的密疏后,即刻批答,"今早得卿密疏告朕,切见爱朕至意……""今早得卿密疏",说明了世宗对密疏批答是十分及时的,至迟不会晚于当晚。再如,嘉靖七年初,杨一清见兵部尚书兼都察院左都御史李承勋的朝班位次在阁臣张璁、桂萼之前,遂上密疏《论崇礼大臣本》,建议世宗将张璁、桂萼二臣"量加散官职衔,使与李承勋相等"。世宗当即批答,"只才午间得卿一疏,足见辅导至切。……"[5]卷5政谕上,《论崇礼大臣本》杨一清的密疏是午间送至御前的,下午皇帝就作了批答。在世宗对密疏的批答中,第二天批出的占绝大多数。第二天即对密疏作出批答,应该说是十分及时的,体现了皇帝对密疏要比对正常章奏重视得多。当然,如果考虑密疏的转呈时间、世宗的健康因素以及皇帝除日常起居外还有其他事宜需要处理等因素,恐怕这种批答速度,是一般章奏不能企及的。

神宗皇帝对密疏的批答更能说明问题。神宗自万历十二年以后,对朝臣章奏的批答极为懈怠,动辄留中,有时对日常章奏的批答已至厌倦。时人于慎行对此做了极好的描述。

今上在御日久,习知人情,每见台谏条陈,即曰:“此套子也。”即有直言激切,指斥乘舆,有时全不动怒,曰:“此不过欲沽名尔,若重处之,适以成其名。”卷而封之。予尝称圣明宽度,具知情状,有当事大臣所不及者,而太宰宋公独愀然曰:“此反不是。时事得失,言官须极论,正要主上动心,宁可怒及言官,毕竟还有惊省,今若一概不理,就如痿痹之疾,全无痛痒,无药可医矣。”同列皆服其言。此后数年,百凡奏请,一切留中,即内阁密揭,亦不报闻,而上下之交日隔矣。[10]卷5,《臣品》

神宗对朝臣日常章奏批答懈怠的态度,对许多正直的朝臣来说都是无奈的,而有的“奸邪之徒”甚至借神宗批答章奏懈怠之机,邀截章奏,却扬言“留中矣”,因而,有的大臣只好奏请神宗“自今章疏未及批答者,日于御前发一纸,下会极门,转付诸司照察,庶君臣虽不面谈,而上下犹无欺蔽”[3]卷226,《吕坤传》。所谓“章疏未及批答者”只是一种较为委婉的说法,而“日于御前发一纸,下会极门,转付诸司照察”的请求,实在是对神宗日甚一日的留中之弊无奈的退而求其次的要求。但即便如此,神宗仍是我行我素,对朝臣的奏请,或虚作褒扬、敷衍了事,或干脆亦作留中处置,让类似的奏请如入海泥牛。

神宗对朝臣章奏采取留中之弊,大概始于万历十三年以后,至万历十八年正月,申时行仰承风旨以助成留中之势,此后直至万历末年,日积月累,“留中者遂难指屈”。天启二年,太常寺卿董其昌鉴于“警朝廷壅蔽聋聩之风”的需要,将神宗万历十二年以后的留中奏疏汇编成《神庙留中奏疏汇要》上呈熹宗。董氏所辑的神宗留中奏疏始于万历十三年三月初六日,止于四十八年九月二十一日,共40卷300篇。但这300篇并不是神宗留中奏疏的全部,董其昌辑书的原则是,“凡关于国本、藩封、人才、风俗、河渠、食货、吏治、边防者”,且董氏说，“所选皆议论精凿可为后事师而又本亲及见闻加以笔断”。可见，凡不在“国本、藩封、人才、风俗、河渠、食货、吏治、边防者”之类的留中奏疏，以及那些议论不精凿者、不能为后事师者、不是董氏亲见闻者，都没收录其中。如被神宗留中的雒于仁的《酒色财气四箴》，董氏就没有收录，所以“神宗一代之奏疏留中者，实已选不胜选”。这足以说明神宗对朝臣章奏的批答是极为懈怠的。

但神宗对密疏的处理却表现出异乎寻常的热情。比如，在整个“争国本”过程中，神宗对朝臣建议立皇长子朱常洛的章奏可谓厌恶至极，大都作留中处理，但对申时行密疏辩解之事却当即批复；对王锡爵密疏奏请“三王并封”也当即认可[7]卷4,《三王并封》。甚至在自己十分疲惫的情况下，神宗也会对朝臣的密疏及时批答，如万历二十一年正月二十二日，王锡爵上密疏《密请建储疏》，奏请神宗建储立嗣，二十四日神宗作出批复，并道出自己是在十分疲惫的情况下批答的：“昨日连日侍奉圣母，稍觉劳倦，今早览卿密奏揭帖，悉见卿忠君为国之诚。……”[11]卷9,《密请建储疏》万历中缺官不补是万历朝朝政的一大特点。大臣们对皇帝缺官不补的批评以及补官的奏请大多被神宗留中，而申时行密疏荐举赵志皋、张位，神宗却立即中旨升赵志皋为礼部尚书，张位为吏部侍郎[12]卷23,《内阁》。设矿监税使是万历年间一大弊政，朝野上下反对矿监税使要求停止矿税之害的呼声此起彼伏，但神宗大多是置若罔闻，有时只有用密疏奏闻方能引起神宗的关注。如万历三十一年，辽东的税使高淮假进贡之名，“率家丁三百余，张飞虎帜，金鼓震天，声言欲入大内谒帝，潜住广渠门外”，朝中许多大臣担心高淮武装入京乱政，因此，给事中田大益、孙善继、姚文蔚、吏部尚书李戴、刑部尚书萧大亨，“皆劾淮擅离信地，挟兵潜住京师”。御史袁九皋、刘四科、孔贞一，给事中梁有年等亦纷纷上章奏劾，神宗均不报，留中[3]卷305,《高淮》。而此时阁臣沈鲤“中夜密奏其不可”，神宗在接到沈鲤的密疏后，“诏责淮而止”[3]卷217,《沈鲤》。沈鲤的密疏起到了其他众臣的题本没有起到的作用。无独有偶，万历三十四年二月，云南民变，戕杀内官杨荣，神宗震怒不已，“欲详核激变状，逮处地方官”，当时朝中反对者不绝，但神宗不为所动，坚持要严惩所谓乱民。此时司礼太监陈矩在大学士沈鲤的劝说下，给神宗上密疏说明原委：“奉使内臣，固仰遵万岁爷法度，不敢妄肆，或跟随下人有不晓事而玩法者，若但归罪有司，缇骑逮问，诚恐往返路远，耳目惊慌，传闻不便，宜从宽行勘结局，遐荒幸甚。”结果神宗采纳了陈矩的建议，放弃了惩治地方官的决定。[13]卷7,《先监遗事纪略》对密疏的态度，熹宗皇帝也与神宗类似。

因此，从内容的保密性、真实性、上呈渠道和处理程式之便捷、向皇帝反映问题的及时性、皇帝的重视程度等方面，与题奏本相比，密疏都更加突出。而密疏的本质，与普通的题奏本一样，又都是朝臣下情上达的一种方式，从这个意义上说，密疏是一种特殊的下情上达方式。

参考文献：

[1]郑晓．今言[M]．北京：中华书局，1997.

[2]余继登．典故纪闻[M]．北京：中华书局，1997.

[3]张廷玉．明史[M]．北京：中华书局，1974.

[4]文秉．先拨志始[M]．上海：上海书局，1982.

[5]杨一清．杨一清集[M]．北京：中华书局，2001.

[6]徐阶．世经堂集[M]．四库全书存目丛书本.

[7]沈德符．万历野获编[M]．北京：中华书局，1997.

[8]焦竑．玉堂丛语[M]．北京：中华书局，1997.

[9]夏燮．明通鉴[M]．北京：中华书局，1980.

[10]于慎行．谷山笔尘[M]．北京：中华书局，1997.

[11]王锡爵．文肃王公奏草[M]．天启二年刻本.

[12]孙承泽．春明梦余录[M]．上海：上海古籍出版社，1993.

[13]刘若愚．酌中志[M]．丛书集成初编本.

作者简介：王剑（1967—），男，江苏泗阳人，历史学博士，吉林大学文学院副教授，主要研究明清史。

原文出处：《西南师范大学学报》（人文社会科学版）2005年第2期。

转载：《中国社会科学文摘》2005年第4期全文转载。

明遗民的“后王”理想及其恢复期待

孔定芳

（新加坡国立大学中文系）

摘　要：在经历了“天崩地解”的明清易代的清初，深刻影响和制约当时社会秩序重建的一个重要因素，就是作为孤臣孽子的明遗民。行为上，他们初则进行武装抗争以保“治统”，继而进行文化抗争以保“道统”；态度上，他们初则悲愤激切，继而徘徊、分化，终而妥协蜕变。但是，就整体而言，明遗民大多心怀“后王”理想和恢复期待，至死不渝。武装抗清失败后，他们或者以“后王”为期待，潜心于著述；或者深信“中华无不复之日”，蓄养以待。

1644年，岁在甲申，明清易代，满洲贵族入主中原，中国古代社会又一次发生朝代兴替。然而，明亡清兴，并非寻常意义的王朝鼎革：政治上，入主中原的是“非我族类”的满洲贵族；文化上，异质的满洲文化直入中原汉文化区，华夏文明与传统面临严峻挑战，甚至有中断之虞。历史上的每一次王朝移易，都伴随着众多故国遗民的衍生，明清易代之际也自不例外。但明清易代的特殊背景，使得明遗民的生存境遇有别于历史上任何朝代的遗民，明遗民的精神品格也迥异于历代遗民。不去解读明遗民的“后王”理想及其恢复期待，就不能真正读懂明遗民，更不能领悟明遗民的精神特质。

一、“著述关怀”的“后王”指向

“后王”观念，是中国文化的一种重要理念。历史上，每当儒家学说与理想不能畅行于世之时，深怀儒学信念的士大夫就会将儒学复兴的希望寄托于“后王”。孟子言守先待后，五百年必有王者兴；公羊家云孔子作《春秋》待后王取法；荀子主张法后王；等等。在这里，“后王”的语意相当于“后世之王”。

在明清易代的独特背景下，“后王”想象更成为明遗民一种相当鲜明的致思趋向，不过，明遗民心目中的后王已非一般意义上的“后世之王”，而是代清而兴的汉族君主，因此，其所谓的后王是与遗民们的恢复期望联系在一起的。清初，经历顺治时期十八年民族征服与国家统一的干戈扰攘，及至康熙初叶，一方面在政治、军事上，随着南明永历政权的覆灭和全国性抗清斗争的沉寂，清廷基本实现对全国的政治统治；另一方面在文化上，清圣祖亲政以后实行崇儒重道的基本国策，将传统儒家理学确立为统治思想，异质的满汉文化开始实现初步调融。在这种历史背景下，明遗民对待清廷的态度亦相应发生历史性的变迁：由易代之初的反抗和不合作而渐趋徘徊、分化；明遗民的斗争方式亦由武装抗清转为文化抗争，斗争地点由反清复明的战场转为著述经世的书斋。然而，这一切并不意味着明遗民在整体上认同了清政权，也并不意味着他们彻底放弃了反清复明的立场和期许。武装抗清失败后，明遗民虽然感受到了复明希望的渺茫，但是他们失望而不绝望，而是改变斗争策略：由武装抗争转为文化抗争，以笔作枪，在文化上探索和开创中华民族的新运。从这种意义上看，明遗民的著述行为未尝不是一种“期待姿态”。事实上，正因为“期待”成为明遗民的“著述关怀”，所以遗民学者赋诗为文之著述行为总是以“后王”为心理指向。在遗民大儒顾炎武那里，“后王”理想常常表述为“有王者起”“有圣人复起”“来学”“来者”“将来”等语汇和句式。如炎武曾自言其平生最重要的两部著作《音学五书》与《日知录》的撰述旨趣：“有王者起，将以见诸行事，以跻斯世于治古之隆，而未敢为今人道也。”[1]卷四，与人书二十五《日知录》卷一三“奴仆”条之论奴仆，亦云：“有王者起，当悉免为良而徙之，以实远方空虚之地。”在炎武著作里，“有王者起”这一语式不仅有高频率的呈显，而且俨然成为炎武式立论的习惯性理论假设与前提。炎武更每每直言其著述关怀的后王指向，曾与友人谈及其《日知录》之作的目的乃“意在拨乱涤污，法古用夏，启多闻于来学，待一治于后王”，因“而未敢以示人也”[1]卷六，与杨雪臣。作为学者，明遗民却并非纯粹为学问而学问，渗透于学术中的是鲜明的政治意向。顾炎武在初刻《日知录》所撰序里就曾云：“明学术，正人心，拨乱世以兴太平之事。”[1]卷二，初刻日知录自序可见学术在炎武那里被赋予了何等厚重的政治意味!炎武力倡"以经学济理学之穷",即别有学术之外的寄寓,故一生以"穷经待后王,到死终黾勉"[2]卷五,春雨。卢兴基先生在《顾炎武诗译释》中释此诗曰:"他皓首穷经,为的是山河重光,汉族的天下重新有新的君主出来继承大统。"[3]这样的释读是切中肯綮的。即或研治看似纯学问的音韵学,也希冀:"天之未丧斯文,必有圣人复起,举今日之音而还之淳古者。"[1]卷二,音学五书序尽管炎武平生耻为文人,也不轻易为文,但他毕竟留下许多诗文作品,且其为文,时间指向亦在"将来",以"文须有益于天下,有益于将来"[4]卷一九,为赋诗为文的基本准则。

炎武而外,以"后王"为著述关怀的遗民学人,所在多有。黄宗羲之作《留书》即期以"圣人复起"[5]留书·封建,希望"后之人""因吾言而行之","是故其书不可不留也"[5]留书·题词,因以名之。此后以《留书》为蓝本所作《明夷待访录》,更以"如箕子之见访""有王者起"①为期许。可是,自清代以来在有关梨洲所"待访"的对象问题上却一直众说纷纭。如全祖望认为梨洲期待的是清朝统治者[6]卷二十二,黄文肖堂墓志;章太炎亦认为梨洲欲以此书"将俟虏之下问"[7];甚至梨洲之遗民朋友吕留良因此而斥其为"蛟龙变蝌蚪",而与其划清界限;近人陈寅恪先生亦曾发出"太冲撰《明夷待访录》,自命为殷箕子,虽不同于嵇延祖,但以清圣祖比周武王,岂不愧对'关中大儒'之李二曲耶?惜哉!"[8]的喟叹。反之,梁启超则认为《明夷待访录》是"为代清而起者说法"[9]。论人甚严的顾炎武对《明夷待访录》更是极力推许:"大著《待访录》,读之再三,于是知天下之未尝无人,百王之敝可以复起,而三代之盛,可以徐还也,""古代君子所以著书待后,有王者起,得而师之。"[10]在这里有必要加以辨析的是,梨洲写作《明夷待访录》究竟是期待什么样的贤明统治者的"见访"?首先,对是书题名进行解析。题名中"明夷"一词,一般认为是《周易》六十四卦中第三十六卦之卦名。其卦辞主要有:"明夷,利艰贞。""《彖》曰:明入地中,'明夷'。内文明而外柔顺,以蒙大难,文王以之。'利坚贞',晦其明也。内难而能正其志,箕子以之。"《易传》将"明"注释作"日",将"夷"注释为"灭""没"。这样,"明夷"之表意便是日之没于地下;隐喻之意便是贤明之人因逢暗主而被贬抑、迫害,不能伸张政见。唐孔颖达疏曰:"明夷,卦名。夷者,伤也。此卦曰入地中。'明夷'之象施之于人事,暗主在上,明臣在下,不敢显其明智,亦'明夷'之义也。"[11]其次,结合梨洲在《明夷待

① 如《明夷待访录·田制一》即云:"吾意有王者起,必当重定天下之赋。"

访录·题辞》中提及箕子，以及“夷之初旦，明而未融”一语，“明夷”之寓意就相当鲜明了。梨洲在《明夷待访录·题辞》中谓：“吾虽老矣，如箕子之见访，或庶几焉。岂因‘夷之初旦，明而未融’，遂秘其言也!”在这里，梨洲借用了“箕子诏访”的历史典故。此一用典，在《论语·微子》《庄子·大宗师》《尚书·洪范》《战国策·秦策》《史记·宋微子世家》中皆有记述。箕子，殷商时人，名胥余，乃纣王之伯父或云叔父、庶兄，官太师，封于箕(今山西太谷)。纣王无道，箕子曾加劝谏，纣王不但不听，反将其贬谪为奴。箕子披发装疯，纣王又将其囚禁。周武王伐纣后，释放了箕子，且去拜访他，向其请益。箕子遂将己之政治方略、经国大法贡献于武王。显然，梨洲是以“箕子”自况，期望将来受到像周武王那样的“圣主”的“见访”，从而以是书向其“条具为治大法”[12]题辞。将“明夷”和“待访”上述诠释结合起来，就得到了题名的通解：梨洲认为，其时处于“日入地下”，自己的治国兴邦之策无以施用的晦暗时代，故将己之“为治大法”笔之于书，以待未来的贤明统治者之造访①。再次，从梨洲的遗民志节来看，进入康熙时期，随着抗清运动的消沉和南明政权的覆灭，以及清朝统治的稳定，明遗民包括黄宗羲的遗民姿态虽初现松动、徘徊迹象，大都不似从前之骨鲠，但并未放弃遗民身份、改变遗民基本政治操守，至少守持着遗民规范的底线，对待清廷以不仕和不合作为基本准则，所以才屡拒清廷延聘。因而，梨洲是不会以“为治大法”去期待清统治者的。即使是后来梨洲在送万季野北行诗中，尚诫弟子勿上河汾太平之策，所以我们很难想象梨洲反而自己去向清统治者献媚。最后，从是书影响看，梨洲在《明夷待访录》中尽管极其谨慎地以隐语曲言的方式表达自己的观点，但其深意和微意还是被人们读懂了。顾炎武在前引《与黄太冲书》中不仅予以可“复起”“百王之弊”，可“徐还”“三代之盛”的赞誉，而且认为是书与己之《日知录》“所同者十之六七”，可见遗民的心曲相通。耐人寻味的是，《明夷待访录》在乾隆年间被列入禁书类，而在清末却成为资产阶级改良运动的催化剂，梨洲有生之年虽未能“见访”期待中的贤君明主，但其书的命运还是适得其所的。

王夫之对于“后王”亦寄予了相当的期望。在《读通鉴论》卷十五《孝武帝》中，夫之论及历史上郡县制之利弊时云：“自邃古以来，各君其土，各役其民，若

① 参阅冯天瑜.明清文化史散论[M].武汉：华中工学院出版社，1984：269；又季学原、桂兴沅.《明夷待访录》导读[M].成都：巴蜀书社，1992：19-21.

今化外土夷之长，名为天子之守臣，而实自据为部落，三王不能革，以待后王者也。”尽管夫之在表述后王理念时，并不常直接采用“后王”一词，然其后王意识并未始稍减。他撰写《黄书》即深怀后王期待，曾在该书自序中云：“言之当时，世莫我知。聊忾寤而陈之，且亦以劝进于来兹也。”[13]

对“后王”的期待，其意味当然在于对“时王”的不认同。因为意不在“时王”，因为期待“后王”，故遗民们尽管毕力著述，却不以其著作示人，而甘心“藏之名山”，以待有用之时。对于凝聚平生心血的《日知录》，顾炎武竟不欲以示人，而是“绝笔之后，藏之名山，以待抚世宰物者之求”[1]卷二，初刻日知录自序。尚“博学”、重“实学”的方以智潜心于学术，“备天地万物古今之数，明经论史，核世变之故”，也只是“求名山而藏之”[14]。广西恭城遗民蒋山，“藏书石洞，泣谓人曰：‘某呕心血而成书，使后世有传之者，死且不朽矣。’”[15]明遗民录：卷九在这种“藏之名山”“未敢为今人道”的著述行为背后，隐藏着的，无疑是“待后王”的著述期待。

将己之著述赋予“后王”指向的未来价值，源于遗民学人执着的文化信心与信念。顾炎武将“救民以言”作为自己义不容辞的责任：“救民以言，此亦穷而在下位者之责也。”认为“立言不为一时”，“天下之事，有言在一时，而其效见于数十百年之后者”[4]卷一九。在《亭林文集》卷二《郡县论》九篇中，常有这样的言论：“后之君苟欲厚民生，强国势，则必用吾言矣”“用吾言者，其国可以大治”，“二千年来之治，可以去其弊”。正是怀着这样的信念，亭林自信其“一生所著之书，颇有足以启后王而垂来学者”[1]卷三，答曾庭闻书，认定《音学五书》“非如近时拾沉之语，而亦不肯供他人捉刀之用”[1]卷六，与杨雪臣，“为一生之独得，亦足羽翼六经”[1]卷六，与杨雪臣；对于自己精心结撰的《日知录》，更深信能“启多闻于来学，待一治于后王”，“自信其书必传，而未敢以示人也”。又曾云：“吾辈所恃，在自家本领足以垂之后代，不必傍人篱落，亦不屑与人争名。……比乃刻《日知录》二本，虽未敢必其垂后，而近代二百年来未有此书，则确乎可信也。”[10]亭林的此一著述信念亦为其弟子潘耒所会意。潘耒在序《日知录》时即云：“先生非一世之人，此书非一世之书也。魏司马朗复井田之议，至易代而后行；元虞集京东水利之策，至异世而见用。立言不为一时，录中固已言之矣。异日有整顿民物之责者，读是书而憬然觉悟，采用其说，见诸施行，于世道人心实非小补。”[16]

不惟对己之著述，对于遗民同仁的著述，亭林亦同样寄予“启后王”“垂来学”的期许和信心。如前所引，当披阅黄宗羲之《明夷待访录》后，亭林即深信：

“百王之弊可以复起,而三代之盛可以徐还也。……圣人复起,不易吾言,可预信于今日也。”[10]对被自己称为“长城”“山斗”的李颙,亭林亦深致希望:“异日九畴之访,丹书之受,必有可以赞后王而垂来学者。”[10]亭林在《常熟县耿侯橘水利书》一诗中有云耿橘“洋洋河渠议,欲垂来者听”[2]卷一,常熟县耿侯橘水利书。是时亭林正致力于有关“生民利病”的《天下郡国利病书》的写作,故读耿氏《水利书》遂有同调之鸣。

怀抱如此笃定的信心和信念者,明遗民中绝非仅仅亭林而已。黄宗羲曾云:“一生著述未必尽传,自料亦不下古之名家”[6]与万承勋书,“天地之所以不毁,名教之所以仅存者,多在亡国之人物”[17]。曾作《寄友人》诗云:“书来相订读书期,不是吾侪太好奇。三代之治真可复,七篇以外岂无为。”[18]卷一,寄友人梨洲门人万斯同亦曾云:“不惮冒天下之讥而为是言,愿暂辍古文之学而专意从事于此,使古今之典章法制烂然于胸中,而经纬条贯实可建万世之长策,他日用则为帝王师,不用则著书名山,为后世法,始为儒者之实学,而吾亦俯仰于天地之间而无愧矣!”[19]魏禧业师杨文彩,著有《尚书绎》十二卷,珍视至极,临殁,执魏禧手曰:“《尚书绎》非吾一人书,当见于天下后世。”[15]皇明遗民传:卷五真是“天地到今归隐士,文章自古让愁人”[20]卷六,赠方尔止,这种自信或亦源于遗民之为遗民的罢。

二、深信“中华无不复之日”

期待信念与信心的强烈源自高度的预期。与“后王”理想直接而又内在地联系在一起的,当然是深藏于心的“恢复期待”。遗民学人的“著述期待”之所以以“后王”为归趋,深信其书必传于将来;之所以在武装抗清失败后仍心存复明之望,盖源于他们当时坚定地相信“中华无不复之日”,“必有圣人,以续周汉”[2]卷四,书女娲庙。

顾炎武云:“夫兴亡有迭代之时,而中华无不复之日,若之何以万古之心胸,而区区于旦暮乎?”[4]卷九,素夷狄行乎夷狄鼓舞遗民高瞻远瞩,以待中华恢复之日。亭林之信心并不纯粹是对于恢复期待的激情发越,而是从历史发展规律的层面所作的理性思辨。他在论“华”“夷”盛衰时,曾曰:“进者不得不进,因其进而进之,于何褒?退者不得不退,因其退而退之,于何贬?曷尝求夫经之所以书者乎？夷之日盛，华之日微，岂人所愿哉！”[21]认为“夷之日盛，华之日微”，乃非以人的意志为转移的历史规律使然。因而亭林深信“斯道之在天下，必有时而兴”，[1]卷三，与友人论门人书“天下之事，盛衰之形，众寡之数，不可以一定，而君子则有以待之”[1]卷五，杨氏祠堂记，“盈而罚之，动而蹶之……汤降文生自不迟，吾将翘足而待之”。[2]卷四，羌胡引在亭林心中，华夷盛衰必有逆转之时，故而“有以待之”遂为其不可移易之信念。亭林的此种认识与信念，推原其故，有两个根源：一是其易代经验在观念形态中的曲折反映。易代之初，南明尚存半壁江山，明统存续于江南，反清复明运动声势高涨，亭林坚信复国有望，遂“因其进而进之”，参与和发动抗清以救亡保国；而当清政权日趋巩固，抗清形势急转直下，南明覆灭，恢复无望时，则“因其退而退之”，潜居著述，以立“明道救世”之言俟于“后王”之兴。二是源于儒家经学元典思想。亭林是清初经学复兴的一员健将，深谙经学处世权变之道，其“华夷盛衰观”难免不打上经学思想烙印。《礼记·中庸》云：“仲尼曰：‘君子中庸，……君子之中庸也，君子而时中。’”孟子称“孔子，圣之时者也”[22]；《易传》云：“日中则昃，月盈则食，天地盈虚，与时消息”，“时止则止，时行则行，动静不失其时，其道光明”[23]。将元典中的古老话语与上引亭林言论相对读，则可见出二者语气、遣词、意境等的相似之处。

当然，遗民们的恢复信念在理性的审视背后或流于历史宿命论的窠臼，盖源于其期待也急、其渴望也诚。例如，亭林晚年有所谓“河清”之说，其诗曾云：“远路不须愁日暮，老年终自望河清。”[2]卷三，五十初度时在昌平该诗作于亭林五十初度之时，即康熙元年。此时的亭林尽管对恢复大业已每觉悲怨，但恢复之望仍未始稍减，依然认为路途虽远，也不必为日暮而担心。诗中“河清”的用典，别具寓意。“河清”之典较早见于曹魏时之李康《运命论》：“夫黄河清而圣人生，里社鸣而圣人出。”[24]联系亭林一贯期待“圣人出”的说话，博学的亭林应该是熟悉此典故的。在《日知录》卷三○《黄河清》中，亭林进一步对“河清”之典重新作出近乎神性的解释：“汉桓帝延熹九年，济阴东郡济北平原河水清，襄楷上言：‘河者，诸侯位也。清者属阳，浊者属阴。河当浊而反清者，阴欲为阳，诸侯欲为帝也。’明年帝崩，灵帝以解渎亭侯入继。《隋书》言：‘齐武成帝河清元年四月，河、济清，后十余岁，隋有天下。隋炀帝大业三年，武阳郡河清数里，十二年，龙门河清，后二岁，唐受禅。’……至先朝尤验，正德河清，世宗以兴王即位；泰昌河清，崇祯帝以信王即位。”这里列举了大量史实，以验证“河清”后的历史变迁，当然不足为信,但结合其诗相对读,则其寓意不言自明。

亭林甚至将其"期待"托付于"天运"。检索《亭林诗集》,"天运"一词及其"天运"意识有高频率的呈显。如《江上》"天运何时开,干戈良可哀";又如《恭谒天寿山十三陵》"天运未可亿,天心未可量"[2]卷三,江上、恭谒天寿山十三陵。甚至认为明亡亦为"一朝大运合崩颓"[2]卷四,骊山行。在《书女娲庙》中云:"惟天生民,无主乃乱,必有圣人,以续周汉。如冬复如春,日月如更旦。剥复相乘除,包牺肇爻象。……天回地转无多日。"[2]卷四,书女娲庙将现实的复明希冀托寄于虚幻的上天,在务实的亭林那里,全然出于无奈——他是多么希望恢复故国,可是现实却一次次击碎他的梦想,便只好将心中梦想寄托于上天了,其实不妨将其"天运"说理解为一种对上天的真诚祈祷。

不过,亭林始终认为"天运"不久即至:"子不见夫五星之丽天,或进或退,或留或疾。大运之来,固不终日"[2]卷四,羌胡引。虔诚地相信"厄运应知无百年,得逢圣祖再开天"[4]卷九。甚至认为"人定能胜天"。只是这一唯物论的命题也被其赋予了唯心论的色彩。"人定能胜天"是亭林在《杨氏祠堂记》一文中提出的。此文作于顺治十一年(1654年),距明亡已整整十年,但其时南明的抗清斗争仍在艰苦进行中。抗清斗争的失败,亭林痛切于心:"若夫为盛于衰,治众于寡,孑然一身之日,而有万人百世之规,非大心之君子莫克为之矣"[1]卷五,杨氏祠堂记。将胜利希望寄托于期待中的"大心君子",抗清形势的艰难曲折可以使亭林痛心,却不能使其死心。因为深信恢复必有时日,所以,嗣母逝,亭林仅以藁葬。《亭林余集·先妣王硕人行状》云:"《柏舟》之节纪于《诗》,首阳之仁载于传,合是二者而为一人,有诸乎?于古未之闻也,而吾母实蹈之。此不孝所以藁葬而不葬,将有待而后葬者也。"此处以《诗经·墉风·柏舟》所言共伯之妻守贞拟于嗣母而言其节,以夷、齐不食周粟,饿死首阳喻其嗣母而言其操,并期望待有朝一日汉族光复才葬。

无独有偶,黄宗羲亦以一种历史命定论的致思方式表达着其恢复期待。梨洲有所谓"大壮"之说:"余常疑孟子一治一乱之言,何三代而下之有乱无治也?乃观胡翰所谓十二运者,起周敬王甲子,以至于今,皆在一乱之运。向后二十年,交入大壮,始得一治,则三代之盛,犹未绝望也。"[12]序在梨洲心中,三代以下家天下政治是"有乱无治",而根据胡翰的预言,此"一乱一治"不久将有转机,三代之盛可以翘首以待,"如箕子之见访"定会到来。按照梨洲的说法,其所期望的"大壮"之时并不遥远，而仅仅是二十年之后，即康熙二十三年(1684年)。还有王夫之亦有过"天地之气，五百余年而必复"[25]卷一五的说法，似乎较黄宗羲更有耐性。归庄诗有云："万事从此一任天"[26]，语气虽显颓废，却并未绝望，只不过企望于"天"而已。

甚至有人以"乩仙"方式预卜"大乱之将至"。《碑传集》卷一二四郑梁《沈先生遴奇墓志铭》载："(沈氏)往往耳语人曰：吾乩仙云云，某方兵且起，某年月日，天下当大乱。……如伯父家，夜参半，忽开数重门走出，大声叫呼曰：今日兵真至矣，炮响震天，旌旗舳舻蔽江下矣。如是呼者再三，邻右皆惊，以为有盗也，则皆起，而先生则已闭户就寝矣。……嗟乎！此其志意之所存，何尝一日厌乱也哉！"这简直是在"盼乱"了。同书中尚言这位沈遴奇"坐定必举闽粤滇黔间信息相慰藉，大人明知先生所言皆其意中语，非真实事。然未始不一为破颜也"。这就显示出其所谓"乱"的语义底蕴有不同于平常之乱者。

像亭林、梨洲如此这般殷切地守持恢复信念，待时观变，是遗民们的一种生存常态、一种精神支撑，也是遗民之为遗民的基本特性。有的远遁以待。如东渡扶桑的朱舜水，即使远在异域，复明信念亦未始稍减："以天时人事合之，虏之败亡必矣。"[27]卷一，中原阳九述略好似符咒之言，却又有理性的运思。或许正是基于此种信念，舜水远遁日本即"雅有意于经历外邦，而资恢复之势"[27]附录一，舜水先生行实。故其每日南向而泣血，背北而切齿。有的像王夫之一样"退伏幽栖，俟曙而鸣"[28]。夫之一生历尽挫折，九死一生，可恢复之志未尝稍减，即或垂暮将没之年，仍复明之心不死。临殁前，自题铭文曰："抱刘越石之孤愤而命无从致，希张横渠之正学而力不能企。幸全归于兹丘，固衔恤以永世。"政治上，以东晋时力挽危局而壮志未酬之刘越石自况；学术上，以北宋张载之学说为目标，一生宏愿与抱负尽寓其中。明遗民中许多人于生前建"衣冠冢"，此一行为背后即寓"俟时而出"之意。如屈大均，康熙四年冬，陕西三原籍友人杜苍舒返乡，大均应邀结伴而行。行前，他在南京雨花台北筑一衣冠冢，以藏往日衣冠，冢前立碑，自书曰："南海屈大均衣冠冢。"他曾解释云："不曰处士，不曰遗民，盖欲俟时而出，以行先圣人之道，不欲终其身于草野，为天下之所不幸也。"[29]还有的更易名、字，以"待"相标举。如王弘撰尝名其居曰砥斋、待庵。"砥"乃"砥砺"之意，似常人之言志，于弘撰抑或有不寻常之寓意，未尝不是警醒自己，砥砺以待。然"待庵"，所待者何？弘撰《山志》卷三"待义"条云："凡事只怕待,待者,详处之谓也。盖详处之,则思虑自出,人不能中伤也。”并言初本非取此义,但见人如此言,姑取为一义。此义之“待”,显为处世而言。而“处”,即不与新朝合作,在遗民包括弘撰那里,绝非消极隐退,而是有所待的。其《砥斋集》卷四《待庵自记》又云:“小子,凡民也,生遭多难,学愧无成,少不如人,老且丧我,莫之敢有觊焉,以余年待尽也云尔。虽然,尝试登高四顾,长啸徘徊,夕阳既没,朝华未升,有不知其悄然而悲者,如闻风水之声。”虽云“以余年待尽”,但不过自谦自怨之说话,盖恨己不争于“多难”之际,“登高四顾”云云,正显出一种“待”的企望。陈确之名“确”,字乾初,皆“命字有新意”,盖取意于《周易·文言》“乐则行之,忧则退之,确乎其不可拔,潜龙也”,以“潜龙”自期,显寓隐居而待之期许。事实上,陈确潜隐著述正是期于“圣人复起,不易吾言,当勤收辑,多录副本,以待后学”的[30]文集:卷一六。

三、期于“一旦之用”的准备

由于深信“中华无不复之日”,故遗民们总是保持一种“待”的姿态、一种“出发”前的紧张准备,以便“天运”降临之际能有一旦之用。

遗民们为着一旦之用所做的准备,主要表现在以下几个方面:

(一)究心兵事阵法,习箭练武

恢复期待的心理指向,自然激发起遗民们研习兵事的热情。孙奇逢于明亡后结茅双峰,聚徒讲学,文武并举,即颇“类似团练保甲的性质”[31]。汤斌等撰《孙夏峰年谱》卷上云:“容城东南数里名双峰村,先生结庐于此。与同人修武备、兴文学,干戈扰攘之时,有礼乐弦诵之风。”并且与同志立科条,有严同心、戒胜气、备器具、肃行止、储米豆六事。颜元“自幼学兵法,技击、驰射、阴阳、象纬无不精,遇豪杰无贵贱,莫不深交之”[32]。陈去病《明遗民录》本传云其“负绝异之姿,八岁即从吴洞云学剑术,喜神仙道引。稍长,从五公山人受兵法,益折节好学,旁通骑射技击,莫不精绝”。明亡后,与李塨隐居僻壤,躬耕自给而外,天天射箭、练武,可见其不仅是隐士而已,还是志在恢复的有心人。万寿祺,字年少,《今世说》称其“自诗文画之外,琴棋剑器,百工技艺,无不通晓”,“言兵事”“习兵革”几成易堂风气。陈恭尹《送魏和公归宁都》诗中有云:

“隔年相见即依依,知尔全家住翠微。穷海访人兵后去,孤身携剑雪中归。”[20]卷六,送魏和公归宁都携剑走天涯,阴结豪杰,此正易堂子弟风采。如易堂子弟彭士望自明末以来即“益结友,言兵事及经济可实用者,为阁十楹,居四方之客”[33]。魏际瑞尝劝甘京勿轻蹈死,“君子藏器,待时而动”,“时有所未至,则君子蠖屈”[34]。魏世俨曾言其时“久习兵革,弃礼仪之守而务通变之用,以为圣贤不足法,惟以豪杰自命,至于流而忘反,身名俱隳者,皆不可胜数”[35]。明遗民中“工剑术”“善骑射”者,颇不乏人。如遗民罗桢“隐居衡山,工骑射,善剑术”[15]明遗民录:卷三四,罗桢传。陈瑚,“当国家多故,意气轩举,凡弓刀击刺之事,无不一一究习,略皆通晓”[36]。薛始亨,“善剑术。尝宝藏一古剑,又遇异人授以《剑论》一篇,因自称剑公。……后入罗浮为道士,自称剑道人”[15]胜朝粤东遗民录:卷二,薛始亨传。顾大纲颇具古豪士风,“善射,能挽强”[15]皇明遗民传:卷六,顾大纲传。吴人顾有孝,“意气甚豪,摴蒱博簺,穷日不休”[15]明遗民录:卷四,顾有孝传。清江人熊兆行,“见邦国多乱,阴结死士习骑射”[15]皇明遗民传:卷三,熊兆行传。桐城遗民方以智弟方其义,“遭世多故,慨然欲戮力中原。拳勇绝伦,挽强弓,控生马,趫捷腾空如平地。随中丞抚楚,尝与贼八战八捷,贼闻方公子为先锋,辄骇退”[15]遗民诗:卷九,方其义。嘉兴遗民黄子锡,居家时“习弓矢剑戟以自劳,倾家赀佐义人,又为之画计策”[15]皇明遗民传:卷五,黄子锡传。遗民卓尔堪,其友人吴绮称其“若闻要害于诸边,独往据鞍,历见风沙于古塞;论文可与论兵而并用,学书乃能学剑以兼长”[15]遗民诗:附录,近青堂诗。有一名呱呱和尚(俗名已幻)之遗民,“尝携百觔铁锤往来江浙豪富家,教少年搏击”[15]皇明遗民传:卷七,呱呱和尚传。据传顾炎武亦善击剑,精拳术。这股蔚然兴盛于遗民社会的习箭练武之风,显然源于明遗民身处乱世环境下挥鲁阳之戈以挽落日之心的遗民式期许。

习箭练武之外,遗民们尝致意于兵事、阵法之研治。兵学是遗民陆世仪经世致用之学体系中至为重要的一环。他早年即精研阵法,作有《八阵发明》,且“尝欲辑兵书为三卷,曰道、曰法、曰术”[37]卷一七。甚至于兵器研究亦再三致意,颇富成就,尤于火炮多心得与发明:“火器之害然矣,历代之炮不过以机发石,然至元人之襄阳炮则已前无坚城。若近代之火器,则始于交趾而弥甚于西洋。西洋之器其大者能摧数仞之城,能击数十里之远,当之者无不糜烂。自有此器而守者不可以为守,战者不可为战矣”[37]卷一七。他曾亲自设计战车,对弩、铳,以及攻守城法,亦曾涉猎;曾云于兵学“虽不能行之,亦务为知之”[37]卷一七。

显见其对儒者之学的理解已不同于古典儒家“游于艺”的六艺之学,而是体现出遗民经世致用的特点。方以智尝告诫友人即使是“退而著书”,“道古兵甲武库,亦以腹笥裕如也”[38]。顾炎武亦深谙兵学,早年所著《肇域志》于郡县沿革、赋役户口、官职驿铺而外,亦兼言山川阨塞、兵事成败;《天下郡国利病书》则专论战略经济,其中之于兵防致再致三;甚至著有兵学专著《惧谋录》。

顾祖禹无疑是遗民学人中精于兵要地理的翘楚。所著《读史方舆纪要》,就其性质而言,不像是——或者说他原本不欲写成——一部普通的历史地理学著述,而倒更像是一部兵要地理,“其书言山川险易、古今用兵、战守攻取之宜,兴亡成败得失之迹所可见,而景物游览之胜不录焉”[15]明遗民录:卷八。书中认为山东在全国各省中形势最为险要,期望后世“欲有事于天下者”予以注意。这样的著述旨趣赋予了遗民学人迥异于平常学者的独特风致。

(二)振奋砥砺,蓄养而待

遗民之“待”并非消极无为,而是一种蓄势待发的积极姿态,在待中有所谋划,有所期许,有所准备,以“全副精神”砥砺蓄养。孙奇逢曾警告“智者”和“君子”,在时机“未至之时”,“知其必至,故于念虑之微而谨之”。“君子以此治己,以此治人”[39]卷一,坤,“君子”当未雨绸缪,“思及终乱之患,则当防之未乱之先,庶可常保其济矣”[39]卷二,既济。如此忧患在明遗民心中犹如挥之不去的阴霾。遗民许令瑜曾曰:“吾尝谓今日极闲时节,乃有志人极忙时节。而微观今人,六时虚掷,‘子曰’尽抛;其贤者乃寄意于俳谐声调、风云月露之间,口不谈六艺之科,学不循八股之业,曰吾无所用之,全副精神,忽尔委顿。一旦云蒸龙变,以其时则可矣,何以应之?……间尝揣摩,图效所知,而身已老,不能忍死以望太平。后生可畏,将必属之。人有恒言:‘闲里办来忙里用。’诸子将无意哉!”尝告诫“后生”须将希望寄托于“云蒸龙变”、天下“太平”之时,绝“不能忍死以望太平”[30]文集:卷一。陆世仪亦多所掊击时人以为“天下方乱,恐无暇为学”“当丧乱之余,自谓无意于世”的颓废情绪与言论,对于那种“悲愤无聊,无所事事”“佯狂放诞,适意诗酒”之行径痛恨至极,勉励时人保持一种“天下自乱,吾心自治”的独立不羁精神,“刻意自励,穷极学问”,待到“天心若回,拨乱反正”之时,便能“出诸胸中素学”,为国家效命——此乃“为天地立心,为生民立命”。否则“贤者人人自废,学问种子断绝,将来丧乱”,便没有“底止”[37]卷一,大学类。吕留良也曾规劝其子吕葆中："人生荣辱重轻，目前安足论，要当付后贤耳。"[40]激励其子不要因身处逆境而消沉，应以前瞻性眼光着眼未来。王夫之更激励"有志之士，急争其时，犹恐其已暮，何忍更言姑俟哉！"[25]卷二颜元临终前尝谓门弟子曰："天下事尚可为，若等当积学待用"[15]明遗民录：颜元传。

黄宗羲之论"儒者之学"亦以"一旦之用"为预期，曾云："儒者之学，经纬天地，而后世乃以语录为究竟。……一旦有大夫之忧，当报国之日，则蒙然张口，如坐云雾"[41]。并告诫人们："人物中原憔悴尽，岂容吾辈只安眠！"[18]卷一，次韵答旦中

这样看来，遗民学人致力于经世致用之学实际上寄寓了防患于未然以备一旦之用的遗民式期许。遗民学者大多致意于《易》学研究，更是别有深意。"自强不息""厚德载物"是《周易》的精神内核；《周易》中又蕴涵深厚的处逆境之生存智慧，譬如《易传·系辞下》之言"待时"："君子藏器于身，待时而动，何不利之有？"这些都是身处明清动荡时局中之遗民所措意者。顾炎武即对《周易》情有独钟，自9岁初学《周易》，便与《易》学结下不解之缘。42岁侨居神烈山时，"筑室深山中"，"研心《易》六爻"[2]卷二，古隐士；44岁，诣金陵，听"以讲《易》著书为事"的贾必选说《易》[2]卷二，贾仓部必选说易；55岁，著成《音学五书》，中有《易音》三卷；66岁，致书王弘撰称："弟冬来读《易》，手录苏、杨二传。"[41]易学研究几贯穿其一生。明清易代，亡国孑遗身处逆境，然恢复之心并未始稍减，于是潜隐书斋，积极从事"明道救世"之学问："研心《易》六爻，不用希潜龙。"[2]卷二，古隐士以"潜龙"自况，"吾将翘足而待之"[2]卷四，羌胡引。亭林曾明言其研治经学之意旨："未敢慕巢由，徒夸一身善。穷经待后王，到死终黾勉。"[2]卷五，春雨孙奇逢亦将《易》视为一种"处忧患之道"。在他看来，明亡清兴正是忧患之际，所以"演《易》却从忧患时"[43]，开始了对《易》的研治，并誓将"此千载传心之要，圣人身经忧患，笔之于书，以垂后世"[39]卷三，系辞下传，第十一章。王弘撰于康熙十四年春构学易庐，谢绝人事，弃去一切，朝夕讽绎，"惟四圣之《易》而已"[44]。遗民之于《易》学的兴趣，无疑有身处乱世的背景，其动机、旨趣皆与其"待"有紧密的联系。

"学"，除了究心兵事阵法之学，似乎与"恢复"没有直接的关系，但遗民又毕竟大多为学者，以其孱弱之身，能够为恢复所作的准备，能够期以一旦之用的才识，又似乎只有为学一途。所以，遗民学人之为学不是为学术而学术，而是赋予"学"以现实而紧迫的实用意味，即期以为"后王""条具为治大法"和存续汉族文化。如遗民陆世仪认为"吾辈身任绝学，责在万世"，应该"箕子一爻，

所宜熟读”[45]。徐枋于明亡后,“陈箧数十,伏读遗书,虽才匪三长而有心史学,专精竭志,极讨穷搜。疾病间临,外患时至,而素业弗辍,修辑罔移”。以为惟其如此,“庶几稍塞郁责于后世”[46]。正是因为赋予“学”如此厚重的意义,所以遗民学人大都以“博学”是尚,孜孜向学,勤学终身。如黄宗羲父死之后便发奋读书,每至夜半;大江之南,凡所知之藏书之所,靡不悉至,遍阅殆尽始归。即或随鲁王海上抗清期间,亦每与吴尚书霞舟讲学不辍,余暇则注授时、泰西、回回三历。甚至“锋镝牢囚取次过”,亦“依然不废我弦歌”[18]卷一,山居杂咏。如此勤读,滋养了他的学识,“十三经、二十一史及百家九流,天文、历算、道藏、佛藏,靡不究心焉”[47]。全祖望谓黄宗羲:“公以濂洛之统,综合诸家,横渠之礼教,康节之数学,东莱之文献,艮斋、止斋之经制,水心之文章,莫不旁推交通,连珠合璧,自来儒林所未有也。”[6]卷十一,梨洲先生神道碑文至于顾炎武之勤学博洽,于其北游羁旅中以二马二骡载书而行已可见出。潘耒于《日知录》序中云:“先生精力绝人,无他嗜好,自少至老,未尝一日废书。”炎武所著《天下郡国利病书》一百二十卷,得之亲历,阅20年始成;《日知录》三十卷,积30余年而成。凡国家典制,郡邑掌故、天文、仪象、河漕、兵农之属,莫不穷究原委。其寄寓乃欲为“后王”治国之蓝图。王夫之之博学已为人所公认,而其勤学苦读亦非常人可比,虽身处僻壤,饥寒交迫,生死当前而甘之若饴,终成一代学术大师。

或许正是有了如爱因斯坦所谓的科学研究需要自由心灵和自由时间[48],遗民学者才大多学问博洽,成就斐然。汤因比之“变容”说很可以用来解释遗民的待时而隐及其蓄养而待:“退隐可以使这个人物充分认识到他自己内部所有的力量,如果他不能暂时摆脱他的社会劳苦和障碍,他的这些力量就不能觉醒。这种退隐可能是他的自愿的行为,也可能是被他所无法控制的环境逼成的;但不管怎样,这种退隐都是一种机会,也许还是一种必要的条件,促成这个隐士的变容。”[49]

此外,遗民们之“游”而稽查军事形胜,“结客”而联络义士,阴结豪杰,未尝不是期于一旦之用[50]。诚如方以智所谓:“今天下脊脊多事,海内之人不可不识,四方之势不可不知,山川谣俗,纷乱变故,亦不可不详也。……一旦天下有事,吾当其任,处分轻略,取之眼中、手中,可以猝办。”[15]皇明遗民传:卷一,方以智传如清初遗民的齐鲁、登莱之游,即基于筹划经营山东的计划。因为齐鲁绾毂南北,东达沧海,西通中原,南接淮泗,地理形胜极其重要。顾炎武一再道经淮安稽考山左；阎尔梅在甲申国变后，投史可法军幕，策动其移师淮徐，进据冀、鲁间，此后，他又屡次游历登莱之间，都别有动机；顾祖禹《读史方舆纪要》更直言山东之险要。顾炎武晚年的拔足西走，定居关中，当为择地而待；其垦田华下，“东西开垦所入，则贮之”，在于“以备有事”[6]卷十二，顾亭林先生神道表。此外，遗民群体的秘密集结亦以联络义士、图谋一逞为企待。万寿祺于明亡后漂泊南北，阴结豪杰，以为待时而起。他一再与朋友相约“天涯望消息，莫草北山书”[51]，灯夕集方大家四首，屡屡出现于其诗中的“登临”一词，即别有微意。或者“吟啸悬千夕，登临销百忧”；或是“日夕罢钓登啸台，占星望气不复验”；即或偶闻佳讯，亦喜而登临以观时局：“偶传消息好，喜慰一登临。”曾云“一息尚存犹道路，千秋所恃在江湖”[51]，访韩圣秋于乌龙潭，韩时将远去，一语道出了明遗民嗜游的底蕴。

总之，遗民终究是遗民，其浓重的“故国之思”需要时间的过滤，其易代的历史记忆也需要时间的消磨，其国仇家恨的创痛需要充分的抚慰方能疗愈，其“夷夏之防”的伦理防线难以轻易逾越。他们潜迹林泉，隐居书斋，只不过是待时观变，寄望于未来。一旦有风吹草动，他们的历史神经就会被刺痛，易代记忆就会被激活，复明希望就会被点燃。康熙十二年，三藩之乱爆发，明遗民大多相机而动，欲有一逞，即充分地证明了这一点。

参考文献：

[1]顾炎武.亭林文集[M]//顾亭林诗文集.北京：中华书局，1983.

[2]顾炎武.亭林诗集[M]//顾亭林诗文集.北京：中华书局，1983.

[3]卢兴基.顾炎武诗译释[M].哈尔滨：黑龙江人民出版社，1984.

[4]顾炎武.原抄本日知录[M]台北：文史哲出版社，1979.

[5]黄宗羲.黄宗羲全集[M].杭州：浙江古籍出版社，1986.

[6]全祖望.鲒埼亭集[M].台北：文海出版社，1968.

[7]章太炎.太炎文录初编：卷一[M].上海：上海书店，1991.

[8]陈寅恪.柳如是别传：下册[M].上海：上海古籍出版社，1980.

[9]梁启超.三百年来中国学术史[J].史地学报，三卷一期.

[10]顾炎武.亭林佚文辑补[M]//顾亭林诗文集.北京：中华书局，1983.

[11]周易正义[M]//十三经注疏.北京：北京大学出版社，1999.

[12]黄宗羲.明夷待访录[M].北京:中华书局,1985.

[13]王夫之.黄书·后序[M]//船山全书:第12册.长沙:岳麓书社,1991.

[14]方以智.七解[M]//浮山文集前编:卷三.上海:上海古籍出版社,1995.

[15]谢正光,范金民.明遗民录汇辑[M].南京:南京大学出版社,1995.

[16]潘耒.遂初堂集:卷六[M].上海:上海古籍出版社,1995.

[17]黄宗羲.万履安先生诗序[M]//南雷文约:卷四.上海:扫叶山房,1927.

[18]黄宗羲.南雷诗历[M].上海:上海古籍出版社,1995.

[19]万斯同.与从子贞一书[M]//杨向奎.清儒学案新编:第1册.济南:齐鲁书社,1985.

[20]卓尔堪.明遗民诗[M].北京:中华书局,1961.

[21]顾炎武.亭林遗书·书楚[M].北京:北京出版社,2000.

[22]孟子·万章下[M].北京:商务印书馆,1976.

[23]易传·彖传[M].台北:台湾学生书局,1967.

[24]文选:卷五三[M].李善注.北京:中华书局,1977.

[25]王夫之.宋论[M].北京:中华书局,1964.

[26]归庄.元日三首[M]//归庄集:卷一.北京:中华书局,1962.

[27]朱舜水.朱舜水集[M].北京:中华书局,1981.

[28]王夫之.姜斋文集:卷八[M]//王船山诗文集:上册.北京:中华书局,1962.

[29]屈大均.自作衣冠冢志铭[M]//翁山文外:卷八.上海:国学扶轮社,1910.

[30]陈确.陈确集[M].北京:中华书局,1979.

[31]谢国桢.明清之际党社运动考[M].沈阳:辽宁教育出版社,1998.

[32]王源.颜习斋先生传[M]//居业堂文集:卷四.上海:上海古籍出版社,1995.

[33]彭士望.与方素北书[M]//树庐文钞:卷一.冠石山房,1878.

[34]魏际瑞.魏伯子文集:卷二[M]//四库禁毁书丛刊·集部,北京:北京出版社,2000.

[35]魏世俨.魏敬士文集:卷三[M]//四库禁毁书丛刊·集部,北京.北京出版社,2000.

[36]陈瑚.毛天回[M]//从游集:卷下.峭帆楼丛书本.

[37]陆世仪.思辨录辑要[M].台北:台湾商务印书馆,1983.

[38]余飏.送佺儿游粤序[M]//芦中全集.

[39]孙奇逢.读易大旨[M].台北:台湾商务印书馆,1983.

[40]吕留良.《谕大火帖二十四》之二十四[M]//吕晚村家训真迹:卷二.台北:台湾广文书局影印本,1975.

[41]黄宗羲.赠修弁玉吴君墓志铭[M]//南雷文定·后集:卷三.上海:扫叶山房,1927.

[42]顾炎武.蒋山佣残稿[M]//顾亭林诗文集.北京:中华书局,1983.

[43]孙奇逢.顺治七年庚寅三月二十七日[M]//孙夏峰先生全集·日谱:卷二.光绪十一年刻本.

[44]赵俪生.王山史年谱[M]//赵俪生史学论著自选集.济南:山东大学出版社,2009.

[45]陆世仪.寄如皋吴白耳书[M]//论学酬答:卷三.上海:上海古籍出版社,1995.

[46]徐枋.书成告家庙文[M]//居易堂集:卷一五,上海:上海古籍出版社,1995.

[47]江藩.黄宗羲[M]//汉学师承记(外二种):卷八.北京:三联书店,1998.

[48]爱因斯坦.自由和科学[G]//纪念爱因斯坦译文集.上海:上海科学技术出版社,1979.

[49]汤因比.历史研究:上册[M].上海:上海人民出版社,1996.

[50]孔定芳.清初明遗民的“云游”行为及其意蕴[J].人文杂志,2005(3).

[51]万寿祺.隰西草堂诗集[M].上海:上海古籍出版社,1995.

作者简介:孔定芳(1963—),男,湖北咸宁人,新加坡国立大学中文系博士后,副教授,主要研究清代学术文化史和明遗民问题。

原文出处:《西南大学学报》(人文社会科学版)2006年第3期。

转 载:《人大复印报刊资料·明清史》2006年第8期全文转载。

守常与变革：中国古代“制度”运行的两难选择

——以明代班军制度的历史命运为个案

彭　勇

（中央民族大学 历史系，北京市 100081）

摘　要：守常与变革是中国古代制度运行的两种基本指导思想。时代在发展，既定的制度需要不断“变革”，却无法回避“守常”思想的阻挠。明初实行的班军制度本为善政，在明中期以后存在许多问题，也做了不少变革，但受到“守常”思想的影响，该项制度垂而不死，一直延至明朝灭亡。“守常”与“变革”思想的冲突与调整反映了中国传统政治哲学影响下的王朝更替与制度轮回的基本特征。

“守常”与“变革”是中国古代制度运行的两种基本思想。自早期国家始，在“天命眷顾”和“大一统”观点影响下所形成的以“天子”为中心的中国传统政治格局，以及“三纲五常”观念所维系的各种社会关系所要求的有序与遵从，即“守常”，与社会运行与发展过程中所要求的“变革”，经常会发生激烈的冲撞[1]，从而出现引人关注的古代制度运行过程中的“守常”与“变革”的两难选择。分析、认识和理解传统制度在运行过程中的“守常”与“变革”之间的冲突与调适，具有积极的历史和现实意义。

班军制度是明代实行的一种军事操防制度，主要包括京操（在外卫所的旗军轮番入戍京师或京畿）和边操（在外卫所的旗军轮番戍守边塞要地）两大类。据《明史·兵志二》记载，“班军者，卫所之军，番上京师，总为三大营者也”，其目的是“一则可以壮王畿而负常尊之势，一则可以威四方而消不轨之谋，一则可以备调遣而潜抑京军之骄惰”[2]卷427,4672。但明中后期,战事缓和,防御形同虚设,操练遂成具文。班军的职责也悄然转变,或苦于工作,或为豪势权贵私占买放,已失其创设意图。因此,革新班军制度的呼声越来越强烈,如天启年间,兵部职方清吏司员外郎孙学诗详细数列班军制度之弊,希望“更变善制,以垂永久”,并提出种种改革措施[3]卷31,天启三年二月庚午。然而,相关的变革却面临种种压力,这一制度在变革中生存,在调整中维持,直到明朝灭亡后才陆续被废除。班军制度运行中面临的“守常”与“变革”的冲突与融合,它“垂而不死”的历史命运,在中国古代制度运行中颇有代表性,值得关注。

本文尝试从中国传统政治哲学思想、经济利益和制度运行三个方面入手,以明代班军制度“垂而不死”的历史命运为个案,尝试对中国古代传统制度在“守常”与“变革”的冲突与调适中运行状况进行一些思考,浅陋之处,敬祈方家示正。

一、因循祖制

中国传统政治的精神支柱是天命论。以“天命论”作为精神支柱的中国传统政治,导致对“三代”(尧、舜、禹)政治的顶礼膜拜,或者说,人们即使无法达到三代圣人的“至上”境界,也要心仪且以此为目标。这种“法古”或“法祖”的思想,成为汉以后“王道之治”的一种普遍认同,并有可能由对“三代”的崇拜,发展成为对先祖——开国之君的崇拜。

在明代,大部分官员认为明初实行的班军制度是一项戍卫京师的善政。究其原因,既有可能是出于官员们对太祖、成祖的尊崇和敬畏,也有可能是因为这项制度在当时有一定的合理性。但这项制度在明末举步维艰之际依然被保留下来,与明朝“守常”的治国思想大有关系。

朱元璋出身寒微,他自称出身布衣,深知江山得来不易。为防止朱氏政权被革“天命”,他一再标榜自己“命”乃天授。他下诏说,开国之君经历坎坷、经验丰富,治国规制周详实用,后世子孙不得轻改,否则将受到严厉的惩罚。洪武二十八年九月庚戌,他颁《皇明祖训》条章于中外,同时规定“后世有言更祖制者,以奸臣论”[4]卷3,52。在《皇明祖训》之章首部分,他再次强调,“以后子孙做皇帝时",一定严守成法,不许立丞相,凡文武大臣奏请,违者即时"劾奏,将犯人凌迟,全家处死"[5]史部第264册,165-166。

在儒家传统的"大一统"和"天命论"思想的影响下,加上明太祖的严刑峻法,使得明初的政策罩上一层神秘的光圈而变得牢不可破。这一思想在成祖朱棣时得到了进一步的加强。同时,由于明代取官尤重科举,而科举率重儒学经义,饱读儒学精要的士子成为这一统治思想的坚定维护者。

丘濬曾说,在唐代,"太宗远矣,而子孙不能守,唐遂因以衰,而至于后世之主,其于祖宗之法固不可轻改,而于兵尤当加慎重焉",由此,他推至明朝,"惟我圣祖久历戎行,洞烛古今之利病,断自宸衷,制为划一之法,可以经久遵行,万世无弊,故开国至今百有余年矣。圣子神孙,恪守成规,以为宗社不拔之基"[6]严武备·军伍之制 第713册,373-374。霍韬也认为创业之君"立法最精",欲疗救内忧外患,最好的办法就是复太祖之制。他说:"惟宣德、正统以后,遂渐废坏,至尔年则太祖之法所存者盖无几矣。不复太祖之法,而可以致隆平者,臣未之闻也。"那些胆敢抨击祖宗创业之初立法草昧不完备者,居心实属险恶,"故凡暗废阴废祖宗之法者,皆乱臣贼子之渠也"[7]卷2,法祖类。霍韬对班军制度评价很高:"永乐间,选南直隶、山东、河南、陕西各卫所官军备京边操练,乃古遣戍防秋之义,亦张皇六师、安不忘危之深虑也……故太宗皇帝准古今立法,京边操演,春秋两番,迭为休息,所以使之勿忘有事也。练在太平,防在不测也。"[8]史部第68册,538

因此,许多官员认为,明初之制最为良善,不得任意改动,大多数官员普遍的说法是,"未敢轻变"。成化时,山东等地淫雨成灾,秋收无望,军民困苦,其各卫轮番京操军士,希望行"变通之术",但兵部认为,"京操军士自永乐至今六十余年,实祖宗居重驭轻之制,未敢更议"[9]卷94,成化七年八月己巳。嘉靖时,严嵩认为变革就是违反祖制,他说:"祖宗设大营内护京师,复令河南、山东、凤阳、大宁四都司军分春秋班入卫,盖以居重驭轻,有防微之深意,是以百五十年未敢轻变。"嘉靖皇帝虽不愿背上"违反祖制"的恶名,也不能坐视团营萎靡不振,便做了一些变通,他说:"朕更新戎班,设置将领,欲使士马精强,缓急得用,李熙等受兹重寄,当殚心整理以副使。……班军赴京操备,系祖宗成法,岂宜擅更折粮,不允行'。"[10]卷393,嘉靖三十二年正月己卯对部分官员提出"止调操以实内地"的建议,明廷坚决反对,部分人甚至因此被罢官乃至杀头。嘉靖时,从霍韬的奏疏中,我们隐约听到对班军制的强烈批评,以及取消这项制度的呼声,但其详情不得而知。他说:"近有献议谋罢京边远操,变为招募。人情怀土,惮于远行,传闻此议,纷然奏诉,虽托灾伤,实则阴坏成宪,遂其苟安之私也。"[8]史部,第68册,538 霍韬给反对班军制度者扣上"阴坏成宪,遂其苟安之私"的大帽子,是非常恐怖的。如嘉靖时河南道监察御史凌儒就是其中一位,他在肯定了国初祖宗之制用心之善后,话锋一转道:班军制度"奈何法久弊滋,有虚名而无实益",建议停行班军,折班收银,改行召募。应该说,这在当时,是一个非常务实的改革建议,但嘉靖皇帝说:"这厮市恩卖直,无故奉扰,锦衣卫拿在午门前,着实打六十棍,着为民。"[11]史部,第72册,666

万历初年,有福建道御史王许之建议取消外卫京操之制,扣班军之月粮、行粮而改招募,亦未被采纳[12]卷1,君道类。天启时,巡视京营礼科等衙门给事中等官彭汝楠提出改革京操制度的建议,亦无济于事,他对这种束于祖制而坐以待毙的做法颇有感触,话语中也透露出几分凄凉,"班军之必不能全至也,至而未必有用也,尽人而知矣,而语及于折班,则无敢任得,为祖制耳"[3]卷42,天启三年十二月甲寅。班军之制也只能于祖制之藩篱中艰难维系。

万历以后,面对举步维艰、疮痍满目的班军制度,君臣更多的是怀着对明初"旧制"深深的眷恋与美好的回忆,试图恢复祖制,只是斗转星移,物是人非,旧梦难温了。明末,礼部蒋德璟建言:"(文皇帝时)春秋入京操演,深得居重驭轻势,今皆虚冒。且自来征讨皆用卫所官军。嘉靖末,始募兵,遂置军不用。至加派日增,军民两困。愿宪章二祖,修复旧制。"[4]卷251,6501

崇祯时,吴甡坦言:京操之制"法甚善也",由于后来"大失祖宗之意",才导致流寇纷起[13]。崇祯三年,兵科给事中熊德赐建议尽复祖制,操练京军,重振昔日雄风,他说:"高皇帝取天下群雄之首,其创制立法为后世虑者,真可谓仁至而义尽也。无如法久弊生,初意寖失……自兵疲于工作,而班军之制乱矣。人之起居食息乱则病生,兵制如此。欲天下之不乱得乎?然则拨乱之术,当何如?仍莫如遵祖制……此皆合于祖制,而自可弥乱者。"[14]卷32,崇祯三年庚午三月丙申似乎一复祖宗之旧,则内忧外患顿消。凡此种种,既表明了明末统治者无计可施的窘迫,也表明了"尊祖敬宗"的"守常"思想的根深蒂固。

二、利益驱动

大凡打着“祖宗之法不可变”的幌子,以“法祖”为理由,固持“守常”的大旗者,可能还有更为深层的原因,即“变革”会带来新的权力分配,既得利益者极可能受到冲击和影响。于是他们可能会为一己之私,不惜损害国家和普通百姓的利益,竭力阻挠改革。这种“难以割舍的利益”,使本来弊病丛生的制度维持艰难,加剧了“守常”与“变革”矛盾的复杂性。

班军制度本身就蕴含了巨大的政治利益和经济利益,主要表现在如下几个方面。

(一)世袭兵制有利于国家对兵源的控制与补充

班军制度是建立在军户世袭制度基础之上的一种军事制度。班军的选补与管理都是严格按照卫所旗军世袭承继的方式来进行,即父死子继,兄终弟及,一旦军家无丁,还要从原籍州县军户中贴补一人从军,以保证军不失额。卫所旗军的世袭性特征带有极大的落后性。按照兵制发展的一般规律,募兵制要比世袭兵制有更大的优越性。明代的募兵制主要源于军队应役兵力的不足,通常随时应募,战事结束后即发回原籍,止募兵一身而止。

随着募兵制的推行,弊病随之产生。募兵数年在外,应役无休期,甚至一度出现“父死子继、兄终弟及”的情况,募兵竟与世袭兵无异,导致募兵的大量逃亡。一些人应募当兵,就是为了骗取募兵银。万历二十四年,兵部职方司聂云翰说,“募军册籍充栋,多系影占,尽成乌有”,他希望通过核对原来招募的名册以补足募额,并防止旗军充募兵之额[15]卷361,万历二十九年七月辛丑。这导致募兵制迅速走向衰弱,据官员反映:“先年充募勾丁继补,无异永戍,土著之民,多不乐就……如滦汉所募之兵,存者不及三分之二,弊亦坐此。该管将领,畏惧参罚,又以逃亡为讳,私自募补,随补随逃,随逃随补,名籍愈混,盖至今而大坏极敝矣。”[16]卷5,条陈蓟镇未尽事宜疏

相比较而言,到明末,京操军的点检、补充和执行等依然比较严格,京操军队伍也比较完整,这与该项制度的强力推行大有关系。许多领操官员因为完不成催班、补班的任务,常连降数级,戴罪领班。更甚者,因武官催解京操军无门,或差额甚众,有畏“罪”自杀者等。如崇祯七年,“洪塘所千户裴直言、西海

所千户张武臣、邳州卫千户尤承祖,俱已累极自缢”[17]第18册,223。从此例亦可看出,直到明末,对卫所旗军的管理仍然非常有效。

(二)班军所需费用相对较低

相对于募兵、家丁而言,班军所需要的直接费用是比较低的。这里所指的是“直接支付费用”,即直接从国家财政支付给他们的报酬,暂不考虑国家为保证卫所制度的运行而给旗军的屯田、牛马、农具等资助(其实,明中期以后,官府在这方面的支出已经相当有限),以及免除贴户军丁的差徭等间接费用。这些费用中,班军的军装、路费等基本生活物资主要来自军家;直接费用部分由中央和地方财政分别负担,这样就分散了班军所需经费。这是许多官员抱残守缺的重要原因。

明中后期,家丁制兴起。家丁主要来自招募,其直接费用远远高于班军。募兵之费直接来自国家财政,或从太仓调拨,或提高中盐比例,或收取折班银充饷。就募兵费用而言,一名募兵大大超过一名班军。万历时,吴时来做过比较,一名募兵的开支相当于四名班军的开支[2]卷385,4174。

(三)对班军的剥削和奴役

明中期以后,班军制度弊病渐多,官府遂实行折班制度,即班军出银后可免于上班。班军折班后,地方府州县原来支付给上班班军的费用并不免除,而是直接交解到国库里,把这两笔钱作为军费收入。

按明制,卫所额定旗军的月粮例由所对应的府州县支付,即使是班军正常减员,府州县承担的相应军费也是不能减免的。如在直隶武平卫,“武平卫掌印指挥方壮猷,领操指挥宋宏祖、郑大恩下,原额官军四千六百三十名,奉例开除年远故绝无丁拨补军人一千三百九十名,粮银例解凤阳府,募兵防守;纪录幼军六名,裁革哨军五名,新例择出逃故无从抽调军人五十四名,粮银例解太仓银库”[17]第48册,428。

折班是指班军出银免于上操。边操军折银早于京操军折银,其财政意义也更加明显。万历十一年,大同督抚官郑雒说,该镇准备修建军屯民堡257座,敌台1 028座,但刚刚完成堡41座,敌台168座,余下部分工程“今春当修,但工费全藉河南班价”[15]卷132,万历十一年正月甲子;十四年,郑雒再奏,修镇河、镇虏二堡,其费用“军夫匠役应支口粮,俱于河南班军所省行粮,每年一万石之数内动支;盐菜炭价木植等银,俱于河南班军价银内动支”[15]卷170,万历十四年正月甲子。它表明折班银已经成为明朝中后期重要的军费来源,兵部和户部的官员们都不愿意废除这项制度,甚至斤斤计较于折班银的管辖和使用权[18]第484册,244-247。

仍然坚持上班的班军逐步沦为官府肆意奴役、压榨的廉价劳动力,因为班军(旗军)的社会地位明显低于民兵和募兵。万历三十年,工部尚书姚继可在商讨修河工程时,要求借用河南、山东、凤阳京操军,就把他们当成了最为廉价、易于管理的劳动力:“今可用夫七八万,而此七八万,先借河南、山东、凤阳班军,次宜借洪夫闸夫及淮安牙募夫,总计二万有余,此辈有本等工食,每日每人加给银一分,约束颇易。”[15]卷373,万历三十年六月癸巳官员们认为,“凡有兴作,辄役班军,以为是客寓,可任朘削,而不知拥护陵京,与京军无二也”[15]卷425,万历三十年九月乙未。把班军当成廉价劳动力而任意驱使的情况一直持续到明亡。

(四)既得利益者的阻挠

班军的存在对一部分官员或一些地区而言是有利可图的,他们极有可能是废除或改变班军制度的阻挠者和反对者。

废除班军制度,肯定会影响到一部分官员的利益。明末,吴甡在分析有明一代班军之制演变时,就把班军的衰败归结于折班半价入官,同时指出:皇亲国戚“请乞班军以做私事”,加速了这项制度的灭亡。他说:“永乐既都北京,令山东、河南、江北诸郡卫所各军春秋两班赴京部科点验,发京营一体操练……其后分发近边筑工,折其半纳班价矣。又其后皇亲驸马侯伯有坟土,辄乞恩请班军,以数千计,皆折价入囊矣。”[13]一些武官也担心变更制度会影响到自己的利益,一些羸弱不堪重用的旗军利用其身份以获生活之资,亦反对裁减,甚至有公然聚众滋事者[19]卷17,《京营操军》。

蓟镇是戍守京畿的第一重镇,蓟镇官员以班军制度有利可图,坚决反对废除。因为,蓟镇虽然大量使用入卫班军和京操班军,却不需要负担这些“客兵”的军需供给。嘉靖三十七年,兵部唐顺之算了一笔调取客兵(班军)和供养主兵费用的账,认为班军既能减轻蓟镇的经济压力,又能保证兵源数额,不应该被募兵取代。他说:“臣尝计之:客兵每岁防秋四月,该支行粮一石八斗;主兵一人,每岁该支月粮十一石,出戍百里,行粮在外,主兵一人之费,足抵客兵七人而有余，主兵之马费亦如之。然则调客兵计，各处则为增费，在蓟镇则为省费也……班军如有老弱逃亡，原卫即于佥补，此则粮不增，而兵亦足矣。”[15]卷7，兵部郎中唐顺之经略蓟镇条陈疏略鉴于蓟镇在防戍京畿中的地理位置极其重要，围绕该镇开展的防御政策不能不受到决策者的重视，废止或更改班军制度的难度可想而知。

班军身上蕴含的经济价值到清初依然有所显现。顺、康年间，在没有班军的江西袁州卫信丰和会昌二所，竟有漕运官或运丁捏造了所谓的“信会班军”和“欧黄班军”，以图从所谓“班军”身上获得帮贴补偿，最终没有如愿[20]。

三、变革图存

虽然改革班军制度面临诸多困难，但班军制度存在的弊病是有目共睹的。因此，许多官员虽然反对废除班军制度，但并不主张一成不变，“承平日久，法久弊生”是他们大致的共识，这些官员在儒学思想之“尊祖敬宗”大背景下，高举“民本”思想，即所谓的“敬天保民”“以民为本”的旗帜，对班军制度的实施与管理进行了一些变革，这在一定程度上缓和了方方面面的矛盾，班军制度也得以艰难维持。

（一）改班、撤班、免班和留班

明初，大量的外卫旗军被调入京师轮操是在没有蒙古族贵族南下强劲冲击的情况下展开的，这种制度本身在平衡防守力量与重点布防方面存在一定的缺陷。英宗时，曾抽调京师军队轮流到边地戍守，此后，又停罢了部分边地都司卫所的京操任务，并永久地改调他们回卫防守。当地方灾害严重，或者出现战乱时，上班的时间、人数和方式也都有相应的调整。

京操军本为防御戍守京师而设，但班军改班（从京师调整到别的地方）、撤班（从京师撤回本班防御）、免班（暂时免于上班）和留班（留在地方戍守）等情况时常发生，人数最多的地区是大宁都司、陕西都司和行都司、山西都司和行都司等。

京操军改变戍守地区，或永久留班，或撤回本地防守，他们的京操性质也就相应发生了变化。如德州二卫的京操军改拨边操戍守之后，其待遇与管理将按边操军的标准来执行。如万历二十二年间,“向因京操裁革,今戍守永平台头等处,照防边例给之(布花银)”[15]卷278,万历二十二年十月己酉。“庚戌之变”后,虽然明中央将大批的京操军改为戍边军,但来自河南、山东二都司的京操军轮戍京畿的情况依然存在,只是戍守的地区仅限于京北的蓟、昌二地,由于两地距京师很近,虽属赴京郊戍守,与防御京师没有太大区别。至此,有明一代在卫所制度的基础上构建的京师防御体系大体完成了转变,即从汇聚京师防守,转至京畿地区防守。

(二)折班

折班的直接原因是班军的违误与失效,班军“践更之卒苦于远戍,自愿折价助边”[15]卷476,万历三十八年十月己;折班的标准大体按班军的行、月二粮折算银数来确定。折班银的思路又源于罚班银,即官府对失班不至者,扣除其应发的月粮、行粮,并适当给予的罚金。

折班之法最早出现于嘉靖初年,不同类型的班军,实行折班的方法有较大的区别,总的特点是:边操比京操折班实行得要早,民兵折班比旗军要早,这大抵也反映了班军制度改革时的渐变过程。嘉靖三十二年,有官员提议京操班军折粮,严嵩等官员表示强烈反对:“班军赴京操备,系祖宗成法,岂宜擅更折粮,不允行。”[15]卷393,嘉靖三十二年正月己卯万历二十九年,职方司主事沈朝焕再次提议,将京操军折班纳银,以备充役,他说:“(京操军上班之际)雇募乞丐,临时应点……每岁约费十万余金,班军既为虚名,军粮皆成浪费,不如将各卫大粮该轮班上操之时赍解贮库,遇有缓急,可以招募壮丁,设遇大工,即可雇募夫役,部议以为此拔本塞源之论,今工役浩繁,需军颇众,先行申饬,俟大工完日施行。”虽然京操之弊昭然若揭,但兵部仍虚应具文而不愿采纳。[15]卷360,万历二十九年六月戊辰

京操军部分实行折银免班之制是在万历三十七年,此时明政府的财政已经陷入困境,内忧外患,危机连连,折班实属不得已而为之,直接的原因则是“兵部议设处辽兵新增饷银言,辽左增兵万人,岁饷银马价总该十五万六千两”,据载:“今议以四万人中一半折价,一半赴京,可解纳班价银四万五千余两,省行粮约六万余石。”万历批准了四万京操军一半折班的建议。[15]卷465万历三十七年十二月己巳

（三）其他变革措施

为保证班军事务的顺利进行，明廷在班军赴班及管理方面做了不少的调整。如调整班次以减轻旗军的负担。正德十五年，经河南巡按御史喻茂坚奏请，决定“易班次以便操军”，规定：“看得一门一时三军并起，实是不堪，似此情法不碍，合无通行卫所，京边操军一家三名以上，班次相同者，许令一名改拨别班，将别班无碍操军改拨本班，庶使军装易办，往回互得休息矣。”[21]题为去时弊以安军民事又如，归并班组、调整班军编制，以便于组织管理，提高班军的使用效率。大抵春秋二班轮番入卫，秋防任务最重，概“秋高马肥”，北边易受侵扰，秋防需要投入更多的防守兵力，相比较而言，春防及初夏“青黄不接”，防守较易，所以有一段时间，官员提议两班轮替不必见面，是有一定积极意义的。

此外，改更职官制度，提高对班军的管理效率。如将卫所体制下的职官变更为营兵制之下的官员，增设了专门的领班都司佥事官或领班“都司官”。为便于外卫的领班官员在京师管理班军，又提升了一些领班官员的职衔，俱以“署都指挥”职衔管事。嘉靖四年，“升领班中都留守司指挥使卢佐、指挥同知赵俊，山东都司指挥佥事彭烈，河南都司指挥同知白祥，大宁都司指挥佥事周镗，各署都指挥佥事，列衔本司。佐等原以都指挥体统行事，兵部言势轻难以统辖，故擢之”[9]卷50，嘉靖四年四月己巳。这类事例还有不少。

四、余　论

纵览有明一代，班军制度虽然没有被废除，但“变革”是挡不住的潮流，所以，其运行机制与方法均有很大的变动，只是这种变化是一种潜移默化的渐变过程。景泰年间，于谦受命于危难之际，革故鼎新，行富国强军之法。在变革京营制度时，他承认“天下卫所”，“多祖宗制度，难于更改”。他把各地京操军留居京师，以及北边诸卫所旗军留戍或改戍边地，也只是权宜之计，一旦局势稳定，仍复其旧，他坚决反对借机取消班军制度的行为[22]卷8，兵部为操备省减粮储等事，265。于谦改革虽不甚彻底，然已属不易。数年后，他认为极为不妥的边地旗军发回本地操守的做法最终变成现实——“庚戌之变”后，大宁、北直隶、山西都司和行都司的京操军大批撤回本地防守。

当然,改革,总是要找出一些“理论”依据。张居正改革时,以“尊祖制、扬儒学”为宗旨,高举“敬天”“法祖”“保民”“务实”等思想。以此为旗帜,在改革过程中,他却把不符合时代要求、阻碍社会经济发展和行政效率的“祖宗之制”多加变更,这也是受儒学浸染的整个帝国统治思想中“经世致用”的权变思想的具体运用[4]卷213,5649。

班军制度的改革,大多都能顺应形势的需要,在一定程度上缓和了社会矛盾,修补了制度的不足,使其得以艰难运行。然而,变革不可能是彻底的,来自统治者内部的调整毕竟无法从根本上解决体制内部的矛盾,因为“守常”与“变革”本身即是一对矛盾。当积重难返、制度内部的调整无济于事时,王权就失去了“天命”,天怒人怨,农民起义便爆发了。换言之,只有出现突变式的王朝更替,方能消除社会矛盾,这也是中国传统政治哲学影响下的王朝更替与制度轮回的基本特征。

参考文献:

[1]周桂钿.中国传统政治哲学[M].石家庄:河北人民出版社,2001.

[2]陈子龙,等.明经世文编[M].北京:中华书局,1997.

[3]明熹宗实录[M].台北:“中央”研究院历史语言文化研究所,1962.

[4]张廷玉.明史[M].北京:中华书局,1974.

[5]朱元璋.皇明祖训[M]//四库全书存目丛书.济南:齐鲁书社,1995.

[6]丘濬.大学衍义补:卷117[M]//文渊阁四库全书.台北:商务印书馆,1983.

[7]霍韬.陈圣制以裨至治疏[M]//续修四库全书.上海:上海古籍出版社,1999.

[8]霍韬.渭崖文集:卷3[M]//四库全书存目丛书.济南:齐鲁书社,1995.

[9]明孝宗实录[M].台北:“中央”研究院历史语言文化研究所,1962.

[10]明世宗实录[M].台北:“中央”研究院历史语言文化研究所,1962.

[11]河南道监察御史臣凌儒谨题为敷陈愚见以裨圣治事.[M]//四库全书存目丛书.济南:齐鲁书社,1995.

[12]王许之.条议国家事务,乞及时经理疏[M]//四库全书存目丛书.济南:齐鲁书社,1995.

[13]吴甡.忆记:卷3[M].清抄本.

[14]崇祯长编[M].台北:“中央”研究院历史语言文化研究所,1962.

[15]明神宗实录[M].台北:"中央"研究院历史语言文化研究所,1962.

[16]王一鹗.总督四镇奏议[M]//四库禁毁书丛刊.北京:北京出版社,2000.

[17]中国第一历史档案馆,辽宁省档案馆.中国明朝档案总汇[M].桂林:广西师范大学出版社,2001.

[18]毕自严.度支奏议·堂稿:卷20[M]//续修四库全书.上海:上海古籍出版社,1999.

[19]沈德符.万历野获编[M].北京:中华书局,1997.

[20]于志嘉.明清时代江西卫所军户的管理与军役纠纷[J].台北"中央"研究院历史语言研究所集刊.

[21]霍冀.军政条例类考:卷5[M].北京:北京图书馆,1997.

[22]于谦.忠肃集[M]//文渊阁四库全书.台北:商务印书馆,1983.

作者简介:彭勇(1970—),男,河南夏邑人,中央民族大学历史系副教授,历史学博士,主要从事明清史研究。

原文出处:《西南大学学报》(社会科学版)2007年第2期。

转载:《高等学校文科学术文摘》2007年第3期论点摘要。

明朝对中朝朝贡的组织管理及其影响

栾　凡

（吉林省社会科学院 历史研究所，吉林 长春 136000）

摘　要：朝贡的组织与管理是明朝朝贡制度完善的具体体现，从中央到地方，都有专门的机构和人员负责朝贡事务，不仅设置完备的机构，在朝贡的组织过程中也有条不紊，有章可循。对朝鲜的特例，使明朝与朝鲜的朝贡关系比其他朝贡国更为密切，给两国之间的政治、经济、文化发展带来了深刻的影响。

朝鲜，是明朝的主要朝贡国，二者之间的关系是典型的朝贡关系。明朝与李朝之间的朝贡十分频繁，明朝给李朝规定的贡期是三年一贡，而朝鲜则要求一年三贡甚至四贡，但这只是规定的次数，实际的往来次数要大大超过明朝的规定。明廷对中朝朝贡事务的管理制度是比较完善的，无论是接待朝鲜国王、使臣，还是往朝鲜派使臣，都有严格的规定。虽然在执行过程中，有这样那样的不尽人意之处。由于明朝与朝鲜的密切关系，明朝给予朝鲜很多的优惠政策，同时也带来了许多弊病。

一、朝贡的组织与管理

明朝的朝贡事务由礼部负责，礼部设于洪武元年（1368），礼部下设主客司“分掌诸藩朝贡接待给赐之事。诸蕃朝贡，辨其贡道、贡使、贡物远近多寡丰约之数，以定王若使迎送、宴劳、庐帐、食料之等，赏赉之差。凡贡必省阅之，然后登内府，有附载物货，则给值。若蕃国请嗣封，则遣颁册于其国。使还，上其风土、方物之宜，赠遗礼文之节。诸蕃有保塞功，则授敕印封之。各国使人往来，有诰敕则验诰敕，有勘籍则验勘籍，毋令阑入。土官朝贡，亦验勘籍。其返，则以镂金敕谕行之，必与铜符相比。凡审言语，译文字，送迎馆伴，考稽四夷馆译字生、通事之能否，而禁饬其交通漏泄。凡朝廷赐赉之典，各省土物之贡，咸掌之”[1]卷72，职官一。

明朝沿袭唐宋旧制，主客司不仅执掌外国的朝贡事务，也负责地方政府、周边少数民族的朝贡事务。仅就外国的朝贡而言，主客司的具体职责是：其一，“凡四夷归化人员及朝贡使客初至会同馆，主客部官随即到彼，点视正从，定其高下房舍铺陈，一切处分安妥，仍加抚绥，使知朝廷恩泽”。分清来宾的主从地位，给予不同的招待，使之有宾至如归的感觉，以体现朝廷恩泽。其二，“分豁正从人数，劄复膳部，五日一次，照例支送酒肉茶面饮食之物”。仍按来宾的主从地位报告饮食部门，按照规定支送食物及饮品。其三，“量其来人重轻，合与茶饭者，定拟食物桌数，劄复膳部照办。主客部官一员，或主席，或分左右随其高下序坐，以礼管待”。根据来人的职位高低，是否合与茶饭，然后确定食谱、桌数、陪客人员的座次。根据明朝成化年间的规定，朝鲜使臣来朝，由礼部官员招待，属于较高层次的接待[2]卷109，礼部·宾客·会同馆。制定来朝人员的赏赐标准，也是主客司的职责之一，“凡诸蕃四夷朝贡人员及公侯官员人等，一切给赐，如往年有例者，止照其例；无例者，斟酌高下第等，题请定夺，然后礼部官具本奏闻，关领给赐”[2]卷111，礼部·给赐二。主客司的职责还有审核朝贡表文，考核四夷馆译字生、通事，严禁他们与外国贡使私自接触，以防泄露国家机密。译字生、通事属于从事外事活动的官员，要通晓外事纪律。对他们要经常进行考核、考查，管理十分严格。贡物的清点，也是主客司的职责之一。收到贡物之后，要登记清点，然后移交内府，由内府估验定价，以确定附载货物的给价、回赐数目。并保管明朝使臣记录的有关朝贡国风土物产等方面的资料，管理会同馆。除主客司外，礼部的仪制司和精膳司也负责一部分朝贡事务[3]。

会同馆是明朝专门接待朝贡人员住宿的大规模驿馆，朝鲜贡使来朝一般居住在会同馆的南馆。会同馆全面负责来朝贡使的饮食起居，馆内设施齐全，有专门为贡使服务的馆夫，还配有专门的医生。除了接待朝贡人员，会同馆还负责贡物的存放与存养，并按其种类的不同，拿出具体的处理办法。《明会典》中关于朝贡通例的记载十分详细，与朝鲜进贡有关的规定如下：“凡蕃国及四夷土官,或三年一朝,或每年朝贡者,所贡之物,会同馆呈报到部,主客部官赴馆点检见数,遇有表笺,移付仪部。其方物,分豁进贡上位若干,殿下若干,开写奏本,发落人夫馆领。先具手本,关领内府勘合,依数填写及开报门单,于次日早朝照进内府,或于奉天门,或奉天殿丹陛,或华盖殿及文华殿前陈设。本部正官奏启进纳。若遇庆贺圣节、正旦,即以数目具本奏闻。物候至日,通进内府陈设交收。"进贡的马、骡到达会同馆,"即令典牧所差医兽辨验儿骒骟及毛色齿岁明白,备写手本交收,及令本官放支草料喂养,仍拨人夫管领。至期内进府,行列于丹墀东,伺候御前牵过,同手本交付御马监官收领"。进贡的虎豹禽鸟之类到达会同馆,"就令畜养之人喂养,具数奏闻送所司收领。至期进内府丹墀内陈设"。进贡的金银器皿、珍宝、缎匹之类,必须和进献之人共同查验,然后"具写奏本,仍以器皿装盛或黄袱封裹,分拨管夫一同贡献之人收馆。先期一日关填勘合,开报门单,次日早朝,进内府,于殿前丹陛等处陈设,一一交付常随内使收受"[2]卷108,朝贡四·朝贡通典。至于大宗的香料、药材等由当地的地方官验收,一小部分解送京师,其余的就地给价收买或进行贸易,不再经过会同馆中转。

四夷馆和鸿胪寺也是与朝贡制度有关的管理机构。四夷馆是中国历史上具有真正意义的翻译机构,在以前的朝代虽然都有从事翻译的官职,但建立专门的机构,是从明朝开始的。

提督四夷馆设少卿一人,属正四品,掌管译书之事。成立于永乐五年(1407),负责外国朝贡使臣的翻译工作。四夷馆的官员有译字生和通事,通事最初隶属于通政使司,主要工作是通译语言文字。四夷馆初设之时,隶属翰林院,选国子监生学习翻译之事。从宣德元年(1426)开始,扩大了招选的范围,官民子弟亦可入选,然后委派官员授课,稽考课程。弘治七年(1494)为加强四夷馆的权力,增设太常寺卿、少卿各一员为提督,隶属太常寺。嘉靖年间裁减官员,四夷馆只留少卿一人。四夷馆的译字生,在明朝初年十分受重视,"与考者,与乡、会试额科甲一体出身。后止为杂流。其在馆者,升转皆在鸿胪寺"[1]卷74,职官三。

鸿胪寺掌管"朝会、宾客、吉凶仪礼之事。凡国家大典礼、郊庙、祭祀、朝会、宴飨、经筵、册封、进历、进春、传制、奏捷,各供其事。外吏朝觐,诸蕃入贡,与夫百官使臣之复命、谢恩,若见若辞者,并鸿胪引奏。岁正旦、上元、重午、重

九、长至赐缎、赐宴,四月赐字扇、寿缕,十一月赐戴暖耳,陪祀毕,颁胙赐,皆赞百官行礼。司仪典陈设、引奏,外吏来朝,必先演仪于寺。司宾典外国朝贡之使,辨其等而教其拜跪仪节。鸣赞典赞仪礼。凡内赞、通赞、对赞、接赞、传赞咸职之。序班典侍班、齐班、纠仪及传赞”[1]卷74,职官三。在明朝的朝贡活动中,鸿胪寺的主要职责是导引朝贡使臣履行朝贡礼仪。明朝对部门的职责规定比较严格,嘉靖十二年(1533)十一月,礼部提出“朝鲜国岁贡方物,例皆咨部奏进,则本国咨文正系送部文字。不知起自何时,混投鸿胪寺,寺臣辄与封进。愿以内府送部,殊乖体统。自后进贡咨文,宜先送本部”[4]卷156,嘉靖十二年十一月丁巳。朝鲜的进贡文件送错了部门,要及时纠正过来,各司其职,各负其责。

明朝出使官员的管理与选任,也是朝贡制度的内容之一。明朝的行人司就是这样的机构,它的职责是“专捧节、奉使之事。凡颁行诏敕,册封宗室,抚谕诸蕃,征聘贤才,与夫赏赐、慰问、赈济、军旅、祭祀,咸叙差焉”。行人司初设于洪武十三年(1380),属官有行人,正九品,左、右行人,从九品。不久,将行人改为司正,左、右行人改为左、右司副,更设行人345人。洪武二十七年(1394)将行人司由九品衙门升为七品衙门,“以所任行人多孝廉人材,奉使率不称职”,于是设定行人司的官员数额为40员,司正一人,正七品,左、右司副各一人,从七品,下属行人37人,正八品,而且全部要求是进士出身。“非奉旨,不得擅遣,行人之职始重。”建文年间,行人司一度被罢,其行人隶属鸿胪寺,永乐时期又将其恢复[1]卷74,职官三。

在明朝的对外交往中,行人的职责是奉命对朝贡国国王进行招谕、册封和赏赐,地位十分重要,能否严格履行自己的职责,完成朝廷赋予的使命,与明朝内政外交的成败得失有直接的关系。明朝皇帝对行人的要求十分严格。“凡为使臣,受命而出,四方之所瞻视,不可不谨。孔子曰:行己有耻,使于四方,不辱君命,可谓士矣。尔等当服膺是言。若纵情肆欲,假使命而作威作福,虐害下人,为朝廷之辱矣。自今或捧制书,或奉命出使,或崔督庶务,所在官吏淑慝,军民休戚,一一咨询,还日以闻,庶不负尔职也。”[5]卷138,洪武十四年八月壬戌使臣是国家形象的代表,是代表国家出使,必须小心谨慎,注意形象。明朝不仅规定了严格的制度,而且对于执行者的形象也十分注意。有了比较完善的制度,没有认真执行的人员,制度也就等于一纸空文。明朝的行人虽然品级不高,但在出使藩国时,时常充当正使。永乐中期以后,多由其他衙门的官员充当正使,而以行人为副使。正统年间正式规定以给事中为正使,行人为副使。以后的行人出使,皆援此例[6]卷460,乞罢使琉球疏。

行人除了捧节奉使之外,还有一项重要的职责,而且这项职责与朝鲜有直接的关系。当朝鲜贡使返回时,明朝要派遣行人伴送出境。这一奏议是兵部右侍郎马文升提出来的,他认为:朝鲜使臣来京朝贡,“军民人等辄以弓材、箭镞与凡铁器私相贸易,诚非中国之利。乞下所司禁约,且以行人带领,通事伴送,沿途防禁之”[7]卷159,成化十二年十一月辛亥。这一奏议后来作为一项制度确立下来,其宗旨是防止贡使在返回途中有违禁行为。明朝作为宗主国,虽然对属国朝鲜的朝贡政策十分宽松,贡使往来频繁,回赐丰厚,甚至为朝鲜着想,不允许他们进贡金银及珍禽异兽,但明朝统治者在心理上对朝鲜还是防范的。作为大国,可以不在乎小国进献多少物产,不可以不在乎小国军事力量的增强,以及有可能发生的对边防的威胁。

二、朝贡的组织管理与实施

朝鲜向明朝的朝贡是明朝藩属国中次数最为频繁的,从高丽时期,这样的朝贡就已经开始了。高丽向明朝的朝贡始于洪武二年(1369)八月甲子,“高丽国王王颛遣其礼部尚书洪尚载等奉表贺即位,请封爵且贡方物,中宫及皇太子皆有献,赐尚载以下罗绮有差”[5]卷44,洪武二年八月甲子。接着在九月丙午,高丽国王又“遣其总部尚书成惟得、千牛卫大将军金甲雨上表贡方物谢恩,并贺天寿圣节,中宫及皇太子皆有献”[5]卷45,洪武二年九月丙午。十二月甲戌,高丽国王再“遣其臣张子温等,上表谢封爵并贺明年正旦,贡方物,中宫东宫皆有献”[5]卷45,洪武二年十二月甲戌。这是高丽最初对明朝的几次朝贡,有贺即位、贺天寿圣节、谢封爵并贺明年正旦等。洪武三年(1370)八月庚申,高丽派遣官员“上表谢赐冕服,贡方物并纳元所授金印”[5]卷55,洪武三年八月庚申。接受明朝的冠服,并把元朝授予他们的金印上缴明朝,表明对明朝的臣服。

洪武二十五年(1392)闰十二月,高丽王朝由李氏朝鲜取代。李氏朝鲜建立以后,更是奉行对明朝“事大以诚”的外交政策,保持两国历代的朝贡关系。明朝与李朝之间的交往远远超过高丽,使节之间的往来情由主要有:颁诏、封典、告哀、进贺(登极、尊号、尊谥、册立、贺正、冬至、圣节、千秋节)等。朝贡使臣奉使来朝,所携带的物品有贡品和附进物品两种。贡品是由贡使代表其国王献给明朝皇帝的,明朝皇帝则对其大加赏赐。附进物品是贡使携带的除贡品之外的私物。明朝对这种附进货物的处理方式有两种,一种是给价收买,另一种是让其自行交易。“正贡外,使臣自进并官收买附来货物,俱给价。不堪者令自贸易。”[2]卷111,给赐二·外夷上交易的场所有京师的会同馆和沿海的市舶司。

会同馆是开市贸易的场所,“各处夷人朝贡领赏之后,许于会同馆开市三日或五日,惟朝鲜、琉球不拘期限。俱主客司出给告示,欲馆门首张挂,禁戢收买史书及玄黄、紫皂、大花西番莲段匹,并一应违禁器物。各铺行人等将物入馆,两平交易。染作布绢等项,立限交还。如赊买及故意拖延,骗勒夷人久候不得起程,并私相交易者,问罪,仍于馆前枷号一个月。若各夷故违,潜入人家交易者,私货入官,未给赏者,量为递减。通行守边官员,不许将曾经违犯夷人起送赴京”[2]卷109,礼部·宾客·会同馆。在诸多的朝贡国中,朝鲜享有非常特殊的待遇,与朝鲜对明朝“事大以诚”的态度有直接的关系。弘治年间,为了加强对朝贡使臣的行动和交易的管理,曾一度取消了朝鲜、琉球所享有的特殊待遇,引起了两国使臣的不满。提督会同馆礼部主事刘纲上奏:“旧例,各处夷人朝贡到馆,五日一次放出,余日不许擅自出入,惟朝鲜、琉球二国使臣则听其出外贸易,不在五日之数。近者,刑部等衙门奏行新例,乃一概革去,二者使臣颇觖望。又旧例,夷人领赏之后,告欲贸易,听铺行人等持货入馆开市五日,两平交易;而新例凡遇夷人开市,令宛平、大兴二县委官选送铺户入馆,铺户、夷人两不相投,其所卖者,多非夷人所欲之物。乞俱仍旧为便。”请求仍然按照原来的规定执行。“又新例,外夷到馆,凡事有违错,不分轻重,辄参问提督主事及通事伴送人等。且主事在馆,提督不过总其大纲,与通事伴送专职者不同。今一体参问,情既无辜,且不足以示体统于四夷,乞量为处分。”礼部议定“外吏到馆,如有杀人重事,乃参问提督官;其余事情,止参问通事、伴送人等”[8]卷170,弘治十四年正月壬申。明孝宗准奏。

市舶司,全称是市舶提举司,最初是在吴元年设立的,地点在太仓黄渡,由于离明朝当时的都城南京太近,改设于宁波、泉州、广州。嘉靖元年(1522),由于倭寇事宜,将宁波、泉州的市舶司撤销,只留广州一个市舶司。市舶司有提举一人,从五品官,副提举二人,从六品官。下设吏目一人,从九品官。市舶司的职责是“掌海外诸蕃朝贡市易之事”[1]卷75,职官四。由于朝鲜与明朝的朝贡贸易一般是由陆路入境,中朝之间的贸易活动很少经过市舶司,多于会同馆进行。

明朝初期,由于朱元璋及后来的永乐皇帝本着天朝大国对藩属国的“怀柔之意”,对各国贡使所携带的私物交易时免征其税。虽然各级官员都提出征税的建议,“高丽贡使多赍私物入货,宜征税”。明太祖“俱不许”[1]卷320,朝鲜。洪武年间规定贡献使臣的附带物品由官方给价收买:“凡远夷之人,或有长行头匹及诸般货物,不系贡献之数,附带到京,愿入官者,照依官例具奏,官给钞锭,酬其价值。”[2]卷113,给赐四·给赐蕃夷通例这是根据朝贡者的意愿所进行的给价收买,另一种情况是“若附至蕃货与中国贸易者,官抽六分,给价以赏之,仍除其税”[5]卷45,洪武二年九月壬子。弘治时期的规定则更为具体:“凡蕃国进贡内国王、王妃及使臣等附进货物,以十分为率,五分抽分入官,五分给还价值,必以钱钞相兼。国王、王妃钱六分、钞四分;使臣人等,钱四分、钞六分。又以物折还,如钞一百贯、铜钱五串,九十五贯折物,以次加增,皆如其数。如奉旨特免抽分者,不为例。”[2]卷113,给赐四·给赐蕃夷通例对于朝贡国借朝贡之机所携带的附进货物,明朝的处理办法有给价收买和抽分两种。但就实际情况而言,抽分的办法是弘治以后实行的,洪武时期虽然有这样的规定,并没有真正地实行。

三、朝贡制度的影响

明朝时期的中朝朝贡制度不仅内容完善,而且影响深远,体现在政治、经济、文化等诸多方面。由于明朝初年中朝两国的朝贡关系即得以确立,与明朝的其他藩属国不同,朝鲜对明朝的朝贡十分频繁,虽然明朝明确规定朝鲜三年一贡,但朝鲜对一年三贡甚至四贡仍不满意,有时达到六贡。从朝鲜方面而言,非常愿意与明朝往来,往来的次数越多,获得的回赐就越多,到明朝京城进行贸易的机会也越多。为数众多的来宾并不是以真正的使节资格到中国来的。他们来是为了赚钱,带来礼物并希望皇帝赏赐。为了不失伟大君主的尊严,明朝皇帝的这些赏赐远远超过他所收到的礼物的价值。他们把收到的钱用来购置中国商品,然后拿到他们本国出卖,获取大利。而且他们一登上中国的土地,他们的开支就都由公款报销。看来中国人想照顾这些使节,或者不如说这些商人，其唯一的目的就是要控制邻国，因此他们向皇上进贡什么样的礼物倒似乎是无所谓的。……然而这些蛮夷从老远带来这样一些琐细的东西却使国家为他们路上的开支花费了一大笔钱。好像中国人重视的倒不是这些自称使节的低下地位，而是炫耀他们君主的伟大。[9]利马窦的这段论述明确地说明了朝贡国频繁来朝的真正目的，以此说明朝鲜积极主动地寻找来朝机会，实质上是为了增加获得回赐和贸易的次数，以获得更大的财富。朝贡制度给朝鲜提供了这样的机会，朝鲜也抓住了这个机会，为本国的社会经济发展创造了条件。

对明朝而言，朝鲜是所有朝贡国中最为顺服的，虽然来朝次数频繁，想获得更大的经济利益是他们的本意，但也表示他们对明朝的臣服是心悦诚服的，他们真正做到了"以诚事大"。尊明朝为大，这正是明朝制定朝贡制度、招谕四方的根本宗旨。明朝统治者的这种心态，使明朝在处理与朝鲜关系方面较多地体现了明朝外交政策上的"薄来而情厚则可，若其厚来而情薄，是为不可"[10]。说明政治上臣附的意义远远超出贡品本身的价值。

中朝朝贡制度的确立与完善，给朝鲜带来的政治方面的影响是李朝在政治经济制度的制定上借鉴了明朝的制度。中央机构原以都评议司为最高评议机构，门下省为最高执行机构，后将都评议司改为议政府，门下省并于议政府，领议政、左议政、右议政三员合议，是为三公。一般政务由吏、户、礼、兵、刑、工六曹分别掌管。地方行政机构初设五道，后改为八道，并仿中国的行台、分台设暗行御史，考察地方政情。在法律方面，《经国大典》作为李朝的法制根本，是由周制和明制折中而成，后经多次修改，形成《吏典》《户典》《礼典》、《兵典》《刑典》《工典》等六典。李朝的刑法也以明律为准。李朝初期的兵制设置是三军十卫，后改为五卫，下设部、统、旅、队、伍等。李朝的币制是永乐二十一年(朝鲜世宗五年，1423)确立的，以唐开元钱为准，积十钱重一两，称作"朝鲜通宝"。李朝的最高教育机构成均馆，下设五部学堂，后改为四部，地方设乡学。先入书堂学汉文，然后入乡学，攻读数年，第一次应试合格者为生员进士，取得进入成均馆学习的资格，经文科考试及第者，可获取高级官位。从朝鲜政治制度的变迁可以看出，明朝对朝鲜的影响既全面又深入。

由于朝贡，朝鲜使臣频繁往来中国，接触了底蕴深厚的中华汉文化，作为代表的儒家文化也随着明朝与朝鲜之间的朝贡贸易活动不断地传入朝鲜，使儒家思想在朝鲜社会生根开花，并形成了一个新的思想体系，这一思想体系的发展进一步增强了朝鲜对儒家文化的需求，反过来又促进了儒家思想的不断传入。明朝初年，高丽就请求派高丽子弟进入国学读书，其结果如何，史书缺载，但朝鲜将明朝国学教育和科举考试制度完全照搬回去，自己培养了大批儒学知识分子和掌握儒学思想的官僚，对朝鲜的统治思想产生了巨大的影响。由于儒学之风盛行，对儒学书籍的需求便大大增加，这是明朝皇帝在给予朝鲜使臣回赐中多有书籍的真正原因。洪武三年(1370)，高丽使臣回国，带回去朱元璋赐给高丽国王的物品，除国王冠服、王后冠服、陪臣冠服以外，就是六经、四书、通鉴、汉书等儒学典籍[11]16-17。宣德八年(1433)十二月，朝鲜使臣回国复命，带回明朝皇帝给朝鲜国王的敕书："览奏欲遣子弟诣北京国学或辽东乡学读书，具见务善求道之心，朕甚嘉之。但念山川修远，气候不同，子弟之来，或不能久安客外，或父子恩忆之情，两不能已，不若就本国中务学之便也，今锡(赐)王五经、四书大全一部，性理大全一部，通鉴纲目二部，以为教子弟之用。"[11]375-376明朝皇帝的赠赐，固然是儒学书籍的重要来源，但并不能满足朝鲜对此之需求，大量的儒学典籍还是通过贸易的渠道获得的。贡使前往明朝，除朝贡任务以外，请求明朝皇帝赐予典籍是另一重要任务，贡使的随从同样也肩负购书任务，由于他们身份低微，行动比贡使本人自由，他们主要是从民间获得朝鲜所需要的文化典籍。朝鲜李朝世宗曾给前去明朝朝贡的贡使及从人开列了这样一份购书清单："一、太宗皇帝撰五经四书大全久矣，本国初不得闻，逮庚子岁受赐，乃知朝廷所撰书史类此者实多，但未到本国耳。须详问以来，可买则买。一、理学则五经四书性理大全无余蕴矣；史学则后人所撰，考之赅博，故必过前人。如有本国所无，有益学者，则买之。纲目、书法、国语，亦可买来。凡买书必买两件，以备脱落。一、北京若有大全版本，则措办纸墨，可私印与否，并问之。一、曩者传云已撰《永乐大传》(《永乐大典》)，简帙甚多，未即刊行，今已刊行与否，及书中所该，亦并细问。一、本国铸字用蜡功颇多，后改铸字四隅平正，其铸字体制二样矣。中朝铸字，字体印出施为，备细访问。"[11]388从书籍到印书的方法都在朝鲜使臣的访问范畴之内，反映出朝鲜对中国文化的渴望与热爱，正是因为朝鲜对儒学的大力引进以及近乎崇拜地学习，极大地提高了朝鲜社会的文化素质，甚至在某些方面达到或超过了明朝的水平。对于朝鲜君臣而言，明朝的书籍与明朝的奢侈品都是他们生活之必需。

除了在思想文化方面的影响之外,朝贡制度还给朝鲜带来了社会经济方面的进步。明朝,作为当时世界上最大的农业国,它的农业、手工业技术也是首屈一指的。在朝鲜与明朝频繁的贸易活动中,朝鲜从明朝吸收了许多先进的农业、手工业技术。其中包括火药的制造、棉花的种植、丝织品的从无到有、船只的防漏技术等。明朝初期,高丽还没有火药,为抵御倭寇,而向明朝请求赐予火药,在接受明朝赐予的同时又派人去明朝学习火药的制造技术,到明朝末年,朝鲜的火铳和火炮的制造技术已经与明朝不相上下。棉花的种植技术是在元末明初传入朝鲜的,在此之前,朝鲜只产麻布,随着朝鲜与明朝频繁往来,棉花的种植技术逐渐推广到整个朝鲜。丝织品属于朝鲜王室与贵族的奢侈品,一直依赖与明朝的贸易或明朝皇帝的赏赐,难以满足王公大臣的消费需求。从永乐十三年(1415)开始,朝鲜国王遣人去明朝学习养蚕技术,开始初步的养蚕缫丝,逐步发展丝织品生产。明朝中期以后,朝鲜的丝织品制造已经具备相当的规模,并形成了自己的特色。造船是朝鲜向明朝学习的又一个关键技术,通过中朝朝贡贸易,朝鲜从中国学习了船只制造过程中的防漏技术,使朝鲜造船业有了极为迅速的发展[12]496-499。朝鲜与明朝之间的经济交流还有许多,而且这种交流并不是单方面的。在贡使的往来过程中,明朝也受到朝鲜文化的影响,如水稻的种植技术等。其实,朝鲜贡使前来朝贡所贡献的物品,朝鲜使臣所带来的附进物品,都是朝鲜文化进入中国的通道。朝鲜使者的频繁往来,使大量的朝鲜物品进入中国,给京城、辽东的社会生活带来了诸多朝鲜文化的影响,这是两国交往的必然结果。

明朝时期中朝朝贡制度的完善,使中朝关系的发展十分稳定,二者之间的宗藩关系成为东亚地区宗藩关系的典范,中朝关系的稳定发展,为朝鲜提供了稳定发展的条件。对朝鲜(高丽),朱元璋说得很清楚:“我中国纲常所在,列圣相传,守而不失。高丽限山隔海,僻处东夷,非我中国所治。”[5]卷221,洪武二十五年九月壬寅“朕视高丽不啻一弹丸,僻处一隅,风俗殊异,得人不足以广众,得地不足以广疆,历代所以征伐者,皆其自生衅端,初非中国好土地而欲吞并也。”[5]卷228,洪武二十六年六月壬辰明确表明中国将朝鲜列为“不征”国之首,势必会遵守诺言,给朝鲜统治者一颗大大的定心丸,他们只要保证用“以诚事大”的态度对待明朝,明朝也必将以朝鲜为关系密切的藩属国,两国相安无事,对两国的发展是大有裨益的。明朝建国初期的理念就是如此,在明朝时期也一直维持了两国间的这种宗藩关系的稳定。明朝以大国的宽容对待朝鲜，朝鲜也以小国的至诚对待明朝，二者的关系就是在这样的氛围中发展着。后金政权建立以后，切断了明朝与朝鲜的往来，明朝中朝朝贡关系至此中断。

四、结　语

明朝与朝鲜的朝贡在明朝与藩属国的朝贡活动中，占据首位。朝鲜使臣来中国朝贡，所携带的朝贡物品数量很少，明朝的回赐虽然比朝鲜的贡品多得多，但都是礼节性、象征性的，占使臣携带物品绝大多数的是用来交换的附带物品。明朝使臣出使朝鲜的情况与此大致相同。朝鲜使臣进京后的贸易待遇与明朝臣民没有什么区别，也就是说，明朝给朝鲜使臣极高的待遇，但朝鲜使臣多有违例行为，明朝便对朝鲜使臣的贸易活动加以限制。成化十三年(1477)，明朝在会同馆张榜，“凡朝贡夷人不得出入市肆，与人交通，透露事情”[13]成宗八年闰二月甲辰。嘉靖四年(1525)，又“使人守玉河馆”，使朝鲜人不得出入，出入时还要派人看守[13]中宗二十五年五月庚申。出现这种情况的原因，朝鲜人自己的分析是：“先时我国使臣入朝，中朝以为礼仪之邦，待之甚厚，玉河馆出入游观，惟意所适，与汉人无异，而近年为其使者，率多取无耻之人，惟货宝是贸，而通事于子弟之辈，贪婪尤甚，至行诈贸易，致中国轻待我国，使臣入馆闭门，拘禁有同鞑子。”[13]中宗二十五年十月壬子说明明朝对朝鲜使臣的限制也是由于朝鲜使臣违反了明朝的规定，但这种限制在明朝与朝鲜的贸易过程中是一种非常特殊的情况。一般情况下，明朝政府对朝鲜使臣的朝贡贸易是不加限制的。明朝使臣进入朝鲜，同样享受朝鲜使臣在明朝进行贸易的待遇。

明朝与朝鲜的朝贡贸易的商品种类之多，也是其他国家所无法比拟的。朝鲜从明朝购买的商品有药品、丝织品、书籍、补品、瓷器等，主要用来满足王室贵族的奢侈生活；还有农业生产、手工业生产和军事活动的必需品。明朝从朝鲜购进的多是麻布、海产品和当地的手工艺品。初期，朝鲜经常用麻布换取自己所需要的物品，白银流通以后，朝鲜使臣则直接用白银购买物品，回国转卖谋利。在朝鲜与明朝的朝贡贸易中，走私贸易一直混杂其中，走私的物品以军需商品为主，明朝出于边防安全的考虑，对军需商品进行控制。如弓角的买卖，朝鲜不产水牛，弓角奇缺，只能从明朝进口，但明朝限制弓角的数量，如有超出，或从事走私，则严加处罚。朝鲜使臣赴京朝贡，由于“牛角买卖事发，拿致科罪”，会同馆的官员和卖主“皆坐杖一百，边远卫所充军，角与价拘收入官”[13]成宗八年二月甲辰。由于朝鲜一再请求放松弓角贸易，明朝给予朝鲜的特许是每年收买50只。成化十三年(1477)十一月乙亥，朝鲜国王以明朝禁止外国互相买卖铜铁和弓角等物的规定，上奏明宪宗：“小邦北连野人，南邻岛倭，五兵之用俱不可缺。而弓材所需牛角，仰于上国。窃惟高皇帝时，尝赐小邦火药、火炮，待遇异于诸藩。今望特许收买弓角，不与胡人一例禁约为幸。”兵部言：“朝鲜奉正朔，谨朝贡，恪守臣节，与诸夷不同。若一切禁止，恐失效顺之心，宜许以互市而限其数。”由于朝鲜的态度十分恳切，明宪宗颁布诏书允许朝鲜每年购买50只弓角，不许超过这个数字[7]卷172，成化十三年十一月乙亥。即使这样，仍然不能完全满足朝鲜的军事需求，其余的弓角只能通过走私贸易来购买。当然朝鲜走私的物品并不限于弓角一项，从事走私贸易的人员也不仅是边境的军民，更主要的是使臣的走私活动。

终明之世，明朝与朝鲜之间的这种走私贸易一直屡禁不止，其原因是“走私实际上是朝贡贸易的一种补充，走私贸易的存在并没有危害到统治者的利益，反过来走私可以使统治者的某些需要得到满足”[12]487。

朝贡贸易是一种依靠国家强力来维持的宗主国与藩属国之间的贸易活动，完全违背正常的经济法则，是中朝两国政府及百姓的一个沉重负担。如果说朝贡贸易有得有失，那么，它的“得”是在政治方面，而“失”则在经济方面。明朝与朝鲜之间的贸易活动从政治上来说使两国人民的关系更加密切，两国统治者之间的理解和信任更加巩固，虽然这种政治关系是建立在“宗主”和“藩属”这种封建国家关系基础之上，却创造了中国封建社会国家关系中最稳定的一个时期。经济上，由于贸易活动的频繁，双方经济上的互补和依赖越来越明显，虽然这种互补不像现代社会中表现得那样突出、那样至关重要，但是从朝鲜王朝对与明朝贸易重视程度上可以看出这种互补是不可缺少的。[12]487-488

明朝所建立的朝贡制度与元朝相比，体现出不同的特征。元朝的中朝朝贡制度以实用性著称，意味着没有太多完整的制度。明朝则大不相同，在与各国建立朝贡关系之前，就已经制定了一整套内容完整的朝贡制度，与朝鲜之间的朝贡也是如此。明朝的中朝朝贡制度既有与其他朝贡国相同的内容，又有许多独特之处，这是由朝鲜与明朝地域相接、朝贡频繁、朝贡贸易广泛等方面的特点决定的。明朝是中朝朝贡制度的完善时期，不仅使明朝中国与朝鲜之间的朝贡活动有章可循，而且为清朝的中朝朝贡制度奠定了基础。

参考文献：

[1]张廷玉．明史[M]．北京：中华书局，1974.

[2]申时行，等．明会典[M]．北京：中华书局，1989.

[3]李云泉．朝贡制度史论——中国古代对外关系体制研究[M]．北京：新华出版社，2004.

[4]明世宗实录[M]．台北："中央"研究院历史语言文化研究所，1962.

[5]明太祖实录[M]．台北："中央"研究院历史语言文化研究所，1962.

[6]陈子龙．明经世文编[M]．北京：中华书局，1997.

[7]明宪宗实录[M]．台北："中央"研究院历史语言文化研究所，1962.

[8]明孝宗实录[M]．台北："中央"研究院历史语言文化研究所，1962.

[9]利马窦，金尼阁．利马窦中国札记[M]．北京：中华书局，1983.

[10]谕高丽国王诏[M]//明太祖集：卷2．合肥：黄山书社，1991.

[11]吴晗．朝鲜李朝实录中的中国史料：第1册[M]．北京：中华书局，1980.

[12]张士尊．明代辽东边疆研究[M]．长春：吉林人民出版社，2002.

[13]朝鲜科学院，中国科学院．李朝实录[M]．北京：科学出版社，1959年影印本.

作者简介：栾凡(1963—)，女，吉林长春人，历史学博士，吉林省社会科学院历史研究所研究员，吉林师范大学教授，主要研究中国古代史。

原文出处：《西南大学学报》(社会科学版)2007年第5期。

转载：《高等学校文科学术文摘》2007年第6期论点摘要。

从"义夫"看明代夫妇情感伦理关系的新转向

陈宝良

（西南大学 历史文化学院，重庆市 400715）

摘要：明代的五伦关系以夫妻一伦为重；而在夫妻一伦中，夫妻关系逐渐被夫妾关系所取代。这是一种新型的夫妻情感伦理关系，是儒家伦理文化氛围中的明清家庭伦理关系的新变化。文章通过对传统儒家伦理中的"义""义夫"的适当辨析以及对明代四个比较有代表性的男女哀情故事的举例，借以说明在传统的礼制下，夫妻之间是一种"终身相倚"的关系。这种终身相倚，仅仅是妻子对丈夫的依赖，并非丈夫对妻子必须忠诚。明代大量出现的义夫以及传统士人对义夫现象的宣扬与鼓吹，不仅仅是对原始儒家伦理观念的一种复兴，而且是情感逐渐取代伦理的新反映，是基于新的社会土壤之上伦理关系的新动向。

已有的研究成果显示，在不同的社会结构中，女性无疑扮演着不同的角色。在父权文化中，一般将女性等同于"身体"，忽视女性自我性灵的存在。而在资本主义社会中，女性显然又受到性的物化和劳动的异化。毫无疑问，前者将女性的身体视为支离的器官——阴道和子宫。其中阴道以供泄欲，子宫以供子嗣的繁衍。后者将女性视为劳动的机器，剥削女性身体的工具价值。这就是通常一般论者所谓的女性身体化、性欲化及工具化的物化过程。在父权文化中，女性没有自己的名字，只是社会交换系统中的符号。女性身体是亲属结构中交换的资产，也是婚礼中展示的商品。女性丧失自主权，成为待售的物品[①]。

---

① 相关的论点，可参见陈玉玲《寻找历史中缺席的女人》自序，第3页，台湾南华管理学院1998年版。

传统中国关于夫妇关系之最典型论断，就是夫妇如“衣服”之说。这一说法，究竟是说夫妇相互的关系如身体之于衣服，还是只以男子方面为主呢?对此，近人周作人的分析，显然有利于我们对传统夫妇关系作更进一步的剖析。周氏认为，由后一说来看，固然不免视女子为器具，即使是从前一说的角度来看，也并不见得高明，不过是加上了“人尽夫也，父一而已”这一层面的意思，进而演变为男女之间交互成为器具而已。其实，照理说来，亲族关系完全出于天然，人们无法选择，其间也难得至深的契合，这显然是实情[1]。可见，正是“人尽夫也”一说，使传统的妇女同样有了选择的自由，于是也就被传统的道德视为一种违碍。

自明代中期以后，商品经济的发展，城市生活的繁荣，社会流动的加速等等原因，导致传统儒家伦理面临来自商业社会的诸多挑战，并陷入困境，诸如儒家“五伦”的排列顺序受到了质疑，夫妇或朋友两伦已经上升为五伦之首；儒家的“五常”也受到了很多经商者的怀疑，甚至发展成为有人骂“五常”为“五贼”①。即使是五伦中的夫妇一伦，同样出现了诸多新的动向，如妇女不再对男子逆来顺受，随之在当时的妇女中出现了“妒妇”与“悍妇”现象，与之相应的则是男子“惧内”之事亦不乏其例②。至于士大夫为妇女在男女关系中所处地位之卑贱而鸣不平者，更是大有人在。

毫无疑问，这是社会大变动所带来的思想史乃至家庭、社会伦理关系的新转向。而“义夫”现象的出现乃至为当时的文人士大夫所广泛关注，正好说明这种新转向不仅具有社会史的价值，而且具有思想史的意义。

一、释“义”及“义夫”

“义”属儒家“五常”之一，而“义夫”则应归属于儒家“五伦”中的夫妇一伦。可见，所谓的义与义夫与儒家的伦理与道德观念存在着千丝万缕的联系。这就需要我们对义及义夫这两个概念作一简单的梳理。

---

① 相关的探讨，可参见陈宝良所撰《明末儒家伦理的困境及其新动向》《明代致富论——兼论儒家伦理与商人精神》两文，分别载《史学月刊》，2000年第5期，《北京师范大学学报》(社会科学版)，2004年第6期。

② 相关的研究，可参见赵轶峰《儒家思想与十七世纪中国北方下层社会的家庭伦理实践》，载《明史研究》第七辑，黄山书社2001年版。

近人的研究成果已经显示,"义"这一概念基于人伦关系,内源于天性的道德概念。根据赵志裕的研究,在四书中,儒者强调义是一种本能,它不是受外来刺激激发的。人们尊敬长者不是因为看到长者的老态而激发仁爱之心,而是因为人们内萌敬长之心,此心外射而自觉老者当敬。此外,中国人的公平观似乎摆脱不了人情的框架。这里所说的人情,并非指个人的情绪,而是指个人在社会关系中应有的处世之道。在儒家思想中,义正是以理化情、合情合理的人伦道德。因此,评价怎样待人才符合情理,便不能不考虑伦常义理了。身份和角色义务等关系性概念已成为中国人公平观的一部分。于是,在儒家公平观的遮蔽下,只讲普遍性的原则或一视同仁的法治精神很容易被认为是不近人情、麻木不仁[2]。

按照陈弱水的研究,"义"又可以作为德行的总称。如《礼记·礼运》云:"何谓人义,父慈,子孝,兄良,弟弟,夫义,妇听,长惠,幼顺,君仁,臣忠。十者谓之人义。"可见,所谓的义,当然可以代表人世间的所有基本伦理价值,亦即所谓的"人义",但若是落实到夫妇一伦关系上时,义又指丈夫必须具备的德行。所以,所谓的"义夫",事实上又可以将其解释为丈夫必须"依理而行"。既然丈夫必须依理而行,那么显然丈夫的行为也在某种程度上受到制约,使其在男女情感关系上不可有"淫"的行为。《左传》就将"义"与"淫"置于一种对立的关系。如《左传》"隐公三年冬"记载:"贱妨贵,少陵长,……淫破义,所谓六逆也。"而"文公六年八月"又记晋襄公去世,大臣争论立新君事,赵孟亦有"母淫子辟"和"母义子爱"之言,同样以"淫"作为"义"的反面,显示"义"是节制、守规矩之意[3]。换言之,在夫妇关系上,原始儒学尽管强调"妇听",妻子必须对丈夫柔顺,但同时也强调"夫义",丈夫必须对妻子忠诚,不可淫滥。这种解释同样可以从明代的史料中得到部分的印证。如明初沈得四的后人沈鋆,少年时就丧偶不娶,被人称为"义夫",甚至得到地方官员的旌表[1]54。可见,明代史籍所谓的义夫,主要是指那些丧偶不娶的守节男子。

值得注意的是,妇顺夫义当然是传统儒家伦理的理想境界,但这种理想境界亦因宋代理学的崛起而逐渐偏向于仅仅是对妻子一方的"守节"要求。于是,对"贞女""节妇"的表彰成为朝廷的定制,而颂扬贞女、节妇更是充斥官方史籍与许多私家历史记载。至于这种旌表义夫的个别例子,很少在社会上引起反响和儒家士人的共鸣。换言之,地方官员更为关注的是对寡妇守节的鼓励与倡导。如史载任勉之在洪武年间任江西鄱阳县知县时，曾有一位寡妇到衙门告状，状告其丈夫之兄“弗育己”，即对自己缺乏供养，言外之意即自己打算改嫁。这位知县听了之后，首先就反问道：“汝他适乎？”意思是说你想改嫁吗？随后，将自己的判决书写在这位寡妇的背上，判词云：“饿死事小，失节事大。”这位寡妇被他的一番话打动，终于不再改嫁[4]54。这在事实上也已经证明，宋代理学家“饿死事小，失节事大”之说，在明代尚存在着相当大的影响力，由此也就造成了明代官方更为关注的是对节妇的旌表，而忽略了对义夫的褒奖。于是，当时的社会上贞女、节妇不乏其人，而义夫则寥若晨星。更有甚者，视男子娶妾为当然之事，而寡妇改嫁则被视为不符礼教的失节行为。

这种礼教上对妇女的苛求和对男性的纵容，在当时的法律与宗族规条中亦有体现。

首先，从明代法律制度看，《大明律》将“不义”定为“十恶”之一，其中就包括妇女轻易改嫁，如妻子“及闻夫丧，匿不举哀，若作乐释服从吉及改嫁”，均被视为“十恶”[5]卷1。此外，明代的法律尽管限制男子以妾为妻，或妻在而另行娶妻，或对男子娶妾作出年龄限制，但从总体上说，男子娶妾，还是在法律许可的范围之内。如《大明律》规定：“凡以妻为妾，杖一百。妻在，以妾为妻，杖九十，并改正。若有妻更娶妻者，亦杖九十，离异。其民年四十以上无子者，方许娶妾。违者，笞四十。”[5]卷6一方面，法律对丈夫娶妾行为的认可，其实已经承认了丈夫的强势地位；另一方面，法律又强制规定了妻妾之间的地位关系，其目的就是为了维护正妻在家庭中的地位。

其次，从家法族规看，明代的家法族规中也对守节之妇作了一些鼓励与优待。如修订于万历年间的《余姚江南徐氏宗范》规定了下面两条：其一，“宗妇不幸少年丧夫，清苦自持，节行凛然，终身无玷者，族长务要会众呈报司府，以闻于朝，旌表其节。或势有不能，亦当征聘名卿硕儒，传于谱，以励奖”。其二，“少妇新寡，贫不能存者，族中务要会众量力扶持，以将顺其美”[6]。

二、士大夫对“义夫”的倡导

传统的中国社会，显然在“妇道”与“夫道”之间，存在着一条鸿沟。换言之，按照儒家的礼制，丈夫可以再娶，妇人则必须从一而终，所以服有轻重，情有隆杀。可见,即使是夫妇之情,也有等级差异,妻子为丈夫殉情而死,这是理所当然之事,而丈夫为妻子殉情,就被视为一种“妇道”。当时的史籍,无不以荀奉倩为例。据史料记载,荀奉倩笃燕婉之情,在他的妻子死后,悲不自胜,抑郁而亡。这被传统的“君子”之流称为“妇而不夫”。究其原因,按照传统的礼教,丈夫在妻子死后可以“再娶”,而且完全符合礼教与法律,而妇女则必须“从一而终”。换言之,传统的礼教在夫妻关系上制定了一个最为重要的原则,即“服有轻重,情有隆杀”。所谓“服有轻重”,即指夫妻在各自为对方守制服丧时,有轻重之分;所谓“情有隆杀”,则指男女之间的情感关系,有深浅之别。这就是说,即使男女之间相爱,传统礼教也只允许妻子思慕丈夫,伤悼悲痛,甚至为此而不思饮食,直至殉情而死。而对于丈夫而言,在“笃于情”的同时,尚需“得其正”,而不能一味沉溺于夫妻情感而不能自拔。其实,说得通俗一点,即尽管夫妻情笃,丈夫还是需要尽传宗接代的孝道,这就为他们的再娶或娶妾找到了合法的理论与法律依据。所以,即使像明季颇有思想的归庄,也认为荀奉倩所守的是一种“妇道”,“易道而处,则得其正矣”[7]。这就是说,妇女为丈夫殉情才是正道。

换句话说,在传统的礼制下,夫妻之间是一种“终身相倚”的关系。但这种终身相倚,仅仅是妻子对丈夫的依赖,而无论是礼制还是法律并不规定丈夫对妻子必须忠诚。所以,在现实中多有一些负心之汉,违背了夫妻之间感情的承诺,而去另寻新欢,导致妇女一生怨恨。对于这些负心汉,只能仰仗于“冥冥”与“剑侠”,即让冥冥之中的天公对负心汉加以惩罚,或者让一些剑侠出来打抱不平,诛杀这些负心男子。这就是传统所谓的生死冤家,一还一报。

这显然是一种不公平。明代学者吕坤首先发现了这种礼教对男女情感要求的不平等。他说:“夫礼也,严于妇人之守贞,而疏于男子之纵欲,亦圣人之偏也。”[8]换言之,传统的儒家礼教一方面要求妇女“守贞”,另一方面却又允许男子可以有三妻四妾,甚至“纵欲”。于是,吕坤不得不承认,这是圣人在创立礼教时存在着一种偏差。小说《二刻拍案惊奇》的编者凌濛初也已敏锐地觉察到了这种不公平的存在,他感叹道:假如男人死了,女子再嫁,便道是失了节、玷了名、污了身子,是个行不得的事,万口訾议;及至男人家丧了妻子,却又凭他续弦再娶,置妾买婢,做出若干的勾当,把死的丢在脑后不提起,并没人道他薄幸负心,做一场说话。就是生前房室之中,女人少有外情,便是老大的丑事,人世羞言;及至男人撇了妻子,贪淫好色,宿娼养妓,无所不为,总有议论不是,不为十分大害。所以女子愈加可怜,男人愈加放肆,这些也是伏不得女娘们心里的所在。[9]

正是看到了现实中这种男女之间的不公平,才使凌濛初越发感到了妇女的可怜与无奈。所以,他在小说中通过痴情女与负心汉的故事,以说明“男子也是负不得女人的”,这显然也是对“义夫”的倡导。

在社会普遍颂扬“节妇”的同时,与之相对的则是薄幸之夫的广泛存在,甚至结发妻子刚死,就匆匆将新人娶进家门。鉴于此,明末清初人魏禧倡导树立一种“义夫”的典范,以便与“节妇”相对应,并抚平妇女之心。一方面,他对传统儒家经典中的“妇人之义,从一而终”之说持肯定的态度,认为传统儒家伦理所规定的丈夫死后妻子不再改嫁,男子则在妻子死后可以更娶,并非“重于责妇人,轻于责男子”,而是出于下面的理由,即“妇人从人,不自制,男子,制人者也”。另一方面,魏禧又强调,根据“圣王”之典,忠臣、孝子、节妇、义夫必须同时旌表。“圣王”尽管不禁止妇人之再嫁,但又特设节妇旌表制度,其目的就是为了使妇女能“慕而知耻”;“圣王”允许男子再娶,却又特设义夫旌表制度,其目的也是为了“代天下之为夫者报天下之节妇,以平妇人之心”。现实却使魏禧感到困惑,孝子、节妇确实已被民间多所称颂,但所传的“义夫”甚少,这难道是“义夫”难为,抑或天下男子不以此为意,虽有“义夫”的事实而不替他们作传宣扬?在魏禧看来,节妇之难,难于忠臣,义夫难于节妇。忠臣临难,慷慨捐生,比于烈妇。求其久而不变,见可欲而不乱,惟节妇为难。妇女再嫁则是断绝“故夫”,会被视为“阴为淫佚则不齿于人类”,所以凡是女子自爱其身,都不会轻易做出改嫁的选择。而男子不然。于是也就不乏这样的例子,当妻子为自己守身殉义,甚至“刎颈碎首,作为丈夫,却“不逾年月而更娶”,将前妻忘到九霄云外,这实在是太过分的行径。最后,魏禧断言:“世无义夫,则夫道不笃;夫道不笃,则妇人之心不劝于节;妇人不劝于节,则男女之廉耻不立。”[10]显然,这也是通过对“义夫”的鼓励与倡导,重新确立一种新型的夫妻情感伦理关系。

三、义夫:痴情男子的故事

在明代,流传着很多相当动人的男女之间的哀情故事。这些真实故事的女主人公大多是妓女，而男主人公则不一，或为书生，或为商人。下面选择四个比较有代表性的哀情故事，以说明明代男女之间的真实感情，以及由此对夫妇情感伦理关系所造成的影响。

第一个故事，是一个书生（举人）与妓女之间感情的纠葛。其故事如下：角妓杜韦，吾郡城中人也，以妖艳冠一时。云间范牧之（允谦）孝廉，故学宪中吴之长公，今学宪长倩之伯兄。少时佻达，一见契合，两人誓同生死。而范妇翁为陆阜南（树德）中丞，闻之大怒，讼之官，系韦狱中。牧之以重资窜取而出，携之远逃。迨丙子（按：万历四年）冬，挈以计偕抵京，已病濒殆，不复能入试，春尽则殁于邸中矣。韦扶柩归，自度归时，陆氏必不容其活，甫渡江中流，两袖中一实滇棋，一实宋砚，二物俱牧之所日用，且性重能沉也。一跃入水，救之无及矣。[11]600

范、杜二人的爱情故事，松江很多名士的传记中都有记载。表面看来，这似乎是一个轻佻士人与妓女相恋的简单故事，但其间却蕴涵着很多新的感情动向。范牧之是一位举人，又出身仕宦，自己也有才气，应该是一个颇有身份的人。尽管他已经娶妻，但在一个士人娶妾成风的年代里，范牧之却不能与杜韦自由结合，甚至害得所爱之人入狱，最后两人不得不离家出逃，两人的境遇可想而知。但两人的感情却不能以一般嫖客与妓女之间的关系加以衡量。换言之，决不是金钱与美色之间的交换关系，而是真正蕴涵着一段发自内心的真实情感。关于此，沈德符又记道：吴中张伯起曾语余曰：丁丑（按：万历五年）春临场时，往省牧之病。时韦坐其榻旁，牧之咯血在口，力弱不能吐，则韦以口承之，即咽入喉，一咽一殒绝，顷刻间必数度。吾观牧之在死法不必言，即韦韵致故在，亦憔悴无复人理矣。牧之曰："汝可代我与张伯伯一语。"韦应曰："君怯甚，不可多语丧伤神，我上天入地必随君。"范亦为哽咽，此时已心知二人，必无独死理矣。[11]601

这确实是一个男女之间的哀情故事，如梁山伯与祝英台一般。当时人张伯起与人说起这段事时，也难免"泪尚承睫"，而听者也不得不为之掩袂。

明代士大夫显然明白这样一个道理，人最难得者是得一知己为自己而死。若是青楼女子为人殉情，更是不易。道理很简单，这些青楼女子与人的交往，不过是逢场做戏，甚至不知信义为何物，孰肯为人殉死？相同的例子，还有丘长孺与白姬的一段爱情故事。白姬原本是苏州的娼女，后流落到湖广，与丘长孺相识,两人欢爱逾常,可与文君之遇相如相比。但随着时间的推移、时势的龃龉,白姬自知不能归于长孺,就以死自誓,饮恨裁诗,甘心永诀,不久果然殉死。反映两人情感的临终之诗,也是悲伤凄婉,读之令人涕泗[12]。

第二个故事,是一个商人与名妓之间的一段感情纠葛。故事发生在万历初年,其中女主人公名叫刘凤台,是一位北京歌妓,以艳名于一时,所交游者均是一时的名士。男主人公是林尚炅,福建福清人,是一位商人。尽管与刘凤台交游的士人,如沈君典、冯开之,分别是万历五年的会元与状元,但刘凤台最后还是选择了林尚炅。

林尚炅与沈、冯二人都是至交。万历十六年,刘凤台在北京死去。当时林尚炅正好在杭州经商,听到讣告以后,星夜北驰。冯开之因谪居在家,作诗一首,送于林氏。诗云:“昔年曾醉美人家,却恨花开又落花。司马青衫旧时泪,因风吹不到琵琶。”对歌妓最终选择商人,感慨颇深,但林尚炅并不以此为忤。他到了北京以后,就将刘凤台之母迎养于家。此外,又用玉刻一主,上面写上凤台之名,并在背面题上一词,其中云:“入时倒郎怀,出时对郎面,随郎南北复东西,芳草天涯空绕遍。胜写丹青图,胜妆水月殿,玉魄与香魂,都在这一片。愿作巫山枕畔云,愿作卢家梁上燕,莫作生前轻别离,教人看作班姬扇。”此后,就整日抱着玉主,昼则供食,夕则附枕,并带着它一同游贾四方。

故事的结局更具悲剧与离奇。当林尚炅带着代表刘姬化身的玉主到广西经商时,被当地的剧盗陈亚三等所杀,尸体沉于江中。后来陈亚三因为其他的事被逮捕。当时的梧州府推官也姓林,是林尚炅的同乡,对玉主这件事颇为了解。在审讯陈亚三的案子时,搜出了玉主,盗贼才最终交代了罪状,并从江中找到了尸体,加以殓葬,使冤情得以昭雪[11]601-602。

故事的记录者刻意宣传了林尚炅随身携带玉主这件事,说明林氏对刘姬的思念之情,有“始终之谊”。林尚炅是一位商人,他有的是金钱。刘凤台是一位艳妓,其美色固不待言,即使是荐枕之时,其肌体之柔腻,情致之婉媚,兼飞燕合德而有之。林、刘的结合,固有林之金钱、刘之美色等因素,但两者之间有一情感加以牵连,显然也是原因之一。

第三个是京城一个序班与妓女之间的情感故事。山东兖州府人李天祥,随兄李天祺居住在北京,与草场院妓女张氏相狎,情好甚笃。张氏发誓不再见客,她的父母多次强迫她见客,但她都坚拒不纳。时日一久,天祥染上了瘵疾,不能再去见张氏。病情加重时,他很想再见张氏一面。他的母亲与妻子都想顺从他的意思,因此将张氏叫来,留下侍奉汤药。过了两月,天祥多次濒死时又苏醒,无非是留恋张氏。张氏就对他说:“君行,妾随矣。”于是就佯告天祥之妻说:“我稍倦,欲求歇息,姊可少代。”随即整束衣裙,偷偷来到床后,自缢而死。天祥听到这一消息,也就闭眼而去[13]。

俗语通常是说“痴心女子负心汉”,所批评的多是男子的无情,但我们确实也可以从明代的很多史实中看到“痴心汉子负心女”的故事。第四个例子所反映的就是这样一件事。冯梦龙记载了妓女张润与商人程三郎之间的一段感情纠葛。据冯梦龙记载,妓女张润与商人程三郎相交甚善,张润已许诺必嫁程三郎。为此,程三郎为其所惑,荡尽家产。于是,三郎不敢再登张润之门。一天晚上,张润在门前遇到三郎,急忙喊他进来,两人相抱痛哭。无奈,三郎只好说出自己不敢登门的理由。张润拿出自己的钱,替三郎安排吃住。到了夜半,张润对三郎说:“侬向以身许君,不谓君无赖至此。然侬终不可以君无赖故,而委身他姓。侬有私财五十金许,今以付君,君可以贸易他方,一再往,有赢利,便图取侬。侬与君之命毕此矣。”两人一直谈到天亮,张润尽倾自己囊中之银交付三郎,互道珍重而别。谁知三郎既已心荡,就不再有经营之志,而且贫儿骤富,不免谗态不禁,于是又往别的红楼买欢,荡尽银子而归。此事张润一直不知。很久以后,张润又在门前遇到了三郎,居然还是原先窭子之容。听到张润叫他,程三郎急忙躲避。张润叫婢女请他进来,询问其中的原因,三郎只好假称“中道遇寇,仅以身免,自怜命薄,无颜见若”,云云。张润听后悲痛欲绝。三郎也甚感后悔,道:“如此,当奈何?”张润说:“此吾两人命绝之日也。生而暌,何如死而合。君如不忘初愿,惟速具毒酒,与君相从地下尔。”说完,泪下如注。三郎不知所措。无奈之下,张润偷偷拿了毒酒,且泣且饮,不觉间就喝下了半壶。三郎觉得有异,大感惊恐,于是就将剩下的半壶喝了下去。事情的结局却颇令人意外。喝下毒酒之后,张润最后被人救活,而三郎却不治身亡。为此,三郎的父亲状告到长洲县衙门。知县在调查清楚事情经过之后,对三郎之父稍加责备,随后释放了张润。从此以后,张润在苏州一府名声大噪。当地的一些好事者都前去探望,而且以见张润一面为荣。有人称她为“药张三”,其意是说她可以吞药殉情;有人则称她为“痴张三”,意思是说她“所殉非人”。

如此不厌其烦地叙述张、程两人的情感纠葛,目的就是为了说明妓女张润如何从一个殉情女子演变为一个负心人。事情后来的发展,正好可以说明这一切。张润病好以后,苏州人士争相与她交欢,声价颇隆。所惜者,张润因为性好豪狎,在士大夫圈子中并无多少声誉,所以一直浮沉于青楼,最后只好嫁给一个卖丝的商人,了其终身。这个故事,前半段所记应该说是“痴情女子负心汉”之事,但事情的发展却出乎意料,最后演变成了“痴情男子负心女”之事。为此,冯梦龙大为感慨,认为张润赠金、服毒这两件事都令人称奇,所恨者只是毒酒无灵,不肯成全张润一个好名,使她死后复醒,“碌碌晚节,卒负死友”。冯梦龙在这则故事后面还加了另外一则简短的故事,情节如下。一个妓女与她的相好一同相约殉情而死。她的相好信之不疑,于是准备了两瓯毒酒。妓女执板侑酒,相好喝下一瓯,随之问妓女:“你为何不饮?”妓女答道:“吾量窄,留此与君赌拳。”冯梦龙再举此例的目的,是为了证明在青楼盛行“赌拳”之风,妓女专以赌拳骗嫖客之钱之后,张润之举才会因为“情痴”而名闻于世。不过冯梦龙进而加了下面一句:如果死者三郎在地下有知,问张润在饮毒酒时,卖丝的商人何在?恐怕张润不能因此而独自苟活于世[14]。从三郎的负心而变为痴情及张润的痴情而变为负心,冯梦龙记载这一故事的目的显然是为了证明“痴心汉子负心女”在当时的社会上确有其例,而不是仅仅为了贬斥妓女无情。

上面所举痴情男子,从广义上说也是一种“义夫”之举,而且其在伦理思想史上的精神价值,甚至远过“义夫”。这种现象,在明代的小说中也不乏其例。如明代无名氏所撰小说《百断奇观重订龙图公案》(今印本改为《包青天奇案》)中之《阿弥陀佛讲和》一则,记载了秀才许献忠与邻家女萧淑玉的情感故事。从小说中可知,许献忠是当时德安府孝感县的一名秀才,年方十八,生得眉清目秀,丰神俊雅。对门的屠户萧辅汉,有一女儿名淑玉,年方十七岁,甚有姿色,每天在楼上绣花。绣楼靠近马路,淑玉经常可以看见许生走过,两下相看,渐生爱慕之情。时日积久,于是私通言笑。许生经常用言语挑逗淑玉,淑玉也微笑首肯。到了夜晚,许生就通过梯子,进了淑玉的绣房,两人携手兰房,情交意美。不料两人的私情,不久就被一个和尚明修所破坏。明修在晚上叫街时,私自闯入淑玉之房求欢,不成之后,就将淑玉杀死。为此,引发了一桩人命官司。当然首先受到怀疑的就是许秀才,后经包公审理,才将真凶明修正法。案情尽管已经了结,许秀才与淑玉两人的关系却并未了断。小说的作者借助包公之言,给许秀才出了下面的一道难题,以供其采择。包公对许秀才说:“杀死淑玉是此贼秃,理该抵命。但你身为秀才,奸人室女,亦该去衣衿。今有一件,你尚未娶,淑玉未嫁,虽则两下私通,亦是结发夫妻一般。今此女为你垂帘,误引此僧,又守节致死,亦无玷名节,何愧于妇?今汝若愿再娶,须去衣衿;若欲留前程,将淑玉为你正妻,你收埋供养,不许再娶。此二路何从?”在自己的秀才身份与感情之间,许秀才毅然选择了感情,认为淑玉既然是为自己死节,自己也就不愿再娶,只愿收埋淑玉,将她作为自己的正妻,以不负淑玉死节之意。

后来许秀才中了举人,还是死抱不再娶妻之意,情愿做一个“义夫”。但这种义夫的行为,显然又会与传统的儒家伦理产生一些冲突。按照儒家传统的观念,“不孝有三,无后为大”。许生若是不续娶,当然可以保全“义夫”之名,但从此也不再有后,这是一种不孝的行为。可见,在“义”与“孝”之间,确实很难两全。而许生自己也是抱定只愿“全义”,不能“全孝”的信念。面对这种矛盾,作者显然想出了一个两全之策,即以萧淑玉为正妻,再娶第二房霍氏为妾,而且在同年录中,只填萧氏,不填霍氏[15]。在作者看来,这是一个“妇节夫义,两尽其道”的美满结局,但显然缺乏一种男女之间哀情的感染力,这是义夫向孝道的妥协。

四、余论:从情、德两分到情、德融合

冯友兰在《中国哲学史》中曾经说过:“儒家论夫妇关系时,但言夫妇有别,从未言夫妇有爱。”[16]这种说法同样在费孝通的著作中得到了部分的印证。按照费孝通的观点,在传统中国夫妇之间,尽管也存在着讲求趣味兴味之例,如宋代词人李清照与其夫赵明诚、清代《浮生六记》的作者沈复与其妻芸娘。然不幸的是,这些在性灵上求得自我满足的夫妇,在事业上却常常会成为一个失败者。于是,他们留给后人的仅仅是鉴诫,而不是榜样的魅力。更有甚者,重情的女子会被贬为尤物或不祥之物。从另一个角度来看,男子的感情生活却并不仅仅限于夫妇之间。费孝通进而认为,在中国传统社会里,男人无疑有他们发展感情生活的其他女性对象。《桃花扇》里所描写的士大夫与歌妓的关系,在那个时代想来是很普遍的。才子们的风流超出夫妇之外,欧阳修的艳词并不影响他家庭里的夫妇关系。若是再来看《金瓶梅》里所描写的乡绅的生活,

正夫人对于妾的态度,那样容忍实在是出乎现代夫妇的想象之外。中国传统社会很严格地把夫妇关系弄得“上床夫妻下床客”,但是对于男子的感情生活却很少加以严格的拘束[17]。

平心而论,冯友兰、费孝通之说确实把握住了传统中国夫妻情感伦理关系的本质,即夫妻之间,伦理关系重于情感关系。但有一点需要指出,在明清有些文人士大夫家庭内,丈夫与小妾乃至正妻与小妾和睦相处的融洽关系,一向为当时之人所歆羡,甚至不乏将其夸张为一种典范。这就是说,丈夫与小妾之间的情感关系正在取代甚至超越家庭生活中原本已经存在的夫妻伦理关系,而且逐渐成为家庭情感伦理关系的一种新趋势。如明末清初人冒襄有《影梅庵忆语》,自写与小姬董小宛的闺房之乐,以及在一起时那段风流雅致的生活,一直为世人所艳羡。清人陈孟楷著《香畹楼忆语》,回忆自己与亡姬紫湘从相识到紫湘去世期间的闺房生活,应该说也是反映闺房之乐的典型之例。从陈孟楷自著《香畹楼忆语》中可知,孟楷纳紫湘为侧室,虽事出有因,却还是得到他的夫人允庄的同意,甚至是其夫人亲自为其物色选定。反观紫湘,到了陈家之后,对家中堂上之人亦极尽孝道,太夫人患病危急,紫湘焚香告天,愿以身代。紫湘与孟楷情爱甚挚,耻为忮嫉之行。孟楷家中虽有妻妾,有时仍不免花街柳巷,诸如香影阁赠孟楷鬟花绡帕,香霏阁赠孟楷冰纨杂佩,秋雯阁赠孟楷瓜瓤绣缕,紫湘并无多语,反而说:“窥墙掷果,皆属人情。苟非粉郎香掾,又谁过而问之者!”通过对这段姻缘的刻画,作者显然是为了显示一种身份等级社会中家庭情感伦理关系的和谐,亦即“名分之正,堂上之慈,夫人之惠,皆千古所罕有”[18]1442。

如何看待这样一段情缘,事实上牵涉到家庭伦理关系,而且已初步证明明清时期在家庭情感伦理关系方面出现了新的转向。这种家庭情感伦理关系的变动,亦即在一夫多妻的制度下,妻妾关系一方面是嫉妒成性,形成一时的妒妒之风;但另一方面,妻妾之间又能和谐地相处,进而是夫妻之间的情感生活渐渐被夫妾之间的情感生活所取代。这显然在明清两代的读书人中间也引发过一些争论。《香畹楼忆语》所记述的事实证明,正妻尽管在家庭中还有名义上的地位,但在夫妻之间的情感关系方面无疑已被边缘化了。当然,作者作为男女情感关系方面占有优势地位的男性,不得不承认其正妻的豁达大度,但在作品中我们很难看到他与正妻之间真诚的夫妻情感生活。职是之故,有人就认为,《香畹楼忆语》所记,有点“过情”,甚至怀疑其“逾礼”。对此,清人吴沈则别出新论,反映了当时五伦关系中确实出现了一些新的转向,而且这种新转向也被文人士大夫所认可。通观吴沈的观点,可以概括为下面三点:一是惟有至性至情之人,才会沉溺于夫妾之情。吴沈的论据如下:“凡人笃于一伦者,五伦皆厚。漓于一伦者,五伦皆薄。”换言之,凡是“性情独挚”之人,其理学方能达到“独醇”的境界。二是朋友可以补五伦中兄弟一伦之阙,这是对朋友之间友谊的肯定。三是王道本乎人情。在吴沈看来,只有“至愚陋”与“大奸慝”两类人,才会没有男女之间的真情。对那些与小妾情感甚笃的丈夫,不能直接贬斥其为“过情逾礼”,而是应该抱有一种“乐成人之美”的心态[18]1449-1450。

概括言之,明清两代的五伦关系,正在逐渐演变为以夫妻一伦为重;而在夫妻一伦中,夫妻关系正在被夫妾关系所取代。这是儒家伦理文化氛围中的明清家庭伦理关系的新变化。但在这种新变化中,明代与清代一方面具有诸多的相似性,但其间亦稍有区别。明代大量出现的“义夫”,以及传统士人对“义夫”现象的宣扬与鼓吹,不能简单地将其认为只是对原始儒家伦理观念的一种复兴,而是情感逐渐取代伦理的新反映,是基于新的社会土壤之上伦理关系的新动向。

参考文献:

[1]周作人.沟沿通信之二[M]//周作人著,黄开发编.知堂书信.北京:华夏出版社,1994.

[2]赵志裕.义:中国社会的公平观[G]//高尚仁,杨中芳.中国人·中国心(传统篇).台北:远流出版事业股份有限公司,1991.

[3]陈弱水.公共意识与中国文化[M].北京:新星出版社,2006.

[4]李绍文.云间人物志:卷1[G]//刘永翔.明清上海稀见文献五种.北京:人民文学出版社,2006.

[5]怀效锋点校.大明律[M].北京:法律出版社,1999.

[6]费成康.中国的家法族规[M].上海:上海社会科学院出版社,1998.

[7]归庄.归庄集:卷4[M].上海:上海古籍出版社,1984.

[8]吕坤.呻吟语:卷5[M].上海:上海古籍出版社,2001.

[9]凌濛初.二刻拍案惊奇:卷11[M].长沙:岳麓书社,2002.

[10]魏禧.魏叔子文集外篇:卷15[M].北京:中华书局,2003.

[11]沈德符.万历野获编:卷23.[M].北京:中华书局,2004.

[12]江盈科.江盈科集(上册)[M].长沙:岳麓书社,1997.

[13]王锜.寓圃杂记:卷7[M].北京:中华书局,1984.

[14]冯梦龙.挂枝儿:卷5[M]//明清民歌时调集(上册).上海:上海古籍出版社,1999.

[15]无名氏撰,锦文标点.包青天奇案:卷1[M].长沙:岳麓书社,2004.

[16]冯友兰.中国哲学史(上册)[M].上海:华东师范大学出版社,2000.

[17]费孝通.生育制度[M].北京:北京大学出版社,1998.

[18]陈裴之.湘烟小录·香畹楼忆语[M]//虫天子编,董乃斌等校点.中国香艳全书:十二集卷2,第3册.北京:团结出版社,2005.

作者简介:陈宝良(1963—),男,浙江绍兴人,西南大学历史文化学院教授,博士生导师,兼任北京大学明清研究中心研究员,主要从事明清史研究。

原文出处:《西南大学学报》(社会科学版)2007年第1期。

转 载:《人大复印报刊资料·明清史》2007年第7期全文转载。

从关羽庙宇兴修看明代关羽信仰中心的北移

包诗卿

（北京大学 历史学系，北京市 100871）

摘　要：明代是关羽信仰传播和普及的重要时期，也是关羽崇拜逐渐形成新的信仰中心并北移的最初阶段。湖北当阳玉泉寺关庙作为关羽显灵之处，渐渐失去其宋元时期的中心地位，而山西解州关庙则以关羽出生地的独特优势，逐渐在明代跃居新的关羽信仰中心。这与解州关庙修建较早，官府祭祀不断，地方志书强化及官商大力传播等因素，有着密切的关系。

关羽庙宇作为一种特殊的文化载体，特别是在中国古代文盲占大多数、交通不便、信息闭塞的社会中，对关羽信仰的传播功不可没。它承载了上自天子，下至士大夫，甚至最广大普通民众的价值理念、心理诉求。皇帝和士大夫们通过一系列的封号和庙记，述说着他们维护伦理纲常、追求社会稳定的需求。普通百姓则在缭绕的香雾中，倾诉着他们对生存环境最起码的渴望。然后再形成一个个灵异故事，不断地传播和强化着他们既有的信念。

关羽信仰作为一种民间信仰，具有较强的地域性。关羽生于山西解州，“起义于涿郡，战争于徐兖，奔走于冀豫，立功于江淮，而殁于荆楚”。因此到了元代，关羽信仰已经在其生前活动过的地方形成了较为厚重的氛围。其“英灵义烈遍天下，故所在庙祀，福善祸恶，神威赫然，人咸畏而敬之。而燕赵荆楚为尤笃，郡国州县乡邑闾井皆有庙。夏五月十有三日，秋九月十有三日，则大为祈赛，整仗盛仪，旌甲旗鼓，长刀赤骥，俨如王生。千载之下，景仰向慕而犹若是。”[1]卷三十三，《碑文·汉义勇武安王庙碑》从明代开始，关羽信仰不仅得到进一步的传播和普及，且逐渐开始其从湖北当阳到山西解州的北移进程。关羽信仰氛围较为浓厚的当阳、洛阳、解州，分别作为关羽的葬身、首冢、出生地，其地位于明代发生了显著变化。当阳玉泉寺关庙作为关羽最早的圣迹出现地，渐渐失去其最初的中心地位。当阳关陵庙，修建较晚，朝廷无封，发展相对缓慢。河南洛阳关羽首冢庙，虽为后起之秀，但建修时间较晚，影响较微。山西解州关庙，因其建修较早，官府祭祀不断，志书强化及官商大力传播，逐渐成为新的关羽信仰中心。虽然南方地区的关羽信仰也有所普及，但信仰氛围并不浓厚，尚无法对解州关羽信仰的中心地位形成有力的挑战。

目前学术界关于关羽研究的成果颇丰[①]，有关明代关羽信仰传播和普及情况的研究成果不是很多，这与明代在关羽信仰发展进程中的重要性不太相称，近年来不少学者也对民间信仰的地域性差异给予较多关注，但就跨地域民间信仰动态传播方面的研究略显不足。因此本文以关羽庙宇修建为中心，从明代关羽信仰地域变迁这一角度，对关羽信仰中心的北移作一初步研究。不当之处，还望方家指正。

一

关羽神话最早是从荆门当阳开始的。湖广作为关羽的主要活动区域，当阳玉泉寺关庙遂成为关羽信仰活动的最早发源地，在关羽信仰的传播过程中起着不可替代的作用。玉泉寺位于当阳西北三十里处，在寺“西北三百步，有蜀将军都督荆州事关公遗庙存焉”[2]卷六八四。世人谈及关羽成神及玉泉寺关庙的修建，都无法绕过陈朝时关羽帮助天台宗创始人智顗在玉泉山建寺一事。唐德宗贞元十八年(802)，董侹《荆南节度使江陵尹裴公重修玉泉关庙记》一文称：“先是，陈光大中，智顗禅师者至自天台，宴坐乔木之下。夜分忽与神遇，云：‘愿舍此地为僧房，请师出山，以观其用。’指期之夕，万壑震动，风号雷虩。前劈巨

① 专著有洪淑苓《关公民间造型之研究：以关公传说为重心的考察》，台北：台湾大学出版社，1995年版；蔡东洲、文廷海《关羽崇拜研究》，成都：巴蜀书社，2001年版；刘海燕《从民间到经典》，上海：上海三联书店，2004年版；论文集有卢晓衡《关羽、关公和关圣》，北京：社会科学文献出版社，2002年版等。论文有郭松义《论明清时期的关羽崇拜》，《中国史研究》1990年第3期；王齐洲《论关羽崇拜》，《天津社会科学》1995年第6期；葛继勇、施梦嘉《关帝信仰的形成、东传日本及其影响》，《浙江大学学报(社科版)》2004年第5期等。

岭，后堙澄潭，良材丛仆，周匝其上。轮奂之用，则无乏焉。”[2]五代时，《益州名画录》中也有蜀王令赵忠义作《关将军起玉泉寺图》的记载[3]卷中《赵忠义》。北宋时，张商英于元丰四年（1081），为玉泉寺关庙所作《重建关将军庙记》，再次重复这个故事，并称“以是因缘，神亦庙食千里，内外庙供云”[4]。虽然故事的真实性值得怀疑，但可以看出关羽在陈朝已开始被当阳等地的人们所神化。不然，智顗也不会利用关羽来宣扬其佛教了。随着这一传说的形成，关羽显灵的故事逐渐由当阳向全国各地扩散。宋绍圣三年（1096），玉泉寺关庙得赐庙名“显烈”。但当阳“地当楚蜀之交，时稍乱，即屯重兵”[5]卷十一，《碑铭·荆门州玉泉山景德禅寺碑铭有序》，再加上“自宝祐迄咸淳，干戈绎骚”，因此于荆州万城别建玉泉显烈庙行宫[6]《关圣帝君圣迹图志全集》卷三《坟庙考》。南宋末年，朝廷特封荆门玉泉寺“壮穆义勇武安英济王”为“忠壮义勇武安英烈王”，以求实现“慰荆旅，用旌忠臣之节，丕显烈士之风”的目的[7]卷五，《荆门玉泉寺壮穆义勇武安英济王特封忠壮义勇武安英烈王<关羽>》。因南宋末年战乱破坏，至元二十七年（1290），元廷重建关羽正庙，再建昭贶庙，尽复原有规制。至大元年（1308）秋，元朝于冈上建正殿三间，榜其名曰“武安庙”。延祐二年（1315）秋完工。每年五月十三日和六月二十二日，“朝拜祭赛者，远近辐辏”[6]《关圣陵庙纪略》卷二《玉泉显烈祠》。脉望馆抄内府本《关云长大破蚩尤》一节，记载着湖广当阳玉泉寺土地神关羽帮助张天师大败蚩尤而得以在山西解州修建关庙的故事①，侧面反映出当阳玉泉寺关庙在当时关羽信仰传播中的中心地位。元武宗至大元年（1308），漳滨隐士胡琦在关羽殁地当阳，刊刻最早的关羽志书——《新编关王事迹》。书凡五卷，“以本传为主，旁搜前史，互阅故书，校其同异，差次而推衍之，编为实录”。首列八图，即“神像图、世系图、年谱图、司马印图、寿亭侯印图、大王冢图、显烈庙图、追封爵号图”。又“广览载记，采事摭实，析作四门，曰‘灵异’，曰‘制命’，曰‘碑记’，曰‘题咏’”[8]卷二一二《艺文·序》。由于书中内容主要以当阳为主，无形中强化了当阳玉泉寺关庙在关羽信仰活动中的中心地位。但入明以后，玉泉寺关庙的修建情况渐渐无闻，玉泉寺关庙开始淡出人们的视野。

① 该故事称：宋朝仁宗时，蚩尤作祟，使解州盐池干涸，朝廷命寇准请张天师来京询问，方知其故。张天师又使人请玉泉寺关羽驱邪，最后战败蚩尤。范仲淹奉命为关羽在解州立庙，关羽初被封为“武安王神威义勇”，再封为“破蚩尤崇宁真君”。（《脉望馆抄校本古今杂剧》，《古本戏曲丛刊》（第四辑），北京：商务印书馆，1958年版。）

二

随着荆州当阳玉泉寺关庙的衰落,湖北当阳冢庙——关羽埋身之处,河南洛阳冢庙——关羽葬首之地,山西解州关庙——关羽出生之乡,在明代开始了新一轮信仰中心地位的角逐。

当阳冢,直到南宋淳熙十五年(1188)才由荆门守臣王铢首次兴建祭亭[6]《关壮缪侯事迹》卷二《考证·当阳冢》。由于时局动荡,再加上玉泉寺关庙中心地位的映衬,当阳冢隐而无闻。入明以来,当阳冢才屡见记载。景泰四年(1453),按察司佥事沈庆建庙于关冢前。成化三年(1467),经当阳知县河南人黄恕奏请,当阳关羽冢庙始被秩入春秋祀典。这标志着当阳关陵庙,正式取得官方的认可和支持。正德八年(1513),主簿马绣立表于道[9]卷四十二《坛庙》。嘉靖三十五年(1556),“司礼监太监黄公太保、都督陆公”共捐白金二千五百两,再加修缮,当阳关陵庙的规制自此才算比较完备[6]《汉前将军关公祠志》卷八《艺文中·重修义勇武安王庙碑铭》。遗憾的是,当阳关陵庙虽然被当地官员屡加修葺,但朝廷参与较少,对整个关羽信仰活动影响较微。

当阳关陵庙建修一览表

时间	淳熙十五年(1188)	至元十二年(1275)	成化三年(1467)	成化十五年(1479)	弘治十年(1497)	嘉靖三十五年(1556)	万历二十三年(1595)
主要责任者	荆门守臣王铢	玉泉寺僧慧珍	县尹黄恕	镇守太监韦贵		司礼监黄锦、都督陆炳	
修建情况	始建祭亭	重作祠	重修武安王墓	建堂庙后,增高门垣	重修王墓	重修王庙	建祠
备注	端平甲午之变,冢茔翳然	荆门归附后	请于朝,秩入春秋祀典	经两年始完美		太监张方、董之	

资料来源:《关圣陵庙纪略》卷二《当阳陵庙》,收入《关帝文献汇编》。

河南在明代也是关羽信仰氛围十分浓厚的地区。成化年间,河南府及所属一州十三县,已有关庙十五座[10]卷七《河南府·祠庙》。嘉靖年间,河南省城开封“东、西、南门瓮城内,皆有汉寿亭侯庙",关庙的数量达到了七座[11]卷一《宋京城》;卷十一《祠庙庵院·庙》;许州郾城县关庙,也已达到四座[12]卷二《庙宇》。此外,归德府已有三座关庙[13]卷八《杂述志》,邓州城至少有四座关庙。[14]卷十三《祀典志》万历初年,卫辉府的淇县和辉县,关庙数量分别达到四座和六座[15]卷五《祠祀志·坛庙》。虽然关羽庙宇到明万历以前已遍布河南众多州县,但洛阳关羽首冢依然破败如故。

洛阳关羽首冢庙,自明万历年间关羽受封后,才得以迅速发展起来。先是,孙权遣将灭羽后,"送羽首于曹公,以诸侯礼葬其尸骸"[16]卷三六《蜀书·关羽传》注引《吴历》。虽然关羽自汉至明,"耿耿不磨,代有崇封显谥。递我皇上御极,乃敕封协天大帝护国真君,而元冢依然如汉制"[17]P100。河南卫宣操秋班队长王禄等人见该庙"及今年久毁坏",遂于万历二十年(1592)前后,"具状都察院御史陈公准行,分巡首崔公行,河南府知府张公、同知任公贴行,洛阳县知县钱公、河南卫掌印指挥孙公、李公准行,择日动工",为关羽首冢建庙祭祀[17]P95。由于工程浩大,四方乡民,无论男女,纷纷解囊,捐建的乡民几遍及河南府所属各州县乡及附近地方。一些江西商人和徽州商人,也纷纷出资助修关庙。万历后期,在洛阳关羽首冢庙扩建过程中,经商洛阳的江西商人"遇洛阳城南奉敕修建汉武安王崇奉义烈老爷正殿",杨同、熊正良率众商一百二十八人,"共议喜设梁柱布施银七十两"[17]P96。随后,杨、熊二人又带领同乡十三人,"为老爷司冠,计每年春秋送冠",并"各出资财,共钱十千,修盖配殿一所"。万历四十七年(1619),徽州商人、北京商人等,也捐资修建洛阳关庙石栏[17]2P24,P99。工程完工后,每逢五月十三、九月十三,"远近毕集,焚香者无论男妇,接踵而来,不啻数万余"[17]P100。虽然洛阳关羽首冢庙的影响日益扩大,但因其起步较晚,尚无法与有着浓厚关羽信仰底蕴的山西解州关庙相抗衡。

三

解州最早的关羽传说,就是关羽帮助张天师在山西解州盐池铲除蚩尤,从而恢复解盐正常生产的故事。这个故事一说发生在宋真宗大中祥符七年(1014)[18]卷三,一说发生在宋徽宗崇宁五年(1106)[19]P15。生活在元中期的隐士胡琦,已经对其"两出于传记小说,一见于祥符时,一见于崇宁时"感到迷惑。进而推测“想多张氏，世济其说也”[6]《解梁关帝志》卷二《考辨》。解州关庙的确切可考时间，最早可上溯到宋哲宗元祐七年(1092)①。此后，解州关庙被屡加敕修。为笼络人心，金章宗于泰和初年，下令重修解州关庙，提醒人们惟有像关羽一样“忠而远识，勇而笃义，事明君，抗大节”，才能“收俊功，蜚英名，磊磊落落，挺然独立千古”，否则只能是“当代无以建其功”，“没世无以成其名”[20]卷十四《集文·重修显烈庙即寿亭侯庙》。元世祖至元三年(1266)，元廷令靖应真人姜善信护持解州关庙。

元明鼎革，朝廷和官府对关羽庙宇的修建介入较少，地方士绅则积级参与到关庙的兴修中。至正二十五年(1365)，郡人蔡荣重修解州关庙。30余年后，其子蔡玉克绍父志，对解州关庙再加修葺[6]《汉前将军关公祠志》卷八《艺文中·至正二十五年郡人蔡荣等重饰庙记》。洪熙元年(1425)，再由道士李仲谦重修。明成化十四年(1478)，知州张宁新修解州关庙，并在解州刻下了当地的第一本关羽志书《义勇录》，标志着官方开始介入解州关庙的修建。解州关庙自此进入迅速发展时期，大有盖过当阳之势。明成化中期，山西的关羽庙宇已发展到“诸州县城市乡镇多建”的地步[20]卷五《祠庙》，解州关庙甚至一改宋时“俗以季秋九日，合诸里社之民，大享神而迎送之”的传统，逐渐形成了每年四月八日享赛的定制[20]卷十四《集文·重修汉寿亭侯庙记》。每逢此日，“秦、晋、燕、齐、汴、卫之人，肩摩毂击，相与试枪棒，较拳勇，倾动半天下”[6]《关圣帝君征信编》卷十一《祀典》。

弘治三年(1490)，监生蒲昭奏请厘正祀典，立春秋二祀，实现解州关庙祭祀的规范化[6]《关圣帝君征信编》卷十一《祀典》。嘉靖三十四年(1555)十二月，山西等地的特大地震，为解州关庙带来一次新的发展机遇——官方开始大规模的介入。由此，山西关羽庙宇的兴建，进入了一个新的阶段，关羽庙宇逐渐扩及太原府以北地区。万历二十三年(1595)七月，朝廷特赐崇宁宫关羽庙额为“英烈”②。解州关庙的正统地位越发突显出来，其关羽信仰中心地位也日益形成。

① 按：清雍正时期修《山西通志》卷一六七《祠庙四》引《古纪》，称解州关庙创建时间为“大中祥符甲寅”。四部丛刊续编本《大清一统志》卷一五四《解州直隶州·祠庙》，则认为该庙“创自陈隋，宋大中祥符时重建”，将修庙时间又大大提前。

②《汉前将军关公祠志》卷二《祠墓志》称，万历二十三年(1595)，“崇宁宫道士张通厚奏请祠额，时有祠司郎中杨凤者，力赞其事，得礼部覆奏。奉旨：祠名与‘英烈’。而庙貌为之一新。”而《明神宗实录》卷二八七，万历二十三年七月戊子条称：“立汉前将军寿亭侯关羽庙于所生地解州西门外，赐额曰‘英烈’。”(中研院史语所校勘本)按：此次只为奏请祠额，而祠额颁布后，只是将原关庙重新进行整修，并无重新立庙之事，疑《实录》所称立庙有误。

有明一代，南方地区关羽信仰氛围并不十分浓厚。关羽本欲拥蜀剪魏，以次取吴，结果竟遭吴人毒害，北伐大业功败垂成，因此关羽成神以后能否荫佑吴地就成了问题。弘治十六年(1503)，陆伸在《太仓关王庙记》中辩解道："或者谓公毙吴人之手，当不食于吴，殆非通论。今天下大一统，非复偏据一隅之吴矣，况国初定鼎于钟山，钟山非孙氏开国之地乎，故有公庙而新之，是时礼官无以为否者，必有说也。"[21]卷十四《祠庙》嘉靖倭变，给南方地区，特别是江浙、福建、广东沿海地带，带来关羽信仰的真正大规模普及[22]。即便如此，在倭乱以后，南方民众在祭祀关羽时，对关羽能否给当地带来庇护仍心存疑虑。姚汝舟捐资修建浙江崇德关王庙时，在其所作《关王庙记》中回应"王雠吴人甚于雠魏，奈何歆吴祀"的质疑时，称"吴故汉南服，其人故汉人。当魏掩荆，权制其命，蒙在其事，邦人何能为?藉使王竟疾下吴，江东之地，可全而有，汉人见存，王其歼之，无亦绥之。夫举大功者不雠匹夫，吴人以义祀王，矧王义绥吴人，当亦如吴人之慕义者"[6]《关圣帝君征信编》卷二十六《碑记二》。万历四年(1576)安庆府望江县重修关庙时，仍在为此争辩："我望后汉时，前属魏，后属吴，恐公之神不依焉。予曰，当公忠汉时，所仇者吴魏之君，民皆汉民也，果何仇于吴魏之民乎?矧我望属荆襄下流，公之精忠大义浸人心髓，其血食无穷也，非人秉彝好德之良，有不容泯乎?"[23]卷二《宫室类·坛庙》甚至到清代，南方一些地区的关羽信仰，仍然无法在当地百姓中获得有力支持。中山大学陈春声先生在对广东潮州樟林地区关羽信仰进行长期观察和研究后写道："关羽庙宇，从一开始就具有'外来'的性质，在潮州樟林地区，关羽庙宇与社区内部的日常生活始终有较大的距离，并未完成'本地化'和'民间化'的过程。"[24]

鉴于明代南方地区关羽信仰相对于北方的弱势地位，尤其在解州作为关羽信仰中心地位突起的背景下，他地民众在为当地所修关庙作记时，总是不自觉地同山西解州关庙相比。浙江余姚灵绪山旧有关庙，"曩岁倭奴寇姚，倅而几陷。祷于公庙，卒以却贼，于是当路暨邑父老，议恢庙制"。经始于"嘉靖丙辰(1556)六月，积二十四年规模始宏。解州、当阳，恐伟丽不若是"[6]《汉前将军关公祠志》卷八《艺文中·余姚灵绪山重建武安王庙碑》。万历二十七年(1599)，洛阳关庙完工后，碑文作者赞颂道："然其规模壮丽，殆与解梁崇宁宫无异焉[17]P100。"

明代解州崇宁宫关庙修建大事记

时间	洪熙元年(1425)	成化十四年(1478)	正德五年(1510)	嘉靖三年(1524)	嘉靖二十五年(1546)	嘉靖三十七年(1558)	嘉靖四十一年(1562)	隆庆元年(1567)
主要责任者	道士 李仲谦	知州 张宁	知州 李文敏	御史王秀	知州 孔天叙 樊间仁	知州 王惟宁	御史 乐尚约	知州 吕柟
修建情况	重修	重修	重修	重修	再修	修葺	重修午门	重修栖乐楼
备注		祭酒周洪谟记	尚书 韩文记		乡人刘相铸燎鼎	嘉靖三十四年(1555)地震毁		

资料来源:《关帝全书》卷一《坟庙考》,收入《关帝文献汇编》。

四

解州关庙地位之所以在明代日益突出,除其建庙时间较早,建修持续不断外,至少还与以下因素密切相关,而这些因素恰恰也是当阳等地关庙所不具备的。

(一)与王朝政治中心的北移密不可分

由于关羽的忠义仁勇符合统治阶级的利益,一直较受朝廷重视。北宋南迁后,朝廷仍屡次对当阳玉泉寺关庙进行赐封。北方的金章宗也不甘示弱,于泰和初年重修解州关庙,希望臣民能像关羽那样"忠而远识,勇而笃义,事明君,抗大节"。入元不久,元世祖更是派专人看护解州关庙。宋亡元兴,中国的政治中心日益北移,解州关庙的政治特色日益突显,为它在明代关羽信仰中心地位的逐渐确立提供了政治保障。

(二)解盐经济地位独特,解州关庙较受政府重视

山西解州是我国古代重要的池盐产区,解盐的盐课收入,成为政府财政收

入的主要来源之一。为此,元明清三朝,都曾在此设立河东都转运盐使司,对解盐加以管理。一旦池盐受灾,必然惊动朝廷,故有“盐池斩蚩尤”的神话,解州关庙也就成为民众时时寻求庇护的对象。明成化年间所修《山西通志》记载,每年四月初八,山西解州“运盐使司官各致祭,晋王遣祭,居民远近,莫不享赛”[20]卷五《祠庙》。成化十七年(1481),明廷遣使所颁敕祭文中提到,宋时盐池受灾,关羽奉命统率阴符之兵,剿灭蚩尤,盐池从而获安[6]《解梁关帝志》卷一《封号》。景泰二年(1451),河东运使何永芳在致祭关羽时,也提到关羽保护盐池之事,“惟神义全大节,勇冠三军,生为上将,没为明神,保护盐池,富国利民”[6]《汉前将军关公祠志》卷九《艺文下》。解州崇宁宫关庙的这种礼遇,是当阳等地关庙所无法比拟的。

(三)解州关庙香火兴旺,庙宇得以日新

解州“俗传四月八日,乃王受封之日,本省及邻邦士夫军民,赍香币走祭庭下者,肩摩踵接,无虑数十万人”[6]《汉前将军关公祠志》卷八《艺文中·正德五年知州李文敏重修庙记》。“而商贾因以为市,人有施香钱及赋其市地之廛,岁不下二百金,少亦半之。”[6]《汉前将军关公祠志》卷八《艺文中·嘉靖修庙记》故从正德五年(1510)山西解州知州李文敏修崇宁宫关庙开始,解州关庙于嘉靖三年(1524)、二十五年(1546)、二十七年(1548)的短短38年间就大修了四次。虽然解州关庙于嘉靖三十四年(1555)因地震倾圮,但短短的12年之后就再次焕然一新。在午门修建中,其“工费尤巨”,因“发赎金暨香税诸项,计共千四百两有奇”,才得以建成,从而加速了解州关庙的重建过程[6]《汉前将军关公祠志》卷八《艺文中·嘉靖重修午门记》。

(四)关羽志书的刊刻和传播,不断强化着解州的中心地位

关羽生地解州的第一本关羽志书,为成化年间解州知州张宁所编的《义勇录》,该书系胡琦《新编关王事迹》的简单增补本。弘治二年(1489),解州知州任福在张氏《义勇录》基础上,加入了宋元碑铭题咏。后被谪解州的知州吕柟,“以胡书虽增刻二三次,板复模糊,文多讹缺”,因“考诸正史、蜀记、当阳志”,于嘉靖四年(1525)刊成六卷本《义勇武安王集》[6]《关圣帝君征信编》卷三十。但这些志书都是以胡琦《新编关王事迹》为主进行增补而成,因此很难改变胡书详在当阳的缺陷。吕文南守解州后,据旧集补绘图四十一幅,插入不少题记,于隆庆元年(1567)刊刻《重订义勇武安王集》,与万历三十一年(1603)焦竑所刊的《关公祠

志》一起,改变了胡书八图详在当阳的缺陷,开始以解州为重心,完成了关羽志书本土化的历程。同时,解州官绅利用在外宦游的机会,不断对关羽志书进行完善和刊布。解州人赵钦汤利用其在江浙任职的机会刊成《关侯祠志》,因“浙,文献邦也”,所以“其所采事词,关于公生平与士大夫所惠赐颂公修美者,视旧集几半焉”。万历二十九年(1601),赵又利用其子巡抚山东的机会,再于山东刊刻[6]《汉前将军关公祠志·序》之《重刻关志颠末》。

(五)晋籍官商担负起他地关羽信仰传播的责任,不断强化着人们对解州关羽信仰中心地位的认同

为官在外的山西人对关羽有着一种无形的认同感。江西瑞州府关庙,为明代以前所建旧庙。直到天顺八年(1464),才由解州籍知府史宗礼加以重修[25]卷五七《瑞州府·祠庙》。江苏太仓州“城西之巽隅”关庙,自嘉靖三十二年(1553)和三十三年(1554)倭变之后,“诸将吏、士人,归德于公之神,稍稍饰庙貌。而病呰窳,且前逼狭径不称”。万历之庚辰(1580),“饬兵观察使临汾徐公来谒而心动,谋所以更新之而会御史中丞。绛州孙公按部至,与徐公咨,考政吏民疾苦。而徐公以间请新公祠,孙公慨然许之”。但由于官职变动,未能如愿。后来在继任者的努力下,终于完工。“孙公、徐公,则皆公乡人,其知公宁在余下”,当能有所心安[26]卷六十一《前将军汉寿亭侯关公庙记》。山西蒲州人杨博为兵部尚书时,“每过前门武安王庙,必投乡晚生帖”[27]卷2。

而山西商人凭借其雄厚的财力,也成为关羽信仰传播和关庙兴修的积极参与者。如明代扬州小东门关庙“香火最盛,蒲州人商扬州者,以岁五月十三日为侯生朝,用鼓乐舁侯像出,周行坊市。已,归像于庙,诞祭,令优人歌舞享侯,诸商列坐,享其馂”[28]卷十一《秩祀志》。游历在外的“山右客陈君舜”,还参加了万历三十七年(1609)辽东都司广宁中左所关庙的重修工程[29]卷八《艺文志·重修关王庙记》。

伴随着王朝政治中心的北移,经过有明一代的发展,解州崇宁宫关庙,以无可比拟的优势,逐渐取代当阳发展成为新的关羽信仰中心。解州关庙中心地位的确立,标志着明代关羽信仰中心北移的完成。但这一格局的出现,还只能算是初步的。当阳玉泉寺关庙,作为有着最早关羽传说的庙宇,依然发挥着经久不衰的影响力。而当阳关陵庙,作为关羽遗冢所在,也很难被人们遗忘。洛阳关羽首冢庙作为后起之秀,得益于河南相对浓厚的关羽信仰氛围,发展较为迅猛。到了明末,随着关羽被封为帝,全国各地的关庙也开始迎来一轮新的发展机遇。解州关庙中心地位暨关羽信仰中心北移的最终巩固,要到清代才完全实现。

参考文献:

[1]郝经.陵川集[M].文渊阁四库全书本.

[2]董诰,等.全唐文[M].北京:中华书局,1983.

[3]黄休复.益州名画录[M].丛书集成初编本.

[4]李元才续修,释亮山补辑.玉泉寺志·词翰补遗[M].中国佛寺志丛刊本.

[5]释大欣.蒲室集[M].文渊阁四库全书本.

[6]鲁愚,等.关帝文献汇编[G].北京:国际文化出版公司,1995.

[7]王应麟.四明文献集[M].文渊阁四库全书本.

[8]觉罗石麟,等.山西通志[M].文渊阁四库全书本.

[9]徐学谟,等.万历湖广总志[M].四库全书存目丛书本.

[10]胡谧,等.成化河南总志[M].民国二十二年河南通志馆影抄本.

[11]李濂.汴京遗迹志[M].北京:中华书局,1999.

[12]杨邦梁,等.嘉靖鄢城县志[M].天一阁藏明代方志选刊续编本.

[13]李嵩,等.嘉靖归德志[M].天一阁藏明代方志选刊续编本.

[14]潘庭楠,等.嘉靖邓州志[M].天一阁藏明代方志选刊本.

[15]侯大节,等.万历卫辉府志[M].稀见中国地方志汇刊本.

[16]陈寿撰,裴松之注.三国志[M].北京:中华书局,1982.

[17]洛阳关林管理委员会.中国关林[M].北京:中国摄影出版社,2000.

[18]佚名.三教源流搜神大全[M].清宣统元年长沙叶氏刻本.

[19]佚名.新刊大宋宣和遗事[M].上海:中国古典文学出版社,1954.

[20]李侃,等.成化山西通志[M].四库全书存目丛书本.

[21]钱谷.吴都文粹续集[M].文渊阁四库全书本.

[22]包诗卿.明代军事活动与关羽信仰传播[J].中州学刊,2008(3).

[23]罗希益,等.万历望江县志[M].稀见中国地方志汇刊本.

[24]陈春声.正统性、地方化与文化的创制——潮州民间神信仰的象征与历史意义[J].史学月刊,2001(1).

[25]李贤,等.明一统志[M].文渊阁四库全书本.

[26]王世贞.弇州四部稿续稿[M].文渊阁四库全书本.

[27]陈继儒.见闻录[M].丛书集成初编本.
[28]张宁,等.万历江都县志[M].四库全书存目丛书本.
[29]王奕曾,等.康熙锦县志[M].辽海丛书本.

作者简介:包诗卿(1979—),男,河南西峡人,北京大学历史学系博士研究生。

原文出处:《西南大学学报》(社会科学版)(重庆)2009年第3期。

转载:1.《新华文摘》2009年第15期论点摘要;2.《人大复印报刊资料·明清史》2009年第10期全文转载。

共享与差异:明代北京的民俗宗教

高寿仙

(北京行政学院 校刊编辑部,北京市 100044)

摘　要:明代北京存在着来源不同、性质各异的多种庙宇,其中有些神灵被纳入官方“祀典”,有些则属于民间“私祀”,但是否纳入祀典,并非“正祀”和“淫祀”的明确分界。在日常生活中,各种宗教因素相互交融,成为一种统一的宗教,这就是被社会各阶层共享的民俗宗教。民俗宗教体现在从国家礼仪到日常生活的各个层面,按照时令节日,在家中或到特定的宗教场所进行祭祀、祈祷、进香等活动,是民俗宗教最重要、最直观、最集中的展现。从明代中叶开始,围绕到寺观神庙祭拜贡献等活动,出现了越来越多的香会,它们的规模日趋庞大、组织日趋复杂。民俗宗教虽为社会各阶层所共享,但其内部并非混融无间,不同阶层和身份之间往往会表现出明显差异。

一、引　言

随着社会史与历史人类学的兴起,作为人类学和民俗学关注对象的民间信仰,近年也成为历史学的一个热门话题。作为学术用语的“民间信仰”,是日本学者姊崎正治在1897年提出的,此后得到广泛使用[1]。但随着研究的深入,一些学者感觉把“‘民间’这一暧昧的表述作为学术用语无论如何是不恰当的”,因此,1970年堀一郎将美国宗教研究者使用的“folk religion”译为“民俗宗教”,用以替代“民间信仰”[2]。此后“民间信仰”与“民俗宗教”两个概念共存并行,但20世纪80年代以来,日本学界“逐渐出现了从静态、一元的‘民间信仰论’

向多元、复合的'民俗宗教论'的范式转换","现已基本放弃'民间信仰'而采用'民俗宗教'这一用语"。中国学界目前仍然习用"民间信仰",但"近来似乎也出现了以'民俗宗教'来归纳'民间信仰'的新动向"①。因"民间"含有与"精英""官方"相对的意味,容易使人认为民间信仰是区别于精英阶层或官僚群体的普通民众的信仰。民俗宗教则不强调其民间性或草根性,而是强调其贯通各个阶层的共同性。换句话说,民俗宗教就是融合于日常生活之中、被社会各阶层共享的理念和仪式。但民俗宗教内部并非混融无间,不同阶层和身份之间往往会表现出明显差异,甚至产生激烈的矛盾和冲突。

在关于民间信仰的论著中,经常见到一对概念,即"正祀"和"淫祀"。一般认为,"正祀"是指得到官方认可、列入祀典的神祇或祠庙,除此之外皆属"淫祀"。但这种看法不够周全。其一,神灵被列入祀典,只能表示其获得了"治统"上的合法性,即得到国家承认并享受官方祭祀,但不能表示其一定获得了"道统"上的合法性。宋儒吕祖谦云:"近来人说淫祀,多是说丛祠及载于祀典非正者。"[3]所谓"载于祀典非正者",就是被纳入国家祀典但并不符合礼制原则的神祇或祠庙。其二,所谓"淫祀",《礼记·曲礼》界定为"非其所祭而祭之",但在实践中,其实并不容易将"正祀"与"淫祀"截然分割开来,它们之间存在一个广阔的"中间地带"[4]。揆诸典籍,那些未被纳入祀典但有益无害的祠祭,在与纳入祀典的"公祀"相区别的意义上,经常被称为"私祀"。由此看来,从是否纳入官方祭祀的角度,可以将各种祠坛、庙宇、寺观等区分为两大类,即"祀典"(也可称典祀、公祀、官祀等)和"私祀"(也可称民祀、野祀等)。

民俗宗教是从特定地域的民众生活之中产生出来的、成为民众生活习惯的宗教[5],所以往往呈现出鲜明的地方特点。除城隍、关公、真武、观音、土地、龙王等全国性的神灵外,许多地方都有"土神",即产生于某一地区,并有着该地特有的灵异传说,因而在该地受到信仰的神[6]。但土神的分布及其数量多寡,受到距离政治中心远近、地理状况、开发程度等多种因素的影响,因而各地差别很大。大致说来,在南方,分布密度较大的祠庙甚少,相反,各地独特的祠庙却多如牛毛;而在北方,"特别是华北地区,民间信仰受官方意识形态影响较大,地方文化传统的独立性没有那么强,因此表现出一种相对正统化和单一化

① 周星."民俗宗教"与国家的宗教政策[J].开放时代,2006(4);祖先崇拜与民俗宗教[M].金泽,陈进国.宗教人类学:第1辑,北京:民族出版社,2009.

的特点[7]。处在“辇毂之下”的北京,可能因为相对缺乏民间性、地方性和独特性,所以不太受人类学和社会史学者青睐。近年情况有所改观,韩书瑞(Susan Naquin)、赵世瑜等围绕明清北京城市宗教信仰发表了一批重要成果①。此外,以民俗和节日为主题的论著,也有助于了解北京居民的日常宗教活动②。本文在前人研究基础上,从民俗宗教的视角,整体性地考察一下明代北京的宗教信仰问题。

二、神灵:祀典与私祀

张光直指出,中国文明是“连续性的文明”,表现在“人类与动物之间的连续、地与天之间的连续、文化与自然之间的连续”等多个方面③。从信仰和祭祀的角度看,其说颇有道理。起源于上古时代的自然宗教(巫教),尽管具体形态随着时间推移不断变化,但其核心观念却长期延续下来,为融通各种信仰因素提供了一个基本框架,就连佛教、道教等充分组织化了的教派宗教,也不可避免地被其统摄吸收[8]。所谓民俗宗教,就是这样一种混融性的信仰形态,它可以容纳来源不同、性质各异的多种神灵。但另一方面,从西周开始,统治阶层越来越多地将伦理道德和政治象征因素注入信仰和祭祀之中。特别是在汉武帝“独尊儒术”以后,国家祭祀走上了礼制化的道路,对于原有或新兴的不符合礼制的信仰和仪式,儒家士大夫总是试图予以取消或改造。巫教与礼制两种因素的交融与冲突,使得民俗宗教内含着强大的张力,在不同时间、不同地域会呈现出各不相同的样貌。

在明代,北京既是全国的政治中心,也是礼仪中心和祭祀中心,这里分布着规格最高、数量最多、规模最大的祀典建筑,包括天坛、地坛、宗庙、社稷坛、

---

① Susan Naquin, Peking Temples and City Life, 1400-1900. Berkeley, Los Angeles: University of California Press, 2000. 赵世瑜的相关论文,均收入氏著:《狂欢与日常——明清以来的庙会与民间社会》,北京:生活·读书·新知三联书店,2002;《小历史与大历史:区域社会史的理念、方法与实践》,北京:生活·读书·新知三联书店,2006年。

② 吴建雍,等.北京城市生活史[M].北京:开明出版社,1997;李宝臣.北京风俗史[M].北京:人民出版社,2008;张勃.晚明北京居民的节日生活与城市空间的发展[M]//中国社会历史评论:第11卷.天津:天津古籍出版社,2010;明代岁时民俗文献研究[M].北京:商务印书馆,2011.

③ 张光直.考古学专题六讲[M].北京:文物出版社,1986;张光直.中国青铜时代(二集)[M].北京:生活·读书·新知三联书店,1990.

朝日坛、夕月坛、泰厉坛等。祭祀对象包括天神、地祇、人鬼三类[9]卷74《职官三》,分成大、中、小祀三等。嘉靖以前,大祀包括圜丘、方泽、宗庙、社稷、朝日、夕月;中祀包括先农、太岁、星辰、风云雷雨、岳镇、海渎、山川、历代帝王、先师、旗纛、司中、司命、司民、司禄、寿星;小祀包括司户、司灶、中霤、司门、司井(合称"五祀")以及泰厉、司马之神、火雷之神。嘉靖年间,将朝日、夕月降为中祀。对于这些坛庙和神灵,统治者每年都按照既定时间和仪式祭祀,称为"常祀"。此外还有"非常祀而间行之者",如新天子耕耤而享先农、视学而行释奠之类;"因时特举者",如嘉靖时皇后享先蚕、祀高禖之类[9]卷47《礼一》。三祀之外,还有其他一些官祭对象。沈榜根据宛平县情况,将它们分为祀亲、祀神、祀功三类,若考虑到整个北京地区的情况,似乎还可增加一类,即祀贤。祀亲是对皇家亲人的祭祀,包括皇帝、皇后陵园,妃嫔、太子、诸王、公主、累朝夫人(皇帝乳母)坟等;祀神是对神灵或神化人物的祭祀,主要有灵明显佑宫(祀北极佑圣真君)、东岳泰山庙、都城隍庙、京都太仓神庙、司马马祖先牧神庙、弘济神祠(祀宣灵弘济之神、水府之神、司舟之神)、洪恩灵济宫(祀金阙真君徐知证、玉阙真君徐知谔)、汉前将军汉寿亭侯关公庙;祀功是对有功人士的祭祀,主要有河间定兴二王(张玉、张辅)、崇安侯(谭渊)、姚少师(姚广孝)、铁刚太监、阵亡官军;贤是对贤德人物的祭祀,如建于顺天府学旁的启圣祠(祀叔梁纥)、宋文丞相祠(祀文天祥)、名宦祠、乡贤祠等。①

明代的大、中、小祀,基本上都承自前代,早已成为礼制的一部分。但列入祀典的其他神庙和祭祀对象,却未必都符合礼制标准。弘治元年(1488年),礼部会议厘正祀典事,认为以下神灵祭祀应予停罢或降格,可分为三种情况:一种是国初已列入祀典,但后来祭祀日益繁多,应予厘正。如北极佑圣真君,洪武时已建庙祭祀,应照洪武间例,每年以三月三日、九月九日遣官致祭,其余祭祀悉皆停免。另一种是祀典中的自然神演变为人格神。如每年祭祀天地和山川坛时,都要附祭东岳泰山之神,而京城又有东岳庙,俗以三月二十八日为东岳诞辰,是日及皇帝生日都遣官祭祀;京师及府州县都有城隍庙,俗以五月十一日为神诞辰,故是日及节令皆遣官祀。泰山与城隍非"人鬼",不当有诞辰,应当罢祭。还有一种是原非祀典后来增入者。如在大兴隆寺祭告释迦牟尼文

① 沈榜:《宛署杂记》卷18《恩泽·祠祭》;万历《顺天府志》卷4《政事志·祠典》;万历《明会典》卷93《群祀三·京都祀典》。

佛、朝天宫祭告三清三境天尊;在显灵宫祭祀九天应元雷声普化天尊、三天扶教辅玄大法师真君(张道陵)、崇恩真君、隆恩真君;在西山大圆通寺祭祀大、小青龙神;在洪恩灵济宫祭祀金阙真君徐知证、玉阙真君徐知谔,以及其父神父圣帝、其母神母元君,知证妻金阙元君、知谔妻玉阙元君;到祠祭祀梓潼帝君(张亚子)。这些皆"不合祀典",应当停罢。但明孝宗只是部分地接受了礼部建议。一些"不合祀典"的祭祀,仍然被允许保留在"祀典"中[10]卷13,弘治元年四月庚戌条。

上述祠庙之外,明代北京数量更多的,是佛教寺庙和道教宫观。由于兴废无常,大小不一,明代北京究竟有过多少寺观,很难做出确切统计。万历《顺天府志》卷2《营建志·寺观》,开列大兴县寺、庙、庵、宫、观、祠共70所,宛平县共162所;《宛署杂记》卷19《僧道》,开列寺、庵、宫、观、堂、祠共604处,其中城内242处、城外362处。但察其内容,实际包括内阁祠(祀李东阳)、壮节祠(祀谭渊)、褒忠祠(祀铁刚太监)、世忠祠(祀张玉、张辅)等,并非全都属于佛、道系统,当然这些只占少数。按照皇帝认可的程度,这些寺观可以分为四类:一是祀典类,即被纳入国家祀典,依时遣官祭祀,包括灵明显佑宫、东岳庙、洪恩灵济宫等。此类前已述及,这里需要补充的是,纳入祀典者皆属道教神庙,而非普通宫观,更无佛教寺庙。二是敕建类,就是由皇帝下令修建的寺观,凡新建者多称"敕建",而在原有基础上扩建或维修则多称"敕修"。三是敕赐类,即虽非皇帝下令修建,但落成时或其后得到皇帝赐名。四是私创类,凡未得到皇帝任何形式认可者,皆属此类。成化十三年(1477年)规定:"凡僧道住持,敕建寺观,许二人;敕赐并在外寺观,各止许一人。"[11]对于私创寺观,明朝曾多次下令禁止,甚至予以拆毁[11]。而敕建、敕赐类则会得到保护,皇帝有时还会为某个寺观专门发布保护圣旨①。

就其性质而言,无论是本土起源的道教,还是自外传来的佛教,都是人为创立的教派宗教,与属于自然宗教性质的私祀有所不同。但在崇尚儒教的中国,二教毕竟都属于异端,而且道教本就保留着许多自然宗教的成分,佛教在中国化过程中也吸纳了许多自然宗教的因素,所以在士大夫们看来,佛道二教也属于私祀甚至淫祀。如刘侗、于奕正认为:"二氏,野祀也。儒,国家典祀也。"[12]卷6《晏公祠》孙承泽也指出:"京师佛寺道宫,鸱吻相望,皆淫祀也。律以圣王

① 北京图书馆金石组编《北京图书馆藏中国历代石刻拓本汇编》(中州古籍出版社,1989年版)。明代各卷中收有多通此类碑刻拓片,不一一列举。

之法,宜尽付之祖龙矣。”[13]卷9《庙祀》尽管受到某些士大夫的严厉抨击,但佛教、道教早就被吸收到民俗宗教之中,成为民俗宗教不可分割的有机组成部分,因而得到上至皇帝后妃、下至贩夫走卒的普遍信仰。当然,这种信仰有一定的层次差别,如某些敕建、敕修的寺观,主要为皇室服务而不接待普通民众,民众只能到普通寺观烧香祈祷。但这显然是身份等级上的区别,而非信仰性质的差异,各个阶层均生活在同一种民俗宗教之中。

相对于佛教而言,本土起源的道教,与自然宗教的性质更加接近,或者说,道教本来就是自然宗教中理论化或仪式化的部分。道教在发展过程中,不断将自然宗教神灵纳入自己的神灵系统,如火神、龙王、山神等,北京也有不少此类神庙,有的(如西山大小青龙)还曾被纳入祀典。在道教诸神灵中,明代后期在北京影响最大的,当属碧霞元君。碧霞元君信仰在北京以及周边地区的传播,是朝野共享、上下互动的结果。

从有关资料看,对此女神的信仰,肇始于唐宋时代。“碧霞元君”的称号,应当出现在明代前期。成化年间尹龙谈道:“昭真祠在泰山绝顶,世传谓天仙玉女碧霞元君之祠”,“我列圣每遇登极,必遣廷臣以祀方岳,又时命中贵有事于祠。”[14]卷9《灵宇志·碧霞灵应宫·尹龙记略》据此可知,早在成化以前,这一源于民间传说的女神,就已得到皇帝的祭祀。但从遣内官祭祀碧霞元君、遣廷臣祭祀方岳的区别可以看出,皇帝是以个人身份祭祀碧霞元君,属于私祀性质,并不表示碧霞元君已被纳入祀典。正德十一年(1516年),镇守太监黎鉴请收碧霞元君祠香钱,给事中石天柱等批评说:“祀典惟东岳泰山之神,无所谓碧霞元君者。淫祀非礼,可更崇重之乎?”[15]卷139,正德十一年七月甲申条但士大夫的批评,未能阻止碧霞元君在皇室和民间的流行。嘉靖中叶,马一龙记云:“碧霞元君,今为泰山第一香火,四方崇奉而至者,日以万计。……我朝历圣,只有祭东岳泰山文,并无及此者。惟章圣太后,正德间方遣一武臣进香,而天下自是盛行,吾辈亦多以此惑志。”[16]卷19《东封纪行》可见在宫廷与民间的交互影响下,此时碧霞元君信仰已流传甚广,就连很多士大夫也予以认同。

万历年间,因慈圣太后的笃信,进一步促进了北京碧霞元君信仰的流行。万历二年(1574年),慈圣太后命发帑金,在涿州为碧霞元君立庙,遭到朝臣激烈反对[9],但工程仍然进行。此庙虽然建在涿州,但直接推动了北京城的碧霞元君信仰,每年二月都有大批人到涿州进香。到了明末,北京祭祀碧霞元君的场所，已有“五顶”之说：“祠在北京者，称泰山顶上天仙圣母。麦庄桥北，曰西顶；草桥，曰中顶；东直门外，曰东顶；安定门外，曰北顶。盛则莫弘仁桥若，岂其地气耶！”此外还有其他祠庙，如“西直门外高粱桥亦有祠”[12]。刘侗、于奕正在谈到碧霞元君信仰时说：“夫亿万姓所皈礼，以俗教神道焉，君相有司不禁也。”[12]当然，由于碧霞元君信仰与礼制原则相差太大，所以虽然受到宫廷内外的一致崇信，但始终未能被正式纳入祀典。

尽管北京受到十分严密的控制，但“左道惑众”活动也时有出现[17]。如弘治十年(1497年)，“郑村坝军余刘普善，妄称天仙玉女托梦于己，令盖造庙宇，各处男女听其诱惑，争趋礼拜，布施钱物”[10]卷127，弘治十年七月戊申条。嘉靖十七年(1538年)，“昌平州古佛寺僧田圜，伪造妖言惑众，入京师，止千户陈赟家，伪授赟安国公”[18]卷218，嘉靖十七年十一月丙子条。四十三年，白莲教主吕恺自称“弥勒佛出世，当代大明为天子”，“京师人谓之真命皇帝，莫敢告捕”[19]。万历七年(1579年)，武成中卫舍余王铎，“自称天地三阳会首，又盖三阳殿，造混元主佛三尊，傍列伪封蔡镇等为三十六天将，捏造妖书、违法器物，煽惑男妇六千余人，以度劫为名”[20]卷83，万历七年正月己巳条。这些活动一经发现，便遭到打击和镇压，相关庙宇遭到拆毁。但需要注意的是，这些活动也是从民俗宗教中衍生出来的，其神灵大多来源或脱胎于佛教和道教。官府对它们保持警惕和压制，主要不是因为信仰问题，而是它们对王朝统治和社会秩序构成了威胁。

综上所述，明代北京存在着为数众多的坛庙寺观，从是否纳入官方祭祀的角度，可以将他们区分为“祀典”和“私祀”两大类别。但从礼制的角度观察，进入“祀典”者未必都是“正祀”，未进入“祀典”者也未必都是“淫祀”。为了反映民俗宗教的复杂情况，可以在“祀典”和“私祀”的基础上，进一步细分为四类：(1)“祀典之正”者，即列入祀典而又符合礼制原则者；(2)“祀典非正”者，即列入祀典但不符合礼制原则者；(3)“私祀之正”者，即虽未列入祀典但符合礼制原则者；(4)“私祀非正”者，即未列入祀典又不符合礼制原则者。对于一、四两类，人们的认识比较统一，一般认为前者属于“正祀”，后者属于“淫祀”；但对于二、三两类，人们在认识上往往存在很大差异，国家政策也时有伸缩。但从性质上说，这些区分只具有政治的和等级的含义，而并不表示本质的差别，它们都是富有张力的民俗宗教的有机组成部分。

三、礼仪:祭祀与节日

民俗宗教的核心是礼仪,种类十分繁杂,其中最为重要的集体性活动,是祭祀与节日。正如渡边欣雄所说:“使汉民族的神灵观念得以统一,并且沿着时间的脉络而分布配置的人们一方的行为,便是礼仪。”[21]237在民俗宗教中,来源不同的多种神灵兼容并存,被组合到一条连续的时间链条上,形成了一系列具有特殊意义的时间点,每个时间点都有相应的宗教活动,其中有些时间点发展成为重要的民俗节日。由于各地信奉的神灵颇有差别,即使对于同一神灵,各地祭祀的日期、仪式和习俗也不尽相同,所以民俗宗教节日具有鲜明的地方特色。北京作为全国政治中心,受到国家权力和礼制的强有力控制,民俗宗教节日更多地体现了普遍性而非特殊性,但仍有一些值得注意的地方特色。①

如同其他地方一样,明代北京最重要的节日是元旦。这个节日从小年开始持续到元宵节,历时20多天,混合了多种宗教因素。如腊月二十四日以糖剂饼、黍糕、枣栗、胡桃、炒豆祀灶君,以糟草秣灶君马,送灶君上天;二十五日五更焚香楮,接玉皇;三十日五更又焚香楮送玉皇上界,迎新灶君下界。除夕贴门神,悬挂福神、鬼判、钟馗等画,“插芝麻秸于门檐窗台,曰藏鬼秸中,不令出也”;年初到东岳庙烧香。这些都属于道教系统或民间俗信。元旦前后在家用果面供佛,年初到白塔寺绕塔,这些来自佛教信仰。除夕开始悬挂祖先画像,供上三牲熟食和阡张,三日后撤掉供品、焚化阡张;元旦晨起,当家者率妻孥拜祖祢。这些既是民俗惯习,也是儒家礼教所提倡的。正月十六也有重要的民俗活动,一是“走百病”,夜间妇女身着白绫衫,结队群游,前令人持一香辟人;二是“摸钉儿”,妇女至城各门(到玄武门者尤多),暗中举手摸一下城门钉,俚俗以为可以却病产子。正月十九为“燕九节”,这是北京独有的一个节日,起源于元代,相传此日是长春真人丘处机诞辰日(另有飞升日、被阉日等说法),故“京畿黎庶,每于是日致浆祠下”。此外立春多在正月,顺天府要按照礼典举行迎春仪式,向皇帝、皇太后、皇后、皇子进春,此外无贵贱皆嚼萝卜,名曰“咬春”。

① 集中记述明代北京岁时民俗的文献有:沈榜《宛署杂记》卷17《民风一·土俗》;万历《顺天府志》卷1《地理志·风俗》;刘侗、于奕正《帝京景物略》卷2《春场》;刘若愚《明宫史》之《火集·饮食好尚》;陆启浤《北京岁华记》等。以下叙述多根据上列文献,不另注。

二月民俗节日很少,二月二日被称为"龙抬头",人们"用灰自门外委蜿布入宅厨,旋绕水缸,呼为引龙回"。此外"各家用黍面枣糕以油煎之,或以面和稀摊为饼,名曰熏虫"。万历初慈圣太后在涿州建立碧霞元君庙后,北京人兴起二月开始前往进香的习俗,"其人不论贵贱男女,额贴金字一片。金亭如屋,坐神像其中,绣旗瓶炉前导"。三月有两大节日,一是清明,其活动主要是扫墓和踏青。二是二十八日东岳大帝诞辰,"是日行者塞路,呼佛声振地,甚有一步一拜者,曰拜香庙",此外还"陈鼓乐、旌帜、楼阁、亭彩,导仁圣帝游"。四月宗教节日较多:一是佛诞日,有几种不同说法,北京以本月初八为佛诞日,各寺浴佛,居民出游西山香山、碧云等寺,或到西直门外高梁桥、涿州娘娘庙、马驹桥西顶娘娘庙进香。二是碧霞元君诞辰,亦有不同说法,北京流行本月十八日之说,是日皆到元君庙进香,其中弘仁桥庙香火最盛。同时又有四月八日之说,以高梁桥娘娘庙香火最旺,"倾城妇女,无长少竞往游之"。三是祭药王,在十三日或二十八日到药王庙进香。五月初一至初五日为女儿节,"家家妍饰小闺女,簪以榴花"。初五日为端午节,饮朱砂、雄黄、菖蒲酒,吃粽子,佩带艾叶、五毒符等。北京人还有"避毒"之俗,"午前群入天坛,曰避毒也。过午出,走马坛之墙下"。十三日为关帝诞辰,人们在旗鼓引导下,到关帝庙进献刀马。六月初六日入伏,北京居民率皆"藏水曝衣",妇女洗发,"至于猫犬之属,亦俾浴于河"。七月七日为乞巧节,正午妇女丢巧针,晚上设宴星河下,儿女对银河作拜。十五日为中元节,各寺均举办盂兰会,放河灯,居民给祖先扫墓,有些妇女"夜路哭,若招魂"。八月有一大节,即中秋节,"人家各置月宫符像,陈供瓜果于庭,男女肃拜烧香,旦而焚之"。九月九日为重阳节,主要活动为登高。十月一日扫墓、送寒衣。又相传此日为靴生日,京城卖靴人"预集钱供具,祭之"。十一月几无节日,但冬至多在此月,明代前期"京师最重冬节,不问贵贱,贺者奔走往来",后逐渐不太重视,但也有人家"具牲祀祖考,治酒称贺,子孙拜如年礼"。进入腊月后,北京有"念夜佛"的习俗,"自腊月初一日起,每夜人定时,手执一香,沿街念佛,尽香而归,至除夕乃罢"。初八日要吃腊八粥,并供奉佛圣前。二十四日称"小年",标志着正式进入新年期。

民俗节日里的集体性宗教活动,将不同身份的人们融聚到一起,其间并不存在明显的阶层性区别。如到涿州碧霞元君庙进香的人群,包括不同阶层、不同性别的信仰者,而且大家遵守共同的仪俗,"其人不论贵贱男女,额贴金字一片”[22];到东岳庙进香者亦然,“亡论尊官贵人,即芸夫竖子,海贾闺质,□许矢心,昼夜犇跣,朱旛华旃接于道,带盆焚爇”[23]24。但另一方面,由于身份和贫富差异,各阶层的具体活动方式确实又有所差异。比如过年时,“贵戚家悬神荼、郁垒于户”,而“民间插芝梗、柏叶”[22]。正月十三日散灯,“富者灯四夕,贫者灯一夕止,又甚贫者无灯”[12]卷2《春场》。再如到弘仁桥碧霞元君庙进香,虽然贫富贵贱混杂于途,但从其交通工具便可识别社会身份:“舆者,贵家、豪右家。骑者,游侠儿、小家妇女。步者,窭人子,酬愿祈愿也。”[12]卷3《弘仁桥》此外对于个别节日,不同阶层的重视程度和侧重点有所不同。如对于冬至节,宫廷和官员比较重视,“百官贺冬毕,吉服三日,具红笺互拜,朱衣交于衢,一如元旦”;而民间却比较漠然,“民间不尔,惟妇制履舄,上其舅姑”[12]卷2《春场》。总体来看,明代北京各阶层的节日习俗,尤其是与宗教信仰相关的部分,基本上大同小异,并无本质性差别。而相异之处,并非因观念不同,而是贫富差异所致。

朝廷的祀典,也是按照时间脉络排列的。以常祀为例,“大祀十有三:正月上辛祈谷、孟夏大雩、季秋大享、冬至圜丘,皆祭昊天上帝,夏至方丘祭皇地祇,春分朝日于东郊,秋分夕月于西郊,四孟季冬享太庙,仲春仲秋上戊祭太社太稷。中祀二十有五:仲春仲秋上戊之明日祭帝社帝稷,仲秋祭太岁、风云雷雨、四季月将及岳镇、海渎、山川、城隍,霜降日祭旗纛于教场,仲秋祭城南旗纛庙,仲春祭先农,仲秋祭天神地祇于山川坛,仲春仲秋祭历代帝王庙,春秋仲月上丁祭先师孔子。小祀八:孟春祭司户,孟夏祭司灶,季夏祭中霤,孟秋祭司门,孟冬祭司井,仲春祭司马之神,清明、十月朔祭泰厉,又于每月朔望祭火雷之神。”不同等级的祭祀对象,在主祭者身份、祭品多寡、仪式繁简等方面都有严格区别。如大祀由天子亲祀或遣大臣代祭,中祀、小祀遣官致祭;祭祀前,大祀致斋三日,中祀二日,小祀则无;祭牲,大祀入涤九旬,中祀三旬,小祀一旬;祭帛,大祀、中祀用制帛,小祀素帛、礼佛帛;乐舞,乐分九奏、八奏、七奏、六奏四等,舞皆八佾,先师六佾,小祀则否。①

民间的私祀礼仪,与国家祀典在性质上并无差异,但在等级上有明显区别。比如,无论是皇帝还是庶民,都把天地当作神明崇拜,皇帝在圜丘(天坛)、方丘(地坛)举行盛大的祭祀仪式,平民百姓自然不能僭祭,但他们也有相应的表达形式,如明代北京元旦,晨起“当家者,率妻孥,罗拜天地”[24]卷17《民风一·土俗》。在

①《明史》卷47《礼一》;孙承泽:《天府广记》卷16《礼部下·祠祭之制》。

中国民俗宗教中，祖先崇拜是最为重要的内容之一，无论是哪个社会阶层的成员，每年都要举行多次祭祖，但具体仪节又有繁简、文野之别，从中可以看到民俗宗教的典型特征。

明代“国家奉先之礼，有宗庙以象外朝，有内殿以象内寝”[25]卷13《内殿奉安列圣神主仪》。太庙前为正殿，后为寝殿，凡九间。每年祭祀五次，称为“时享”，在孟春、孟夏、孟秋、孟冬和岁除日举行。弘治年间建立祧庙后，又于岁除增加一项“祫祭”。时享和祫祭例由皇帝主祭，如皇帝不能赴庙则遣勋臣或驸马代祭，在京文武官员陪祭。①内殿主要有奉先殿和奉慈殿，前者除供奉于太庙诸祖妣外，推尊为后者亦得祔享，后者供奉不能入祔太庙的皇帝生母。内殿祭祀亦由皇帝行礼，但无须官员陪祭，“朝夕焚香，朔望瞻拜，时节献新，生忌致祭，用常馔，行家人礼”。嘉靖时重定内殿祭礼：“清明、中元、圣诞、冬至、正旦，有祝文，乐如宴乐。两宫寿旦，皇后并妃嫔生日，皆有祭，无祝文、乐。立春、元宵、四月八日、端阳、中秋、重阳、十二月八日，皆有祭，用时食。”每月朔有荐新之仪，其品物每月不同，如正月为韭菜、生菜、荠菜、鸡、鸭子，六月为莲蓬、甜瓜、西瓜、冬瓜。此外还有陵寝之祭，例皆遣官行礼，只有个别皇帝曾诣陵躬祭。凡清明、中元、冬至，以太牢致祭，而忌辰及圣诞、正旦、孟冬，则止用香烛酒果[14]卷90《礼部四十八·陵坟等祀》。从其仪节看，宗庙祭祀和陵寝祭祀属于国家性质的祭祀，而内殿祭祀带有皇帝私人祭祀的意味。

对于臣民的祭祖礼仪，明初曾做出具体规定。品官可以建立祠堂，规制为三间，供奉高、曾、祖、祢四世神主，“亦以四仲之月祭之，又加腊日、忌日之祭，与夫岁时俗节之荐享”。至于庶民，则不许建立祠堂，只能将“神主置于居室之中间，或以他室奉之”，祭祀仪节“大概与品官略同”[26]卷6《吉礼六·宗庙·品官家庙》。祭祀代数起初限于祖父母、父母，后放宽到高、曾、祖、祢四世，但实际生活中，常有越制祭祀或立祠者。到嘉靖年间，诏令天下臣民可以于冬至日祭祀始祖，推动了民间立祠的普遍化[27]。但在北京，祠堂似不多见，不像唐代长安那样有许多官员家庙[28]。这是因为唐代士族为便于仕进，有很多迁居两京，疏离原籍[29]，而明代的户籍管理更加严格，士大夫的籍贯观念更加强烈，官员虽在北京长期任职，一般也不会著籍于此，其家族祠堂都建在原籍。至于普通居民，五方杂辏，迁徙无常，不容易长期定居一处，聚族而居者更少，具备立祠条件者不多。据

① 万历《明会典》卷86《礼部四十四·庙祀一》;卷87《礼部四十五·庙祀二》。

沈榜记述:“富贵家庙祠如仪。民间多朴野,不知节文,惟遇时节,则市买阡张、纸马焚之而已。”[24]卷17《民风一·土俗》可知除富贵家有祠堂外,居民都是到坟墓祭拜,上坟日为清明节、中元节(七月十五日)和寒衣节(十月初一)。清明尤受重视,“无贵贱,率持酒肴上坟,男女盛服以往”。北京居民之中,“多四方客未归者”,便只能“祭扫日感念出游”。送寒衣时,许多人无法上坟焚烧,于是“有疏印缄,识其姓字辈行,如寄书然。家家修具夜奠,呼而焚之其门”。①

可以看出,就祭祀时日、规格高低、礼节繁简而言,不同社会阶层之间,尤其是作为国家典礼的太庙祭祀与臣民的私家祭祀之间,存在着巨大的差别。但其中反映出来的宗教观念,以及具体的祭祀程序,又表现出高度的同质性和一致性。各级臣民的祠堂及其祭仪,就好像是太庙及其祭仪的缩微版。这充分展示了民俗宗教的共享性与差异性。

四、香会:活动与组织

明代北京居民的宗教活动,依其组织化程度,从低到高大致可以分为四类:一是个人性活动,包括个人在私家场所和公共场所进行的各类宗教活动,如念经、拜神、进香、捐献、放生等。有些人因某种原因不便出门,还可以让其他人代行,如明代皇帝、后妃就经常派遣宦官到各神庙寺观烧香禳告。二是家庭性活动,包括家庭成员在私家场所举办的宗教活动,也包括家庭成员一同到公共场所参加的宗教活动,主要有祭祖、扫墓、进香、斋醮等。这种活动有时也邀请一些亲戚朋友参加。三是集体性活动,既包括一次性的集体活动,也包括由香会、善会等定期举办的活动。四是礼制性活动,既包括朝廷或各级官府按照祀典举办的各种活动,也包括皇帝下令举办的斋醮和祈禳活动。这些活动大多限于一定级别的官员参加,但有些活动要求百姓参与,如顺天府每年立春日举行的迎春仪式,耆老就是必不可少的角色。

四类宗教活动之中,个人性、家庭性和礼制性的活动,历史久远而变化不大。但集体性的宗教活动,在明代北京有数量越来越多、组织化程度越来越高的趋势,而且其组织方式反映了北京社会结构的一些特点。

① 刘侗、于奕正:《帝京景物略》卷2《春场》;沈榜:《宛署杂记》卷17《民风一·土俗》。

明代北京的集体性宗教活动，最常见的当属进香。明太祖对于烧香比较反感，《皇明祖训·内令》规定："凡庵观寺院烧香降香，禳告星斗，已有禁律，违者及领香送物者，皆处以死。"[14]卷165《刑部七·律例六·礼律·祭祀》在这种严格的管制下，明代初期，个人性的拜庙烧香也很少见，更无人敢于组织集体性的进香或迎神赛会活动。

洪武以后，这些禁令很快趋于废弛，就连皇室也公然违背祖训。派人到寺观赠送香烛银物，逐渐成为皇室的惯常行为。民间烧香活动更是日益流行，"京师每节序，男妇杂沓寺观"[30]卷3，第218条。弘治十一年(1498年)，户科给事中丛兰疏言："京师风俗之美恶，四方所视效也。近年以来，正月上元日，军民妇女出游街巷，自夜达旦，男女混淆。又每月朔望及四月八日，假以烧香游山为名，出入寺观，亦有经宿或数日不回者。"[10]卷143，弘治十一年十一月己亥条朝廷为此发布禁令，但根本不可能产生实际效果。正德十四年(1519年)，明武宗"传旨欲往南、北直隶，山东泰安、神州等处供献祈福"，更加刺激了北京民间的烧香热潮，"京师之烧香者，鸣锣张旗，百数成群"[15]卷172，正德十四年三月庚子条。嘉靖八年(1529年)，礼部尚书李时疏言："每年四月，京师诸寺有参禅礼佛之会，男女杂遝，大败风俗，宜行禁谕。"明世宗"谓其言有裨风化，即命有司巡视逮治，都察院榜示中外，严为禁革"[18]卷99，嘉靖八年三月甲子条。从明代后期北京进香游寺之盛况看，此次禁令也不过是一纸具文。

在节日期间到相应的寺观神庙烧香，大多属于自发的个人行为。但从"鸣锣张旗，百数成群"的描述看，至迟到正德年间，北京已有场面浩大的集体进香活动，这背后应当有香会一类的组织。东岳庙内现存一通万历三十五年(1607年)所立《神明圣会碑记》，内云："每遇圣诞，兹有司礼监太监成敬等官，会首刘朝奉、党用、傅诚、刘大用、王桢等，倡约会众八百余官员，建醮迎神，恭陈贺礼，进贡香楮、冠带、袍笏、朝履，其来相接，八十余年矣。"[23]40按时间回溯，这个香会应当成立于嘉靖初年。到万历年间，香会已十分普遍，大多数香会的朝拜对象，是位于京城及附近地区的东岳系庙宇，其中吸引香会最多的是朝阳门外东岳庙、马驹桥碧霞元君庙以及涿州天齐圣帝宫。关于朝阳门外东岳庙的香会活动，沈榜记述："民间每年各随其地预集近邻为香会，月敛钱若干，掌之会头。至是盛设鼓乐幡幢，头戴方寸纸，名甲马，群迎以往，妇女会亦如之。"[24]卷17《民风一·土俗》东岳庙现存崇祯五年(1632年)《东岳庙常明海灯圣会碑》也谈道:“都民汗雨袛惟,勇于奉神,鸠众剧金,各以所贡之物名其会,或曰长香,或曰白纸等等,未可更仆。”[23]58 当然,除东岳系庙宇外,围绕其他寺庙也有香会,沈榜记述:“所居村民随多寡立会,岁敛钱供其近村寺。”[24] 瞿九思也谈道:“以余所闻京师人,人无女男,皆立会焚香,动以数百数。而其甚者,鸣金鼓,张旗帜,黄屋左纛。膜拜而呼佛,洋洋盈耳乎!”[31]卷1《叛僧王铎、如灯、王善列传》

从东岳庙等处现存碑刻看,香会的活动,可以分为三类:

一是一次性活动。如万历三十四年(1606年)《钦造岱岳灵应玄妙金像碑》记载:“是以圣母秉忱,皇上笃恭,中宫乐善,皇贵妃修虔,东宫殿下、福王、荣昌公主、七公主同德,偕诸妃嫔,各捐内帑,精造渗金东岳圣像七尺二寸法身,暨宫官从神,森列与俱。以丙午岁季秋之吉,安位于岱岳正殿……斯举也,盖缘中官习睹旧像实增塑者,惧艰以垂久,遂毅然具奏,上可之。”[23]38-39 根据碑文和题名判断,这次造像活动由太监发起,得到皇帝、后妃的支持,并有民间信士参与其事。整个活动是以香会的形式进行的,事情告成后,这个香会大约就自然结束了。

二是限期性活动。如万历二十年(1592年)《东岳庙碑记》谈道:“岁季春,当品汇发生之候,世相传为青帝诞辰。兹惟大明皇贵妃郑氏暨皇三太子,集诸宫眷、中官等,制帝后冠服、束带、香帛、纸马及宫殿廊庑神祇,咸致礼有差。自庚寅迄壬辰历三岁,盛典告成,征言勒石,用垂久远。”碑阴题名包括后妃、太监、宫女,总数将近200人,其中13名太监为会首,看来也是采用了香会的形式。[23]31-32 同年《敕建东岳庙会中碑记》云:“都城之东,旧有东岳神庙,为都人士所飨祀。御马监太监柳君贵、彭君进、刘君秉忠、高君升、王□□□□监局官凡若干人,岁于神降之辰,张羽旂,设供具,以飨神而徼之福。期以三岁,今如期将告利成,欲纪其事。”[23]33 这个由太监组织的香会,每年三月二十八日到东岳庙设供飨神,但却有时间限定,即“期以三岁”。这两例为祀神而组成的香会,虽然在三年内连续开展活动,但事先都限定了持续时间,三年期满,请人撰文勒石以志纪念,此后香会也就不一定继续存在下去了。

三是长期性活动。碑刻所见活动于东岳庙的香会,持续时间最长的当属前揭神明圣会,至立碑时已逾80年。还有两个香会,到立碑时已持续40余年。一见于天启四年(1624年)《东岳庙四季进贡白纸圣会碑记》:“京都明时等坊巷,有老善首锦衣牛姓永福,领众四十余载。况今年末,命男牛应科同妻王氏接续，领诸善信，各捐净资，每岁年例三月二十八日，恭遇东岳上帝圣诞之辰，进贡冠袍、大马并四季白楮等仪，以备岳府冥司应用。”[23]46一见于崇祯五年(1632年)《敕建东岳庙碑记》：“崇文门外东南坊领众姓弟子卞孟春等，起立白纸圣会，每岁四季进贡于□勾魂司神前。溯立会之繇，今已四十载有奇矣。”[23]60另据万历十八年(1590年)《岳庙会众碑记》，此会已持续近20年：“都人士若耿应祯、支松、沈鸾者，约数百人，自隆庆纪元迄今，凡遇岁首，以青帝发育之始，预为神诞，齐心崇奉，修供告虔，殆二十年，可谓盛矣。”[23]22上述这些香会，都持续了较长时间，或在每月朔望，或在每月终，或在每年四季，或在岳神诞辰，周期性地到神庙活动，如进献盘香、白楮、袍服以及舍茶、扫尘等。

明代北京香会的组织结构，繁简稍有差异。不少香会只设会首，并无其他职事。如万历十八年(1590年)《岳庙会众碑记》碑阴题名，上半部分两列刻有50名太监的名字，左上角刻有“大明瑞安长公主”“景恭王妃王氏婆鲍金女”，这些人应当是香会活动的赞助者；下半部分十列刻250人姓名，应当是香会成员，其中耿应祯、支松、沈鸾、陈福、范普广、赵宗礼、刘江七人名字上面标有“会首”字样[23]22-23。万历三十年《天仙庙重修碑记》所见香会，是个只有50人的小会，也只设会首之职。更多香会除会首(或称香头)外，还设有其他职事。如万历十三年《东岳庙供奉香火义会碑记》碑阴题名，最上面刻张明、蓝兴、张忠三名太监的名字，当为香会活动的赞助者；其下最左侧分六列刻女性姓名，其余部分分28列刻男性姓名，共有480多人，其中有香头两人、管事九人[23]18-19。万历十九年《岳庙会众碑记》碑阴题名共240多人，除会首三名外，还有管事四名、司房两名。崇祯七年(1634年)《敕建东岳庙圣前进贡碑记》碑阴题名多达一两千名，有正会首两名、管事两名，会首则多达144名，既有男性也有女性[23]64。总起来看，随着时间推移，明代北京香会有规模越来越大、组织越来越复杂的趋势。香会本身及其组织的进贡等活动，往往汇集了不同阶层、不同性别的社会群体，即使生活在深宫之内的各类人员，与宫外社会也保持着密切联系，共同开展了许多宗教活动。

关于香会进香的具体情形，明代文献记载不是很多，其中刘侗、于奕正对马驹桥碧霞元君庙进香场面的描述比较生动具体，可以看到其盛况：

岁四月十八日，元君诞辰，都士女进香。先期，香首鸣金号众，众率之，如师，如长令,如诸父兄。月一日至十八日,尘风汗气,四十里一道相属也。舆者,骑者,步者,步以拜者,张旗幢、鸣鼓金者。舆者,贵家、豪右家。骑者,游侠儿、小家妇女。步者,窭人子,酬愿祈愿也。拜者,顶元君像,负楮锭,步一拜,三日至。其衣短后,丝裈,光乍袜履,五步、十步至二十步拜者,一日至。群从游闲,数唱吹弹以乐之。旗幢鼓金者,绣旗丹旐各百十,青黄皂绣盖各百十,骑鼓吹,步伐鼓鸣金者,称是。人首金字小牌,肩令字小旗,舁木制小宫殿,曰元君驾,他金银色服用具,称是。后建二丈皂旗,点七星,前建三丈绣幢,绣元君号。又夸儇者,为台阁,铁杆数丈,曲折成势,饰楼阁崖水云烟形,层置四五儿婴,扮如剧演。……别有面粉墨,僧尼容,乞丐相,遢伎态,憨无赖状,闾少年所为喧哄嬉游也。[12]卷3《弘仁桥》

在熙熙攘攘的进香行列中,通过交通工具和衣着打扮,可以看出贵贱贫富的差别。不过,各个阶层虽有俭奢之异,但毕竟汇聚于同一公共空间,分享着相同的信仰、祈愿和欢乐,体现了民俗宗教的贯通性和包容性。特别值得一提的是,当时有大量女性参加进香活动,形成一道亮丽的风景线。蔡复一《进香曲》诵其事云:“燕姬上马巧安排,窄窄弓弓两瓣鞋。约伴同参玉女去,发心自愿舍金钗。”[12]卷3《弘仁桥》

五、结 语

明代北京居民的宗教信仰,典型地体现了渡边欣雄所概括的汉族“民俗宗教”的特征,即“沿着人们的生活脉络而编织”,“以既存的生活组织(例如家、亲族、宗族、朋友、地域社会等)为母体”,“按照生活的节律即年中行事和人生礼仪的过程,惯例性地举行宗教礼仪的一系列行为”[21]234。与全国其他地方一样,明代北京存在着源自不同宗教传统的众多神灵,其中有些被纳入官方“祀典”,有些则属于民间“私祀”,但是否纳入祀典,并非“正祀”和“淫祀”的明确分界。

民俗宗教中最为重要的集体性活动,是祭祀与节日。在民俗宗教中,来源不同的多种神灵兼容并存,被组合到一条连续的时间链条上,形成了一系列具有特殊意义的时间点,每个时间点都有相应的宗教活动,其中有些时间点发展成为重要的民俗节日。按照时令节日,在家中或到特定的宗教场所进行祭祀、祈祷、进香等活动,是民俗宗教最重要、最直观、最集中的展现。从国家祀典到民间私祀,形成了一个“同一连续体”,它们都属于自上古传承下来的同一种民俗宗教,在本质上并无不同,或者说祀典无非是民俗宗教中最为礼制化的部分。

从明代中叶开始,围绕到寺观神庙的祭拜贡献等活动,北京出现了被称为“香会”“善会”“圣会”等名目的组织。随着时间推移,香会规模日趋庞大,组织日趋复杂。各个香会持续时间长短不一,其中不乏几十年坚持活动者,最长一个到立碑时已逾80年。从东岳庙碑刻看,这些香会既有宦官发起的,也有民间人士发起的,而且两者之间存在密切的交流合作。通过交通工具和衣着打扮,可以看出进香者的贵贱贫富差异,但他们又都汇聚于同一公共空间,分享着相同的信仰和仪式,体现了民俗宗教的贯通性和包容性。

参考文献:

[1]铃木岩弓.“民间信仰”概念在日本的形成及其演变[J].何燕生,译.民俗研究,1998(3).

[2]宫家准.日本的民俗宗教[M].南京:南京大学出版社,2008.

[3]卫湜.《礼记集说》卷14[M]//文渊阁四库全书:第117册.台北:台湾商务印书馆,1985.

[4]皮庆生.宋人的正祀、淫祀观[J].东岳论丛,2005(4).

[5]宫家准.日本民俗宗教述论[J].岷雪,译.民族艺术,1998(2).

[6]滨岛敦俊.明清江南农村社会与民间信仰[M].厦门:厦门大学出版社,2008.

[7]赵世瑜.狂欢与日常——明清以来的庙会与民间社会[M].北京:生活·读书·新知三联书店,2002.

[8]高寿仙.中国宗教礼俗——传统中国人的信仰系统及其实态[M].天津:天津人民出版社,1992.

[9] 张廷玉.明史[M].北京:中华书局,1974.

[10]明孝宗实录[M].台北:“中央”研究院历史语言研究所校印本.

[11]申时行.僧道[M]//(万历)明会典·卷104.北京:中华书局,1989.

[12]刘侗,于奕正.帝京景物略[M].北京:北京古籍出版社,1983.

[13]孙承泽.天府广记[M].北京:北京古籍出版社,1982.

[14]查志隆.岱史[M]//续修四库全书:第468册.上海:上海古籍出版社,2002.

[15]明武宗实录[M].台北:“中央”研究院历史语言研究所校印本.

[16]马一龙.玉华子游艺集[M]]//北京图书馆古籍珍本丛刊:第108册.北京:书目文献出版社,1995.

[17]李济贤.明代京畿地区白莲教初探[G]//明史研究论丛,南京:江苏人民出版社,1983.

[18]明世宗实录[M].台北:“中央”研究院历史语言研究所校印本.

[19]国朝内阁名臣事略:卷7[M]//北京图书馆古籍珍本丛刊:第15册.北京:书目文献出版社,1995.

[20]明神宗实录[M].台北:“中央”研究院历史语言研究所校印本.

[21]渡边欣雄.汉族的民俗宗教:社会人类学的研究[M].天津:天津人民出版社,1998.

[22]张勃.《北京岁华记》手抄本及其岁时民俗文献价值[J].文献,2010(3).

[23]东岳庙北京民俗博物馆编.北京东岳庙与北京泰山信仰碑刻辑录[M].北京:中国书店,2004.

[24]沈榜.宛署杂记[M].北京:北京古籍出版社,1980.

[25]严嵩.南宫奏议[M]//续修四库全书:第476册.上海:上海古籍出版社,2002.

[26]徐一夔,梁寅,等.大明集礼[M].北京:国家图书馆出版社.

[27]常建华.明代宗族研究[M].上海:上海人民出版社,2005.

[28]张萍.唐长安官、私庙制及庙堂的地理分布[J].中国历史地理论丛,2001(4).

[29]毛汉光.从士族籍贯迁移看唐代士族之中央化[G]//中国中古社会史论.上海:上海书店,2002.

[30]郑晓.今言[M].北京:中华书局,1984.

[31]瞿九思.万历武功录[M]//续修四库全书:第436册.上海:上海古籍出版社,2002.

作者简介:高寿仙,北京行政学院校刊编辑部研究员。

原文出处:《西南大学学报》(社会科学版)(重庆)2014年第1期。

基金项目:国家社科基金后期资助项目“明代北京社会经济史研究”(12FZS018),项目负责人:高寿仙。

转载:《新华文摘》2014年第8期全文转载。

野服躬耕:晚明乡宦的文化装扮与仕隐并存

吴　琦,马　俊

(华中师范大学 历史文化学院,湖北 武汉 430079)

摘　要:晚明时期随着商品经济的发展,价值选择和生存方式日渐多元,但同时社会变迁也带来了普遍的焦虑,乡宦的社会角色和身份定位变得复杂不确定。于是他们转而借用其他社会群体的角色来寻求身份之外的价值体现,以野服躬耕的文化装扮游离于隐士、官员、士人、农人、商人等不同角色之间。但晚明乡宦既不会抛弃士人身份成为绝对的隐士,也不会成为全然投身于地方事务的改革家,体现出社会转型期知识群体对自我的困惑和反省。

晚明社会激荡、躁动,身处社会转型激变期的乡宦[①],有个性解放的蠢蠢欲动,又有传统士人的自律自省;既享受商品经济带来的优越,又奉行温和的苦行主义;既有身为儒家士大夫的经世意识,又郁郁于仕宦生活而试图隐遁逃离。所以相比于其他时代,晚明乡宦的角色更加复杂多面,既可为隐士,又是特殊的官员;既是士人,也可是商人,但又试图成为农人,在群体性格上呈现出消极与积极、出世与入世、保守和改革、隐逸与经世并存的局面。学术界对于

① 学术界目前多以"士绅""乡绅""绅士"等统称在乡的官员和尚未通籍的士子。本文考察的对象仅限于有仕宦经历,但因致仕、养病、养老、省亲、罢官、弃官等原因而较长时间居住在乡里的官员。在明代文献材料中,这类群体通常谓之"缙绅""乡大夫""乡宦",如"乡大夫致政里居者";"乡宦者,乡人所属耳目也"(焦竑:《国朝献征录》卷63《都察院十·佥都御史郑公宁传》,《续修四库全书》史部传记类,第524册,上海:上海古籍出版社,2002年,第2703页;李廷机:《李文节先生燕居录》全1卷,《四库禁毁书丛刊》史部,第44册,北京:北京出版社,1997年,第674页)。然而到清朝时,"缙绅"一词又偶指本地的现任官员,词意渐不明。较之"乡大夫"而言,"乡宦"意指更明确,故本文以此指称在乡官员。关于明清时期士绅称谓的演变可参见徐茂明:《江南士绅与江南社会:1368-1911》,北京:商务印书馆,2004年,第13-23页。

晚明乡宦的研究大都倾向于考察其中一个侧面,忽略了这一矛盾特性。本文从“野服躬耕”的文化装扮和实践入手,考察晚明乡宦试图调节各种角色的努力,以及其最终形成的仕、隐并存的格局,并由此展现晚明图景下更为丰富多变的乡宦形象。

一、野服躬耕:晚明乡宦的文化装扮与实践

(一)野服之制

服装规格的不同代表着一种身份感觉和人生冀望。在礼制严格的古代中国,服装也近似于一种身份的自我演示,沈周就曾通过四幅编年自画像展示自己的一生,而这四幅肖像仅通过改变服饰展示自己的不同境遇,由此可见服饰所蕴含的文化象征意义。晚明士大夫的服饰出现以奢侈为美、僭越礼制的现象已是众所周知,无须再议。虽然也有研究认为,面对平民服饰的变化,士大夫阶层为重塑身份与地位,从美学角度自创雅俗之说,以区别士人服饰的品位[1]。然而在晚明文献中还有大量关于乡宦刻意装扮成农夫、渔父、隐士等鄙陋形象的史料,他们对这种扮相同样保持着盎然的兴致。

明代张丑认为:“野服之制,始于逸民者流,大都脱去利名枷锁,开清高门户之所为,自非缮性玄漠、抱度弘虚勿能也。”[2]“野服”初为“农夫之服”[3],传统文献中多指称在乡间林野中谋生的农夫、渔父、樵夫等穿的衣服。贵族在年终祭农的时候也会象征性地穿着野服,象征对农事的尊重。唐代孔颖达在《礼记正义》中解释说:“草笠,以草为笠也。此诸侯所使贡献鸟兽之使者,着草笠而至王庭也。‘尊野服也’者,草笠是野人之服。今岁终功成,是由野人而得,故重其事而尊其服。”[4]卷26《郊特牲第十一》,p938野服与隐士成为相互连接的文化意象始于《晋书·隐逸传》,载:“张忠,……隐于泰山,……及至长安,坚辞以衣冠,辞曰:‘年朽发落,不堪衣冠,请以野服入觐’。”[5]卷94《晋书·隐逸传》

至宋代,野服逐渐延伸为“渔隐志士在野闲居之服”,有别于等级森严的礼服,成为士大夫致仕后的日常服装。宋代罗大经《鹤林玉露》记载野服的服制为:“上衣下裳。衣用黄白青皆可,直领,两带结之,缘以皂,如道服,长与膝齐。裳必用黄,中及两旁皆四幅,不相属,头带皆用一色,取黄裳之义也。别以

白绢为大带，两旁以青或皂缘之。见侪辈则系带，见卑者则否。谓之野服，又谓之便服。”[6]乙编卷2《野服》，p146宋代的野服实际已指代在野之服了，即士大夫家居的服装。朱熹晚年即以野服见客，“榜客位云，荥阳吕公，尝言京洛致仕官，与人相接，皆以闲居野服为礼，而叹外郡中不能然。其旨深矣!”[6]乙编卷2《野服》费衮《梁溪漫志》载：“于士夫家广摩画像，或朝服，或野服，列于壁间。”[7]卷4《毗陵东坡祠堂记》，p40

到明代，官员致仕后的常服一般称“燕服”，遵忠靖冠之制。如魏沅初的“燕服像”[8]罗虚白绘《魏沅初像》，画像中他常服大襟、斜领、袖子宽松，蓝色袍子，风格清静儒雅。燕服蕴含文士风致，与野服有较大区别。明代的“野服”与宋代所指有所不同，比较倾向于古代的“农夫之服”。据《野服考》和《三才图会》的描述，明代野服的完整装备主要包括：苔笠缁撮、鹿裘带索、草履、草裳、短褐、斗笠、蓑衣、纶竿、芒鞋、竹杖、柴担、耒锄等①。但与宋代野服相通之处在于都传达着隐士的野逸风致。与有着严格规定的朝服、公服、燕服相区别，野服让人即刻感受到淳朴和淡泊，让人一看便知是隐士的装扮。隐士必以野服为装扮，这是遵循文化层面上的统一性：头戴葛巾，脚必穿芒鞋，执必藤杖，食必菜羹粝饭。野服被人格化以后附着了关于品德、出世入世的启示。这与为官时管带袍笏的形象截然不同，如此装扮仿似在过另一种人生，扮演另一个角色。

在晚明，乡宦居乡渐有抛弃忠靖冠之例。部分闲居乡宦一反常规不以“常”服接人，而偏好以“非常”的野服装扮示人。如《儒林外史》第8回记载，嘉靖时娄家两公子去拜见致仕家居的蘧太守，这位乡宦也换了葛巾野服，手执天台藤杖；钱陆灿晚年极喜出游，“芒鞋竹杖，蹩躠里巷间，门人间亦随其后。先生貌既魁梧，衣冠又复古雅，路人多瞩目之”[9]卷1，p15；少司徒采山方公“客至以野服见，不报谒，不谈朝政官府之事”[10]卷11；何封君“罢郡归来二十年，……野服真成河上仙，驯鹤时看陪杖履”[11]卷8；宋司训万锺“未几以事免归，葛巾野服晏如也”[12]卷5；何良俊“久病艰于动作，屈伸俯仰皆不自由”，便开始穿野服，“其所便者，但取束带足以为礼，解带可以燕居，免有拘绊缠绕之烦，脱着疼痛之苦而已”，直言为了舒适的需要[13]卷35《正俗二》，p318-320。其他如：

鲁铎，以祭酒告归，……客至，则葛巾野服延坐。[14]卷7《恬适》，p233

① 王圻、王思义编：《三才图会》中册《衣服》卷3，上海：上海古籍出版社，1988年，第1549-1551页；张丑撰：《野服考》全1卷，黄宾虹、邓实编：“中国古代美术丛书”第2集第10辑第3册，上海：神州国光社，1947年，第147-154页。张丑的《野服考》与宋代方凤所辑的《野服考》雷同，应是张丑借鉴方凤的内容。

何良俊,……许致其仕……辄以野服从事。[13]卷35《正俗二》,p319

刘清惠公,以佥都御史守制家居,……角巾野服。[15]卷9《达官骑驴》,p279

袁宏道,归来……野服科头常聚首,阮家礼法向来疏。[16]卷2《敝箧集二·诗·归来》,p60

陆树声,……葛巾藜杖,挥尘从容。知者谓适园主人,不知者谓汉阴老河上公。[17]卷14《野服像》,p14

可以看出,晚明的野服经过了较大改造,基本上只留下象征性的蓑笠葛巾藜杖等,野服的功用更超出古代农耕的实用性,成为一种文化意义上的点缀装扮。同时也不可否认,晚明的野服之风不如宋代之盛,也未得到一致认同。朱舜水在谈到野服之制时认为,"问野服法,朱文公初制之。然世无服之者,迄罗大经时,其服已绝,才在赵季仁处见之。先生在南京见其服否?但历代有异乎?答晦翁先生言,得见祖宗旧制,则非初制矣。但明朝冠裳之制大备于古,自有法服,故不用先代之物,而其制遂不可见耳。"[18]卷23他对于野服是不以为然的,甚至否认士人穿野服之事的存在。一举人居乡,"郡邑大夫有以地方利病询者,人讽先生以葛巾野服见。先生曰:吾既以孝廉举也,葛巾野服非孝廉服也。吾不能学众之矫"[19]卷7,p600。可见在部分士人看来,着野服是一种哗众取宠之行为,"矫"字即一针见血地道出乡宦着野服的姿态。

(二)躬耕之行

与野服具有相同意味的是晚明乡宦的躬耕行为。躬耕同样隐含着隐逸的气息,古人往往所遭不偶,无所放其意之时,或隐于耕,或隐于樵,或隐于钓。在传统中国,虽因社会不同、时代迥异,社会所认可的风尚显然相异,但一些非再生产、象征性的农业活动都被赋予高度的社会地位,农耕是被高度赞颂的行为,这是长期以来浸渍于农业文化和儒家思想的必然结果。对士大夫来说,农业实践不只是庙堂上平常百姓的理论化的东西,更是作为士大夫所必备的修养。"春耕秋获"被认为是固国安本的关键,是统治者和士人必须要关心的事。所以躬耕也强调对士之本质精神的回归,是一种温和的苦行主义和自我修炼。历朝历代不乏躬耕的事例,或躬耕以奉父母,或以隐明志,或不仕即隐山林。在前有陶渊明,在后有清初遗民。这些隐居型的躬耕均作为一种生存方式而被实践着。明中期以后也有不少乡宦进行"躬耕"实践:

孔中丞,……躬耕种秫以自养。[20]卷21《投闲》,p526

崔公铣，……渠南有囿一区，有田可耕而灌之者数亩，且耕且蔬以养以育。[20]卷21《投闲》，p526

罗宪副……返乡之故居，……日与田夫野老谈耕牧事，晨夜令小童取刍饭牛养鱼，或视舂稻食稀。秋至耕者告获，率子弟开廪执概散筹，汗津津下不自知。乡人见者笑曰，宪副公乃亲农人事耶！公应曰，我固畏人不知宪副者谁也。[20]卷22《高尚》，p540

屈公直，……故里居以来二十年耕读不倦，尝身亲农事手披载籍为子弟式。[21]卷59《都察院六·嘉议大夫都察院左副都御史西溪屈公直传》，2494

亲自耕种，与农夫谈农事，这种世俗景致经常会被美化后出现于文献材料中。然而孔中丞虽然躬耕以自养，但他相当清楚如果“度营产，满丰镐，岁入益厚，遂丧清节”[20]卷21《投闲》，p526，并不想依靠躬耕来累积财富，耕作不是获利的手段，也无生计意义。此外，明人称致仕喜好用“归田”“归耕”等词，明人文集也好以“归田”为名，如谢迁的《归田稿》、钱谦益《归田诗集》等。“归田”“归耕”道出这种原始的体力劳作对士人的意义所在——返璞归真、质性自然。士人赋予躬耕格外的含义，借由与土地的亲密接触涵养一种淳朴的性格，通过体验农夫的苦乐，涵养品性。吕坤就说道：“推之耕耘簸扬之夫……莫不有神化性命之理，都能到神化性命之极。”[22]，P40这当然不是一种生产者的思想与生活。

除文本记载中的野服躬耕，晚明乡宦还通过画像的方式将野服形象留存下来，更体现出野服的象征意义。钱谦益、叶绍袁、吴伟业等都有过头戴竹笠、执杖、躬耕的造型①，图给后世留下一个常乐农夫的形象。野服像、躬耕图、野服行乐图等形式成为一种视觉文化在士大夫中传播，画中人的形象延展为一种社会性躯体，画中人的面部特征实则让位于更具重要礼仪意义的衣饰和行为[23]。通过像赞、自赞、赏画等社交行为和品鉴互动，画的微妙寓意散播开来。乡宦死后，画像还会在公开或半公开的场合示予子孙和访客，对乡宦个人外在形象的纪念由此衍变为一场集体的观看行为，他的价值观、品行、一生的成就等等被观看者交流、评析、重申，并传递给下一代成员。野服像便超越了单纯面相学意义上的相貌呈现，而使人联想起画中人的事迹和品行，直指其高洁隐逸的志趣。

① 钱谦益、叶绍袁、吴伟业等的野服图收入《中国历代名人图鉴》，上海：上海书画出版社，1989年，第593、604、638页。

二、晚明乡宦的多重角色与多元选择

日本服饰美学家板仓寿郎说,衣服,不仅仅是作为物体的人体穿着之物,而且不得不是生活当中生气勃勃的人——作为历史的、社会的、精神的、存在的人——的穿着之物。否则也就不能求得服饰的完善。[24]换句话说,服饰是通过装扮人来实现其自身的存在意义的,服饰的本质即在于装扮,通过穿着而使人的形象改变。穿着服饰进行角色扮演也就是一种角色转换,从一种角色形象到另一种。野服是一种文化装扮,躬耕是一种角色扮演,乡宦进行这种装扮实际上就是一种文化表演而已,并非真的想为隐士、想为农人。虽然逃名于隐、逃迹于耕,但如果皇帝下诏命,心情大抵都是迫切的。无论哪种装扮,最终还是回归士的立场。但文化装扮依然是必须考察的,形象策略蕴含着变动时代乡宦的价值观。乡宦如何呈现其士的身份?如何在士的身份之外延展新的角色以安顿生命?借由文化装扮便可以尝试一个新身份。

(一)不乐仕宦:共享隐士角色

野服躬耕与隐士的内在品格相统一,给人被褐怀玉的形象。这种形象进一步延伸为一种角色规范,山衣野服成为隐士体认自我、塑造身份的工具。在隐士被社会接受的过程中,野服躬耕逐渐成为一种共享的符号和价值资源。晚明乡宦对致仕后应以何种姿态示人有着种种考量,但对隐逸生活的向往成为大多数人共同的特点①。原因大体有二。首先,隐士远离城市、不问世事、不慕富贵、怡然自得,逍遥于山水江湖之间,是被士人阶层美化的完美智者形象,在某些价值观念上隐士与士人可以对话。其二,晚明政治生活的焦虑和压力使得很多官员不乐仕宦,纷纷求退,大批官员因政治混乱、君臣矛盾、舆论攻击等致仕还乡,心存隐逸之志便成为退休官员们的共同特征。谢迁在《自题野服行乐图》中就暗示了去仕就隐的心声:

农圃是亲,麋鹿为伴,苟藏拙而引恬,因习间而成散,谢世路之纷华,遂平生之疏懒。肆川泳而林栖,玩霞舒而云惓,振素衣于高冈,濯敝缨于清涧,借嘉

① 士人关于仕与隐的问题虽然古来有之,但是明清时期却讨论的异常多,这是因为自晚明以来,由于科举制度弊端日显,经济发展造成的社会流动使得阶层关系产生结构性的变化,成为一名成功的"士"开始面临越来越多的阻力,这也刺激着读书人开始重新考虑生命价值问题,从而使仕与隐变成了一个普遍性的问题。

荫以夷犹,求素心而往返。[25]卷4《自题野服行乐图》,p39

谢迁以隐为心、以士为迹,体现出他对出世与入世的思考。钱谦益在讨论"杖"时也赋予它这样的意义:"用之则行,舍之则藏。惟吾与尔。危而不持,颠而不扶,将焉用彼。"[26]卷27《杖铭》,p842他以"杖"喻己,执杖意味着认同"用之则行,舍之则藏"的进退观。最后,野服躬耕的隐士与乡宦的身份在现实世界有着相当的距离和落差,鲜明的对比使身份转换更加彻底。李开先在祝贺同僚王国贤致仕时表示在野之人当与在朝时有所区别:

人又有尤之者曰:受冠带于朝,而藏冠带于笥,非所以荣上之赐,而起人之瞻也。双台又笑而谓之曰:峨冠博带,仕而儒者之服,斗笠麻绦,则野人所宜。……为农尝秉服耒耜,挥扶锄犁,披冒星霜,栉沐风雨,自以混迹田父为得计,岂肯以衣冠别大众而夸闾党哉![27]卷6《贺双台王国贤荣膺冠带序》,p25

(二)士商合流之下的返本归农

晚明士阶层与商人阶层之间的严格界限逐渐被打破,传统四民观中居于最上层的"士"与最下层的"商"之间出现了相互转化、相互融合的现象:"古者四民异业,至于后世而士与农商常相混。"[28]卷13《白庵程翁八十寿序》,p318"今为学者,其好则贾而已矣,而为贾者独为学者之好"[28]卷19《詹仰之墓志铭》,p479,这构成晚明士商合流的现象。但即便部分晚明士人转向经商,在士人的主流舆论中依然耻言治生、否定生产,肯定逃避生计的行为。常在文献中出现"不事生产""不务生产""不治生""不问家生产""不一语及生产事"之类的描述,并引以为高。不事生产乃士人的常态,疏于谋生被视为德行。

但乡宦在面对士商合流的现象时,仍不得不对商业、农业申明态度,表明立场。即便家族从事商业活动,但乡宦个人在建构身份时甚少自拟于商人。相比于商人,他们还是更接受农夫的角色。在这种背景下,乡宦的野服躬耕与其说是返归农业,不如说是对士人从商潮流的反拨。譬如明末清初陆世仪描述,"学为贾,而此心与贾终不习。因念古人隐居,多躬耕自给"[29]《思辨录·修齐篇》。经商终究不是治生的最佳选择,与士人的习性相违背。然而士大夫通过科举成为官吏,既无专业农事培训,又无进行农业活动的知识和技能。如陈继儒所言:"古隐者多躬耕,余筋骨薄,一不能;多钓戈,余禁杀,二不能;多有二顷田、八百桑,余贫瘠,三不能;多酌水带索,余不耐苦饥,四不能。"[30]《岩栖幽事》,p8陆世仪说:“予素孱弱,又城居,不习田事,不能亲执耒耜。”[29]《思辨录·修齐篇》在晚明,一般“城中人不事耕种”[31],乡宦更都是致仕的年老官员,更无恒心和体力去从事农业生产。所以他们关心农耕,却不依靠亲自耕种维持生计;装扮成农夫,却全无放弃士人身份的可能性。但相比于诗歌、园林这种优雅舒适的士族生活方式,躬耕依然是一种严肃的、艰难的文化实践。

直到明清易代之后,遗民士人中才的的确确有以躬耕为生存方式的人。在近半个世纪的时间里,文化从晚明的多姿多彩、开放潇洒逐渐消退为质朴、沉静,整体呈现出去奢从简的趋势。清初遗民的野服躬耕与时代氛围是契合的。清初吴伟业记陈确菴“世衰道微,士大夫走通都,骛声利;其遗民逸叟以道德风义相高者,……自确菴以孝廉守身事亲,躬耕弗屈”[32],其他如孙奇逢“率子弟躬耕,四方来学者亦授田使耕”[33],常延龄“躬耕自食……以麻衣葛巾终老”[34]等等,屈大均、张履祥、易堂九子的文集中都有从事农耕的记述,他们胼手胝足,暑雨不怠,这在清初史料中比比皆是。清初的遗民躬耕一是出于生计考虑,其次则是一种明确的政治立场。如康熙十年(1677),戴苍为朱彝尊作《烟雨归耕图》,朱彝尊自题曰:“舍尔征衣,蓑笠是荷。为力虽微,其志则坚。粒食既足,不期逢年。咄哉斯人,谁为徒者?人或尔知,百世之下。”[35]卷61《烟雨归耕图自赞》,p4在这里朱彝尊鄙薄富贵利禄、归隐田园的态度很坚决。同时,晚明经世思想发展至清代更加张扬,躬耕也有一丝经世的意味。如刘宝楠题归耕图,诗云:“得归便归何须田,况复有田归可耕。杏花春雨一犁足,见君此图心怦怦。我家有田射水侧,天吴肆虐耕不得。河淮并涨与地争,七邑避水如避贼。君不见,《禹贡》尽述田赋事,治田治水治漕皆贯之。……与君锄云复锄雨,或负或戴谁宾主,斯图便作耦耕谱。”[36]卷1《题张石洲烟雨归耕图》这种题诗不仅关怀民生困苦,而且从传统经史发掘治水策略,带有鲜明的经世色彩。

三、晚明乡宦的仕、隐并存与价值困惑

野服躬耕作为晚明乡宦的文化装扮与实践,由外在的野服扮相传达内在的隐逸心志,由表演性的躬耕暗示对士人本质的维护,透露出他们对于隐逸生活的追求和返归农本的努力。但在物质生活丰富的晚明,乡宦虽然对“士”的

身份有着怀疑与否定,却难以抛弃“士”的身份带来的优越感和特权,由此出现了仕隐并存的局面。既为隐士,也同样参与社会生活和地方事务;既为乡宦,又对隐逸生活保持热情与追求。所以这种高调、表演式的文化装扮并未帮助乡宦解决价值观和精神上的问题,反而愈加使其困惑和混乱。

(一)对“士”角色的怀疑与固守

晚明乡宦不断探寻其他的角色来装扮自己,源于对士之身份的怀疑和否定。面对短暂的人生,士大夫习惯于反思生命轨迹和个人价值,“观看自我”成为一种文化习性。尤其在王阳明思想广被接受之后,个人思想的自主性和道德认知的可行性给乡宦的自我审视提供了方法论和思想基础①。而致仕乡居时便是这种生命检视的最佳时段,如桑悦致仕时邀人绘像,题《自赞》“拟以见志所在云”[37]《自赞》,p198;钱谦益对一生历程的清算:“判将四十年,捐付东流水。天道周而复,明年十七耳。”[26]卷12《霖雨诗集》,p441张瀚:“余自罢归,……或静思往昔,即四五年前事,恍惚如梦,忆记纷纭,百感皆为陈迹,谓既往为梦幻,而此时为暂寤矣。自今以后,安知他日之忆今,不犹今日之忆昔乎?”[38]序,p1此外姚舜牧的《自叙历年》、张瀚的《宦迹图自记》、李廷机的《宦迹》等自状和年谱都是一种对自我价值的纪录和审视。

晚明乡宦对自我的全面省视是以一种否定和怀疑的基调铺展开来的。如顾大韶将一生总结为四不像:“谓汝为释,汝不能短腥。谓汝为道,汝不能啬精。谓汝为儒,汝不能成名。而奚取乎矻矻穷经。不工不商,不战不耕,赖食先德,养此委形。”[37]顾大韶《自像题赞》,p409冯梦龙形容友人顾隐亮:“尔非儒,谈谐博有余。尔非侠,肝肠一何热?尔非僧,潇洒绝尘情。尔非艺,手口俱灵异。”[39]《顾隐亮像·冯梦龙题跋》邹迪光说自己:“亦夔亦龙,亦巢亦许。亦原尝,亦曾史。亦凡夫,亦佛弟子。亦河上公,漆园氏,夫孰测其涯涘?”[37]邹迪光《自题》,p325朱赓似乎也认为自己的一生近似于陷溺在一种混沌荒唐之中,与顾氏和冯氏一样,他也用一连串排比式的否定词对自己的一生进行铺展,层层逼近本质,揭示自己作为一名儒家士人的各种缺陷:

① 司徒琳认为到了清中叶士人的回忆性或自述性的文字开始变少的一个主要原因就是阳明思想在社会、文化、政治中的影响力减弱了。见司徒琳《世界时间与东亚时间中的明清变迁》下卷,北京:生活·读书·新知三联书店,2009年,第436页。

不逢君似直,而诚不足以格心。不害人似慈,而才不足济世。不偵党似公,而动不足以信友。不满假似谦,而虚不足以广益。不苟得似介,而廉不足以维风。不忤物似和,而宽不足以容众。出无建明,讵云后乐,生不闻道,孰曰宁殁。汲汲孜孜,不知老之将至,而究与草木同腐者,非子也耶。[37]朱赓《自赞》,p76

钱谦益在对自己的人生清算时也认为这四十多年的辛苦如同东流水般付诸了,“判将四十年,捐付东流水”,天道轮回,希望自己人生的下一个阶段可以复从十七岁开始,传作为“士”的他有着一事无成的自卑和脆弱。谢迁在观看自己的《野服行乐图》时,也是以否定的态度来评价自己:“才乏经纶,器非胡琏,意广智疏,量狭中浅,幸际昌期,滥叨盛选,迹误厕于庙廊荣谬膺夫轩冕,固知小载不可以大受,而绵力不足以致远。每临事儿兢惕,恒扪心而怀赧。”[25]卷4,p39罗洪先认为:“余二十有三而闻学,当时自许逢盛时,奉明君,纵不能振古道以正君德,犹当假百雉城一令长。……今且二纪,上无一言以致主,下无一事以泽民,徒挂虚名缙绅间。……此不足为悚然矣乎?”[37]罗洪先《自书画像记》,p380概括来讲,乡宦对“士”的身份和价值的怀疑包括:对自己不那么勤政的罪责、对耽于悠闲生活的恐慌、对未经世济民的内疚、对道德义务未尽的紧迫。各种怀疑和否定在乡宦的思维世界中混合在一起,远不止“四不像”那样简单。

然而,即便有如此多的怀疑,在对角色和身份重新调整的时候,晚明乡宦也决然不会完全抛弃“士”的身份。士人以野服为装扮在历朝历代都有,尤其是宋代,但不同于晚明乡宦仅将野服躬耕作为一时的文化装扮,不弃华服。宋代的整体文化是普遍的内敛和好古,闲适自然本就是时代的审美主调。这种审美情趣映射到服饰上,便是宋代士大夫普遍地喜好简朴自然的服饰。加之野服褒衣博带最符合宋代的文人之气,它不像魏晋人士那样解衣当风,而是依循宋代士大夫操守自持、孔颜乐处的怡悦状态,所以宋人本身即喜穿野服和道服。野服之风以南宋为最盛,士大夫身着野服更表示不愿与朝廷投降势力同流合污。所以宋代的野服装扮是士人明确的意趣和理性的思考。朱熹就曾明言:“上衣下裳,大带方履,比之凉衫,自不为简。所便者,束带足以为礼,解带足以燕居。”[40]卷74,p3603南宋时刘克庄《赠陈汝用》记载:“画者为余记颜多矣,朝衣朝冠辄不似,儒衣儒冠辄又不似,……着余幅巾燕服,杖藜其间,见之者皆曰逼真。”[41]更是直接表明宋代的士大夫在仕隐问题上很明确,在对个人角色的建构中,葛巾野服更符合自己的身份和认同。但晚明乡宦却不同,陆树声在他的文集中收录了朝服像、公服像、冠服像、野服像的像赞,分别代表了一生中的不同身份和面貌。在以朝服为装扮的时候,他依然显出端正、自信、意气风发的样貌,作为皇帝钦点的文魁,他深感自豪;公服像的像赞为:"蚤陪金马,晚备秩宗。三朝拜命,五疏辞荣。材非特达,质类竦庸。其进也既落落,而无可试之绩。其退也则耿耿,而怀未尽之忠。投老一壑,淡然无营,惟乐余年。以嬉游尧天之日,赓帝德而歌舞圣世之风。"[17]卷14,p15 体现出对自我的反省和对志业未竟的遗憾。但在"野服像"中,他却并没有刘克庄那样的坚决,反倒充溢着游移、沉重、哀伤的心情,"顶笠竦篷,手揞枯笻",并担心"知者"与"不知者"对自己的看法。孙承恩记杜原吉像赞:"今而获睹其像焉,则见其霜髯素领,野服纶巾,萧疏简淡,若将侣猿鹤而友松筠也。惜夫其才之弗获一售,志之弗获一伸,而遂使困于胶庠之中,老为丘壑之民,其命也哉!其命也哉!"[42]卷42 也渗透着一种压抑和宿命感,毫无畅达的快意。如明初李希颜致仕后"首戴箬笠,身着绯袍,时临盛会,客嘲之",他解释为"戴者,本质。著者,君赐也"[14]卷1《行谊》,p3-4。既不愿抛弃象征着士人隐逸精神的箬笠,也不想放弃皇帝的隆恩,是晚明乡宦的普遍状态。

而且,乡宦刻意的模仿和不合时宜的装扮渐渐流于士阶层的时尚另类装扮。陆树声在他的野服像《蓬笠小像》下面亲自题咏:

> 顶笠竦篷,手揞枯笻。林间之相,俗外之踪。……不矫矫以立异,不容容以苟同。所自足者一丘一壑,为之侣者山月溪风。裕外朴中,侗兮若冲。仿佛其似,殆庶几乎钓溪之叟、耕野之农。不识不知,而慕无怀葛天之风者耶。[17]卷14《蓬笠小像》,p14

陆反复强调自己着野服并不是想"矫矫以立异",哗众取宠,目的是在于使人"不识不知"。但如前文提到的那位举人,就认为乡宦着野服太过矫情,所以越是质朴的文化装扮在晚明越显得夸张而不合时宜。野服躬耕不但没有成为隐士,反倒向着相反的方向发展。各种具有象征意味的装扮也开始渐渐纳入乡宦们的考虑范围,流为风尚。如八十七岁的茅坤给陆树声的九十岁贺礼便是一套扮装,他很得意这种创意,"友人茅某手持鸠杖一、竹尘一、箨冠一,并穽鹿一,而拜手稽首,扬言曰,公固天下之伟人"[43]卷16《寿大宗伯平泉陆先生九十序》,p678,服饰进而成为炫耀式的礼品或展品,成为士人身份的点缀。这也是晚明乡宦在追求纯粹精神世界时总会走入的误区,往往从归真到发展成为一种商品行为或是流行文化。

隐士必须不仕,这是隐士的根本立场,因不仕而确立的隐士身份是其价值所在。然而晚明乡宦将“不仕”与“隐士”皆当作一种生活状态而已。晚明乡宦中多有弃官归隐、罢官居乡之人,他们有隐逸之志,也乐于装扮成隐士的样子,但这是他们重组林下生活、安享生命的一种方式。实际上大多数乡宦并不会去做真正的隐士,这是真正隐者与仕者的本质差别。以野服的面目出现,更多地是想借此赢得社会对其不乐仕宦形象的认同。以乡宦的面貌出现,则是对其士之身份和地方领导者身份的坚持,这种矛盾性反映出他们对名节和事功的欲语还休、对仕隐问题的反复和犹豫不决。

(二)隐逸精神与经世意识的并存

野服躬耕的文化装扮体现了晚明乡宦的隐逸精神,但与此同时晚明乡宦并未呈现出集体退出地方事务的趋势。在晚明的社会大变动中,士大夫群体依然满怀经世济民的愿望,力图扭转明王朝的颓势,并出现了经世思潮与改革群体。乡宦致仕居乡在心怀隐逸之志的同时,依然广泛积极地参与地方公共事业的建设。他们充分利用自己的文化、教育、道德和财富优势,在地方教化、慈善、文化教育等方面均有所作为。他们参与塑造当地的文化景观、构建地方认同,并积极寻求主导地方社会的文化和政治权力,地方社会为乡宦提供了发挥多重角色的舞台。

当晚明乡宦与民众的矛盾冲突激烈时,大量乡宦便采取杜门自保的方式避免成为争议的对象,在晚明官员的传记和墓志铭里“杜门谢客”“杜门谢事”“杜门谢交游”“杜门扫迹”“杜门却扫”“杜门养高”“杜门不事私谒”“杜门清修”“杜门不出”等等俯拾即是,乡宦貌似转身一变成为不问世事的隐士了。但在明末大动荡时期,乡宦又纷纷领导起反清活动,再次投入社会活动中,成为南明多个政权的中流砥柱,经世的精神并未因此前的杜门而消失,至此更是展露无疑。所以隐逸与经世在士大夫的精神世界中是可以同生并存的,在这种观念的支配下,乡宦群体在晚明时而表现出集体隐遁的状态,时而又全面进入社会政治生活中。看似矛盾,实则统一。他们难以摆脱多元的价值观,脱去多重面貌，各种“我”在乡宦的一生中是可以并行的。

隐逸精神与经世意识之所以能够并存，有着更加现实的原因。其一，晚明党争与官场困局刺激了乡宦隐逸精神的膨胀，但同时晚明社会的剧烈变迁促进了阶层流动，士的地位逐渐受到商人的威胁，不再如之前享有绝对的社会统治地位。士阶层必须为保持本群体的地位而积极参与地方事务，扩大群体的影响力。其二，乡宦既作为社会的上层，承担着改革社会、挽救颓势的压力；但同时也是社会矛盾的焦点，被攻击、被责备。这样的社会定位本身决定着他们在面对不同的情况时，采取时进时退的策略。其三，乡宦的群体面貌本身即是众人描绘出来的，不同立场的历史叙述当然有所不同，是隐士还是活动家取决于不同的文本。比如官方文本盛赞乡宦的德行，会强调其居乡谨言慎行的一面；地方志的编纂者站在地方的视角，会强调乡宦的善行施救；乡宦的个人文集传记，为符合文人风致更强调隐逸风致；但通俗小说等却对乡宦的恶劣行径大肆夸张和扭曲。各种文本描述下的乡宦群体本身有着巨大的差异，乡宦也可能试图通过展示自己的不同形象来取得各方面的认同。

四、结　语

晚明乡宦隐逸精神与经世意识并存的现象反映了其处在传统政治体系和社会结构之中的历史性格，亦可见群体的自我定位受制于历史与现实的双重建构。真的隐士不能真隐，真的农夫甚至都弃农经商了，况论扮演他们的士阶层?所以在晚明大抵无绝对的隐士，也未出现纯粹的地方活动家。而且，由于乡宦对个人身份和价值的认识均未超脱出儒释道三家的理解，缺少个人独立的思考，现代观念中的独立性和主体性在此并未提升，所以晚明乡宦也没有找到调和多种价值观的方法。

但他们在坚守“士”之身份的同时，“意欲”成为另一种角色的尝试本身值得肯定。作为晚明时期的逆向文化装扮和实践，野服躬耕现象让我们对处于前近代社会转型期知识群体的自我反省、调试有了更为丰富多元的了解。这种对于个人价值的探索和选择、应对社会复杂环境的策略被放置到广阔的历史背景中时，依然体现出对自我更为理性的认识，对个人在社会及公共事件中所扮演角色的更加清晰的认知。在中国,对个人价值及身份真正理性的思考,直到20世纪下半叶,在中国文化发生根本性改变的情况下才可能发生①。

参考文献:

[1]巫仁恕.明代平民服饰的流行风尚与士大夫的反应[J].新史学,1999(3):55-109.

[2]张丑.野服考[M]//黄宾虹,邓实.中国古代美术丛书.上海:神州国光社,1947:147.

[3]周汛,高春明.中国衣冠服饰大辞典[M].上海:上海辞书出版社,1996:10.

[4]孔颖达.礼记正义[M].李学勤,主编.十三经注疏整理本.北京:北京大学出版社,1999.

[5]房玄龄.晋书[M].北京:中华书局,1974.

[6]罗大经.鹤林玉露[M]//宋元史料笔记丛刊.北京:中华书局,1983.

[7]费衮.梁溪漫志[M].上海:上海古籍出版社,1985.

[8]杨新.明清肖像画[M].上海:上海科学技术出版社,2008.

[9]王应奎.柳南随笔[M]//清代史料笔记丛刊.北京:中华书局,1983.

[10]王樵.方麓集[M].文渊阁四库全书影印本.

[11]余继登.淡然轩集[M].文渊阁四库全书影印本.

[12]周是修.刍荛集[M].文渊阁四库全书影印本.

[13]何良俊.四有斋丛说[M]//元明史料笔记丛刊.北京:中华书局,1959.

[14]焦竑.玉堂丛语[M]//元明史料笔记丛刊.北京:中华书局,1981.

[15]顾起元.客座赘语[M]//元明史料笔记丛刊.北京:中华书局,1987.

[16]袁宏道.袁宏道集笺校[M].上海:上海古籍出版社,2008.

[17]陆树声.陆文定公集[M].明万历四十四年华亭陆氏族人刊刻本.

[18]朱之瑜.舜水先生文集[M].续修四库全书本.

[19]孙奇逢.中州人物考[M].明代传记丛刊.台北:明文书局,1991.

[20]张萱.西园闻见录[M].续修四库全书本.

[21]焦竑.国朝献征录[M].续修四库全书本.

[22]吕坤.呻吟语[M].长沙:岳麓书社,2016.

[23]柯律格.明代的图像与视觉性[M].北京:北京大学出版社,2011.

① 司徒琳.世界时间与东亚时间中的明清变迁(下卷)[M].北京:生活·读书·新知三联书店,2009:470.

[24]板仓寿郎.服饰美学[M].上海:上海人民出版社,1986:65.
[25]谢迁.归田稿[M].影印文渊阁四库全书本.
[26]钱谦益.牧斋初学集[M].上海:上海古籍出版社,1985.
[27]李开先.李中麓闲居集[M].续修四库全书本.
[28]归有光.震川先生集[M].上海:上海古籍出版社,1981.
[29]陆世仪.思辨录辑要[M].南京:江苏广陵古籍刻印社影印,1987.
[30]陈继儒.宝颜堂秘籍[M].台北:艺文印书馆,1965.
[31]叶权.贤博编[M].北京:中华书局,1987:9.
[32]吴伟业.吴梅村全集[M].上海:上海古籍出版社,1990:790.
[33]赵尔巽.清史稿[M].北京:中华书局,1977:13101.
[34]谢正光、范金民.明遗民录汇辑[M].南京:南京大学出版社,1995:607.
[35]朱彝尊.曝书亭集[M].上海涵芬楼影印原刊本.
[36]刘宝楠.念楼外集[M].清末手抄本.
[37]杜联喆.明人自传文钞[M].台北:艺文印书馆,1977.
[38]张瀚.松窗梦语[M]//元明史料笔记丛刊.北京:中华书局,1985.
[39]梁白泉.南京博物院藏中国肖像画选集[M].北京:文物出版社,1993.
[40]朱熹.朱子全书[M].上海:上海古籍出版社,1996.
[41]扬之水.物中看画[N].东方早报,2012-10-29.
[42]孙承恩.文简集[M].影印文渊阁四库全书本.
[43]茅坤.茅鹿门先生文集[M].续修四库全书本.

作者简介:吴琦,华中师范大学历史文化学院教授、博士生导师。

基金项目:教育部人文社会科学重点研究基地项目基金资助课题“近世知识群体的专业化与社会变迁”(12JJD770018),项目负责人:吴琦。

原文出处:《西南大学学报》(社会科学版)2014年第1期。

转载:《新华文摘》2014年第8期全文转载。

关于燕王朱棣的两篇敕书造假案献疑

南炳文

(南开大学 历史学院,天津市 300071)

摘　要:明成祖朱棣在靖难之役后,曾二次改修《明太祖实录》,渲染明太祖末年有心传位于其之假象。前贤王崇武、黄彰健等史学大家曾对此进行揭发。但其中一篇论文,根据《毓庆勋懿集》所载敕书,论定《明太祖实录》中所载朱棣于洪武末年曾受命统率诸王备边防秋的两篇敕书伪造史实。而从明初诸王受命共同出军必用兄长担任统率之惯例考察,该文所持论点难以成立;现存史籍中亦有可信的证据,可以说明《明太祖实录》的两篇敕书并未造假。该文之失误似为史学大家之偶出一失。此两篇敕书是否造假,关乎对明太祖逝世前夕燕王朱棣政治地位及其与朝廷关系状况之了解,亦关乎对靖难之役发生背景及当事双方责任之评估,不可不予重视。

一、引　言

明朝初年,明成祖通过靖难之役从侄儿朱允炆手中夺取了皇位。事后,明成祖为了应付当时盛行的指斥其篡位的舆论,并预防后世继续遭受非议而采取了一系列举措,为自己辩护,论证其得位实属合理。他组织文臣两次改写侄儿朱允炆在位时期初修的《明太祖实录》,借以伪造其善举,夸大其功绩,渲染其大得明太祖之赏识,向世人宣示,似乎明太祖在其末年已有传位于其之心意,就是这一系列举措中的重要一条。有鉴于此,后世史家特别是民国以降,王崇武、黄彰健等大家对此多有批评和揭发。诸位先生之努力,廓清了许多历史迷雾,使真相大白于世,对于明初史研究做出了巨大贡献,笔者与许多同行都深得其益,他们的名字将永远光耀于史学史之上。但是,其具体论证,由于种种条件之限制,也难免留下有待商榷之处。《明太祖实录》卷257载有洪武三十一年五月乙亥(二十九日)命燕王(即明成祖,时尚为镇守北平之藩王)统率诸王备边防秋的一篇敕书,王崇武先生曾提出“疑为(《明太祖实录》)馆臣所伪造”[1]卷1,9。黄彰健先生更曾撰写专文《读明刊<毓庆勋懿集>所载明太祖与武定侯郭英敕书》[2]第34本下册,将《明太祖实录》卷257所载另两篇与上述敕书相类的敕书论定为伪造史实。而近日笔者研读了一些史料,认为王、黄二先生的这一论点即应予商榷。王、黄二先生的这一论点,据笔者所接触到的信息,已被学术界广泛接受,影响甚大。对于黄先生一文,不仅黄先生本人在其所著《明太祖实录校勘记》中已加以引用(台湾“中研院”史语所出版),而且功力极深、学术价值极高的钱伯城等先生主编的《全明文》,在其第一册有关部分也予全盘照搬(1992年12月上海古籍出版社出版),其他绍介、转述者更非罕见。为了对历史真相负责,也为了更好地向王、黄等先生学习,将其研究明初史的事业进一步发扬光大,笔者特将关于黄先生一文中论定有关两篇敕书伪造史实的不同意见写成此文。因为王先生对这一问题只提观点,未加具体论证,故本文不再具体分析。

二、有关敕书之原文及黄先生之分析

为了便于讨论,首先将《明太祖实录》卷257所载两篇敕书原文转录于下。其中载于该卷洪武三十一年(1398年)四月乙酉(九日)条的一篇为:

> 敕今上(这里的“今上”指时尚为燕王的明成祖)曰:迩闻塞上烽火数警,此胡虏之诈,彼欲诱我师出境,纵伏兵以邀我也,不可堕其计中。烽起之处,人莫宜近,虽望远者,亦须去彼三二十里。今秋或有虏骑南行,不寇大宁,即袭开平,度其人马不下数万,岂可不为之虑?可西凉召都指挥庄德、张文杰,开平召刘真、宋晟二都督,辽东召武定侯郭英等,会兵一处。辽王以都司及护卫马军悉数而出,北平、山西亦然。步军须十五万,布阵而待。令武定侯、刘都督、宋都督翼于左,庄德、张文杰、都指挥陈用翼于右,尔与代、辽、宁、谷五王居其中,彼此相护,首尾相救,使彼胡虏莫

知端倪,则无不胜矣。兵法示饥而实饱,内精而外钝,尔其察之。

其中载于洪武三十一年五月戊午(十二日)条的一篇为:

敕武定侯郭英曰:朕有天下,胡虏远遁久矣,然萌孽未殄,不可不防。今命尔为总兵,都督刘真、宋晟为之副,启辽王知之,以辽东都司并护卫各卫所步军,除守城马军及原留一百守斥候,余皆选拣精锐统领,随辽王至开平迤北,择险要地屯驻隄备,一切号令悉听燕王节制。

黄先生论定以上两篇敕书伪造史实,系根据原北平图书馆所藏《毓庆勋懿集》中收录的洪武三十一年四月及五月十三日明太祖予武定侯郭英的敕书两篇。《毓庆勋懿集》一书,笔者无机会见到,据上述黄先生一文,可知为武定侯郭英的后人武定侯郭良所编,于正德中由郭良之子郭勋增辑刊行。为了便于讨论,亦需将《毓庆勋懿集》中收录的这两篇敕书原文引录出来。据上述黄先生一文,其中洪武三十一年四月的一篇原文是:

敕武定侯郭英等:迩闻塞上烽火数警,此胡虏之诈,彼欲诱我师出境,纵伏兵以邀我也,不可堕其计中。烽起之处,人莫宜近,虽望远者,亦须去彼三二十里。今秋或有虏骑南行,不寇大宁,即袭开平,度其人马不下数万,岂可不为之虑?可西凉召都指挥庄德、张文杰,开平召刘真、宋晟二都督,尔等会兵一处。辽王并都司及护卫马军悉数而出,北平、山西亦然。步军须十五万,布阵而待。令武定侯、刘都督、宋都督翼于左,庄德、张文杰、都指挥陈用翼于右,代、辽、宁、谷等王居其中,彼此相护,首尾相救,使彼胡虏莫知端倪,则无不胜矣。兵法示饥而实饱,内精而外钝,尔其察之。故谕。洪武三十一年四月。

其中洪武三十一年五月十三日的一篇原文是:

皇帝制谕武定侯郭英:命尔挂靖海将军印,充总兵官,都督宋晟、刘真充副总兵,启辽王知道,将辽东都司并护卫各卫所步军,除守城官军,除开原留一百望高外,其余选拣精壮统领,跟随辽王前往开平迤北二三程地,择险要去处驻扎隄备。

一切发号施令，皆尔等为之，仍听王节制。如制奉行。洪武三十一年五月十三日。

黄先生在其上述一文中，对以上所述《明太祖实录》所载的两篇敕书，与《毓庆勋懿集》收录的两篇敕书进行了对勘，而后加以分析，就其异同提出了自己的解释。

对比《明太祖实录》洪武三十一年四月乙酉（九日）条所载的敕书和《毓庆勋懿集》收录的洪武三十一年四月敕书，可以发现两者的重大区别有二：一为前者首句作"敕今上"，即敕燕王，后者首句作"敕武定侯郭英等"，即两者下达的对象不同。二为前者文中之"尔与代、辽、宁、谷五王居其中"一句，将受命出师的藩王记作包括燕王在内，共有五王，后者文中相应之句作"代、辽、宁、谷等王"，未将燕王包括在受命出师的藩王之内。对于这两个区别，黄先生在文中分析说："《毓庆勋懿集》所载盖据家藏原敕，所记自真实可信。太祖与郭英敕书仅言'代、辽、宁、谷等王居其中'，未言燕王，是燕王未受命出师。《实录》之作'敕今上'，命率诸王防秋，明系据太祖与郭英敕书改窜，并伪造史实也。"

对比《明太祖实录》洪武三十一年五月戊午（十二日）条所载给予武定侯郭英的敕书和《毓庆勋懿集》收录的洪武三十一年五月十三日给予武定侯郭英的敕书，可以看出两者所记日期相差一天，但基本内容和行文结构等并无大区别，它们当是同一敕书，惟所记日期或有一种不慎有误，前者当为删润后者而成（两者之相互关系黄先生此文已予指出，读下文所引即可得知）。另外，也可看出，两者有一重大区别，即前者言及"悉听燕王节制"，而后者并未谈及燕王，相应句子作"仍听王节制"，联系上文阅读，此"王"当作"辽王"。对于这个区别，黄先生在文中所作分析说："《毓庆勋懿集》所载明系原敕，而《实录》则据宫中所藏敕底删润。原敕言：'仍听王节制'，王谓辽王，《实录》改作'悉听燕王节制'，此则永乐史臣伪造史实矣。"由这一分析出发，黄先生又进一步在文中提出辽王当是这次行动的主帅，说："以情理言，命将出师，当设主帅，而主帅亦未有命二人为之之理。与郭英原敕仅言听辽王节制，则辽王当即是行主帅。"

黄先生上述分析的核心，是当时燕王没有受命率诸王备边防秋，而受命担当其任的实为辽王，《明太祖实录》记燕王受此命令乃属伪造史实。这一分析是在引用原始资料的基础上作出的，甚有说服力，是其在学界影响甚大的原因所在。不过，细思当时的状况，仍会使人感觉这一结论存在可疑之处，而现存的一些黄先生没有注意到或虽注意到但有待进一步研究的史料，也可使这一历史问题得出相反的结论。

三、不用兄长充当统帅之疑惑

阅读上节所引《明太祖实录》洪武三十一年四月乙酉（九日）条所载“敕今上”敕书和《毓庆勋懿集》收录的洪武三十一年四月“敕武定侯郭英等”敕书，可知洪武三十一年四月明太祖下令率兵备边防秋涉及的军队，主要包括山西、北平和辽东的驻军，而当时这一地区明太祖封驻的藩王，有燕王朱棣、代王朱桂、辽王朱植、宁王朱权、谷王朱橞、晋王朱济熺凡六王。

如前所述，上引《明太祖实录》洪武三十一年四月乙酉（九日）条所载“敕今上”和洪武三十一年五月戊午（十二日）条所载“敕武定侯郭英”两篇敕书中，记载其时受命统兵参加此次备边防秋的藩王共有燕、代、辽、宁、谷五王，且由燕王负总率诸王之任，《毓庆勋懿集》所载洪武三十一年“敕武定侯郭英等”和洪武三十一年五月十三日“皇帝制谕武定侯郭英”两篇敕书中，只记代、辽、宁、谷四王参加这次行动，且令郭英等听从辽王节制，而黄先生则在其文章中据《毓庆勋懿集》所载两个敕书，主张事实应是此次行动仅代、辽、宁、谷四王参加，燕王缺席，担负主帅者为辽王。如果果真如黄先生所说，那么结合上表所列其时山西、北平、辽东地区明太祖所封驻诸藩王的情况进行审视，则可发现，这次军事行动在有关藩王的统帅责任安排上，不仅根本不让年龄最大、资格最老的头号兄长燕王朱棣参与其事，而其余的四个兄弟代王、辽王、宁王和谷王中，也用位居其次的辽王而不是代王。这种以弟统兄、舍弃兄长不用的做法，按之当时的处事惯例，应当是不可能出现的。

孝悌即孝事父母、尊敬兄长，是中华民族的传统道德观念和处世准则，明太祖对此极为重视。他曾对召至京师的富民说，能够做到“尊敬父兄，和睦亲族”等规范者，“方为良民”[3]卷2,《崇教化》。曾对礼部尚书李原吉称赞虞夏商周之世，认为当时由于“莫不以齿为尚，而养老之礼未尝废”，“是以人兴于孝弟，风俗淳厚，治道隆平”[3]卷2,《厚风俗》。还曾强调“齐家莫如礼”，“居家有礼则长幼序”[3]卷2,《议礼》。他甚至因为赞赏尊敬兄长，还可破例为有此举动者轻处罪犯。洪武二十九年九月，“民有犯死罪者，其弟诉于通政使司，愿为军以赎兄罪，辞意恳切。上（指明太祖——引者注）悯之，命同系者三十余人，皆减死戍边”[4]卷247，洪武二十九年九月丙子条。对于其儿子们的关系处理，他同样注意提倡孝事父母、尊敬兄弟、长幼有序。洪武二十七年（1394年）三月，为了使年幼的第二十子韩王朱松、第二十一子沈王朱模，通过“游观诸王国都，以敦友悌之情”，明太祖特别安排他们用半年的时间，前往远在北方的二兄秦王朱樉、三兄晋王朱棡、四兄燕王朱棣、五兄周王朱橚、七兄齐王朱榑所在封国，进行拜访[4]卷232，洪武二十七年三月甲寅条。在儿子们共同从事某一活动而须排序时，明太祖总是将长幼有别的因素考虑进去以作安排。如在其洪武前期撰定的为儿孙规定行为规范的《祖训录》中，他明确写下：“凡亲王每岁朝觐，不许一时同至，务要一王来朝，还国无虞，信报别王，方许来朝。诸王不拘岁月，自长至幼，以嫡先至，嫡者朝毕，方及庶者，亦分长幼而至。周而复始，毋得失序。”[5]371“凡朝廷新天子正位，诸王遣使奉表称贺，谨守边藩，三年不朝，许令王府官、掌兵官各一员入朝。如朝廷循守祖宗成规，委任正臣，内无奸恶，三年之后，亲王仍依次来朝。”[5]375到洪武末年，明太祖根据情况的变化对《祖训录》进行了修改，改名为《皇明祖训》，以上两条又被一字不易地保留了下来[5]396、401。当出现两王及两王以上同时出征、需要确定一王担任统帅的场合，明太祖也总是毫不犹豫地以长者出任。如洪武二十三年（1390年）正月，敕谕第七子齐王朱榑率山东都司等精锐马步军士出征，规定其要受四兄燕王朱棣的“节制”[4]卷199，洪武二十三年正月乙酉条。二十六年（1393年）三月，敕第十三子代王朱桂“率护卫兵出塞”，规定其要受三兄晋王朱棡的“节制”[4]卷226，洪武二十六年三月辛亥条。三十年五月，命第六子楚王朱桢“率师征古州洞蛮”，以十二子湘王朱柏“副之”[4]卷253，洪武三十年五月乙卯条。大量史实说明，明太祖对于孝悌这一传统规范不仅非常重视，而且在包括军事行动在内的各类实际行为中，严格遵循行事。在这样的情形下，怎能想象他在洪武三十一年下令诸王统兵备边防秋的这次行事中，会完全不顾长幼之序地确定统帅人选呢！

燕王朱棣不仅在当时山西、北平、辽东地区的诸位藩王中居长，担任宗人府右宗正之职[4]卷195，洪武二十二年正月丙戌条，而且之藩最早，屡次率兵出征，多有战功，经验丰富，这些当为史家之共识。在洪武后期，其与明太祖的关系亦未见能确证有不和谐之处的记载，而其正常活动并仍受明太祖正常对待和使用的记载则俯拾即是。如《明太祖实录》记载：洪武二十八年（1395年）九月，燕王朱棣向朝廷进献了永清左卫龙门东屯所产八棵嘉禾，表现出对当朝嘉瑞的祝贺[4]卷241,洪武二十八年九月庚戌条。洪武二十九年(1396年)二月，明太祖令燕王选精卒壮马，“抵大宁、全宁，沿河南北，觇视胡兵所在，随宜掩击”[4]卷244,洪武二十九年二月辛亥条。洪武三十年二月，明太祖因从曾孙靖江王世子朱赞仪年幼，“欲其知亲亲之义，且令涉山川险易，以成其德器”，特命之不顾路途遥远，分别前往拜访居于各封国的十三个亲王，其中之一即为燕王[4]卷250,洪武三十年二月己亥条。同年四月，明太祖又令燕王同晋王共同“督诸王并都司、行都司，报知孳畜预战马数”[4]卷252,洪武三十年四月乙酉条。明太祖对于行为不端的在外藩王，往往将之召回京师，严加教训。如洪武二十四年，因秦王朱樉“多过失，召还京师，令皇太子巡视关陕。太子还，为之解”，翌年始命归藩[6]卷116,《诸王》。而在洪武三十一年明太祖布置发兵备边防秋之时，并无召燕王回京师之事[7]第四章第二节,《燕王入朝》。这当为此时燕王一如既往地正常活动并仍受明太祖正常对待和使用的有力证据。在上述情况下，当时明太祖之决定诸王率兵备边防秋，只能是毫不犹豫地安排燕王参加，并让他统帅诸王和其余参与其事的将领、士卒，而不可能作出另外的选择。

黄先生在其文章中，对于其所谓燕王此次未参与行动并任统帅的原因，作过如下一番解释：

以情理言，晋王既殁，燕王于诸王中年最长，苟命诸王出师，似当命燕王统率。于时太祖春秋高，太孙参预朝政，即心不乐燕王，亦似不宜见之行事，而使燕王难堪。《奉天靖难记》言：“燕王沉静深远，莫测其端倪”，是燕王早已蓄有异谋。意者燕王于晋王殁后，惧太孙疑忌，遂称病韬光养晦，亦未可知也。

按，所谓燕王“沉静深远，莫测其端倪”，为《奉天靖难记》中所载建文帝即位后黄子澄对齐泰所言。但“沉静深远，莫测其端倪”，仅为论其智谋多端，不易窥测，并非指为“早已蓄有异谋”，更不能由此而断定“燕王于晋王殁后，惧太孙疑忌，遂称病韬光养晦”。按之史籍，当时燕王不仅与明太祖关系正常，而且其对军事行动仍在正常参与。朝鲜史书记载：洪武三十一年六月十日，“辽东被掳人金松逃来(朝鲜)，告曰：‘蒙古军向辽东，燕府王率师攻击，败之，辽王领兵将行，予亦充军而行，中路逃来。’”[8]卷14,戊寅七年六月甲寅条这里所说的燕府王(即燕王)与蒙古人作战之事，当发生在洪武三十一年六月十日以前一到两个月(将金松其人由辽东逃到朝鲜所需时间计算在内)，而这一年有闰五月，故此事发生之时当为本年五月或闰五月，这是证明当明太祖于这年五月下令诸藩王率兵备边防秋时，燕王仍在正常参与军事活动的明确史料。既然此时燕王仍在正常参与军事行动，那么可知谓其“称病韬光养晦”，绝对不合实际。黄先生亦自知这一说法软弱无力，因而在文中加上“意者”、“亦未可知”之类表示只是姑且推想的词语。关于这一番话，黄先生在文章的下文没有作进一步申述，更没有提出任何一条可作佐证的史实。这种没有史料根据、有嫌牵强的论说，显然无法令人首肯，从而无法令人解除对所谓燕王未受命参与此次行动之说的怀疑。另外，即使退一步讲，姑且同意黄先生关于燕王因“称病韬光养晦”而未受命参与此次行动之说，其所谓辽王担任此次行动统帅的论点也不能成立，因为对于由此出现的在代王、辽王、宁王、谷王四兄弟中，舍去年长的代王不用，越次起用居于第二位的辽王这一不合惯例的现象，仍将无法解释。

四、燕王受命率兵备边防秋之证据

由第二节的引文可知，不论《明太祖实录》洪武三十一年四月乙酉(九日)条所载“敕今上”敕书，还是《毓庆勋懿集》收录的洪武三十一年四月“敕武定侯郭英等”敕书，皆称都指挥庄德在洪武三十一年四月明太祖下令备边防秋时，被确定为“翼于右”，可见庄德之受命参与其事，当属史实。而最近笔者发现了一个值得注意而黄先生却未及注意的重要史料，它既涉及庄德，也与燕王之受命率兵备边防秋有关。它就是洪武三十一年五月十二日明太祖发出的一道圣旨。此圣旨收载于现藏台北故宫博物院的明抄本《太祖皇帝钦录》之中。该书共载有明太祖敕谕诸藩王的圣旨或函件106件。洪武三十一年五月十二日发出的这道圣旨的原文为：“说与晋王知道，教陈用、张杰、庄德预先选下好人好马隄备，临阵时领着在燕王右手里行。”[9]这里的张杰，当即《明太祖实录》洪武三十一年四月乙酉(九日)条所载“敕今上”敕书中的张文杰，这里的“教陈用、张杰、庄德”“临阵时领着在燕王右手里行”，当即《明太祖实录》洪武三十一年四月乙酉(九日)条所载“敕今上”敕书中的“(令)庄德、张文杰、都指挥陈用翼于(燕、代、辽、宁、谷五王之)右”。两者的区别仅在一用口语，一用润色过的书面语言，内容则毫无差别。由这一史料看来，燕王之于洪武末受命率兵备边防秋一事，不仅仅在《明太祖实录》中有记载，而且在《太祖皇帝钦录》中也有明确的记录。值得注意的是，《太祖皇帝钦录》中所载的这道洪武三十一年五月十二日圣旨，其形成早于永乐十六年五月初一日修成的《明太祖实录》[10]卷200，永乐十六年五月庚戌朔条21年之久，其所记的内容不可能为抄自《明太祖实录》的记事，这使之应被视为当之无愧的确凿可信的史料。换言之，这道圣旨透露出的关于燕王曾受命率兵备边防秋之事，应是不可轻易怀疑的。

查焦竑《国朝献征录》，其中收载有《忠节录》所撰的庄得传，传中称“庄得，洪武末为西凉都指挥，召至北平，为燕兵右翼，出塞有功”[11]卷110。这里的“庄得”实即“庄德”①。这里所说的“为燕兵右翼”，似即指作燕王所率部队之右翼，如果这一推测不误，这一记载也为洪武三十一年四月燕王曾受命率兵备边防秋提供了一个依据。无须讳言，这条记载在单独充当上述证据上，是有嫌不足的。《忠节录》即《建文忠节录》，又称《备遗录》，为正德十一年张芹撰成。由于《忠节录》成书年代晚于《明太祖实录》，现在又无资料证明其记载并非抄自《明太祖实录》，因而不能断定其中的“为燕兵右翼”之说是否本于《明太祖实录》。另外，其“燕兵”一词也不等同于“燕王”。显然单凭此书来判定燕王当时确曾受命率兵备边防秋，是不能令人信服的。然而，将此书与上述洪武三十一年五月十二日圣旨联系起来加以考虑，其对印证燕王当时确曾受命率兵备边防秋，当认为或有一定的作用。

由第二节引文还可知，不论《明太祖实录》洪武三十一年四月乙酉（九日）条所载的“敕今上”敕书，还是《毓庆勋懿集》收录的洪武三十一年四月“敕武定侯郭英等”敕书，皆称都督宋晟在洪武三十一年四月明太祖下令备边防秋时，“翼于左”，可见宋晟之受命参与此事，亦当属史实。查张廷玉等撰《明史》之卷155《宋晟传》，其中载有“（洪武）三十一年出镇开平，从燕王出塞，还城万全诸卫”之语[6]4246。这一记载，可说是为燕王在这次明太祖命令备边防秋时，受命参与其事并居于统领地位提供了一个佐证。黄先生在其文章中提及《明史》的这一记述，但以《明太宗实录》永乐七年五月所载宋晟本传（查《明太宗实录》卷69，此传实系于永乐五年七月——笔者注）及杨士奇《东里集》卷12宋晟神道碑，“均未言是年从燕王出塞”为由，断定“《明史》书（宋晟）从燕王出塞”，乃“原本《太祖实录》，非另有确凿可信之史料以为其依据，不得据之以难本文所论也”，即仅靠《明史·宋晟传》之记载，尚不能认定燕王在其时确曾受命率诸王备

① 卷2元年七月甲申条、卷7三年三月辛巳条等即将“庄德”记为“庄得”。明太宗实录[M].台北：“中央”研究院历史语言研究所校印本.

边防秋。《明史》之撰写远远晚于《明太祖实录》,《明史·宋晟传》之“从燕王出塞”一语,就目前所知者,尚为既不能排除其非据《明太祖实录》写出的可能,也不能排除其据《明太祖实录》而来的可能,因而黄先生的这一意见除“原本《明太祖实录》”一语有嫌武断外,其余当是正确的。但如上所述,现在已发现了燕王曾于洪武末年受命率兵备边防秋的确凿可信之新史料,对于《明史·宋晟传》之“从燕王出塞”一语,显然就不应再断然否认其佐证燕王当时确曾受命备边防秋史实存在的作用了,起码应承认其与《忠节录》中的庄得传一样,或有一定的作用。

在明代史家黄光昇的《昭代典则》卷11(万历庚子万卷楼本)及何乔远的《名山藏》卷4《典谟记》(崇祯刻本)之中,皆记载有本文上述《明太祖实录》卷257所载“敕今上”“敕武定侯郭英”两篇敕书。另一明代史家谈迁的《国榷》卷10(古籍出版社1958年12月出版),记载有本文上述《明太祖实录》卷257所载“敕今上”一篇敕书,其关于燕王于洪武三十一年是否受命参与备边防秋并统帅诸王一事的记载,皆与《明太祖实录》卷257所记相合。从行文结构和用语看,他们当抄自《明太祖实录》,在论定这一疑案时,自然不可将之当作判断是非的有力证据。但这些史书的作者皆为卓有贡献的明史大家,其之认同《明太祖实录》的记载,似不应轻易给予否定,在现在发现了可证实《明太祖实录》记载之确凿史料的情形下,更应如此。由此说来,黄光昇等三位明代史家的上述记载,也可当作论证《明太祖实录》卷257所载两篇敕书,在燕王洪武三十一年参与备边防秋并统帅诸王上并未作伪的部分佐证。

五、关于《毓庆勋懿集》所载两篇敕书之解释

以上已从惯例和史料证据两个方面,论证了《明太祖实录》两篇敕书所记燕王洪武三十一年曾受命参与率兵备边防秋并任各路军统帅史事之可信。为了论证更加完整严密,尚须解释何以《毓庆勋懿集》中的两篇敕书所载与之不同。前文已叙及,由于条件的限制,目前笔者尚未读到《毓庆勋懿集》原书,因而不能做出十分详尽的解释,只能就所看到的黄先生上述文章中对此书的介绍,提出一点大胆的推测。

据黄先生介绍:该书“所录太祖与武定侯郭英敕书凡八”,除上述洪武三十

一年四月及五月十三日两敕外,还有“洪武二十年七月、九月,二十一年正月、二月及三十年正月、三月六敕”。此六敕所记与《明太祖实录》相合,但“(洪武)三十年三月与郭英敕书,《实录》系于是年四月辛卯。恐当以《实录》为正。《毓庆勋懿集》所载此敕有讹字,如‘应有机务,条列以闻’,列字即误作例”。

黄先生在这里当非就《毓庆勋懿集》所记八个敕书的文本优劣,作全面评论,但即便如此,已可发现,其竟能在一个敕书中至少有两处错误(从“如‘应有机务,条列以闻’”之行文中用“如”字,似可推想,可能其误当更多),不仅有错字,而且连敕书的时间也搞错了。可见《毓庆勋懿集》绝非编写谨慎、校勘精良的刊本,其有关记载难免有误。

《毓庆勋懿集》既是这样一种书籍,对其记载当不可盲目相信。当其他记载与之有差异时,要仔细分辨,只有发现了另外可信的史料可与两者中的某一方相呼应和印证之时,才可将信任票投给某一方。当下遇到的这项燕王于洪武三十一年是否参与备边防秋活动及出任统帅的疑案,即应如此处理。就笔者所知,在这个疑案中,《毓庆勋懿集》否定燕王在洪武三十一年参与备边防秋活动并出任统帅的记载,得不到另外的史料的明确呼应和印证(黄先生在其文章中也未见提出),而与之记载相反的《明太祖实录》,却得到了另外的史料的明确呼应和印证(这在上文已经叙及)。面对这种情景,结论显然应当是抛弃《毓庆勋懿集》的说法,而采信《明太祖实录》的记载。

关于这项疑案,《毓庆勋懿集》为什么发生了错误呢?笔者仔细研读其文后,有一大胆的推测:当是其在两个敕书中各脱一“燕”字,即其洪武三十一年四月“敕武定侯郭英等”一篇敕书中,在“代、辽、宁、谷等王居其中”一句的开首脱一“燕”字;其洪武三十一年五月十三日“皇帝制谕武定侯郭英”一篇中,在“仍听王节制”一句的“王”字前脱一“燕”字。试将这两篇敕书各补一“燕”字,其全文读起来并无不顺,而又可与其他各书之记载不相矛盾。此种设想,岂非可备一说?

六、余　话

本文否定现存《明太祖实录》中的上述两篇敕书对史实有所伪造,并非完全否定现存《明太祖实录》一书有歪曲历史真相的现象。包括王崇武、黄彰健等先生在内的诸位前贤对明成祖君臣在《明太祖实录》以及其他一些史书中歪曲、伪造历史的真相进行揭发,意义重大,功绩不可磨灭。如果笔者关于上述两篇敕书的论述确能成立,也不可因前贤的偶有一失而忽视甚至否定其做出的巨大贡献。

《明太祖实录》中所记燕王参加上述率兵备边防秋活动并担当统帅的敕书,除前面论述的两篇外,尚有另外两篇。其一为洪武三十一年五月戊午(十二日)给左军都督杨文的一篇,其中说:

敕左军都督杨文:兵法有言,贰心不可以事上,疑志不可以应敌,为将者不可不知是也。朕子燕王在北平。北平,中国之门户。今以尔为总兵,往北平,参赞燕王,以北平都司、行都司并燕、谷、宁三府护卫,选拣精锐马步军士,随燕王往开平隄备。一切号令,皆出自王,尔奉而行之,大小官军悉听节制。慎毋贰心而有疑志也。[4]卷257,洪武三十一年五月戊午条

其一为洪武三十一年五月乙亥(二十九日)给燕王的一篇,其中说:

敕今上(这里的"今上"指时尚为燕王的明成祖)曰:朕观成周之时,天下治矣,周公犹告成王曰,诘尔戎兵,安不忘危之道也。今虽海内无事,然天象示戒,夷狄之患岂可不防?朕之诸子,汝独才智,克堪其任。秦、晋已薨,汝实为长,攘外安内,非汝而谁!已命杨文总北平都司、行都司等军,郭英总辽东都司并辽府护卫,悉听尔节制。尔其总率诸王,相机度势,用防边患,乂安黎民,以答上天之心,以副朕付托之意。其敬慎之,勿怠。[4]卷257,洪武三十一年五月乙亥条

这两篇敕书,皆可作为洪武三十一年燕王曾受命参与率兵备边防秋活动并担任统帅的证据。黄先生在其文章中也曾提及这两篇敕书,但以《毓庆勋懿集》所载的上述两篇敕书为依据,否定了其真实性,认为它们与上述《明太祖实录》卷257所载两篇敕书一样,为改篡伪造而成。但黄先生在此并未提出其他证据,上文对上述《明太祖实录》卷257所载"敕今上"及"敕武定侯郭英"两篇敕书真实性的论证,同时也应适用于这两篇敕书,它们的真实性不可怀疑。

世人常有思维定式的缺陷,对某事或某人先入为主地形成一种看法后,常

常只看到有利于这种看法的现象,而忽视不利于这种看法的因素,甚至在不知不觉中将不利于这种看法的情形曲解为这种看法的新证据。《列子·说符》中所说的亡铁者怀疑邻之子的故事,就是这种缺陷的惟妙惟肖的描述。笔者关于本文所述《明太祖实录》敕书是否伪造史实的论证,不知是否重蹈了亡铁者的覆辙。希望不是。倘若自病不觉,确实重蹈了亡铁者的覆辙,敬请诸位旁观之清者莫袖手旁观。

本文所论敕书造假案一事,关乎对明太祖逝世前夕燕王朱棣政治地位及其与朝廷关系状况之了解,亦关乎对靖难之役发生背景及其当事双方责任之评估,事非小可,敬请诸位方家给予特别注意。

参考文献:

[1]王崇武.奉天靖难记注[M].台北:台联国风出版社,1975.

[2]历史语言研究所集刊[J].台北:"中央"研究院,1963.

[3]明太祖宝训[M].台北:"中央"研究院历史语言研究所校印本明实录附录之五.

[4]明太祖实录[M].台北:"中央"研究院历史语言研究所校印本.

[5]张德信,毛佩琦.洪武御制全书[M].合肥:黄山书社,1995.

[6]张廷玉.明史[M].北京:中华书局,1974.

[7]王崇武.明靖难史事考证稿[M].台北:台联国风出版社,1975.

[8]太祖康献大王实录[M].东京:日本学习院东洋文化研究所,1953.

[9]太祖皇帝钦录[M](影抄本之复印件).台北:"故宫"图书季刊第一卷第4期第111页.

[10]焦竑.国朝献征录[M].万历末曼山馆刻本.

[11]钱茂伟.明代史学编年考[M].北京:中国文联出版社,2000.

作者简介:南炳文(1942—),男,河北广宗人,南开大学历史学院教授、博士生导师,主要研究明清史。

原文出处:《西南大学学报》(社会科学版)2011年第3期。

转载:《人大复印报刊资料·明清史》2011年第8期全文转载。

皇权视阈下的张璁与张居正

田　澍

（西北师范大学 历史文化学院，甘肃 兰州 730070）

摘　要：张璁与张居正是明代中后期的两位重臣。他们之所以在各自的时代具有特殊的地位和影响，就在于各自与当朝皇帝皆有密切的关系和极强的担当意识。正是由于他们得到皇帝的信任和重用，加上各自敢作敢为，故在各自时代取得了突出成就。但由于两人与皇帝的关系存在着明显差异，所以各自的作用和遭遇也就大不相同。作为张居正的前辈，张璁能够面对政情变化而不贪恋权位，多次离职，进退自如，赢得了世宗的尊重，确保了政局的平稳。而张居正以"顾命大臣"的身份被动管教神宗，未能得到神宗真正的信任与尊重，故死后遭到声讨与清算，万历政治因全面否定张居正而江河日下。

嘉靖及其以后诸朝在明代历史上是相对独立的单元，此期由明世宗朱厚熜开启。众所周知，因为武宗朱厚照的绝嗣和藩王朱厚熜以独特的身份继位，引发了"大礼议"，最终世宗击败主张继统又继嗣的杨廷和一派，取得了继统不继嗣的胜利，维护了自己固有的父子关系。在这一重大争论之中，不顾个人安危而全力支持世宗且与杨廷和一派及武宗朝弊政无任何瓜葛的新科进士张璁崭露头角，成为"大礼议"中新生的政治明星，代表着全新的力量，开启了"嘉隆万改革"的新时代。

由于学术视野的局限，近代以来谈论明代改革，学界只关注万历初年张居正的行政行为。不论对他的褒与贬，由于没有恰当的参照，认识都难免偏颇。事实上，早在明代，沈德符就注意到了张居正与张璁两人的相同性，认为张居正在编纂《明世宗实录》时“极推许永嘉(张璁为明代浙江永嘉县人),盖其材术相似,故心仪而托之赞叹”,并说两人“皆绝世异才”[1]。张璁和张居正的谥号皆为“文忠”,两人相同点较多,明人李维桢认为继张璁之后,“阁臣有江陵,与公姓同,谥文忠同,相少主同,锐意任事同,公得君诚专,为众所侧目,杌陧不安,身后七十余年,名乃愈彰,其以危身奉上称忠,与江陵又同。”[2]李维桢序清人梁章钜论道:“前明有两张文忠,时论皆以权相目之,其实皆济时之贤相,未可厚非。窃以心迹论之,则永嘉又似胜江陵一等。永嘉之议大礼,出所真见,非以阿世,其遭际之盛,亦非所逆料。而其刚明峻洁,始终不渝,则非江陵所能及。”[3]蔡美彪先生在《中国通史》中突破近代以来的狭隘之见,将张璁与张居正联系起来加以考察,认为“明代先后两张文忠,均以兴革为己任”[4]。以上评论对我们在皇权视域中认识张璁和张居正具有重要的启发。

张璁与张居正之所以能够有为于各自的时代,就在于他们敢于担当,各自与当朝皇帝有着特殊的密切关系。事实上,与张居正相比,张璁在明代改革史上起到了开创作用,具有更为独特的历史地位。对于张璁与“大礼议”和“嘉隆万改革”的关系,笔者已有专门论述①,在此以皇权为视域对张璁和张居正做一比较研究,以期理性地认识他们各自的贡献和历史作用,更好地理解嘉隆万改革的趋势乃至明代历史的最终走向。

一、张璁和张居正与皇帝相知途径不一

作为明代阁臣特别是首辅,与皇帝的关系是否融洽,是判断其是否有所作为的首要条件。张璁和张居正之所以被人们视为“名相”或“权相”,皆与当朝皇帝的信任和重用密不可分。

年长张居正五十岁的张璁初涉官场,没有依靠,没有圈子,但在“大礼议”中不惧杨廷和及其追随者的围堵、谩骂和暗杀,根据自己的理解和认识,挺身而出,支持势单力薄的世宗,显示出士人敢于担当的优良品质。当时,一些对杨廷和主张有微词的大臣如杨一清等人只在私下反对或抵触,不能勇敢地站出来公开表明自己的看法。而张璁敢为人先,没有过多的心理负担,没有自保

① 田澍.嘉靖革新研究[M].北京:中国社会科学出版社,2002;田澍.正德十六年——“大礼议”与嘉隆万改革[M].北京:人民出版社,2013.

的顾虑,不怕杨廷和集团的打击报复,能够公开向杨廷和的观点挑战。按照一般人的处境和心思,经过八次会试磨练而在47岁中第的张璁此时应该踯躅观望,不要招惹杨廷和及其追随者,否则,轻则丢掉见习的职位,被赶回老家,瞬间葬送大半生艰辛考取的功名;重则白白送死,成为杨廷和集团的刀下之鬼。正如张璁所言:自己当时"初为进士,未尝受皇帝一命之寄,皇上亦未尝识臣为何如人,臣只因见得道理之真,故敢以一人犯天下之怒,幸赖圣明在上裁决,不然臣万死无益也。"[2]救张延龄第二尽管当时的政情极为特殊,形势不明,但大多数人明白杨廷和暂时占据主动,人多势众,为此不敢站出来与其论战。而从湖北前来继位的朱厚熜年仅14岁,既是一个未见过世面和未经风雨的乡下少年,又是一个不懂权谋的新君;既没有后宫的支持,又没有心腹宦官的襄助;既没有东宫僚属,又没有顾命之臣。总之,处于孤立无助的少年天子世宗,到北京来继承皇位,犹如只身进入虎穴。虽然世宗年少,但懂得孝情,亦能读懂武宗遗诏的内容,故不怕杨廷和等前朝旧臣。同时他也清醒地认识到在职的臣子极少有人敢于突破杨廷和及其追随者的封锁来声援自己。就在新皇帝面对如此严峻的情势之际,刚刚中第的观政进士张璁无所畏惧地站出来,旗帜鲜明地支持世宗,就显得格外瞩目,使杨廷和及其追随者遇到了真正的对手。世宗看到张璁的第一份奏疏即言:"此论一出,吾父子必终可完也。"[5]卷4,正德十六年七月壬子事实证明,世宗的这一认识是极为准确的。

正是张璁的出现,才使礼仪问题和法律解释进入了正常的讨论轨道。尽管张廷和等人依仗绝对优势对暂处劣势的张璁展开了围攻,但最终还是败下阵来,成为"大礼议"的彻底失败者。自张璁出现之后,世宗发现了自己所应依靠的全新力量,重用张璁等人便是世宗的不二选择,无人能够阻挡。张瀚说道:张璁"成进士,任南部郎,以议献庙礼称上意。乃召入,不次擢用。六年之间,晋陟宰辅"[6]卷5《堪舆纪》。这是当时人事大变动的缩影。从当时权力更替的角度而言,"大礼议"其实就是武宗皇权向世宗转移的过程,世宗借此迅速摆脱了杨廷和集团的束缚,顺利实现了皇权的完全转移,使嘉靖政治很快进入世宗自主控制下的新时代。双方议礼观的冲突只是表象,其本质在于世宗从杨廷和等前朝旧势力手中收回了自己应有的权力。所以,彻底打败杨廷和集团是世宗担负的政治使命和面临的严峻考验,最后的成功充分说明他年纪尚轻但具有杰出的政治智慧和超强的政治手段。正是顺应了这一历史潮流,张璁才能迅速崛起和“骤相”。张璁表面上因议礼脱颖而出，被委以重任，但这绝不是他个人命运的简单改变，而是标志着新生力量的出现和时代的剧变。

“大礼议”绝不像中国历史上其他任何形式的论争那样混乱和不可把握，参与争论的双方人数的多少都不是判断“大礼议”走向的主要依据。张璁能够充分利用杨廷和的巨大失误而展示了自己的全面素质，并赢得了胜利。谈迁评论道：“永嘉议礼，能以辨博济其说。即论星历，亦援据不穷。其见知于上，非偶然也。”[7]卷53，嘉靖六年十月乙巳杨廷和提出的世宗必须更换父母的主张是完全可以讨论的问题，但在这一讨论中绝不能把自我之见完全强加于皇帝，并将不同意见斥之为“邪说”。但是杨廷和一派毫不妥协，想要击败皇帝，自不量力地想要剥夺皇帝与其父母的固有关系。作为暂时占据主动地位的杨廷和集团不应对世宗和张璁采取强硬态度，而是要改变照搬照抄的态度和削足适履的做法，调整思路，放弃不近人情、违背武宗遗诏和无视事实的主张，找到能够切实解决问题的新方案。当然，他们根本不可能做到这一点，这就为张璁的脱颖而出创造了条件。当时，“新主尚少，旧臣恃恩，往往执刊定之成礼，以胶父子兄弟之辙，主心不能无孤。公虽新进，宿学老成，能据礼援经以与之衡，而关三事大夫之口，天子倚之，自是遂复用公。”[2]丘应和序在双方力量对比悬殊的情形下，张璁在杨廷和集团的打压和封杀中无所畏惧，孤军奋战，真正表现出了士大夫所应有的骨气和不屈精神，成就了其“正大光明之业”。嘉靖八年（1529年），世宗反思即位之初的遭遇时说道：“朕本藩服，以我皇兄武宗毅皇帝青宫未建，上宾之日，遗诏命朕入绍大统，以奉天地宗社之祀，君主臣民。当是时，杨廷和怀贪天之功，袭用宋濮安懿王之陋事，以朕比拟英宗，毒离父子之亲，败乱天伦之正。朕方在冲年，蒙昧未聪，致彼愈为欺侮。幸赖皇天垂鉴，祖宗默佑，以今辅臣张璁首倡正义，忘身捐命，不下锋镝之间，遂致人伦溃而复叙，父子散而复完。”[5]卷104，嘉靖八年八月戊寅世宗对张璁充满感激之情是正常的，对张璁在“大礼议”中的表现的高度肯定也是发自肺腑的。在明代阁臣中，张璁的表现是独特的，他与世宗的关系当然是牢固的。但即使这样，张璁仍深感“君臣相保”的艰难，清醒地认识到：“君臣相遇，自古为难，君臣相保，自古尤难。相遇为难者，难以正也。不正则为苟合，非相遇之道也；相保为难者，难以诚也。不诚则为苟容，非相保之道也。”[2]再辞陈情对于自己与世宗的相知相遇，张璁极为珍惜，能够严守为臣的进退之道，以廉洁、守正、奉法、勤勉、爱民来严格要求和规范自己，能留则留，该退则退，以确保君臣关系不受损伤。

相比于张璁，后来的张居正与万历皇帝则是老臣与幼主的关系。明穆宗临终前，将自己不满十岁的儿子朱翊钧托付给高拱、张居正、高仪三位内阁大臣，说道："朕嗣统方六年，今疾甚，殆不起，有负先帝付托。东宫幼冲，以属卿等，宜协辅遵守祖制，则社稷功也。"领命之后，高拱等人"泣拜而出"[7]卷67，隆庆六年五月己酉。穆宗去世之后，高拱"以顾命自居，目无群珰"[8]卷4《相鉴》，很快被冯保赶走。高仪不久亦卒，张居正便为首辅，以唯一一位"顾命大臣"的身份来管教神宗，这是张居正严厉约束神宗权力的合法性之所在。从此便真正开始了万历初年由张居正独自一人主导的、全新的顾命之政。每当张居正遇到言论攻击而面临进退之时，他都要拿顾命大臣的独特身份为自己辩护，以确保自己职位的稳固。如万历四年(1576年)御史刘台论劾其"擅作威福"时，张居正上疏辩解："臣既受先帝付托之重，皇上又宠臣以宾师不名之礼，敢不矢以死报。况圣学尚未大成，嘉礼尚未悉举，朝廷庶事尚未尽康，海内黎元尚未咸若，岂臣言去之时？"[9]卷46，万历四年正月己未次年，在守制还是夺情问题上，张居正也因顾命大臣的身份自然而然地选择了夺情，神宗说道："朕以幼冲，赖先生为师，朝夕纳诲，以匡不逮。今再三陈乞守制。于常理固尽，于先帝付托大义，岂不鲜终？"[10]万历五年十月八日辛卯"顾命大臣"是张居正公开的、合法的护身符，包括神宗在内的任何人一时都难以撼动。与张璁相比，张居正与神宗关系的牢固性和持久性是有问题的。对此，张居正自己也是清楚的。他在万历四年(1576年)说道："主上恒以冲年，恶人之欺己。"[11]卷28《答操江王少方》神宗对张居正的依赖是被动的，是其父临终前的安排，而不是自己主动的选择。神宗年幼时尚能与张居正较好相处，一旦成长到一定年龄且感受到皇权独享的必要时，张居正自然成为多余，矛盾必然凸显。当张居正以侵犯皇权的名义受到清算时，自然成为明代付出惨重代价的阁臣。明人于慎行论道："世徒以江陵摧抑言官，操切政体，以为致祸之端，以夺情起服、二子及第为得罪之本，固皆有之，而非其所以败也。江陵之所以败，惟在操弄主之权，钤制太过耳。"[8]卷4《相鉴》万历十二年(1584年)，神宗根据三法司的调查和结论，发布了张居正的罪行，公开指责张居正"诬蔑亲藩，侵夺王坟府第，钳制言官，蔽塞朕聪……专权乱政，罔上负恩，谋国不忠"[9]卷152，万历十二年八月丙午。在朱元璋废相之后，将这样的罪名强加在一人身上者极为罕见，足以看出摆脱"顾命大臣"管束之后的神宗对张居正的极端厌恶乃至仇恨。这与世宗一直竭力保护张璁的做法形成了巨大的反差,充分说明张居正并未得到神宗诚心的敬重。

二、皇权在两张文忠政治命运中的作用不同

张璁和张居正分别在嘉靖初年和万历初年与当朝皇帝结缘,但两人有明显的差别,即张璁是新朝的新臣,双方在"大礼议"中相知;张居正是新朝的旧臣,是前任皇帝的安排。一般而言,旧臣特别是内阁首辅在新朝不可能任职较长,新君一般都要尽快组建自己能够掌控的新内阁。当然,正统前期老臣"内阁三杨"辅佐小皇帝英宗是个特例,张居正的情况与此相似。但随着"三杨"的老去,正统后期便出现了乱局,酿成了震惊天下且深刻影响政局走向的"土木之变"。张居正能否走出这一怪圈,是检验其为政能力的关键。后来的事实证明他无法开创新的政治局面。但张璁与张居正完全不同,在张璁去世后,其身后的嘉靖政治没有出现突变,张璁也一直得到朝廷的高度肯定,其根本原因就在于他与世宗之间有着真诚的情谊。

与张居正相比,张璁在嘉靖初年所面对的人事关系更为复杂,面对的反对力量更为强大。世宗要清除杨廷和集团,要让自己倚信的张璁等新兴势力完全取代旧势力,需要过渡,甚至还需要激烈的斗争。在世宗与张璁等人取代杨廷和集团的过程中,出现了一个特殊现象,那就是启用与杨廷和"大礼"观保持距离或私下认同张璁观点的一些老臣,如谢迁、杨一清、费宏等人,其中谢迁将近八十岁。这些老臣完全是过渡性人物,世宗不可能依靠他们组建自己真正的新内阁,更不可能依靠他们从事真正的革新。一些旧史家不明白这一道理,一味地渲染他们与张璁等新进者的矛盾。事实上,这些老臣与张璁等新进之臣间守旧与革新的矛盾是问题的关键。《明史·费宏传》的作者论道:"承璁、(桂)萼操切之后,(费宏)易以宽和,朝士皆慕乐之。"[12]卷193《费宏传》杨一清也与费宏一样,反对张璁等人"多所更建"的改革,主张四平八稳和安于现状,他明确指出与"咸好更张"的张璁等人冲突的原因是:"今持论者尚纷更,臣独主安静;尚刻核,臣独主宽平。用是多龃龉。"[12]卷198《杨一清传》张璁等人主张"纷更",而杨一清则主张"安静";张璁等人主张"刻核",而杨一清则主张"宽平",这就是嘉靖前

期“刚明果敢，不避嫌怨”[12]卷196《张璁传》的张璁等人与所有安于现状的老臣之间矛盾冲突的根本原因。

如果无视理念的冲突和时代的要求，仅仅拿张璁等人的人品就事论事，就不可能厘清嘉靖前期的政局走向。如沈德符认为：张璁与张居正相比，“永嘉险，江陵暴，皆果于自用。异己者，则百端排之”[1]。就明代政治体制而言，形成强势的内阁，是明代中后期政治的客观要求。就嘉靖前期而言，除了张璁，费宏、杨一清等人都不具备强化阁权的条件和能力。他们一味地骑墙观望，优柔寡断，或故意与张璁相左，或一味宽纵百官，不可能成为勇于担当、真正革新的嘉靖阁臣。不可否认，张璁不是完人，但他绝不是见风使舵和安于现状之人。张璁敢为人先，勇于担责，敢于创新，在“大礼议”中得罪了不少人，在随后的政治革新中触动了一些官员的切身利益，污蔑、谩骂之词不绝于耳。

朝中不断出现的反对张璁的阴谋和掀起的驱赶浪潮，对世宗也是莫大的考验。总体而言，世宗还能保持清醒的头脑，对张璁抱以信任并继续予以重用。但终因无法招架言路的攻击而不得不多次让张璁离开内阁。在嘉靖八年(1529年)至十五年(1536年)的七年之间，张璁三次被世宗罢免，但不久又被召复，这在明代历史上是极为罕见的。嘉靖前期出现“张璁最宠，罢相者屡矣”[12]卷196《方献夫传》的特例，表明当时推进革新异常艰难。但对这一现象，不可简单地解读为君臣关系的恶化，更不能片面地认为是张璁因“失宠”而“尊严尽丧”[13]。

针对朝臣的攻击，张璁做了一般性的辩解之外，便坦然地离职回家，轻装上道，来去正大光明，不会像张居正那样采取各种手段来确保自己职位的稳定，更不会像张居正那样借口皇帝离不开自己而设法留任。正如张璁所言：“夫皇上所以数进臣者以礼，而臣所以获罪当退者亦以义。被命而去，闻命而来，皇上公天下之心，而臣不敢存一己之嫌，可白于天下后世者也。”[2]乞休陈时事又诗言：“两年三度过天津，津人问我往来频。君臣岂是难相遇，只恨恩深未杀身。”[2]天津二首张璁用这一行为向世人表明自己并非贪恋权势之辈，使各种贪图权位的流言不攻自破，对自己，对世宗，对嘉靖政治，都有积极的作用。事实上，世宗每次起复张璁时都是加官进爵，给予重用。特别是张璁从容的来去，消除了世宗的疑虑，加深了对张璁人格的认识，进一步增强了双方的情谊。世宗从张璁反复罢免和起复中“察其诚”，对张璁更加“重信”，“常以少师罗山呼之而不名”，进一步密切了君臣关系，“眷顾之厚，始终不替”[14]，彼此“知无不言，密谋庙议，即同事诸臣不与闻者。”[5]卷221，嘉靖十八年二月乙巳如嘉靖十年(1531年)张璁改名孚敬后，世宗将其父手书的“荣恩堂”三字赐予张璁，并“识其端曰‘皇考手泽’”，同时赐银印篆刻一枚[5]卷123，嘉靖十年三月戊子，上书“永嘉张茂恭印”六字，不用张璁之名。世宗对张璁说：“日前闻卿自为堂房一，名曰荣恩，夫所谓荣得君恩也。朕思皇考尝手书斯三字，朕恭装轴，兹并银印一枚及彩帛等物以赐，以为吾君臣相庆之意，庶见朕意云耳。”[2]谢赐御笔堂额银印彩币世宗的旷世知遇之恩使张璁只有全力尽职担责方能报答。他对世宗说：“夫负荷之际，诚人所当自量，仰惟圣明在上，励精图治，百度贞明，臣凡庸莫能裨助万一，位重弗胜，日怀忧畏，诚不敢以自用也。”[2]辞避又说：“臣伏思皇上更臣之名，复锡之字，千古所无之殊恩也。更锡名字，复御笔大书之以赐焉，尤千古所绝无也。君父恩遇如此，其何能报！臣子荣幸，其何能胜！臣敬当装轴，并敬临刻，一尊奉于钦赐臣书院敬一亭左右，俾臣子孙仰之；一尊奉于钦名臣官邸荣恩堂左右，俾臣朝夕接目警心，率由圣训，不至于终迷也。”[2]谢赐更名及御笔大书嘉靖十二年(1533年)，世宗又亲书“敬一”二字赐于张璁[2]承赐御书“敬一”二字恭和圣制二首。从中不难看出，张璁与世宗的关系不仅没有因其多次离阁而疏远，反而愈加密切。张璁之子张逊业就此说道：“臣父仰荷皇上知遇之隆，古今罕伍。”[2]附疏·谢恤典

世宗在张璁多次进退的反复考验中对张璁有了更多的理解和信任，使张璁因生前的磨练而避免了身后的不幸。至少世宗不会像后来的神宗那样亲自下令清算自己曾经依赖和肯定的重臣。相对于张居正，张璁得罪的人更多，招致的怨恨也更多，想加害张璁者也大有人在。在嘉靖前期政治风浪中如何对待张璁，如何确保张璁的人身安全，世宗始终保持着清醒的头脑，对他的特殊贡献给予足够的尊重，并采取万全的手段使张璁免遭不测。这既是嘉靖政治之幸，也是张璁之幸。与张璁正好相反，张居正只进不退，过于看重自己的权位，难与张璁相提并论。正如梁章钜所言，张璁屡次罢复，“终遂首丘之愿，获全身后之名，其进固易，其退亦易，更非江陵所能企及矣。”[3]

与张璁相比，张居正在万历初年所面对的政治风险要小得多。在赶走高拱之后，张居正迅速而又全面地控制了朝政，借助于幼主、太后和太监三种特殊力量，张居正暂时真正实现了“宫府一体”的治理愿望，也真正成就了所谓明代“第一权相”的气势。事实上，张居正行政的阻力远远小于张璁，一些公开批

评张居正的人被予以杖责、贬谪或除名，比嘉靖朝世宗处置反对张璁者要严厉。年幼的神宗被迫用这种高压手段保护着张居正。但是，就明代的政治特点而言，这种做法只能是暂时的，难以持续。如果处在正常的政治氛围之中，有无张居正都无关紧要，张居正可以像张璁那样坦然地离开内阁，又可以随时进入内阁。但由于神宗年幼，暂时依从张居正也在情理之中。关键的问题是神宗和张居正之间的特殊关系并不可能得到朝臣的真心认同，对他“专擅”的攻击接踵而至，甚至有人把他比作曹操或贾似道。对于攻击者，神宗能够顺从张居正之意而予以打压。这与世宗巧妙保护张璁的做法正好相反。世宗之所以屡次让张璁离开内阁，一方面是减轻舆论压力，另一方面是保护张璁。而“顾命大臣”的身份，既束缚了神宗，又限制了张居正，使张居正只能留任，不能退出，没有任何回旋的余地。于是，积怨愈来愈多，在张居正死后终于爆发，不可收拾。正如夏燮所述：“初，言路为居正所抑，至是争砺锋锐，搏击当路。”[15]在神宗清算张居正时，朝中重臣无人为张居正誓死抗辩，成为明朝乃至中国古代历史上的一大奇特现象。

张居正生前根本没有预料到这一严重后果，一方面表明他对明代政治的特点认识不足，另一方面表明他对自己的行为后果没有理性的预判。自夏言以后，尽管严嵩、徐阶、高拱等首辅因这样或那样的问题被赶出内阁，但自身和家族没有遭受灭顶之灾，政局亦未逆转。尽管张居正也会说：“高位不可以久窃，大权不可以久居”[11]卷44《归政乞休疏》，但他还是去意不定，甚至根本就没有去意。面对张居正离职的试探，神宗不置可否，把该问题交给其母。李太后态度明确，根本不在乎神宗的心思，要张居正辅佐到三十岁时再说。李太后明白地告诉神宗：“与张先生说，各大典礼虽是修举，内外一应政务，尔尚未能裁决，边事尤为紧要。张先生亲受先帝付托，岂忍言去?待辅尔到三十岁，那时再作商量。先生以后再不必兴此念。”[11]卷44《谢圣谕疏》这当然是李太后一厢情愿的想法，在张居正之前，也没有如此长久执政的“顾命大臣”。但李太后此言的确迷惑了张居正，使他根本没有认真思量尽早离开神宗的严肃问题。而令人们没有想到的是，张居正会不久倒在职位上，并很快离世，未能等到退出内阁让神宗独立行使皇权的那一天。正是在这种氛围之中，张居正不仅不会想到自己身后的悲惨遭遇，反而还憧憬着让其众子继续书写自家的辉煌。万历八年(1580年)，张居正之子张懋修进士及第，张居正对神宗“不胜感戴”，极力表示“臣子孙当世世为犬马，以图报深恩。”[10]万历八年三月二十九日戊辰在此之前，张居正就对神宗说：皇恩浩荡，“施及于己身者，其恩尤浅；施及于子孙者，其恩为深。戴德于一时者，其报有尽；戴德于后世者，其报无穷。”[10]万历八年正月九日己酉由此可见，在其生命快要结束之前，较长时间没有强大对手的张居正，其政治嗅觉与隆庆、万历之际相比已不大灵敏了，使其对未来的危险没有足够的警惕。

从皇权的视角来看，张居正悲剧的出现是不可避免的。一方面他对张璁与世宗关系的演变以及张璁屡次罢复的行为反思不够深刻，始终认为“顾命大臣”的身份可以确保自己权位的安全；另一方面，张居正对自己幕后赶走高拱的行为是否会在自己身上重演没有足够的认识，自然也就不会采取有效措施加以防范，更不可能通过制度变革予以消弭，无力结束长期以来内阁“混斗”的局面。作为顾命首臣的高拱被神宗轻易革职，驱除京城，使其成为明代历史上新君以最快速度和最阴险方式赶走的第一位首辅。这一闹剧充分暴露了神宗藐视老臣、羞辱老臣和不遵父命的阴险性格。而李太后、冯保和张居正教唆神宗赶走高拱，使神宗称帝后上了第一堂极为生动而影响深刻的权谋课，为整治比高拱“侵犯”皇权更为严重的张居正做了一次漂亮的预演。换言之，高拱“侵犯”皇权在前，张居正“侵犯”皇权在后，但张居正身居其中而浑然不觉，还沉浸在因顺利赶走高拱而产生的兴奋感之中，根本没有想到神宗会用同样的甚至更为严酷的手段来对付自己。所以说，万历时期的张居正对皇权的不可靠性认识不清，暂时的、表面的君臣亲密关系和因此所拥有的权势不可能给张居正带来永久的安全，独享“顾命大臣”的身份也根本无法给张居正带来持续的荣光。正如张瀚所言：高拱“开隙华亭，罢归。复起柄国，乃欲恃权修怨于华亭。不知窥伺之江陵，已阴挤而力排之，祸且不测矣……盖权势所在，当局即迷，抑利令智昏，人自迷耶？余所睹记，如分宜、贵溪至相倾危以死不悟。后来者复蹈覆辙，何迷之甚也。”[6]卷7《权势纪》在张居正夺情问题上，他的门客宋尧愈认识明确，曾明确警告张居正“当去而去，即受祸，祸轻。欲去不得去，即祸不及身，其祸重。愚恐初丧之乱在方寸，而惑在深眷”[7]卷70，万历五年十月丙戌。但张居正在当时根本听不进去此类善意的劝告。

三、张璁与张居正对明代中枢政治的影响各异

在明代皇权运行中,尽管君臣之间有一些矛盾或认识上的差异是一种正常现象,但这种情形绝不能影响君臣之间正常的交流和彼此之间的基本信任。如若君臣之间连基本的信任都没有,一旦双方因政见不合而发生对抗,或内阁完败,或引发朝政混乱。“大礼议”中的杨廷和就是内阁完败的典型代表。一些研究者频频引用《明史·杨廷和传》中“当是时,廷和先后封还御批者四,执奏几三十疏”[12]卷190《杨廷和传》诸语来论证杨廷和内阁的强势和此时阁权的扩张,则是一种严重的误读。在明代,阁臣可以在决策环节就某一具体问题暂时不同意皇帝的意见,与皇帝做进一步的沟通和协调,但不能以频频否定帝意为荣,这绝不是阁权有效行使的正当形式。特别是与皇帝意见不一致时,阁臣更应主动与皇帝沟通、交流,在彼此让步或说服皇帝后形成决定。如果处于弱势的阁臣咄咄逼人,试图压制皇帝,并以毫不妥协的不合作姿态张扬于外,那只能引发皇帝的怀疑和厌恶,皇帝会想方设法将其赶出内阁。相比于让世宗“常忽忽有所恨”的杨廷和,张璁和张居正在与皇帝的交往中就更加顺畅,沟通更有成效。与张璁相比,杨廷和的致命缺陷就是与世宗难以相处,无法沟通。他以“万世公议”自诩,公开向世宗叫板,以人多势众连连向世宗施压。为了解决这一势力对皇权的威胁,世宗施政的核心便是全力清除杨廷和及其追随者,使其永无出头之日,难以东山再起。世宗借助“大礼议”而成功剪除了前朝遗留下来的庞大的政治势力,确保了嘉靖政治的稳定,并开创了全新的嘉靖时代。

在这一历史进程中,张璁是世宗切割旧势力所依靠的关键人物,起着特殊的作用。嘉靖六年(1527年),张璁刚入内阁,便向世宗进言,直指内阁弊端:“我太祖高皇帝惩前代丞相专权,不复设立,而今之内阁,犹其职也。皇上责以调元赞化,可谓得任辅相之道矣,臣不知其宜何如为人也。今之部院诸臣,有志者难行,无志者听令,是部院乃为内阁之府库矣。今之监司,苞苴公行,称为常例,簠簋不饰,恬然成风,是监司又为部院之府库矣。抚字心劳,指为拙政,善事上官,率与荐名,是郡县又为监司之府库矣。”进而提出对策,认为:“皇上宣德流化,必自近始,近必自内阁始。夫人君用人固未尝借才于异代者也。今内阁择其人焉,责之以择九卿;九卿择其人焉,各责之以择监司;监司择其人焉,各责之以择守令。守令,亲民者也。守令得人,斯匹夫匹妇莫不被其泽

矣。”[16]应制陈言自内阁设置以来，张璁第一次向皇帝明确要求授予内阁选用九卿的权力，这是朱元璋废相和朱棣设置内阁以来阁臣首次直接提出赋予内阁如此重要的用人权。对于张璁的“悬诚”之见，世宗给予高度认同和积极支持，对他说：“风励百僚，咸俾感化，以成嘉靖之治，卿其懋之。”[5]卷81，嘉靖六年十月甲子与其他阁臣相比，张璁与世宗之间具有更畅通的交流渠道，既有密疏言事的保障，又有世宗之母蒋太后的关切，使张璁拥有了协助世宗革新的、可靠的皇权资源。世宗曾对张璁说：“朕有密示，其慎之勿泄。”[7]卷53，嘉靖六年十月乙巳在世宗的支持下，张璁便开始了强化阁权的改革，使阁权开启了真正的扩张趋势，从此进入“鼎盛期”。《明史》的作者论道：“世宗朝，(张)璁、(桂)萼、(夏)言、(严)嵩相继用事，六卿之长不得其职。大都波流茅靡，澳涊取容。”[12]卷202《赞曰》剔除对六部尚书同情的成分，我们看到的是作者对阁权自张璁以后明显扩张现象的深刻感受。这是嘉靖朝政治的最大变化，也是嘉靖革新的重要成果之一，张璁在其中起了关键作用。在张璁之后，这一扩张之势没有因为他的离开而停顿，而是一直持续到张居正时代。正如史家所言：“是时内阁权积重，六卿大抵徇阁臣指。”[12]卷218《申时行传》

与张璁相较，张居正如何在张璁强化阁权的基础上进一步深化阁权的改革，确保内阁权力运行的稳定和不断完善内阁权力的保障机制，是真正检验张居正为政能力特别是改革能力的关键性指标。学界一味描绘张居正个人的权力和放大“第一权相”的作用，则是有失偏颇的。如在对待阁权的问题上，张居正始终保持低调，刻意掩饰，既不敢正视张璁以来的阁权扩张，更不敢进一步公开强化阁权。他在隆万之际就小心地说道：“窃照阁臣之职，专一视草代言，故其官谓之知制诰。若制词失体，以致轻亵王言，则阁臣为不职矣。”[11]卷38《明制体以重王言疏》万历三年(1575年)，他仍沿袭此说，认为：“顾今阁臣之职，不但参与密勿，票拟章奏，且又办理制敕文字，总裁纂修事务，改定经书讲章，日侍内殿进字，其责至重，其事至繁。”[10]万历三年八月十一日丙子直到万历六年(1578年)，他还在说：“照得阁臣列在禁近，以备顾问，代王言，其职务最为繁重。”[11]卷42《请简用阁臣疏》从这些平淡而又老调的言辞中根本看不出“第一权相”张居正的实际权力，也根本无法理解批评者所谓的“迨张居正时，部权尽归内阁，逡巡请事如属吏，祖制由此变”[12]卷225《杨巍传》。张居正不敢像张璁那样直截了当地表明内阁选择九卿甚至领导九卿的权力，而是拿一百多年来的翰林身份为内阁定位，为自己辩护，不敢表露自己的权力真相，避免反对者抓住把柄来反击自己。这种自我掩饰只对张居正个人眼前的权位有利，而对进一步强化阁权却是极为有害的。所以，御史魏允贞理直气壮地对神宗说："自张居正窃柄，吏、兵二部迁除必先关白，故所用悉其私人。陛下宜与辅臣精察二部之长，而以其职事归之。使辅臣不侵部臣之权以行其私，部臣亦不乘辅臣之间以自行其私，则官方自肃。"[12]卷232《魏允贞传》为此，首辅张四维反驳道：不能因为"前臣（指张居正）行私，而欲臣不与吏、兵之事"[10]万历十一年三月四日丙戌！但由于张居正在阁权的问题上不像张璁那样态度明确，故攻击者以其人之道还治其人之身，使张居正以后的阁臣特别是首辅没有足够的理由发起有效的反击。阁臣特别是首辅拥有较大行政权的要求，既不会得到神宗的真心支持，也不会得到舆论的普遍响应，"阁臣与言路日相水火矣"[12]卷218《申时行传》，内阁在多方质疑中失去重心，走向没落便成为必然之势。

张璁为了确保阁权的有效扩张，防止反对者攻击自己图谋专权，不得不屡次离开内阁，以表明自己不会贪图权位。如此既消除了世宗的疑虑，加深了对张璁的信赖，又堵塞了反对者的无端攻击，确保了阁权在嘉靖时期的有序扩张。而张居正以种种借口不愿也不敢离开内阁，更不敢公开宣称自己主导的内阁已事实上拥有人事权和行政决策权，故不仅没有打消神宗的疑虑，反而加深了神宗对他的不信任感；不仅没有真正从制度上推动阁权的持续加强，反而公开宣传违背张璁强化阁权的主张，授人以柄，为反对者提供了否定阁权的口实，葬送了几十年来阁权扩张的成效。

除了李太后的支持，张居正还有太监冯保的襄助。与宦官的勾连，既是张居正暂时有所作为的主因之一，也是张居正厄运的根源之一。而张璁不仅与宦官隔绝，而且严厉惩治宦官，成功革除镇守中官，有效限制宦官权力，使嘉靖朝的宦官干政程度处于明代中后期的最低位。在嘉靖以来限制和整肃宦官权力的大背景下，张居正为了自己的权位，与宦官冯保打得火热，使宦官势力再次抬头，对政治的侵害进一步加重，这为神宗清算张居正找到了很好的理由。先处理冯保，后清算张居正，便成了神宗最佳的路径选择。同时神宗按照张居正对内阁职权的表述，竭力遏制自张璁以来日益扩大的权力，下决心限制内阁首辅的权力，杜绝再现第二个"专擅自恣""乾纲独断""蔽主专权"的张居正。考察反张活动的成效，神宗完全实现了这一预想的目标。

张璁所遇到的世宗在位45年，张居正所遇到的神宗在位48年。世宗利用自己长期执政确保了张璁对内阁权力扩张的改革成果,使内阁首辅权力保持稳定和持续的增长。同时世宗也真心保护着张璁,使他在生前死后能够免遭一些居心不良者的攻击和诬陷。而张居正恰恰相反,具有“小世宗”之称的神宗长期执政,对死后的张居正来说是灾难性的。神宗对张居正生前的极度尊重和死后的无情鞭挞,使其判若两人。他的长期执政使清算张居正得到了真正的落实,并因此彻底扭转了嘉隆万改革的走向,完全断送了嘉隆万改革的成果。

四、结　语

就张璁和张居正各自所处的时代而言,差别是明显的。张璁的时代是新旧力量交替中最具活力的时期。出于打击杨廷和势力以及重建嘉靖政治新秩序的需要,世宗必须依靠张璁等新兴势力,也必须趁机进行改革。世宗和张璁与前朝势力和弊政都没有关联,各自也就没有顾虑和负担,故张璁的时代具有极为难得的革新机遇和较大的改革空间。与张居正相比,张璁“得君最专”,真正得到了皇帝的倾心委任,也真正得到了皇帝的真心尊崇和爱护。他和世宗“君臣道合”,在政治的革新上能够达成一致,故变革是君臣的共识,而不是张璁一人的自编自导和自言自语。这就保证了改革能够持续进行,不会因张璁离世戛然而止。在张璁时代,扶持世宗登基的杨廷和其实就是他的一面镜子。从张璁的行为中可以看出,他对皇权的特性有着清醒的认识,并真正吸取了杨廷和恃功跋扈的教训,没有步其后尘。而张居正所处的时代并不具备真正变革的条件,只是嘉靖和隆庆改革的余续和享受嘉隆改革成果的时期。尽管明代新皇帝即位后都要推行所谓的“新政”,但作为前朝遗留的辅政旧臣,首先关心的是如何保位而不被新君抛弃。张居正合法担任首辅的理由就是因为皇帝年幼而他是受先帝嘱托的“顾命大臣”。对神宗来说,张居正是父皇安排的老臣,只能被动接受,谈不上真心依靠,更谈不上真正的尊重。与张璁和世宗在反对杨廷和集团的斗争中自然形成的相知相依相比,张居正在嘉隆万时期的权力斗争中摸爬滚打,极为圆滑和老练。对神宗来说,张居正何时离开和怎样离开万历政坛,他时有闪念。但由于母后的时时干预和冯保的原因,君臣双方一时碍于情面而无法分手。最后是张居正的突然去世才打破了这一局面,真正结束了单一“顾命大臣”的时代。张居正是自成化阁臣李时以来在职最久的一位前朝老臣。在神宗看来,张居正的死意味着旧时代的结束和新时代的开始,故试图要在张居正之后“励精图治”,大展身手,“事事惩张居正专权之辙,章奏亲览,处分亲断”[11]卷267,万历二十一年闰十一月壬辰,要真正开创属于自己的万历时代。正如万历十一年(1583年)申时行所言:“皇上聪明天纵,躬听万机,一时政治聿新,百废具举”[12]万历十一年四月八日己未。但事实证明,由于缺乏对张居正施政得失的理性分析,清算过于冒失,加之没有可依靠的干才和能臣,神宗要在全面反对张居正浪潮之中开创新局面是根本不可能的。

正是两人所依靠的皇权不同,故他们身后的历史走向也就大不一样。张璁身后尽管有这样那样的矛盾和问题,但政治活力未减,世宗的政治态度没有发生根本性变化,革新局面依旧,继任首辅皆能延续内阁的强势权力,支撑着国家机器的有效运转;但在张居正身后,内阁首辅成了张居正专权的代名词,反对“专擅”的张居正其实就是反对内阁扩张的权力。御史钱一本就说:“我国家仿古为治,部院即分职之六卿,内阁即论道之三公。未闻三公可尽揽六卿之权,归一人掌握,而六卿又俯首屏气,唯唯听命于三公,必为请教而后行也。”[2]卷231《钱一本传》在无视张居正之功而一味放大其过的反对声中,阁臣特别是首辅个个灰头土脸,相互推诿,不敢继续扩大阁权,不愿做第二个张居正,使张璁开创的内阁强势化趋势快速发生逆转。反对者只是指责张居正的专权和阁权的扩张,而无人能够理性思考阁权真要弱化之后的体制变革和应对策略,以确保行政的良性转轨和平稳过渡。在后张居正时代,内阁改革迷失了方向,行政中枢疲软,使真正失去强势内阁支撑的神宗皇权难以应付日益复杂的政局,“留中”现象日益严重,决策能力迅速下降,君臣怠政废事成为常态,万历政治很快走向歧途而不可收拾。

要真正了解张居正,首先必须要全面了解张璁;研究晚明历史,必须要正视张居正。只有深化对张璁的研究,切实肯定张璁在明代历史上的独特地位,才能更加清楚地看清嘉靖以后明代的政治走向,也才能真正认清张居正的作用。离开皇权的参照,就无法理解他们两人的命运、行为、事功及其影响。就张璁与世宗而言,世宗皇权的行使是主动的,是一种常态;就张居正与神宗而言,神宗皇权的行使是被动的,是一种变态。正因为如此,两张的命运各不相同,对明代政治正面影响的效果也就大不一样。

参考文献：

[1]沈德符.万历野获编:卷七:两张文忠[M].北京:中华书局,1959.

[2]张璁.张璁集[M].上海:上海社会科学院出版社,2008.

[3]梁章钜.浪迹续谈[M].北京:中华书局,1981.

[4]蔡美彪,等.中国通史:第八册[M].北京:人民出版社,1993:320.

[5]明世宗实录[M].台北:“中央”研究院历史语言研究所校印本,1962.

[6]张瀚.松窗梦语[M].上海:上海古籍出版社,1986.

[7]谈迁.国榷[M].北京:中华书局,1958.

[8]于慎行.谷山笔尘[M].北京:中华书局,1984.

[9]明神宗实录[M].台北:“中央”研究院历史语言研究所校印本,1962.

[10]南炳文,吴彦玲.辑校万历起居注[M].天津:天津古籍出版社,2010.

[11]张居正.张太岳集[M].上海:上海古籍出版社,1984.

[12]张廷玉.明史[M].北京:中华书局,1974.

[13]朱鸿林.《明儒学案》研究及论学杂著[M].北京:生活·读书·新知三联书店,2016.

[14]邓世龙.国朝典故:卷三十六[M].北京:北京大学出版社,1993.

[15]明通鉴:卷六十八:万历十二年四月乙卯[M].北京:中华书局,2013.

[16]田澍.嘉靖前期改革条件的生成——明代改革新思维[J].西北师大学报(社会科学版),1999(1).

作者简介：田澍，历史学博士，西北师范大学历史文化学院教授，博士生导师。

原文出处：《西南大学学报》(社会科学版)(重庆)2016年第4期。

转载：1.《新华文摘》2016年第20期全文转载；2.《中国社会科学文摘》2017年第1期论点摘要；3.《人大复印报刊资料·明清史》2016年第11期全文转载。

康乾盛世下清廷的西藏及黄教政策研究

柳岳武

（河南大学 中国古代史研究中心，河南 开封 475001）

摘　要：随着近世①民族国家观念的兴起和民族国家的形成，具有几千年"大一统"传统思想的中国封建王朝至清康乾盛世下也发生着变化。清廷在继承封建统治体制和观念的同时，加强了对中国的统一。其中康乾盛世下清廷的西藏及黄教政策就充分体现了此点。康熙、雍正、乾隆三代，清廷通过几次对藏用兵和体制改革，最终使西藏由中国传统的藩部转变为受中央政权有效统治的地方必要行政区域。虽然其间清廷在某些政策的运作上还存在不足，但此举却极大地强化了中央对西藏等藩部的统一，并最终促使传统的"大一统"帝国向近代民族国家转型。

有人曾用"传统与变迁"去概括近代以来的中国社会，其实该术语也适合康乾盛世下的中国[1]52。在西力东渐下，清王朝在潜意识下其西藏、蒙古等藩部政策实已发生渐变。这不仅体现在传统宗藩体制的意识之变、制度之变等方面，还体现在它对西藏等藩部管理的具体运作方面[1]58-64。虽然这些变化还不能与传统体制相决裂，但它在一定程度上却促使了西藏等藩部从传统的羁縻部落身份向近代多民族统一国家下的地方行政区发生转变，并为近代意义上的中国国家之形成奠定了基础。

① 本人认为"近世"应指西方文艺复兴、宗教革命以后的时间，它主要指代资本主义萌芽以后的时段，其中尤指16世纪以后，在资本主义体制内近代民族国家日益形成这段时间。而"近代"按照中国传统历史时段划分，人们习惯指1840–1911年这段时间。本文使用这一时间划分方法，目的在于强调中国近代民族国家意识的萌芽并非自近代以后才开始的，它早在近世时间内就已发生某些变化。

一、康熙朝清廷的西藏及黄教政策

(一)康熙前期清廷的西藏及黄教政策

康熙二十九年之前,清廷的西藏及黄教政策主要是借达赖喇嘛之影响去调和西藏、蒙古各部同清廷的关系。早在康熙十六年左右,准噶尔的噶尔丹就杀了青藏的鄂齐尔图汗,而自称博硕克图汗。不久后他又乘吴三桂叛乱之机,对漠北的喀尔喀、青海地区进行扩张,从而染指喀尔喀蒙古、青海等。在如此变局下,清廷深知借助蒙古信仰的精神领袖达赖喇嘛和黄教之影响,将对它的蒙古政策有利。因此康熙二十三年,当喀尔喀左右翼因噶尔丹的挑拨而发生内乱时,清廷特谕达赖喇嘛,要求他与清廷共同遣使前往蒙古各部,劝说他们和解。但是此时达赖喇嘛已去世,西藏权力实则控制在僧侣集团第巴手中。第巴集团一方面想利用五世达赖喇嘛逝世之机,积极辅助噶尔丹建立起一个信奉黄教的草原帝国,另一方面也想借噶尔丹之手去消灭蒙古草原另一异己的宗教力量,即噶尔噶部的格根喇嘛。后者自得到达赖喇嘛封号后,在蒙古草原上的影响越来越大。[2]54

清廷本想利用达赖喇嘛在黄教信仰区域内的威望去促使喀尔喀蒙古各部间的和解并阻止噶尔丹对喀尔喀的扩张。但是第巴集团从切身利益出发却与清方的期望背道而驰。第巴集团派往噶尔丹军营中的使节不仅没有劝说噶尔丹息兵议和,相反却为他传递福音和预言,并鼓吹南征大吉。正是在第巴集团的支持与鼓动下,噶尔丹于康熙二十八年进攻喀尔喀蒙古,结果喀尔喀蒙古全军溃败,被迫投奔清廷。

不仅如此,西藏第巴集团在支持噶尔丹击败喀尔喀蒙古各部后,并没有就此歇手,因为它的目标只完成了一半。它虽支持噶尔丹建立起蒙古汗国,但它要彻底消灭喀尔喀部格根的宗教势力的目的却没能达到。因为后者带着他的喀尔喀部众投奔了清廷,并在清朝的支持下,进一步提升了他在蒙古人中的宗教地位。所以第巴集团对于噶尔丹准备南进、消灭土谢图汗为首的喀尔喀蒙古等行为,采取全力支持的姿态。

康熙二十九年,噶尔丹在第巴集团的鼓励与支持下于该年率大军深入北京近700里的乌兰布通地区,气焰极其嚣张[3]八月辛酉条。但是噶尔丹的军事进攻却被早有准备的清军击溃,从此开始走上衰亡之道。噶尔丹对清方军事进攻的失败给西藏第巴集团以沉重打击。他们看出厄鲁特准噶尔势力虽强,却无法与清朝抗衡。因此第巴集团开始转变对清朝的政策。它一方面率西海诸台吉和噶尔丹向康熙帝上尊号,主动寻求与清廷妥协,以免受清廷惩罚;另一方面又为噶尔丹势力的苟存作出自己最后的努力。康熙三十四年,第巴集团为了缓和清廷对噶尔丹的军事压力,再次遣使清廷,请求清廷"勿革噶尔丹策旺阿喇卜滩汗号"[3]四月庚子条。然而,此时清廷对西藏僧俗集团以及准噶尔部的政策却发生了变化。因为喀尔喀四部来归后,清廷基本上控制住外蒙古局势。此后,清廷对西藏第巴集团的所作所为不再容忍。它一方面通过扶持准噶尔的策妄阿拉布坦(即策旺阿喇卜滩)去抵制噶尔丹,另一方面又开始从军事上剪除噶尔丹势力。

(二)康熙朝中后期清廷的西藏及黄教政策

噶尔丹被削弱后,清廷开始腾出手去处理西藏的僧侣集团与噶尔丹"交通"一事。康熙三十五年,清廷命令各处查收达赖喇嘛"交通"噶尔丹的书信情报[3]五月丁丑条。同年,清廷又从准噶尔投诚人处获得噶尔丹与西藏第巴集团相勾结的详细信息,并得悉五世达赖喇嘛早在9年前(其实是16年前)已逝世而第巴隐而不报的确切信息。清廷就此谕责第巴[3]八月甲午条。此后,第巴集团在西藏的权威面临着威胁,而且清廷对第巴政权的支持也在萎缩。

尔后,西藏发生了重大的权力争夺[4]82。拉藏汗利用这一机会杀了第巴桑结嘉错,从而使西藏地方暂时又恢复了地方世俗集团干预藏务的局面。更为重要的是:拉藏汗虽执杀了第巴,但他却开始遭受来自青海的、同是顾实汗后代的蒙古势力的攻伐[4]82。鉴于西藏局势的复杂,康熙帝因而认为清廷有必要对藏务实行直接的管理,使西藏日益由传统的化外之地,变为受中央政权有效控制的行政区域。因此,清廷于康熙四十五年特将第巴所立的"仓央嘉措"解送京师[5]307,随后又于康熙四十八年以"青海众台吉等与拉藏不睦,西藏事务,不便令拉藏独理"[6]卷236,17-18为由,派遣侍郎赫寿赴藏管理藏务,此实为第一任驻藏大臣。虽它还未具体地制度化且成为定例,但此举却鲜明地表明具有几千年"大一统"传统思想的中国封建王朝至清康乾盛世时发生了变化。清廷在继承封建统治体制和观念的同时,加强了对中国的统一。

而当康熙五十四年青海的蒙古部落拒不接受拉藏汗和清廷所立的达赖喇

嘛，而坚称“里塘地方新出胡必尔汗实系达赖喇嘛转世”[6]卷263，4-5时，康熙帝则明智地放弃了此前所立的六世达赖喇嘛，而另册封了里塘喇嘛。而且，清廷此时还施行了一项较为明智的举措，就是将青海众台吉所拥立的里塘呼毕勒罕护送至京。后虽因青海王公的抵制而未能完全成功，但却将他护送到西宁的宗噶巴寺。同时清廷又于康熙五十二年及时地册封了五世班禅额尔德尼，从而正式确立了西藏地区及黄教的两元制衡的权威体制，它为此后的安藏工作提供了重要保证。

当然，康熙朝清廷在处理西藏问题上也存在某些不足。这主要表现在以下两点。

第一，对拉藏汗定位不清[7]98-99。清廷一方面担心拉藏汗受到准噶尔策妄的攻击，另一方面又怀疑拉藏汗与策妄相勾结，共同背叛清廷。如康熙四十八年，赫寿在“拉藏汗态度及其与准噶尔交往情形折”中就称：“又闻拉藏于策妄阿拉布坦，每年彼此有往来，今年策妄阿拉布坦于哈克萨争斗，所以至今尚未有人到藏。拉藏旧年差去之人亦尚未回。”[8]十一月十一日条而后清廷又于康熙五十六年七月二十日传谕赫寿，让他“做函劝拉藏汗勿助策妄阿拉布坦侵戴青和硕齐”[5]315。由此可见，此时期清廷对拉藏汗对清廷是顺是逆的立场是不清楚的[9]51。

第二，驱准安藏时的失误。青海的蒙古部早就对西藏僧俗政权产生兴趣。准部侵藏之前，因西藏有拉藏汗控制着西藏的僧俗政权，且西藏局势趋于平稳而使青海蒙古部无可乘之机。但即使如此，他们在六世达赖喇嘛的设立上也不放弃对西藏事务的干涉。因此，当准噶尔侵入西藏且拉藏汗被杀后，青海蒙古部认为恢复昔日顾实汗统一青藏的时机很快就要来临。但此时期，清廷对于青海蒙古部的认识实为不足；相反清廷为了尽快地达到驱准安藏，以及增大清廷对准噶尔作战胜利的把握，而主动地将青海蒙古部势力引入西藏。如康熙五十七年，清廷的议政大臣会议就作出了“命色楞等与青海王等商酌派兵赴藏”的决定[6]卷277，23-24。尔后，清廷又主动要求青海王、台吉等派兵6000，满洲兵200，绿营兵200，土司兵1 000人进军西藏[10]327-328。此时期，清廷不惜以达赖喇嘛、班禅为青海蒙古祖先所设作为动员口碑，去达到驱准保藏的目的[6]卷285，16-18。

二、雍正朝清廷的西藏及黄教政策

康熙朝清廷的西藏及黄教政策表明，清中央政权在时局的影响下开始转变其藩部政策。具体言之，就是对内(藩部)强化了统一，而非单纯的一统。而后雍正朝的西藏及黄教政策虽具有不同的历史特色，但却反映出清廷加强对西藏管理的相同历史趋势。因此，雍正帝一开始执政，就进一步加强清廷对西藏的治理。

康熙末年，清廷在驱准安藏中的不妥做法终于在雍正初年暴露出弊病。如在清廷驱准安藏活动的诱发下，青海亲王罗卜藏丹津的扩张欲进一步增强。他于雍正元年借口戴青和硕齐、察罕丹津等欲霸占召地，而对他们兴兵讨伐。又令众青海蒙古称呼他为“达赖混台吉”[11]卷10，元年八月二十三日条。

雍正帝为防范罗卜藏丹津叛乱扰乱西藏，特令驻防察母道松潘镇的周瑛带兵进藏，先为固守，安定人心[8]雍正元年十月初六日条。因此，罗卜藏丹津之叛乱在雍正帝的军事打击下很快失败，而清廷也从此次叛乱中清楚地认识到西藏及黄教政策所存在的缺陷。如年羹尧在平定此叛乱后就清楚地认识到这一点，因此他在“善后事宜十三条”提出了一系列针对西藏和黄教的政策，主要有以下几点。

首先减少达赖喇嘛对土地人民的控制范围而代之以经济上的“恩赐岁额”。年羹尧称：“夫巴塘以西，与中甸等处所有番部，既令四川、云南收而抚之，不知者或疑有碍于达赖喇嘛所有地方……以为香火之地，是知洛笼宗以东巴尔喀木一路，皆为西海蒙古所有。”因此，他要求收回以东土地而代之以赐予经济上的恩赉，即“每岁赏给茶叶五千斤，班禅则半之……以明扶持黄教之意”[11]卷20，雍正二年五月戊辰条。其次，清查喇嘛、稽查奸徒以正黄教。如年羹尧在“善后十三条”中要求“自今以后，定为寺院之制，寺屋不得过二百间，喇嘛多者止许三百人，少者不过数十人而已。仍请礼部给以度牒，填写姓名、年貌于上，每年令地方官稽查二次……如喇嘛遇有物故者，即追其度牒缴部”[12]352。

罗卜藏丹津之乱平后，清廷于雍正三年命令周瑛等自西藏撤军。而撤军后如何加强西藏的管理，特别是如何在军事上加强管理，防范准噶尔部侵袭西藏，均引起了清廷的重视。于是，雍正帝决定对西藏及黄教实行中央与地方的“僧俗共抚”政策。雍正三年三月，清廷就提出了让康济鼐驻扎西藏，总理藏务的主张,以分宗教集团独揽西藏事务之势。此举实则将藏内政务在藏内僧俗集团间进行了第一步的僧俗分治。随后,清廷又于雍正三年十一月正式委任康济鼐、阿尔布巴、隆布鼐、颇罗鼐扎尔鼐等五人为噶伦,管理藏务。这样一来,清廷在藏内就正式形成了众噶伦制。众噶伦分管藏务,一方面是出于对达赖集团僧俗权限的制约,另一方面也是出于避免藏地受蒙古势力的干扰,特别是蒙古王公等地方势力的干扰。但是雍正帝在设立西藏世俗政权管理时,又有其不足,即在设立众噶伦共管藏务时,又设"康济鼐为总理"[13]366,这在无形中又人为地导致了此后的权力之争。

随后,西藏众噶伦间权力之争很快就凸现出来。雍正四年十二月十二日,岳钟琪在禀报西藏情况时就称:"细看藏里办事诸人……察其情状,阿尔布巴等与康济鼐接见之时,虽极谦谨,貌似相和,然未免与隆巴奈(即隆布鼐)等诸人相联一气,而康济鼐则孑然孤立者也。"①此时雍正帝也感觉到"西藏事只觉不甚妥协"。于是在此等情况下,雍正帝再度派出宗室鄂齐为驻藏大臣。但清廷的这些做法不仅没有消除藏内权力争夺,相反更刺激了藏内的矛盾,并进一步导致了雍正五年西藏众噶伦杀害康济鼐事件的发生。

康济鼐被杀后,清廷决定乘此机会对西藏及黄教管理进行进一步的改革,即清廷不仅继承了旧有的众噶伦与达赖集团的僧俗共治政策,还强化了驻藏大臣领导首席噶伦与制衡达赖喇嘛的权力[11]卷71,1065-66。

雍正朝,清廷为加强中央政权对西藏及黄教的管理确实作出了诸多努力,但其间也存在一些不足,如确立颇罗鼐的首席噶伦地位实则授予他藏王地位。而后清廷为征讨准噶尔的噶尔丹策零又将达赖喇嘛移居里塘,如此,颇罗鼐在藏内的权力进一步上升,他在一定程度上成为真正的藏王。原因很简单,他的行为虽在一定程度上受到驻藏大臣的束缚,却没有受到宗教权威的制衡[7]78。但是,从大趋势上讲,此举并没有影响到雍正朝清廷不断强化中央政权对西藏等传统藩部的统一。只是受具体内外条件制约(如沙俄对中国周边的染指,准噶尔势力的强大[14]123,清廷内部统治危机的存在),此时期清廷还无能力对西藏地区采取更为有效的措施。

① 稻叶君山《清朝全史》认为是雍正三年清廷派大臣正式驻藏,而《圣武记》认为是雍正二年,瑞士米歇尔.泰勒在他的《发现西藏》一书中认为是1720年(康熙五十九年)。

三、乾隆朝清廷的西藏及黄教政策

(一)乾隆前期清廷的西藏及黄教政策

乾隆即位后,清廷与准噶尔议和之声已经高涨。更为重要的是,即位之初的乾隆帝本无对准噶尔用兵之意。因此清廷决定将达赖喇嘛送回藏内,以起到安抚藏民的目的。清廷让达赖喇嘛返藏还有一个目的,那就是对日益膨胀的藏王权力进行制约。但是此举却引发了又一轮僧俗势力对藏内权力的争夺。特别是藏王颇罗鼐,他对达赖喇嘛返藏一事深为不满。

好在乾隆帝在其执政初年虽将达赖喇嘛送回了西藏,但在藏地仍然执行扶持颇罗鼐的政策。如乾隆四年十二月,清廷就以“颇罗鼐敬信黄教派,振兴经典,练兵防卡,甚属勤勉”而封他为郡王[15]卷106,十二月乙酉条。另如乾隆十一年,清廷又因颇罗鼐在西藏“一心奋勉”,并在颇罗鼐请求下而册封了颇具野心的珠尔默特那木扎勒为世子,并将其长子由辅国公晋升为镇国公[16]卷18,4-5。

但是乾隆帝对颇罗鼐家族尽其可能的封赏,并没有从根上解决清廷同颇罗鼐,以及颇罗鼐与达赖喇嘛之间的矛盾。就颇罗鼐与达赖喇嘛之间的矛盾而言,他们之间的争夺并没有结束。这一矛盾在乾隆初期虽然没有爆发,但是随着时间的推移,以及达赖喇嘛在藏内影响的日益扩大,它必将爆发。至乾隆十一年,双方的这一冲突终于表面化了[8]十二月初九日条。

颇罗鼐与达赖喇嘛的权力之争,至乾隆十二年颇罗鼐逝世而告一段落。但是清廷同颇罗鼐家族之间的矛盾却仍然存在[17]158。颇罗鼐的继承人珠尔默特那木扎勒继承了这一争夺权力的斗争。他的目标就是独揽西藏地方的统治权。但此举与清廷统一西藏的初衷是相违的,因此清廷必将对珠尔默特那木扎勒的行为加以限制[15]卷287,738。

严格地讲,此时期乾隆帝在如何加强中央对黄教的管理,以及如何完成对西藏地区的统一上,同驻藏大臣之间并没有实质性的分歧。只是他们在采取何种措施、何时采取措施等问题上存在分歧。其直接的后果是珠尔默特那木扎勒利用这一机会虏杀其兄(称之为病故,清廷对此也表怀疑),强化自身权力[16]卷18,7-8。

随着珠尔默特那木扎勒对清廷的威胁越来越严重,清廷最终决定对其采取措施。乾隆十五年十月间,驻藏大臣傅青、拉布敦等再次向清廷奏报珠尔默特那木扎勒情形时就称:“珠尔默特那木扎勒有谋为不轨之意,应俟珠尔默特那木扎勒由克萨地方回来,接见之时,即为擒拿,剪除此孽。”[15]卷374,1130乾隆帝得知此事后,虽非常不放心,但也积极地让四川的川兵加强准备。如清廷让四川方面密派精兵五千进入西藏,另外清廷还派三千人为后援。但是不久后就传来了驻藏大臣于乾隆十五年十月间已将珠尔默特那木扎勒剿灭的消息[16]卷18,8-9。不仅如此,在藏内其他实力派的运作下,藏乱基本得到了平定。

珠尔默特那木扎勒叛乱平定后,清廷通过对西藏事务的善后管理,进一步强化了对西藏地方的统治和管理。其具体措施主要体现为以下几点:

第一,极力削弱班第达的权势,恢复众噶伦制。在藏内,清廷不仅不再设立藏王,还竭力削弱班第达的权势。如乾隆十五年十一月,清廷在谕军机大臣时就提出了对西藏的“众建”主张。乾隆帝称:“西藏经此番举动,正措置转关一大机会,若办理得当,则可保永远宁谧;如其稍有渗漏,则数十年后,又滋事端。朕前传谕班第,以西藏事必当众建而分其势。”[15]卷377,1171另外,清廷不仅在藏内不再设立藏王,而且还要求设立办事的四噶隆(即噶伦)制。清廷所设立的四噶隆,其中包括地方旧有的噶隆三人,即班第达、策楞安扎勒、色裕特塞布腾等。而且清廷还决定放入黄教喇嘛一人,以此来平衡西藏僧俗势力之间的权力,达到既制约地方台吉势力,又制约西藏宗教势力的双重目的。

第二,努力形成驻藏大臣和达赖喇嘛共管西藏的权力平衡机制。清廷希望通过这一权力的平衡机制,既能起到加强中央对西藏地方的统治,又能制约达赖集团的权力,从而日益将西藏地方由传统的藩部变成清廷统治下不可分割的邦土,成为统一中国下的必要行政区域。

(二)乾隆中后期清廷的西藏及黄教政策

乾隆中后期,清廷进一步加强对藏地的管理,并力图将西藏变成中国统一体中无差异、且不可分割的一部分[18]24。

但是到了乾隆中后期,西方殖民主义对亚洲的侵略变本加厉。这一后果不仅对与西藏临近的中亚各国产生重要影响,而且对西藏地区也产生着重要影响。如早在1624年8月,印度的葡萄牙天主教传教士安东尼奥·德·安夺德就来到当时西藏的首府扎布让[19]63。他在那儿一直待到1631年[7]91。而到了1774年,英国的东印度公司又迫使西藏藩属不丹签订了“和平条约”,不丹因此得每年向英国交纳五匹“唐甘”马[20]4。

随着殖民势力对中亚地区殖民扩张的增强,中亚内部各民族之间的生存压力也在增强。它们为了寻找更大的生存空间,经常发生内部争斗。此举在很大程度上导致了乾隆末年西藏与廓尔喀人之间两次冲突的发生,人们习惯上称之为“中尼战争”。而清廷恰恰是利用这两次冲突的机会,对西藏及其黄教政策进行了重新安排,并最终使西藏从传统的只受羁縻的藩部,演变为受清政权有效统治的地方行政区域。同时流行于青藏地区以及中国西北广袤草原上的黄教也开始被纳入清廷管理的范围,并日益制度化、正规化。

第一次“中尼战争”发生在1788—1789年间(乾隆53—54年)。乾隆五十三年,廓尔喀王属下在西藏边界上抢劫藏民财物,引发骚乱。而且此前廓尔喀王巴勒布还曾派人向西藏地方提出占有聂拉木、济咙等处领土的无理要求,随后他又于同年7月派兵强占了这些地方。有鉴于此,清廷一方面派川兵入藏堵剿,另一方面又晓谕巴勒布,对之施以怀柔之术[12]623-624。在清廷军队的进攻和怀柔政策的共同作用下,廓尔喀人于该年(乾隆五十三年)九月退出西藏。清廷乘此机会,收复了宗喀、济咙、聂拉木三处。并邀请廓尔喀人进行“定边”,设立了鄂博,且双方立誓不再犯边。

廓尔喀人对西藏的第一次入侵使清廷对西藏的认识有所增多:首先,清廷开始认识到,西藏所面临的威胁不仅来自西藏、蒙古等内部势力,还包括外部势力。其次,清廷极力削弱藏内实力派而又不在藏内设立必要驻军的做法,也导致了藏内潜伏危机,当有事时很难找到抵制外敌的有效力量。再者,清廷还认识到西藏之所以遭到外部侵扰,还与藏地官僚机构混乱、腐败无能密切相关。尤其是乾隆晚期的驻藏大臣制度更是如此。他们形同虚设,诸事“竟不与闻”[21]637-638。

具体言之,第一次中尼战争后,清廷为加强对西藏的统一,对西藏政策作了如下调整。第一,加强了对藏地官僚机构的管理,并仿效管理新疆回部的做法实行对西藏地方官员的任免。第二,加强对驻藏大臣的管理。清廷要求此后“驻藏大臣内或有不肖者,每年达赖喇嘛、班禅额尔德尼遣使呈进丹书,顺便将驻藏大臣错谬之处据实陈奏,亦无不可,朕即重治其罪,决不宽恕”[21]638。第三,加强了对藏地军队的训练。由于“藏内地广人稠”,“平素虽有弁兵之名,而于如何操练,如何防守”“未定条规”。因此清廷遂决定嗣后于“藏内挑取兵丁一二千名”,每年加强操演[21]638。第四,对藏地汉番“刑诉”作出规定。清廷要求此后“凡有关涉汉、回、外番等事,均令郎仔辖呈报,驻藏大臣拣派干员,会同秉公审理,俾所断不致枉纵,而讼悉归平允”。而对于唐古特人的自相构讼,则仍照旧例由郎仔辖办理[21]648。第五,加强对藏内贸易的管理[21]648。

通过以上五方面的政策,清廷从政治、经济、法律等方面加强了对西藏的管理。尤其是对西藏刑名制度的安排,则更鲜明地体现出清廷对西藏地方统一的加强。

但第一次中尼战争及其善后处理仍给西藏地方留下了诸多问题,它们是导致第二次中尼战争爆发的重要因素。首先,第一次中尼战争后清廷与廓尔喀的议和,并不完全归功于清方的军事胜利,它在很大程度上要归于驻藏大臣与参与第一次中尼战争的将军等对廓尔喀人的招抚[15]卷1387,33-34。其结果是西藏和廓尔喀人之间的诸多争执并未得到实质性的解决。其次,关于向廓尔喀人的赔款问题也没有处理好。

当然,第二次中尼战争,还与一些偶然的因素有关。如乾隆四十五年班禅进京祝贺乾隆七旬万寿时,京中官员曾对他布施“如山积”。后来班禅在京,其治商上事务(管理财政的官员)的兄长仲巴却将其“珍瓌资货尽为所有,一无施舍”。此举刚好引发了藏内又一次纷争[22]268-269。班禅的另一弟弟舍玛尔巴对其兄此等做法非常不服,他以“红教不得分惠”而唆使廓尔喀人借商税增额和食盐揉土为词,发动了第二次对藏战争[2]138。于是廓尔喀人又于乾隆五十六年七月占领了西藏的聂拉木、定日、济咙等地。不仅如此,他们还将前去洽商赔款的噶伦等人加以扣留,并带回了廓尔喀。

为了收复后藏,清廷于乾隆五十六年十一月,不得不起用福康安为将军,带兵进藏,讨伐廓尔喀人。福康安与海兰察于乾隆五十七年夏率索伦、土练兵进藏,在济咙等处打败了廓尔喀兵。六月间又攻破了东觉岭,进到雍雅山,直抵郎古。他们六战六捷,一直打到廓尔喀都城阳布附近。而此时英殖民下的孟加拉又与尼泊尔发生冲突,尼泊尔人两面受敌,势有不支。于是遂向清方请和,定为五年一贡。至此中尼第二次战争也就结束了,尼泊尔又成了清朝名义上的属国。

第二次中尼战争后,清廷再度制订善后章程,进一步完善清廷对西藏及黄教事务的管理,而这些章程的制订在很大程度上不仅强化了清中央政权对西

藏的统一,而且加强了清廷对黄教的有效管理,并真正将黄教纳入制度化管理轨道。具体言之,主要体现在以下方面:

1.政治上加强对西藏的管理

首先,确立册立达赖喇嘛的"金本巴瓶"制度。乾隆五十七年九月,清廷已决定此后对达赖喇嘛的册立采取金本巴瓶制度,其目的在于避免蒙古和唐古特人对后世达赖喇嘛册立的干扰。清廷在该年九月十日特谕军机大臣时就称:"前经降旨由京城发去金本巴瓶一个,令达赖喇嘛等会同驻藏大臣将呼毕勒罕名姓并出生年月日各写一签,贮于瓶内,对众拈定,作为呼毕勒罕"。[23]卷41,9月10日条 其次,加强驻藏大臣的权力。第二次中尼战争后,清廷还竭力强化驻藏大臣的权力,以便加强中央对西藏的治理。福康安等在"奏拟卫藏善后章程六折"中就要求:"嗣后驻藏大臣,除上山瞻礼外,其督办藏内事务,应与达赖喇嘛、班禅额尔德尼平等,自噶布伦以下番目及管事喇嘛分系属员,事无大小,均应禀命驻藏大臣办理,以肃纪纲。"[8]789-791 通过此举,清廷宣示了驻藏大臣的最高权力,无论藏内何种官职,事无大小都必须向驻藏大臣汇报。而且,清廷还规定,"如达赖喇嘛徇私不公,准驻藏大臣驳正"[24]卷741,488。

2.经济上对藏管理的加强

首先,清廷加强了对西藏的贸易管理。早在18世纪时,西藏在对外贸易上采取自由放任政策。该政策不仅导致西藏"不对外国人封闭",而且导致了大规模的对外贸易控制在外商手中。那些外商中不仅有"尼泊尔人、克什米尔人",还包括"亚美尼亚人、莫斯科人"等[25]181。但是两次中尼战争后,清廷发现如此自由放任的贸易政策存在大量弊端,它不仅容易导致中外贸易时经常发生矛盾,而且会导致内外冲突时常发生。因此乾隆五十七年十月二十三日,福康安就向清廷上奏了"周围国家商人在西藏贸易交往须立法稽查折"。福康安等要求:"嗣后应请查明贸易番回,造具名册,交驻藏大臣衙门存案。每年巴勒布止准贸易三次,克什米尔止准贸易一次。"[12]778

其次,加强对藏内钱制的改革。由于藏地本来缺铜,又与内地相距太远,因此在两次中尼战争之前,藏内既不能在本地铸钱,又不能转运内地钱加以使用。而在第二次中尼战争之前,藏地多用尼泊尔钱,该种劣质钱币曾充斥于西藏市场,并曾使尼泊尔国王"大发横财"[25]227。正是这种劣质的尼泊尔钱导致了藏尼双方在钱银兑换、租税标准上经常发生冲突,并导致了第二次中尼战争的爆发。战后清廷遂决定对藏内钱制进行改革。清廷利用银为原料,在藏内“照内地之例”铸造藏钱。通过此举,清廷想达到“货币流通,可期经久无弊”之目的[24]卷743,576-582。

3. 军事上加强对西藏的管理和驻防

第二次中尼战争结束后,福康安于乾隆五十七年十一月初二日特向清廷上奏了“复酌定额设藏兵及训练事宜六条折”。其要点有五点:(1)唐古特兵丁分设前后藏地方,应酌定数目以肃兵制。(2)核定管兵番目等级。(3)唐古特番兵及管兵番目应分别酌给口粮以资养赡。(4)应给予军器、军火认真操练,明示赏罚,以肃军纪。(5)严禁将、备、弁兵欺凌番兵并役占番兵之弊。随后清廷在藏地又新设番兵3000名,以加强对藏地的防守。

4. 改革藏内司法制度

早在雍正十二年(1734)清廷就针对西藏颁布了“唐古特字律例”[26]506。第一次中尼战争后,清廷就对藏内民、刑案件的审理作出了新的规定,它要求此后这些案件应由郎仔辖呈明驻藏大臣后,再派人会同审理。第二次中尼战争后,福康安在奏“藏内善后条款除遵旨议复者外尚有应行办理章程十八条折”中又提出了严禁藏内“罪赎不公及私行抄没家产之弊”。福康安认为,在藏内严重存在“噶布伦、郎仔辖、密本等剖断不公”现象,许多“噶布伦等每多怀挟私嫌,擅作威福,或竟将偶犯小过之番目人等……抄没家产”。因此他要求:此后将“罚赎多寡,按照向来旧例译写一本,交驻藏大臣衙门存案,以归划一”[8]800-801。

5. 收回西藏地方的外交权

在第二次中尼战争之前,清廷对西藏地方,特别是对达赖喇嘛的对外交往权并无多少限制。如当廓尔喀、布鲁克巴、哲孟雄、宗木等外部人来藏布施,或讲论事务时,达赖喇嘛等就经常给他们发送书信。但是,第二次中尼战争后,清廷日益意识到限制西藏地方对外交往权的重要性。因此第二次中尼战争后,清廷就要求此后“凡有文书往来,均应由驻藏大臣会同达赖喇嘛协商处理”。不仅如此,清廷还要求“外番人员来藏,由边界营官查明人数,禀报驻藏大臣,并由驻江孜、定日汉官验放后,方可前来拉萨。外藩致书驻藏大臣,应由驻藏大臣给谕;致达赖喇嘛等文书,须译呈驻藏大臣,由驻藏大臣阅后,酌拟回文交来使带回”[12]830-831。

通过以上措施,清廷不仅收回了西藏地方的外交权,而且真正地实现了对西藏的统一。如强化驻藏大臣权力,则一改过去的驻藏大臣与达赖喇嘛权力制约模式,使驻藏大臣权力高于达赖喇嘛之上。此举实质则是象征国家主权的统治权已经取得了高于藏内宗教权力之上的地位,它表明清廷已经完成了将西藏由藩部变成地方行政区域的转变。另外,将西藏地方的外交权收归中央,更能说明清廷已经将藩部变成了不可分割的地方行政区域。因为就近代国家构成特征而言,外交主权就是其中的重要一项。西藏地方外交权归于中央政府,则表明西藏只是清廷统治下的地方行政区。这些重大转变都是在康乾盛世下完成的,它充分表明具有几千年"大一统"传统思想的中国封建王朝至此发生了变化,即清廷在继承封建统治体制和观念的同时,加强了对中国的统一。一句话,它的最大历史功绩就在于,它使西藏、蒙古等传统藩部变成了受中央政权有效统治的地方行政区域,并在客观上促进了近代中国多民族国家的形成。

四、康乾盛世下清廷的西藏及黄教政策小结

康、雍、乾三代,清廷通过几次对藏用兵和体制改革,最终使西藏由中国传统的藩部转变为受中央政权有效统治的地方必要行政区域。[27]344 虽然其间清廷在某些政策的运作上还存在不足,但此举却极大地强化了中央对西藏等藩部的统一,并最终促使传统的"大一统"帝国向近代民族国家转型。

(一)正面评价

康乾盛世下清廷的西藏及黄教政策的积极影响主要体现在以下方面。首先,它有利于中国的统一。康乾盛世下清廷与西藏的关系进一步得到加强,从而不仅结束了清初以来西藏始终游离于中央政权之外的局面,而且结束了蒙藏势力对西藏不断干扰的局面。不仅如此,经过康、雍、乾三代对西藏的治理,西藏从此结束了"独立王国"时代,并成为清廷统治下的必要行政区域。就清廷而言,它维护了中国的统一;就西藏而言,它从此成为中国领土必不可少的一部分,并同内地进一步加强了联系。

其次,有利于加强对蒙古等部落的统治。魏源在《圣武记》中就称:"高宗神圣,百族禀命,诏达赖、班禅两汗僧,当世世永生西土,维持教化。故卫藏安,

而西北之边境安;黄教服,而准、蒙之番民皆服。传曰:'修其教,不异其俗,民可由,不可使知',盖金奔巴瓶之颁,而大圣人神道设教变通宜民者,如山如海,高深莫测矣。"[28]219清廷正是通过有效地控制黄教来达到控制蒙古的目的。再者,抵制了殖民势力对中国边陲的扩张。明末清初之际,西方殖民势力日渐东来,它们在占领马六甲、印度后又向东亚和中亚扩张。清廷于西方殖民势力对西藏地方实行积极扩张之时,抓住时机强化了中央对西藏的统一,功不可没。

(二)消极影响

当然,客观而言,康乾盛世下清廷的西藏及黄教政策也存在一些缺陷。它主要体现在以下三点:

首先,不重视普通藏民的作用。无论是康熙朝清廷的噶伦制和达赖喇嘛的权力制衡机制,还是后来的驻藏大臣和达赖喇嘛的权力制衡机制,清廷都没有重视普通民众的作用。清廷的这些政策导致藏民与中央政权没有发生太多的联系,也与内地未形成直接的交往。正是由于清廷传统上重视地方大族势力,轻视、无视普通民众的作用,导致民众仍依附在旧的僧侣或世俗势力的周围。他们成了与"宗教寺院"相对应的世俗人,但他们却仍与"前者密切联系,沉浸在同样的宗教与思想气氛中"[29]69。

其次,人为的隔离政策,不利于中央对西藏的管理。就康、雍、乾三代而言,清廷虽积极地加强了西藏与中央的联系,巩固了中央对西藏的管理与统治,但是它在很大程度上仍奉行人为的隔离政策。这种隔离式的统治方式不仅体现在经贸方面,而且体现在隔离藏地与内地的交往方面。如清廷既不鼓励藏民前来内地,也不鼓励内地人民流往西藏。

再者,对驻藏大臣管理无力。清廷出于巩固西藏统治之目的,竭力加强了驻藏大臣的权力。该行为就强化国家统一而言,无可非议,但是对于驻藏大臣的设立和管理,清廷却显得消极。清廷在设置驻藏大臣时,多派宗室成员去担任这一职务。而这些人只把驻藏大臣这一官职看成是个人升转发达的中转站。三年任满后,他们要么立即升迁,要么转任他职。因此他们对于藏务并不热心,多马虎了事。而且,清廷对于驻藏大臣也缺乏有效的监督。清廷让驻藏大臣和达赖喇嘛相互监督,这无疑是徒具虚文。因为乾隆中后期的达赖喇嘛连分内政务都懒得过问,更不会对制约他的驻藏大臣实行监督。其结果只能是使远在西藏的驻藏大臣事事独断，大权独揽。他们要么欺骗了事，要么胡作非为。

参考文献：

[1]柳岳武.清代中前期清廷的蒙古政策[J].西南大学学报(人文社会科学版)，2007(2).

[2]王之春.清朝柔远记[M].北京:中华书局，1989.

[3]温达，张玉书，等.御制亲征平定朔漠方略[M].台北:成文出版社，1968.

[4]冯智.七世达赖的认定与对清初治藏的影响[J].青海社会科学，1998(4).

[5]第一历史档案馆藏内阁起居注[M]//中国藏学研究中心.元以来西藏地方与中央政府关系档案史料汇编.北京:中国藏学出版社，1994.

[6]清实录·圣祖实录[M].北京:中华书局，1985.

[7]石泰安.西藏的文明[M].北京:中国藏学出版社，1999.

[8]史馆藏宫中朱批奏折[M]//中国藏学研究中心.元以来西藏地方与中央政府关系档案史料汇编.北京:中国藏学出版社，1994.

[9]米歇尔·泰勒.发现西藏[M].北京:中国藏学出版社，1999.

[10]吴丰培.抚远大将军允禵奏稿[M]//中国藏学研究中心.元以来西藏地方与中央政府关系档案史料汇编.北京:中国藏学出版社，1994.

[11]清实录·世宗实录.北京:中华书局，1985.

[12]中国藏学研究中心.元以来西藏地方与中央政府关系档案史料汇编[M].北京:中国藏学出版社，1994.

[13]西藏馆藏.谕达赖喇嘛赏赐土地及委任噶伦[M]//中国藏学研究中心.元以来西藏地方与中央政府关系档案史料汇编.北京:中国藏学出版社，1994.

[14]佐口透.俄罗斯与亚细亚草原[M]//准噶尔史略编写组.准噶尔史略.北京:人民出版社，1985.

[15]清实录·高宗实录[M].北京:中华书局，1985.

[16]祁韻士.皇朝藩部要略[M].浙江书局光绪十年刻本(河南大学图书馆库藏).

[17]John K. Fairbank and S.Y. Têng. On the Ch'ing Tributary System[M]. Harvard Journal of Asiatic Studies, vol. 6, 1941(2).

[18]John King Fairbank. Trade and Diplomacy on the China Coast: The opening of the Treaty Ports，1842-1854[M]. Stanford University Press，1953.

[19]托斯卡诺.西藏最早的天主教传教会(意大利文版)[M]//巴德利(J.F.Bad-

deley).俄国·蒙古·中国[M].吴持哲,吴有刚译.北京:商务印书馆,1981.

[20]克列门·R·麦克罕.乔治·波格尔使团赴藏和托托玛斯·曼宁拉萨之行纪事[M].新德里出版,1971.

[21]《一史馆藏军机处满文巴勒布档》,"谕鄂辉等事竣之后应订立章程"。转引自中国藏学研究中心.元以来西藏地方与中央政府关系档案史料汇编[M].北京:中国藏学出版社,1994.

[22]斯当东.英使谒见乾隆纪实[M].叶笃义,译.上海:上海书店出版社,1997.

[23]钦定廓尔喀纪略[M]."谕军机大臣金本巴瓶已发往西藏",缩微胶片,中国国家图书馆文献缩微中心.

[24]托津等.大清会典事例[M].台湾:文海出版社有限公司,1990.

[25]布尔努瓦.西藏的黄金和银币——历史、传说与演变[M].北京:中国藏学出版社,1999.

[26]西藏志·卫藏通志[M].北京:西藏人民出版社,1982.

[27]陈庆英.西藏通史[M].郑州:中州古籍出版社,2003.

[28]魏源.圣武记[M].北京:中华书局,1985.

[29]图齐,海西希.西藏和蒙古的宗教[M].天津:天津古籍出版社,1989.

作者简介:柳岳武(1976—),男,安徽安庆人,历史学博士,河南大学中国古代史研究中心讲师,主要研究中国近现代法制史、对外关系史。

原文出处:《西南大学学报》(社会科学版)2009年第2期。

转载:《高等学校文科学术文摘》2009年第3期论点摘要。

清代厅城的类型与特点研究

马天卓

（四川大学 历史文化学院，四川 成都 610041）

摘　要：“厅”是仅在清代长期并较广泛存在的一种地方行政建置形式，由其而出现的厅城群体，无疑在清代全国城市中占有举足轻重的地位。厅城作为一个整体，在普遍具有的“难治”与“过渡”两大特征的基础上，按照性质和功能又进一步可分为边疆类、经济类和内地战略要地类三大类型。三类厅城各自都有突出的特点，在三个有一定联系但也有明确分野的方向上，对统一的多民族国家的形成、社会经济发展与转型、区域以至全国城市网络体系发展与完善、边疆与内地的持续拓展开发等清代城市时代形成的推进，发挥了突出的作用。

作为一种地方建置形式，“厅”建置制度在明末政府加强对西南民族地区的治理中形成雏形，于民初“废府存县”时经民国政府法令取消而终结。除在清代以前及之后非常短暂的时期存在外，基本是清代独有，是一种具有鲜明时代特征的地方建置制度。研究这一制度及其运作下的城市，对研究清代城市群体和个体发展状况，以及清王朝城市设置、建设和管理政策，有非常重要和独特的意义。

现有的关于清代厅城的研究，主要集中于两方面：一是对清代“厅”地方建置制度和厅城建置沿革的研究，二是对清代一些单体厅城及部分区域厅城群体的研究。相关研究者在取得显著成果的同时，也存在明显不足，主要表现为现有研究集中于“厅”建置制度和厅城建置的沿革发展演变，而对厅城群体的类型、性质和功能缺乏全面探讨。本文尝试就这一问题进行专门研究，以就教于方家。

一、清代厅城的发展概况与类型

“厅”制度初步酝酿于明代中后期。“厅”名称首次出现是在明末平定土司奢崇明乱后，名为四川省叙州府叙永厅。清初平定中原后，在叙永同知驻地进一步推行城市建设，并不断在全国各地设立新厅，进行各项相关建设，使厅城作为新的建置城市群体逐步发展，至雍乾时期归于定型[1]。“厅”建置制度和由之产生的厅城群体，从开始出现就反映出对原城市网络体系中，因各种原因新出现的、按城市建置旧制又难以解决的缺漏，以制度和城市实体加以弥补的趋向，为此后制度完善和城市群体发展，铺设了轨道。

清代除继承明代府下辖厅方式发展出“散厅”建置模式外，还创立了直属省级行政单位的“直隶厅”制度。清一代，先后有97直隶厅（19个由散厅升，2个一度为散厅），113散厅（3个由直隶厅降，2个一度为直隶厅）。①虽作为具有强烈过渡性的建置模式，相当部分城市在“厅”建置下经历的时间都不长甚至很短，但清代约二千个地方城市建置单位中的约十分之一都曾采取过此模式，可看出这一基本为清代独有的地方建置模式，对清代城市设置、建设和发展的显著影响和意义。

清代厅城经历了不断发展的过程。顺治初仅明末设立的叙永1散厅。康熙二十五年（1686年）底定中原时增至7散厅。“盛世”期间，因疆土开拓、社会经济恢复发展及改土归流、开放海禁等地方行政措施调整，新的建置内城市大增，对此趋势具独特推进作用的厅城随之猛增，乾隆末年达20直隶厅、65散厅。嘉道年间，清王朝进入多事之秋，因农民战争和少数民族反清，作为“善后”，统治者在四川、陕西、湖南、贵州、广东等省有关战略要地，新建和改设厅城，鸦片战争前夕共31直隶厅、74散厅。进入近代，民族危机不断加深，清廷统治危机日甚一日，而新的社会经济因素日渐发展，边疆危机进一步加快边疆建

① 清代当时官方和私人文献，包括《会典》和《清朝续文献通考》，对是否将“厅”作为建置城市有较大分歧，因此笔者以牛平汉主编的《清代政区沿革综表》（中国地图出版社1990年版）为基础进行统计，以下关于厅城沿革、数量、分布和治所统计，也均以本书为原始材料。

设步伐,推动厅城进入又一发展高峰,至宣统末年共62直隶厅、90散厅。新设建置内城市不少采用“厅”建置模式,统治者所感觉到的政治、经济、军事、民族战略地位重要的州县往往改为厅,同时部分建设成熟或战略地位下降的厅又改为府州县。作为具有高度过渡性的建置城市,厅城群体发展对整个清代城市发展发挥了突出作用。

清代厅城在地域分布上,清初仅存在于四川一省,清王朝底定中原时出现于西南各省和甘肃、福建,“盛世”后扩展于东北至吉林、东南至台湾、西南至云南、西北至新疆的全国大部分省级行政区(包括直隶、山西、江苏、浙江、福建、江西、湖北、湖南、广西、四川、贵州、云南、陕西、甘肃十四省,盛京、吉林两军府,当时台湾各厅属福建,新疆地区和西宁府各厅属甘肃,内蒙古各厅分属长城南沿线各省)。嘉庆年间,广东开始设厅。清末,全国除山东、安徽两省和西藏、外蒙古两藩部外(当时西宁府各厅属甘肃,内蒙古各厅分属长城南沿线各省),各省级行政区都设立厅城。厅城从一隅迅速走向全国,经康雍乾“盛世”和近代晚清两度发展高潮,至清末厅制成为具有全国影响的地方建置制度。

清代全部厅城作为整体,突出反映了“过渡”和“难治”的基本特征[2]。清代先后曾经立设之厅具相当规模,遍布于两省两藩部以外全国所有省级行政区,除具备这两个共同特征外,同时也具备其他显著特征。据这些较个体化的特征,对整个清代全国厅城按性质和功能分类,可分为边疆类、经济类和内地战略要地类三类。

二、边疆类厅城与特点

边疆类厅城,是清代厅城中数量最多、分布最广、影响最大的群体。其分布于东北、内蒙古、新疆、西南民族地区和海疆几大片区。除厦门、营口等少数经济发达的口岸城市,清中叶以来区域乃至全国有影响的“中心”而非“边疆”的城市,大多均可归入这类。

边疆类厅城,除部分海疆厅城外,主要分布于少数民族地区。其设置、建设和发展高潮,与康雍乾“盛世”和近代晚清相对应。西南各厅多置于康雍乾时期,少数置于晚清;内蒙古、新疆和海疆各厅在两个时期的发展大致相当;较晚推行郡县制的东北边外各厅,主要置于近代以降。

因“厅”制度标明的城市“难治”和“过渡”特征,在边疆地区,除内蒙古和近代前的东北及新疆外,采取“厅”建置形式的城市,一般只是其时所有城市中的小部分。因专门针对“难治”而设,边疆地区厅城治所选择,首重政治军事战略要地,往往为此而建新城,城市政治军事功能尤为突出。作为清王朝加强对边疆统治的重要“过渡”措施,厅城拓展与内陆流向边疆的移民潮相应,成为内陆与边疆间、不同民族间经济文化交流与融合的重要平台。

边疆类厅城设立或是疆土开拓、改土归流及开放海禁的延续行动,或是民族矛盾激化和海陆边疆危机的补救措施,因设置中政治军事因素的突出影响,其城市的政治军事氛围极明显。这类厅城的治所选择,置于原土司所建城池的18个(含迁治和曾为府州县者),置于原卫所城池的5个(含初为土司所建者),由原府州县城改者13个(含迁治和初为土司所建者),置于“城”“堡”“屯”“汛”等军事要地及同知、通判、县丞、巡检驻地等政治要地的22个,而置于市镇、村墟等一般居民点甚至全建新城的达95个。可见其选址,是建立在对区域甚至全国军政战略基础上的通盘全新深入的考虑。此类厅城官员设置,照例有同知、通判等文官,而武官安排除少数外,行省区域直隶厅一般有总兵、副将,重要散厅多有参将、游击,军府和藩部直隶厅多有将军、副都统,散厅至少有城守尉。还有一些厅城驻有宣慰司、宣抚司等高级别武职土司,是城市建置体系中同一级内驻扎武官中地位很高的群体。城市建筑空间也高度军事化,除普遍具城楼、角楼、敌台、烽火台等重要城防建筑外,北部内陆边疆重要厅城大量采用复城、子城、月城,如张家口的堡城、楼阙、关厢和街道,都突出反映其在明代曾为军事要塞,即使清代因疆土开拓转为商贸中心,军事化的城市物质空间仍存不变[3]。西南地区厅城多凭借山河之险设置,形制有较大灵活性,如打箭炉(康定)一面以山为墙,另三面分建城池;叙永东西两城隔河而建,中有两桥相通;石硅(石柱)不建城墙,以山河为城池;腾越(腾冲)“八关”择险而建,与城池共成体系[4]等,都是突出的典型案例。海疆地区厅城多有沿海省会和重要府城才有的大型军港等海防设施[5]。这充分表明边疆类厅城,首先是清王朝加强对边疆统治设立的城市据点。

同时,作为清王朝将边疆地区融入内地城市网络的重要过渡措施,边疆类厅城拓展,与汉地向民族地区、内地向边疆的移民潮对应,成为清王朝在民族地区因俗分治,在边疆地区开始建立城市体系的初级阶段。厅城以内陆汉地移民为城市居民主体,以土著为农村居民主体的人口状况,使不同经济和文化有了交流和互补中走向融合的重要平台。北部内陆边疆厅城设置的最初阶段,城市空间构建中的民族隔离状态及处理不同民族间经济社会交往的政府功能特征明显。随着社会经济发展和民族融合加快趋势的推进及清廷对北部边疆统治措施的调整,厅城内外民族分布空间逐渐融合,不同民族间经济社会民间交往活动也逐步自发而行[6]。如乌鲁木齐建城初设厅,"设官府屯重兵如内地",很快即因关内官员、驻军、垦民、商人、流放人员和新疆区域内各种流动人口等移民的到来,出现多民族杂居、经济发展、文化融合的局面[7],后来改建迪化直隶州,新疆建省后又成为省会迪化府。此即为很具代表性的案例:厅城通过较长时间的发展演变,逐步完成历史使命,纷纷改为府州县城,使北部内陆边疆多数地区城市建置模式,至晚清由以厅为主变为以府州县为主。西南边疆民族地区厅城设置虽与改土归流密切相关,但往往是新建城市安置新迁入的内地汉族移民,与以土著(包括少数民族和前代迁入的汉族)为主的府州县并立,成为内地经济文化进一步向边疆民族地区扩展的重要媒介,部分重要厅城甚至成为南部内陆边疆除省会和重要府城外新的经济增长点和文化发达区[8]。海疆厅城是清前中期海禁初开后重要的移民输入地,也是晚清承受外国势力影响突出区域的军事、经济及民族问题要地,在海防和海疆建设中发挥重要作用。尤其是台湾各厅,或为海防要地,或为商贸要港,或为少数民族聚集区[9],这些功效表现得相当明显。

总之,边疆类各厅,在发挥对"难治"的边疆地区加强政治军事控制作用的同时,也与移民潮相应,促进不同区域和民族间的经济文化交流,对边疆地区城镇纳入全国大一统的城市体系的"过渡"进程,具有显著的促进作用,并使其在清代全国城市体系向边疆扩展中,起到重大的推动作用 。

三、经济类厅城与特点

经济类厅城,是清代厅城中数量最少的一类,仅零星分布于部分省区,但对不少工商业发达的市镇发展为城市及一些原以政治军事功能为主的传统城市,转型为经济功能为主的近代城市,发挥了突出作用。此类厅城,除江北、汉口等少数城市设立时就是经济城市或通商口岸外,大多经历了从政治军事功能为主的另两类厅城向经济类厅城转化的过程，少数如厦门在清代前中期就完成转变，多数则在晚清随通商开埠和近代经济的兴起才逐渐转化。

设立时就是经济城市和通商口岸的厅城，设厅的直接目标，就是针对经济社会管理的“难治”；军政功能为主向经济功能为主转化的厅城，则是从政治军事“难治”转入社会经济“难治”，随着城市社会经济发展，“难治”程度不断加重，因而这些城市在厅建置“过渡”阶段停留时间就特别长，基本是原设厅或由府州县改厅后就长期维持在这一建置形式。这类厅城建置形式高度稳定，正是清代城市经济不断发展，至晚清又在外部因素影响下逐步转型的反映。

政治军事功能为主向经济功能为主转化的厅城，通常政治军事功能并未减弱，只因经济功能的地位迅速上升，超过政治军事功能的影响，才造成厅城性质转化。因此城市官员的设置和职掌，虽社会经济功能很明显，一些重要口岸城市也发展外交功能，但政治军事功能普遍并未减弱，甚至部分厅城，政治军事地位随社会经济发展而增强，以长春[10]、宾江(哈尔滨)[11]两个清代以后发展为省会的厅城尤为瞩目，腾越(腾冲)[12]等经贸重地和军事要塞双重功能同发展的厅城，也引人关注。城市的特性转变后，双重功能往往互相促进、共同发展。有的口岸厅城在口岸地位下降、社会经济功能减弱后，又转化为政治军事功能为主的厅城，龙州[13]是其中的典型。少数厅城转型后，政治军事功能一段时间内减弱，但其政制、官制和城市空间仍大量保存军政要塞的特征，为政治军事功能再度凸显保留了基础，其中以厦门[14]为突出。设立之初就是口岸城镇或后来深受口岸城镇影响的城市，其政治军事功能的增强，更多来自口岸经济社会尤其是外贸功能的扩展。其始终以经济城市面貌出现，政制、官制和城市空间反映出明显的经济型城市特征，针对其“难治”的政治军事功能也强于一般经济城市，典型例子如汉口[15]、江北[16]。有些城市因经济发展被设为厅城，但受开埠通商影响很小，加强对这些日渐“难治”地区的统治，成为建立厅城的直接原因，城市政制、官制和内外空间更多体现为经济型与政治军事型城市的复合体，如湘北洞庭湖畔的南洲(南县)[17]及苏南太湖畔的苏州府太湖厅(吴县东山镇)[18]。经济类厅城虽因建立和发展情况不同，自身特征有一定区别，但在作为经济型城市的同时，其政治军事功能普遍较同为经济城市的府州县(特殊政治军事地位者除外)突出。这与其采用“厅”建置存在直接联系，是此类厅城区别于同类府州县的基本特点。

作为区域社会经济和政治军事两方面重要结点的经济型厅城，不仅发挥区域经济中心的作用，也成为区域军政要点。清王朝在统一台湾，开放海禁后，旋即设闽海关于厦门，康熙二十五年（1686年）设厦门厅，雍正五年（1727年）兴泉道衙门迁驻，十二年（1734年）扩为兴泉永道，此时厦门成为“大小帆樯之集辏，远近贸易之都会”，近代前夕市区有名称的街道达25条，并形成菜、油、酱、盐、粮、果等专门集市和17个渡口[19]。鸦片战争后，厦门是第一批通商的口岸之一，军政和外交地位进一步提高，晚清商贸持续兴盛，近代金融业和工业开始起步，新式城市建设也发展起来[20]。汉口是当于交通要道的“九省通衢”，康乾时期成为全国商业繁荣的“天下四聚”之一，又经晚清开埠推动[21]，尤由于其地近省会，在张之洞督湖广时，政府积极发展工商业和文教事业，并在张之洞向清廷奏请后设置夏口厅[22]。乾隆十九年（1754年）重庆府同知移至隔嘉陵江相望的江北设厅，至道光中厅城内有五厢，城外二厢，街道22条，形成了专门的米市[23]，作为川东重镇和经济中心重庆的重要组成部分，与主城互相促进发展。营口在清初作为临近陪都盛京的重要盐场，因清廷持续推行“听民自行晒卖，奉盐无课税”政策近200年，得到迅速发展，并以此为契机推动城市交通和经济其他方面发展[24]。开埠后，其发展水平和战略地位进一步上升，同治五年（1867年）十一月置厅，宣统元年（1909年）升直隶厅。

采用“厅”型建置模式的城市，除其经济构建、管理和功能基本特征外，政治军事特性和作用也相当突出，二者间的互动影响通常较一般经济型府州县明显，“看得见的手”与“看不见的手”同样强有力，对经济城市的迅速形成和发展，从建置体制上提供了坚实保障。除入民国后旋即裁撤的一些非口岸并受其影响很小的经济型厅城仅发展为市镇外，多数都较快扩展成一定规模的城市。经济型城市的形成和增多，具强烈政治军事功能的“厅”建置模式发挥了突出作用。

四、内地战略要地类厅城与特点

内地战略要地类厅城，虽为清代厅城中最不引人注目的一类，事实上却是政治意图明显的城市设置，对战略地位在清代才逐步凸显的、原城市体系相当薄弱的一些内地区域的社会经济的开发和城市体系发展，发挥了重要的作用。因清代前内地开发已相当成熟,内地战略要地类厅城,集中于以下四大片区:因流民问题尤其白莲教战争日益显示出重要性的秦巴地区(川陕甘鄂豫五省交界区)、“盗贼”层出不穷在整个清代一直非常“难治”的赣南粤北地区、作为重要内地少数民族地区和中南交通要道的湘鄂西及粤西北地区,以及因疆土开拓,从前代“边疆”甚至“域外”变为内地,战略地位进一步上升的甘肃河西河湟地区。

内地战略要地类厅城集中的四大片区,虽各自具体特征区别明显,但基本情况却存在更多相似之处:生态环境在缺陷严重的开发中迅速恶化;流动性很强的“客民”大量涌入成为人口主体,城乡社会“秩序”严重不稳;经济总量并不高,却因处交通要道和流动人口密集区,商品经济相对发达;军事战略地位非常重要,但因地处有关省份边区,清初以至中期,建置城市网络仍很脆弱甚至缺乏,政府实际控制能力薄弱[25]。在清代长时间持续动荡的内陆战略要地,“厅”作为加强政治军事控制功能的地方建置模式,就又得以大力推行。这些地区军政战略地位重要处,往往被选择为厅城,统治者不断“发现”新要地,从而几大片区,都形成相当数量厅城参与构成的、存在较严密内在军政网络结构的厅城网络和区域城市网络。

作为清王朝在内地战略要区加强统治的重要据点,此类厅城设置,与加强对这些“难治”地区的军政控制密切相关。因其设置时首重城市的军政控制功能,从而选址集中于军事战略要地,除少数由州县及卫、所、营、堡、汛等改厅者外,大多在统治者新觉察到的要地建新城,首先作为军政控制工具的特征十分突出,政制、官制特别突出军事功用,城市空间军事化设置特别明显。“为川东北门户,汉中兴安间道,两省有警,兹地实当要冲”的四川省太平(万源)县在白莲教战争中凸显出重要的战略地位后,于嘉庆十年(1806年)升为直隶厅,并重修了毁于明末清初战争后长期未能修复的城墙。镇压白莲教起事后,参赞大臣德楞泰在新发现的战略要地城口,先于嘉庆六年(1802年)新设城口营,修建土城且“建营署兵房并经历衙署于内”,后经朝廷批准,道光二年(1822年)正式设城口厅,扩建城池并相应增建官署和文庙、养济院、城隍庙、文昌宫等公共建筑,随着社会经济发展,依山势形成三处城区组合,即土城、河街和低坝子[26]。因这种区域化“难治”的严重程度,此类厅城新设及改设时间,从清初一直持续到清末,且此类厅城一设置,就普遍长期维持“厅”的建置模式。“过渡”期一般很长，除甘肃河西走廊厅城外，中途改为府州县的非常少。此类厅城清代持续新设，表明其作为个体据点，对本地“稳定”发挥的作用比较明显。而其在“厅”的“过渡”性建置中停留时间普遍很长，则反映仅靠地方建置及其所带来的城市行政和军事系统的力量，而不对整个区域的农村、生态、经济、社会进行根本变革，实际上对区域性混乱局面难有大的改观。

同时，内地战略要地类厅城，普遍地处交通要道和流动人口密集区，作为内地战略要地内比较重要的城市，往往成为邻省间经济文化交流的重要平台。这些地区或清代才进行重点开发，或前代已长期停置，清代才重新开发，在清代中期以前大多资源比较充裕，经外来人口引进的较新生产方式作用，较快的经济增长一直维持到近代前夕。厅城作为以政治军事途径集中资源的要地，普遍也是本区域经济文化发展的高地和重要支撑。如湘粤走廊上的连山，为汉、瑶、壮等多民族杂居区，当为岭南和北方人口流动孔道，也是粤盐销湘必经之地，人流频繁，运输贸易繁盛，又是官署、驻军和学校的密集分布地[27]，从而成为湘粤边南岭中的重要城市。在中南和甘肃的民族地区，厅城往往成为汉族人口移入的主要区域和民族经济文化融合的结点[28]，甚至出现区域商业中心如甘肃丹噶尔(青海湟源)[29]。清王朝设置内地战略要地厅城显然没有达到其所期望的政治军事效应，但在促进有关地区经济文化发展方面却有“无心插柳”之效。

清代的内地战略要地类厅城，作为清王朝统治者加强对内陆新开发及重开发地区统治的重要军政战略要点，政府所设定的政治军事功能首先得到突出，随后社会经济因其区域政治军事要点的地位及有利的人流、资源、交通等因素迅速发展。清王朝在有关地区的统治长期比较薄弱，除加强政治军事控制外又少有其他方面的管理和改良措施，此类厅城往往经济发展较快，军政控制却难以达到预定目标，从而形成了一个在当时和后世造成独特影响的城市群体。

五、结　语

清代厅城群体较府州县等其他类型的建置城市，以“难治”与“过渡”为主要特征，从而突出反映清王朝统治者在王朝兴衰变迁中，为维持和加强其统治对城市建设做的主观调控。三类厅城虽各自的具体情况不同：边疆类厅城作为疆土开拓、边疆危机下加紧建设或边疆统治政策调整的产物，服务于清廷加强对边疆统治的特殊战略，以将边疆地区融入全国大一统的建置城市网络体系为终极目标；经济类厅城则是统治者采用政治军事效应颇强的“厅”建置模式，促进经济城市快速新生、发展和转型，以迅速形成新的区域甚至全国经济高地，并加强对日益复杂的经济社会以至政治军事局面的控制；内地战略要地类厅城的产生，直接来源于清王朝对内地持续动荡区域加强统治的要求，目标则是将这些地区转变为一般易治的区域，其本质上也与“难治”和“过渡”特征密切相关。

作为突出反映特殊时代对城市要求和影响的建置城市群体，清代厅城群体的性质和功能没有平均分化，而是集中于边疆类、经济类和内地战略要地类三大类型。边疆类厅城作为清王朝加强对边疆控制的据点及内地移民流向边疆地区的要地，对加强中央政府对边疆的政治军事统治，促进不同区域和民族间的经济文化交流，发挥了重大作用。经济类厅城，则是清朝统治者有意识地采用这一政治军事效应颇强的建置模式，达到在城镇原有经济及口岸地位基础上，将经济态势与军政举措结合，更为有效地促进一批经济城市加速发展，推动不少条件具备的政治军事型城市向经济型城市转型的目标的产物。内地战略要地类厅城的设置，首先是清王朝加强对有关区域统治的重要措施，但往往因统治者在设置厅城加强政治军事控制外，农村、生态、经济、社会未能进行相应管理和改良，造成此类厅城多数政治军事效应不很明显，社会经济却因城市集中资源的力量和区域的人流、资源、交通等方面的优势，取得显著发展，使内地新开发区和重开发区迅速出现一批重要城市。三类厅城从三个有一定联系但也有明确分野的方向上，服务于统一的多民族国家形成、社会经济发展与转型、区域以至全国城市网络体系发展与完善、边疆与内地的持续拓展开发等清代城市的各方面核心的时代任务。因为“难治”，其较府州县城更多反映转折时代对城市发展的特殊要求；因为“过渡”，其在“厅”建置内停留时间长短不等，但都是以发展为更成熟和稳定的府州县城为目标。

清代是中国历史上又一个文明转型的承上启下的关键时代，城市发展也鲜明反映了时代要求，作为几乎只为清代独有，历史长河中仅短暂存在的建置城市群体，厅城正以其明确分类和鲜明特征取向，反映了时代要求下城市的主要特征和发展方向。其“难治”的表现类型,反映特定时代对城市各种代表性要求的集中之处;“过渡”态势,正是时代特征在城市发展中的突出体现。厅城更多体现转型时代特殊的政治、经济、社会、疆域和民族问题对城市的特殊要求和影响,但其发展目标,却是推进城市按承上启下时期的特殊要求转变后,转而进入新的发展轨道,成为一般府州县城。其为民国“设治局”和建国后“工农区”等“难治”地区“过渡”型城市的设置、建设、管理和改制,也提供了丰富的历史经验。

参考文献:

[1]傅林祥.清代抚民厅制度形成过程初探[J].中国历史地理论丛,2007(1).

[2]施坚雅.城市与地方体系的等级结构[G]//施坚雅.中国封建社会晚期城市研究——施坚雅模式.王旭,等译.长春:吉林教育出版社,1991.

[3](清)金志节原本,黄可润增修.口北三厅志·卷一·地舆[M].乾隆二十三年刻本.

[4]边政设计委员会.川康边政资料辑要[M]//康定概况.1940年油印本.

[5]何依.人家住在潮烟里——石浦老城文化解析[J].城市规划,2004(7).

[6]张慧芝.18世纪口北三厅的民族经济与城镇发展[J].内蒙古社会科学(汉文版),2008(3).

[7]袁大化修,王树枏等纂.新疆图志·卷一·建置一[M].宣统三年铅印本.

[8]韦国友.近代百色城发展探源[J].广西师范大学学报(哲学社会科学版),2008(4).

[9]连横.台湾通史[M].南宁:广西人民出版社,2005.

[10]徐兆奎.长春城市的形成与发展[J].经济地理,1983(1).

[11]王培乐.哈尔滨建置百年沿革[J].黑龙江史志,2005(8).

[12]徐亚鹏.晚清云南腾冲城市经济的转变浅探[J].科技经济市场,2006(3).

[13]韦福安.清末桂西南地区地缘政治形态的变迁及其影响[J].百色学院学报,2008(2).

[14]陈希育.清代前期的厦门海关与海外贸易[J].厦门大学学报(哲学社会科学版),1991(3).

[15]皮明庥,李策.汉口开埠设关与武汉城市格局的形成[J].近代史研究,1991(4).

[16]隗瀛涛.近代重庆城市史[M].成都:四川大学出版社,1991.

[17]《南县志》编委会.南县志:第一编[M].长沙:湖南人民出版社,1988.

[18]李铭皖,等修,冯桂芬,等纂.苏州府志[M].光绪九年刻本.

[19]周凯修,凌翰,等纂.厦门志[M].道光十九年刻本.

[20]林星.近代福建城市发展研究(1843—1949年)——以福州、厦门为中心[D].厦门大学博士学位论文,2004.

[21]侯祖畲修,吕寅东纂.夏口县志:卷十二·商务志[M].1920年铅印本.

[22]周群,刘和旺.晚清湖广督府在汉口市场发展进程中的作用探析[J].江汉论坛,2004(6).

[23](清)福珠朗阿修,宋煊,黄云衢纂.江北厅志:卷二·舆地志[M].道光二十四年刻本.

[24]金毓黻修,王树楠,吴廷燮,等纂.奉天通志:盐政[M].1934年铅印本.

[25]郑哲雄,等.环境、移民与社会经济——清代川湖陕交界地区的经济开发和民间风俗之一[J].清史研究,2004(3).

[26]刘子敬修,贺维翰纂.万源县志:卷二·营建门·城垣[M].1932年铅印本.

[27]姚柬之纂修.连山绥瑶厅志:总志第一·舆地第二·风俗第四[M].道光十七年刻本.

[28]戴燕.湟水流域城镇的形成及其对河湟文化的影响[J].青海师范大学学报(哲学社会科学版),1994(4).

[29]杜常顺.清代丹噶尔民族贸易的兴起和发展[J].民族研究,1995(1).

作者简介:马天卓(1983—),女,四川成都人,四川大学历史文化学院博士研究生,主要研究近代中国经济与社会。

原文出处:《西南大学学报》(社会科学版)2011年第1期。

转载:《高等学校文科学术文摘》2011年第2期论点摘要。

清代通江“三李”的人生际遇、为政理念及学术文化精神

张明富

（长江师范学院，重庆市 400810）

摘　要：所谓清代“三李”，即是指李蕃、李钟壁、李钟峨父子三人。此三人，在康雍乾之世，名动一时，道光《保宁府志》、《通江县志》皆有专传。《雪鸿堂文集》收入了三李的大量诗文，内容极为丰富，涵盖经史子集，反映了三李具有深厚的学养和非常渊博的知识。透过《雪鸿堂文集》，综观三李的人生际遇及为政理念，我们能深深地感受到三李求是创新和经世致用的学术文化精神。

阅读清代通江三李的《雪鸿堂文集》[1]，犹如一次走近三李的精神旅程。走近三李之旅，令人颇不宁静，一直伴随着内心的震颤和感动。一方面，为其胸怀宽广、学识渊博、仁政爱民而赞叹，另一方面也为其逆境、曲折、命运坎坷而泪湿青衫!走近三李之旅，还是一次品味中国传统文化的愉快之旅，三李的文字和品格浸透了传统文化的精神，尽显传统文化的无穷魅力！目前，学术界特别是历史学界，对三李少有论及，兹试从三个方面对清代通江三李做一历史的考察。

一、“三李”的人生际遇

清代通江县，隶属四川保宁府，僻处万山之中。然诺水滔滔，峭岩奇岫，山川之灵独钟于斯。“三李”，即诞生于这一片热土。所谓“三李”，即指李蕃、李钟壁、李钟峨父子三人。此三人，在康雍乾之世，名动一时，道光《保宁府志》、《通

江县志》皆有专传。由此,我们可以得知其家世及人生际遇。

“三李”,祖籍陇西。唐僖宗时,其远祖李继颜,官洋州刺史,以“平寇”功封侯,食邑始宁郡。始宁,即后之通江县治。子孙遂世居通江,成为通江人。这一家族禀通江山川之灵秀,历宋迄明,文武之才,代不乏人。其较著名的,如:明初,李禄荣官至将军,与元兵战殁于大舍坪,土人立祠祷祀;永乐中,李铎中甲午科举人;正统中,李志以贡监官贵州乌撒经历。传至李蕃已历七世。李蕃(1622—1694),字锡征,号懒菴,又号振公,生而颖异,七岁丧母,起居饮食惟祖母是依。祖母授以章句,悉能成诵。父能白,携之就馆读书,一年之后,其为文,老成长者皆自谓弗如。1642年,20岁时,补博士弟子员。明末蜀中大乱,随父避难汉洋,九死一生。清初归里,时战乱刚刚结束,田园荒芜,井里萧条,家产散去殆尽,“止藉芋栗以自给”,勉强糊口度日。而李蕃“力学不少休”。顺治丁酉(1657年)举于乡,时年35岁[2]。1670年,48岁之时,出任山东登州府黄县县令,“效职九年”,[3]以廉直被诬下狱,流放辽西两载有余。脱罪得释,“贫无以归,侨寓芜湖”[1]卷一《杂华林随录》序。为寻求心理慰藉,笃信佛法,精研《法华经》,希得“法华”要旨,“指引迷惘”[4]。康熙二十二年(1684),年过花甲,方得归里。回到家乡后,追求孔颜乐处,保持乐观心态,“屏居闲处,俗驾罕至,萧然一室,传经而外,惟著述自娱,间或问泉石,课桑麻,与田父野老相往复不厌”。优游林下10年。虽一生坎坷、颠沛,然性格豪放,与人坦然,不设城府,“重然诺,敦气谊”,乐于赈困,不望回报。病笃时,作《遗子良言》,一曰喜怒:桀骜横民、卖法奸吏,理应穷治;无知之辈出干犯之言,触我颜行,则当恻隐。“惟于盛怒时平气静思,则宽宥必多。”二曰听断:词讼明有曲直,虚心无欲,揆之以理,则鲜有不当;不察左右吏胥之言,将为所愚。“听决躁妄,固多误事,延缓亦易滋弊。”三曰裕后:人世高门鼎族,莫不起家于贫贱。然贫贱者能贻子孙以科第,而科第者罕能以富贵传子孙。大抵一行得第,不念祖父之艰难,骄奢淫逸,瞬间家道中落[4]。其遗嘱三事,犹以修己治人之道训示后人。殁于康熙甲戌二月二十一日,享年72岁,寿越古稀。

李钟壁(一作璧)(1658—1736),字鹿岚,蕃长子,“仪表俊伟,温厚端肃,沉静聪慧,危坐终日,略不偏倚,经史帖括而外,非正之书、非礼之色未尚接目”。年十九,受业于山东牟县理学大儒王源水先生。“潜心正学,殚精于濂洛关闽之书,矢志高尚,慨然欲绍绝学焉。”然时过不久,至1679年,不白之冤从天而降,父亲被诬入狱，家庭蒙受巨大灾难。年仅21岁的钟壁，孑然一身，毅然北上入京，叩击登闻鼓，希望能够昭雪父冤。但孤立无援，“事克不就”，父亲发配辽西。钟壁遂承担起照顾家庭和在外父亲的重任，往返于吴楚燕赵之间，来回奔波，备尝艰辛，看惯了世态炎凉，时常“忧形眉睫”。经四年的熬煎，终于奉亲旋里，家人团聚。但经此打击，家庭经济陷于困顿。钟壁作为长子，勇挑家庭复兴的重任，“诛茅葺舍”，不辞劳苦。尽管如此，家庭境况仍是窘迫异常。钟壁居芝坪时，“萧然一蓬”。但好学不辍，“一编自持，雨夜霜晨，吟哦弗倦”。康熙二十六年（公元1687年，丁卯），钟壁中举，时年29岁，仍苦读不异前时，希望能够科举入仕，“冀升斗禄，稍慰亲心”。但“五上公车，辄屈于有司”，会试皆名落孙山。康熙三十三年（1694年，甲戌），钟壁36岁，父亲李蕃去世；康熙三十七年（公元1698年，戊寅），40岁，母亲仙逝，“俱素食三年，衰毁骨立”。康熙四十五年（公元1706年，丙戌），48岁，任广西平南县令。“历七载，内迁刑部督捕清吏司主事，例授承德郎，赠父母同官阶，藩司不悦，以疾注休。”夙抱未展，“老卧山陬，贫无医药”，晚景凄凉，乾隆元年（1736年）去世，享年78岁[2]。

李钟峨（1662—？），字雪原，蕃次子，幼时多病，身体羸弱，6岁时，尚不能行走，外出则由父母“恒负于背”。8岁，方病愈体健，自后一生少疾。11岁，入学读书，然少年贪玩，以嬉戏为乐。15岁，年稍长，始知向学，认真读书。16岁，入成均。同年，娶井研雷氏。18岁，父亲蒙冤流放。自此侨寓芜湖，既要照顾身处东北的父亲，又要覲慰慈母，遂同兄长钟壁往返两地，动辄行程万余里，艰苦万状，学业几废。22岁，随侍父亲回到久违的故里——通江。26岁，兄钟壁考中举人，使这个经历过严霜的家庭看到了希望，全家振奋，对钟峨更是莫大的鼓舞，“门庭改观，心乐之，复事举业，且耕且读”。32岁，钟峨中举。33岁，父亲去世。42岁，任贵州仁怀县教谕。康熙四十五年（公元1706年，丙戌），45岁时中三甲进士，选庶吉士。同年，钟壁出任南平令。家族兴盛，走出黄民之狱的阴影，双喜临门。48岁，授职翰林院检讨。51岁，授文林郎、翰林院检讨加一级。此年，钟壁升刑部督捕司主事。52岁，充康熙壬辰科会试同考官，取中查云标、吴翊等十三人；56岁，任提督福建省学政，岁科取文武生二千七百余人；61岁，参加千叟宴，特诏肩舆出内东华门，人以为荣；后历任翰林院日讲起居注官，翰林院侍讲，右、左庶子掌坊、广西乡试正主考等。63岁，转太常寺少卿。后以“年迫崦嵫，目昏耳重，健忘日甚，不堪供职，养疾乡居”[5]。与父兄相较，一生官运亨通。

综观三李的人生际遇，皆颇多坎坷、磨难，然他们在困厄之中，并未沉沦，而是坚韧不屈，勇敢向前，现实苦难的砥砺，成就了人生的辉煌。

二、“三李”的为政理念与治绩

学而优则仕，读书做官，是传统士人的人生价值目标。三李也不例外。三李之中，李钟峨为官时间最长，达20余年，历康雍乾三朝，且仕途顺利，官至太常寺少卿，为清朝的部院大臣。李蕃官县令九年，李钟壁为知县七年，时间都较短暂。但三李皆为熟读经史的饱学之士，深得中国传统政治文化的精髓，且身体力行，运用于实践，在为政理念上高度一致，并皆有政绩可述。

李蕃，状貌魁伟，“负囊括一世之概，侃侃自将，每不屑俯仰因人”[3]，志向远大，个性刚直。康熙九年（庚戌，1670年）冬，赴黄县知县之任。黄县“斗大一城，僻处海滨”，战乱之后，经济凋敝，面临许多不安定的社会因素，有“四累”。一是“人鲜盖藏”，百姓穷困，而赋役之征，急如星火，不得已借高利贷以完赋，“徒饱市猾”。二是黄县为登莱通衢，自东至西，弥望皆膏田，然“濒海之地，斥卤百余里，南山之下多石，田不可耕”。自然条件较为恶劣。三是登州府下属八县，惟黄县盛产木材，民间每舍沃壤艺植，制作器具，贸迁他州，以为养生送死之资。而官府兴作，必取办于黄，输木成为百姓的沉重负担。四是黄县地狭人稠，“有田者不数家，家不数亩，养生者惟贸易为计。而妇女尤勤纺织”。然一遇荒年，粮食紧缺，民多逃亡他乡[6]。李蕃莅任，“勤谨居职”，大刀阔斧地整顿县政，保障民生。黄县旧有“里长见面陋规若干”的惯例，李蕃刚一上任即严令废止，不准收受里长财物；黄县产木，上官采办，岁以为常，夫役转运，任务繁重，黄民大困。李蕃上请以他县县民负责转运，以均苦乐。请求得到批准，罢除了黄县百姓木材转运的夫役；当时战事频仍，筹饷为急，“有加粮晋秩之例”，不少地方官员以此位至通显。有人好心奉劝李蕃如法炮制，升官晋爵，李蕃喟然而叹曰：“此当让巧者为之。我忍以一官累一邑耶!”不愿为了自己的官位提升，增加一邑百姓的负担[1]通江李锡征先生传；黄县地狭人稠，赋税不均，且丁税负担极为沉重，“有以一二亩而纳丁者，有以一二分而纳丁者。又有无立锥之地而上丁者,甚众,"甚至有"倡为每一丁作五亩地入派"。"尤有苦者,中下之丁,每人一丁纳银五钱,又加十亩杂费,是一丁而三两不止也。"百姓困苦已极,不少村社人户逃亡过半,有的甚至超过十之六七。李蕃立即将"一丁五亩之弊革去"。康熙十一年四月,奉文编审人丁,客观公正,工作细致,"召百姓于庭,日审一二社。察其赤贫者去之,逃亡者去之,年老者换之。即有增益,亦不忍尽民力也。如人有五子,止增一丁。至中下之丁,不问顶替,尽行减去。……计原额一万八千二百一十六丁,今审编止一万八千二百二十三丁,止增七丁云"。力图使黄县百姓无浮丁浮地之累[1]卷一《编审均徭序》。岁值荒旱,流离载道,李蕃报请蠲赈,供给牛种,施粥赈济,全活甚众。但灾荒申报程序复杂,所花费用"浮于所蠲",李蕃以此为忧。逾岁又旱,黄县民相聚,恳请李蕃报请赈济,蕃曰:"吾前力请,始得一行。所费所蠲,数不相偿,尔民共悉。今但仍去岁蠲数,吾为代输,何如?"民众欢呼稽首。李蕃治县恢恢乎游刃有余,行政效率极高,执法平恕,"敏于吏治,不假宾佐,案牍山积,弹指立办。曾于朝食时,判五十余事,各厌服而去"[1]通江李锡征先生传。任黄县县令九载,"苞苴屏绝,请托不行",民赖以苏息,深受黄民爱戴。然性耿介,不喜阿谀奉承,康熙十八年(1679年)冬,黄县有一夫妇被杀,李蕃如实以"奸杀"上报登州府,登州府派来的副职李某接受重贿,私嘱李蕃"鬻狱",遭严词拒绝。李某怒,自提犯人审讯,遂密改供词,定为"盗杀",并以失律罪诬陷李蕃下狱。被逮时,县民号泣而送者万余人。下济南狱,黄民叩狱门,问起居者累累不绝。次年六月,逮至京师,关押宛平监狱,"黄民相随伺候者,日数十辈,泣绕园门外,且有贿入狱,为鼓扇至夜分者"。廷审减罪,谪戍辽西,"黄民犹不惮数千里,赍粮糗衣服,以为馈饷"[1]雪鸿堂文集题辞。嘉绩美政俱在口碑,深仁厚义,沁人心脾,黄民与之患难不舍。此为施行仁政之效也。

李钟璧"端洁自持"[7],官广西平南县令7年。平南地僻民淳,钟璧"简洁居敬而行,庶务咸理,上下嘉赖之。辛卯,分校粤西乡闱,得吕锦文等四人,皆单寒之士;邑有贼渠某,数为患,前令莫如何者。至是,洗心为良民","盛德孚人若此"[2]。为政清廉,施行仁政。

李钟峨高中进士前,做过贵州仁怀县教谕。康熙四十五年(1706年),中三甲进士后,仕途一路畅通无阻,历任翰林院检讨、福建学政、日讲起居注官、翰林侍讲等,官至太常寺少卿,还曾任三朝实录、方舆路程、国史、分韵近体唐诗、一统志诸馆纂修官。“黾勉敬职”，“累沐圣恩”，获得赐书、赐砚、赐貂、赐贡新茶等荣宠[5]。为官正直、爱民，多有建树。任翰林院检讨时，于雍正元年，建议分省考选庶吉士，后遂成为定制[4]。官福建学政，“大展所志，不畏强御，绝请托，拒苞苴”，厘剔诸弊。衡文取士，“无所瞻徇”，破除“贿嘱陋习”，以经邦济世之才为取舍标准，明确表示“不卖秀才一名”。“以故所拔识者，皆一时之名士，而未获录取者，亦咸知奋励。”对肃清福建科场腐败起到了一定的积极作用。钟峨于守正不阿之中，仍行恺悌之政。定例：“诸生老疾限年准给衣顶。”然“向有陋规，无力者即过浮，往往抱恨末路”。规定“各庠中，有与例符者，悉为准给，俾暮年得以荣身”。对贫困士子，则捐俸予以资助。岁试时，“有柳生者，衣履不完，询其年五十余而未娶，即捐俸赠之，俾立室家”。有甘生者，家徒四壁，“亦捐俸以资膏火”。“至历试郡县，如此类者，难以枚举”。福建士子“感激泣下”，钟峨离任时，呼吁总督、巡抚疏请钟峨留任。但限于成例，“不得上闻”。福建士子“徬徨失所瞻依”。为表达对钟峨的景仰，醵金公建诺水书院，崇祀宋儒李延平，钟峨配享。旧例，学政巡视府州县学，州县供应夫马、蔬米，州县派之里民，借机讨好上司。里民疲惫已极，钟峨悉为禁革，不以一毫扰累百姓，州县官吏亦无从干渎。“其爱士兼以爱民如此”[4]。

三李行政秉气正直，忘利害，即使于艰难困苦之中，亦浩然之气始终不渝。真正履行了“出仕以行道”的传统文化精神。虽李蕃、李钟壁在当时的官场生态中，以廉直抑于上官而落职，不克大用，但其仁政爱民之心，当与日月同辉，光照千秋。

三、“三李”求是创新、经世致用的学术文化精神

蜀中文人奇士，史不绝书。汉有司马相如、扬雄、王褒，唐有陈子昂、李太白，宋有眉山三苏。清代通江三李学术渊源有自。方志称，李蕃之父李能白，即为贡生，“和厚端整，勤苦好学”[8]。三李延续了这一传统，著有《雪鸿堂文集》一书传世。《雪鸿堂文集》实由三个独立的部分构成，即李蕃的《雪鸿堂集》、李钟壁《燕喜堂集》、李钟峨《垂云亭集》。然为“明绍述”，皆以《雪鸿堂文集》为名。纪昀在《四库全书总目提要》中，对钟壁、钟峨兄弟沿用父亲文集名称，而又独立成卷，感到“殊不可解”。其实，这是钟壁、钟峨兄弟为表达绍继先志、光

大父学的心愿而精心安排的，用心良苦。《雪鸿堂文集》收入了三李的大量诗文，内容极为丰富，涵盖经史子集，反映了三李具有深厚的学养和非常渊博的知识。时人对三李有较高的评价，认为三李“俱以科第通仕籍，诗文著作之富，不让苏氏一门”[4]，将通江三李与眉山三苏相提并论。足见三李在清代学术文化上的地位。确实，透过《雪鸿堂文集》，我们能深深地感受到三李求是创新和经世致用的学术文化精神。

《雪鸿堂集》共18卷，包括序、记、论、辨、考、传、赋、启、尺牍、古体诗、近体诗、祭文、墓志及札记等，“包罗宇宙，贯穿经史，至于方言巷谚，往往旁引曲证，寻所从来”[1]序二。关于其在文化史上的地位，清代学者多有评论。康熙时的文渊阁大学士、太仓人王掞说，“文以载道为上，其次则莫若适于用。”蜀中能文之士，自汉至宋，如司马相如、扬雄之文，皆华丽而“不适于用”，独苏洵之文以适用为主，而李懒菴之文近之。将李蕃与大文豪苏洵并称，且谓苏洵之文师法《战国策》，有“失之机械变诈”之弊，“去道远”；懒菴之文，宗于经，证于史，“质而不浮，要而不烦”，“无偏杂旁骛之弊”，“于道亦近”，高于苏洵[1]序一。康熙时的翰林院检讨李勷读李蕃《雪鸿堂集》后，异常兴奋，说：“‘屈杜以来，文不其在兹乎哉!’以余所见，四十年来海内能言之士，未有能及之者也。”[1]序二徽州赵吉士云，李蕃好吟咏，每遇一事辄形之于诗歌、笔札，“命意取神，皎然独立，不屑屑拘守一家”，非为夸文，皆关民生、道德伦理，实是内心真情实感的自然流露，非闭门造车，“吟仰屋梁，徒摭古人唾余”者所可比拟，多具创新[1]序六。浙江霅川车景镎谓：“高文似绮，妙论如泉，”“宁惟诗逼苏公，抑且文追韩子。”[1]序十徽州宋和曰：“先生之学，更精于考据。”[1]序九这些评价是否溢美，姑置不论，但李蕃《雪鸿堂集》确有诸多创新之论。

李蕃曾编纂《通江县志》《黄县志》，对地方志的重要性及方志的史料价值有充分的认识。认为“史本于志”，“凡一代之礼乐、刑政、山川、人物、户口、关梁、租赋、治乱，史书之而必据乎志。故修志者，必取生于其地之贤达多闻者，纂辑之而成书。而其人亦自本其生平所聆于祖父之训说，师友之谈论，耳目之闻见，身心之阅历，举所谓礼乐、刑政、山川、人物、户口、关梁、租赋、治乱之故，一一纪述之以成书。有司视其成，而上之郡大夫，上之藩臬，上之中丞，乃汇而进之于廷。天子乃命儒臣综核其疏密，而加以令甲焉。时有事于修一代之史，史臣亦必即是书而润色损益，于是岿然成一代之史。是欲知千百代之事，必考于史,而史实本于志。志以邑人修邑志,郡人修郡志,庸有不可信者乎?”[1]卷一认为方志所载为当地人记当地事,传之父祖,闻之师友,有的甚至是修志者亲身经历和感受到的,具有相当的真实性,是史书修纂的重要史料来源。对方志的史料价值极为肯定。对轻视志书的“纂记家”予以批评。他说:“志也者,史氏之权舆也。史也者,志书其滥觞也。纂记家每重视史,而轻视志,曰,史必有史学、史才,而后有史笔。若夫志,志郡,郡之人为之;志邑,邑之人为之。使必俟班马而为志,将天下无成书。余则应之曰:志郡,郡以志传;志邑,邑以志传。使夫人而皆可为志,则天下无善志。”认为作志之难,大端有八:一曰志物产之难。嘉石珍禽,奇花异卉,分布于深山险地,龙蛇出没之区,不能按图索骥,一有遗漏,则多有微词;二曰志胜览之难。高人足迹、名士题咏,山川借以生色,然地处险要,颇费攀援,残碑断碣,剥蚀难寻;三曰志士女之难。十室之邑必有忠信,三家之村定出贞良,然朝廷旌表未必实至而名归,简策所载疑信各半,漏遗之事,前代所有;四曰志城垣之难。城垣为守土所需,但如垣颓堞圮,秉笔直书,则必加修筑,增加父老负担;如不如实记载,则难掩见闻,势必见讥。五曰志人物之难。人非董狐,秉笔不易,难免有不齿乡邻之徒滥竽其间。六曰志节孝之难,时局动荡,兵荒马乱,固有投岩殒身、骂贼捐生者,然或姓名泯没者,无从稽考,或有姓名又苦于事实无证。七曰志艺文之难。“登高作赋,临流咏诗,句读半传于逸人,韵事尝得之野老。”即使精心考证,糜岁月,敝形神,也难免无遗文错讹。八曰志清议之难。权势之人,巧饰伪装,鱼目混珠,希光艺苑,殊难裁断。凡此八难,只要有一难未处理妥当,就不能称为合格的志书[1]卷一。

李蕃史学功底深厚,读史独具慧眼,提出了不少新颖的观点。周公旦是西周初年著名的政治家,在西周王朝的建立及统治的巩固中起到了非常重要的作用,孔子非常景仰周公,视之为与尧、舜、禹、汤、文王、武王齐肩的千古圣人。李蕃在《金縢论》一文中,通过分析西周初年的史实,揭示了周公作为政治家的另一面,即揽权与玩弄政治权术。他说,西周初年,太公望、召公奭与周公共同辅佐成王,一起共事。逮管叔、蔡叔、霍叔“三监”散布流言:周公将取代成王。周公是否有此心和行动,太公、召公应该很清楚,而二公竟不出一言,保持沉默。假使二公于疑谤初构之日,以周公仁孝、忠诚的事实激切陈告天子,公诸天下,则谣言自然风吹云散,管叔、蔡叔、霍叔也就失去了为乱的理由,周公也就根本不用东征,使黎民饱受战乱之苦。那么,为什么二公不言呢?李蕃认为，这是由周公自己造成的，非二公之过。《尚书》记载，武王克商后二年，有疾弗愈，二公忧心，请为王穆卜，以问吉凶。周公不同意，曰："未可以戚我先王。"但周公却自己设坛，植璧秉珪，请以身代，并卜三龟，且将祝词藏之金縢。待同僚不能推心置腹，实有揽权、玩弄权术之嫌！二公安能心悦诚服？至谣言四起之时，二公安敢轻出一言？且人之寿夭自有定数，此理中智之人犹知之，周公请以身代武王死，是自降于巫祝之流！不惟如此，周公此举更是"流于知术"，有为后世乱臣贼子效尤之忧[1]卷四。分析入理，言前贤所未言。

李蕃的《陈胜论》一文也别具只眼。后之读史者谓陈胜的"燕雀安知鸿鹄之志"，与泗上亭长之叹："大丈夫当如是矣者"是"同一英雄语"。李蕃认为，此论是不妥当的，大有商量的余地。他通过对陈胜的全面分析，认为陈胜一耕夫，奋臂一呼，山东皆应，"亦可谓丈夫矣"，但其为乱天下者，非取天下者，不可能获得成功。取天下者须具备三方面的素质和能力：一是志向远大，救民于水火；二是知人善任；三是握算，即谋划。而陈胜"无一焉"，一样都不具备。其举兵动机，志在富贵，非为天下；举事时，未分析天时、地利及人心向背，而是借助鬼神，以"鱼帛狐鸣"制造舆论，非布大信于天下。更不妥的是假托扶苏、项燕之名以起事，扶苏诚为贤者，然为秦二世之兄，项燕确为良将，"然于二世则为臣"，以秦二世兄、臣之名号召天下，反对秦二世的暴政，于名不正，未知兵以义动之理。义众既集，则应求贤才而用之，陈胜乃用蔡赐为上柱国、周文为将，而于秉性忠诚的周市，才智为一时之雄的张耳、陈余则摒弃不用，是不知人善任也。同时，陈胜控驭部属无方，组织涣散，将帅各自为政，拒不用命，于是天下乃曰："陈王无能为也。"响应之士起而瓦解，陈胜的悲剧乃成历史的宿命。李蕃于此感慨万千，饱含深情地说："吾所以读陈胜之传而惜其志之不大也，而恨其不知人也，不握算也。"[1]卷四

李蕃对汉高祖刘邦的评价，也有超轶前人之处，视角独特。史家言，汉高祖刘邦善于"将将"，几成定评。李蕃读汉朝史籍，"以为不然"，得出与众多史家不同的看法。他说，韩信自登台拜将始，对刘邦怀有知遇之恩，倾心事汉。而刘邦则对韩信猜忌有加，视如敌国，欲除之而后快，只不过因楚人项羽未擒特优容之耳。试想，如韩信素有反志，刘邦在城皋被围，一败涂地，轻骑溃围逃出后，韩信坚壁观变，不打开军门接纳，刘邦后有项羽追兵，又有韩信"扼其前"，刘邦真走投无路矣！而刘邦对韩信不能容，可谓之"能将将"否？[1]卷十三

焚书坑儒是中国历史上的一个具有较大影响的事件,史家多有评论,世人皆归罪于李斯。李蕃读《商君书》,发现《农战篇》中有这样的文字:"诗、书、礼、乐、善、修、仁、廉、辩、慧,国有十者,上无使战守。国以十者治,敌至,必削。不至,必贫。国去此十者,敌不敢至。"又说:"虽有诗书,乡一束,家一员,无益于治也。""主好其辩,不求其实。说者得意,道路曲辩,辈辈成群。如此者,不一而止。"由此,李蕃认为,"焚书坑儒已于商鞅始,特未焚、未坑耳"[1]卷十三。

李蕃《禹穴辨》一文,考证细密,材料翔实,纠正了前人的谬误。禹穴位于何处?禹穴是指什么?史家多以意断。《史记》《吴越春秋》《括地志》《五帝纪》等书,皆认定禹穴在会稽,且谓"禹巡狩至会稽而崩,因葬焉"。说禹穴是禹的葬地。李蕃详考《易林》《帝王纪》《蜀王本纪》《华阳国志》《水经注》等书的相关记载,认为禹穴是大禹的出生之地,位于汶川石鼓山,且"禹穴者,藏书之所也",大禹治水成功以后,将记载"水泉之脉"的书籍藏于所生之地[1]卷四。

李蕃寓居芜湖之癸亥年夏,溽暑,"营营青蝇,挥去复来;煌煌火云,不留自住",挥汗披览梅尧臣《碧云騢》,"深增宅异"。梅氏在书中,不顾史实,对范仲淹、吕夷简、文彦博等大臣,横加飞语,妄加丑排。李蕃读后,义愤填膺,不欲无忌小人污谤君子,遂据宋史本传,逐一严加考证,核其始末,著成若干节,名之为《问梅》,还这些有功于宋朝的著名人物以清白,还历史以本来面目。《问梅》考证细腻,言之成理,是一篇颇见功力的考史著作[1]卷十一。

李蕃有嗜书癖,见好书,辄倾囊橐以购易之,常因市书致匮而不悔,故藏书颇丰。李蕃读书不惑于"世论",善于独立思考,常发奇思妙想。世之论《庄子》一书的学者,皆以之为"遗世之书",无关世用。李蕃"以为不然",对此有独特的理解:《庄子》一书有很强的现实针对性,在书中,对世之好名而无实者深恶痛绝,并予以无情鞭挞,体现了庄子的社会批判精神。同时认为,置于《庄子》一书篇首的《逍遥游》,是全书的核心,该书的主旨及精义皆在于斯。以下各篇皆是《逍遥游》的逻辑展开[1]卷十三。

李蕃的书画之论收入文集的也不少,谓学书画不能一味模仿古人,应有自己的个性、风格和创造性。此类文字见诸文集者甚多。

"临帖作字,人谓至乐。然乐亦奚定哉!孔颜相对,千载无有,惟自得之耳。"[1]卷十三

“学者临帖，当自具手眼，不可随人上下也。”[1]卷十三

“后学临池，贵历遍诸家字体，俐得一法于诸家之上，斯为上伎。若独取一家而宗之，即工其变，吾不取也。”[1]卷十三

“临字家辄言古法，而不古法在今人法中。规规摹古曰：‘某字某法古某。’是效颦之东施矣！”[1]卷十三

李钟壁，学博才雄，游历天下，中有所触，辄发为诗文。远宦粤西，公务之暇，即游翰墨。离职回乡，优游泉石，书史自娱，虽家无担石之储，不以为忧。生平所著，合为《燕喜堂》四卷，含序、尽牍、诗等。不依傍、不沿袭，卓然自为一家之言[9]序一。他批评世之言学者，为文“规仿帖括，弋获声誉”，毫无创见，仅以之作为谋取名利的工具。对其友王廷飏潜心十年，根柢先儒而又时时发其心得的著作《四书解》，大加赞扬，谓其“令人意永”[9]卷一。李钟壁对诗歌创作理论的阐发更是妙论横生，为时人称颂。他说：“诗之为言，思也。其端发于性情，其理通乎音律，本乎思以咏之。”《诗》三百篇，皆为古人发愤之所作。诗贵乎思，又贵于思之自得，“五七长短，四始五声”的诗歌形式，只是表达思的工具，“以通其思而已”。一味模仿古人，袭而不思，并以此沾沾自喜，是乞灵于泉下之人而欲分其光泽也。“夫人各有思，思不同则言者异。”有志之士应不依旧规，独成一家之言，树立起诗歌史上的新的丰碑。就李钟壁个人的诗歌创作实践而言，实是其理论的运用，“视其一时思致，漫自发挥”，于长短得失、合乎音律与否，“则所不计”[9]卷一。歙县宋和评论说：“李君之学，既贵于思，故其为诗与文，皆思其所自得，”“其诗与文，皆有奇思。”[9]序三

李钟峨夙负“经济大猷”，有凌云之气，秉文以载道之旨，明道经世，著有《垂云亭》二卷，含赋、颂、诗等。其礼乐赋、理学赋、经史赋、官制赋、治河赋、屯田赋、贮粢赋等，以文学的语言阐释了历代政治经济文化制度的演变发展过程及其对历史发展的作用；其忆母、梦弟、示侄之诗，“皆孝友至性所流露”；其他如早朝、汤泉颂等诸篇，皆莫不有裨治道[10]。经世情怀展现无遗。

三李生活的时代距今已有三个多世纪，作为生命个体早已殒落在历史的长河之中。但其思想和品格的独特光焰，穿过历史的尘封，历久弥新，仍有指示人生前行的路标之用。

参考文献：

[1]李蕃撰.雪鸿堂文集[M].济南:齐鲁书社,2001.

[2](道光)通江县志·卷九·伯兄元修先生墓志铭[M]//中国地方志集成·四川府县志辑,1848.

[3](道光)通江县志·卷九·李锡征先生赞[M]//中国地方志集成·四川府县志辑,1848.

[4](道光)通江县志·卷九·福建学政李钟峨肖像诺水书院序[M]//中国地方志集成·四川府县志辑,1848.

[5](道光)通江县志·卷九·芝麓自志行略[M]//中国地方志集成·四川府县志辑,1848.

[6](道光)通江县志·卷十三·黄县志略予[M]//中国地方志集成·四川府县志辑,1848.

[7](道光)通江县志·卷九·选举志[M]//中国地方志集成·四川府县志辑,1848.

[8](道光)通江县志·卷八·人物志[M]//中国地方志集成·四川府县志辑,1848.

[9]陈邦彦.序一[M]//李蕃撰.雪鸿堂文集.济南:齐鲁书社,2001.

[10]朱评.《垂云亭》跋.[M]//李蕃撰.雪鸿堂文集.济南:齐鲁书社,2001.

作者简介：张明富，历史学博士，长江师范学院教授；西南大学历史文化学院教授、博士生导师。

基金项目：教育部人文社会科学研究2006年度一般项目“清代富察氏家族研究”(06JA770033)，项目负责人：张明富。

原文出处：《西南大学学报》(社会科学版)2012年第3期。

转载：《人大复印报刊资料·明清史》2012年第8期全文转载。

明代以来清水江文书书写格式的变化与民众习惯的变迁

吴才茂

(西南大学 历史文化学院,重庆市 400715)

摘　要:通过对明代以来清水江文书书写格式的考察,揭示了明清时期契约文书在贵州清水江这一边疆少数民族地区的传播和使用情形。自明至清,清水江地区的契约文书书写格式经历了规范到灵活多变的过程,同时亦多与地方社会文化相契合,颇具地域性、民族性特点。更为重要的是,契约文书的传播、使用及书写格式的变化,反映了贵州少数民族地区法律观念的增强和固有习惯的变迁,进而言之,即从"插草为界"的"无法"习惯逐渐向"各具契纸"的"有法"习惯转变。而契约文书的传播和书写格式的变化,亦为不同地域生活习惯变迁和民族融合的重要依据。

明清时期契约文书的发掘与研究工作,至今已取得了丰硕成果。但不可否认,利用契约文书进行史学研究的成果跟不上契约文书搜集数量增长的步伐。陈支平认为一个很重要的原因是契约文书的基本格式和内容大致相同,[①]可是,契约文书的格式和内容虽大致相同,却并非全然雷同,这需要对在不同地域发现的契约文书格式和内容进行对比研究,方能判断其基本格式的雷同与细微的差别。由此分析出其异同背后的不同地域的民风习尚之演变及其社会文化特征,是值得期待的。然而,目前对契约文书格式的研究成果,多集中

① 陈支平归纳的原因一是民间契约文书有着太多的雷同,二是观察视野和研究方法的单一化。同时,他也从"用多学科的视野考察民间契约文书的丰富内涵;把社会调查等研究方法与契约文书的搜集整理研究工作紧密结合起来;开展民间契约文书研究的比较分析"等三个方面来论述开拓契约文书研究的新局面。参见陈支平:《努力开拓民间文书研究的新局面》,《史学月刊》2005年第12期。

于法律史层面的考察，对书写格式本身变化的研究甚少，①仅阿风在《宋代以来中国土地买卖文书书写格式的变迁与地域差异》一文中概述性地分析了宋代以来书写格式的变化和抽样了各地区的书写特点。[1]p942-970至若把契约文书传播、书写格式之变化与地域社会生活习惯变迁联系起来并赋以社会文化史视角的研究，则更为少见。

近五十年来，在贵州少数民族聚居的清水江地区，发现了大量明代以来的契约文书，这批近30万份的契约文书，以林业契约和土地买卖契约为大宗，也多有阴地阳宅买卖契约、租佃契约、佃山种杉分成合同、婚姻契约、分家文书、结盟款约、禀稿、刀笔书、诉讼文书、判决、官府文告等，并呈现出归户性、民族性、地域性、完整性均极强的特点，是我们重新认识清水江地区社会历史变迁的史料基础。[2]而契约文书的传入与书写格式的变化，既是我们观察清水江地区社会变迁的重要视角之一，亦为窥究汉族移民与苗、侗等少数民族互动与融合的重要窗口。本文正是基于此而展开研究：首先考察契约文书在清水江地区的传播情形；接着分析其书写格式与内容的变化；再透过这些变化来反映少数民族法律观念的增强和固有习惯的变迁，即由“插草为界”的原始所有权观念向接受“令契承业”的王朝律法方向演变。

一、契约文书的传播

契约文书这一广为流传的私文书，在中国传统社会里，民众使用由来已久，一直以来也被认为是民众日常物权交换、保证当事人权利和义务履行的主要工具。它在少数民族地区的传播及运用情况，前贤已有研究。譬如，杨国桢就论述了清代土地契约在广西少数民族地区的使用情况，主要强调“少数民族地区经济关系向汉族地区看齐的发展趋势”，并以“汉族地区封建地主制下的土地契约在兄弟民族地区的推广和运用”[3]p380作为突出表现来论述，同时也以

① 有关民间契约文书书写格式的研究成果主要有：山田信夫：《ウイグル文贷借契约书の书式》，《大阪大学文学部纪要》，第11期，1965年，第87-216页；杨国桢：《明清土地契约文书研究》，北京：人民出版社1988年版；阿风：《明代徽州批契与其法律意义》，《中国史研究》，1997年第3期。刘戈：《回鹘文契约文书初探》，台北：五南图书出版公司2000年版；张研：《对清代徽州分家文书书写程式的考察与分析》，《清史研究》，2002年第4期；张传玺：《契约史买地券研究》，北京：中华书局2008年版；唐红林：《中国传统民事契约格式研究》，华东政法大学博士论文，2008年。

实例说明了清代广西地区使用的契约文书在“买卖习惯、契约格式和用语上，均与他省雷同”[3]p383。张传玺强调了后进民族地区的契约文书反映了他们所处的社会历史阶段(譬如奴隶社会、封建领主制等)[4]p20。陈瑛珣则发现清代台湾契约文书因为社会环境与闽南有异，书写内容与格式、用词有地方化的倾向①。但均未能就契约文书传播过程及其对地域社会生活习惯之影响做深入阐释。

明清时期的清水江地区，政治、社会环境的变动与广西相似，从明代建立卫所网络到清代的改土归流，均给这一封闭的世界带来了巨大的变化，尤其是汉文字的传播，影响到民众社会生活的各个方面，举凡刊碑立约、建祠修谱、物权确立、日常交易，无不与汉文字产生了密切的联系。那么，在“凡要约无文书、刊寸木判以为信”[5]卷四·蛮夷，p650的苗族地区，契约文书是如何传播和推广使用的?若就契约文书论，目前在该地发现最早者为成化二年(1466)的一份耕种抛荒屯田合同，契文如下:

永安乡□□□□人年细仔□，洪武二十二年□□□当军随营住坐，田地抛弃天顺六年回籍寻认产业有亲□里长等□□□□□□□遗下隐徭役。后主□□□□邦礼、覃必亮，备情具告本县，蒙饬扎差里长粟泰隆、老人梁漫书以凭。本甲人等指□□□□文□等，当官退出，前后田地与□□□□白就。凭里老传砧人等，立写合同，转批与本管里长粟文海、江耕种，秋粮米壹石陆斗柒升□□□是纳。立写合同二纸在后，再不许□□□□田，开写土名于后。

一处□枝竹标脚田，计种贰斗伍升，至□□。一处宝麦田，计种贰斗，下至坡。

一处寨脚田，计种贰斗伍升，抵梁□□。一处板溪田，计种壹斗，抵□□。

一处勤文头，计种叁斗五升。

一处林田，计种肆斗，抵覃恩保田。一处门首田，计种壹斗伍升□□□。

一处庙脚水塘三口，抵田。一处大长冲，计种贰斗□□□□。

□□壹石三斗伍升，秋粮米壹□□柒升。

成化二年八月初□日。

情愿立写〔合〕同人:粟文海(画押)、粟文江(画押)

里老:粟泰隆(画押)、梁琼方(画押)

---

① 参见陈瑛珣《比较清代闽、台、番三类妇女在契约文书中的地位》结论部分，台湾侨光技术学院“第一届通观洞识论文研讨会”报告论文。兹据陈瑛珣:《从清代台湾托孤契约文书探讨闽台女性财产权的变与不变》,《闽南文化研究》，福州:海峡文艺出版社，2003年。

团邻:梁□仕(画押)、杨通行(画押)、梁幸丑(画押)

□甲:石彦厅(画押)、张全(画押)、粟胜梁(画押)

梁通(画押)、贺光海(画押)

依口书人:梁贤景(画押)

批管①

此份合同尽管因年久穿孔多处,丢失了一些重要讯息,但其书写格式却保持完整,与明代通行日用类书中收入的“契式”并无质的差别。②当然,我们亦可从中得知,粟文海、粟文江耕种之地,实为军士抛荒屯田。

事实上,契约文书在清水江地区的传播和使用,明代卫所军事移民起到了至关重要的作用。对于明清时期贵州东部地区汉移民增多的情况,唐陶华于1939年曾对此做过专门的田野调查:

八月五日星期六,下午与罗主任茂先谈本地开发情形,兹就其言记录如下:汉人来此,约分两批,明初为一批,清朝咸、同年间又一批。其他零星来此,时期不计,或难民,或居官,或经商,或从军,或充军。[6]p88900

所谓“明初为一批”,应主要指卫所军士,因明初在清水江地区布控了严密的卫所系统。洪武时期共置五开、兴隆、镇远、偏桥、清浪、清平、平溪、古州、铜鼓等九卫,卫所军士达五万余人。从目前对卫所后裔集中居住的隆里(旧称龙里,即龙里守御千户所所在地)和新化(新化守御千户所所在地)两地的田野调查可知,卫所里的民众有大量使用契约文书的情形。③而当2012年7月我们前往隆里所及其周边少数民族村落进行田野调查时,在与隆里所相邻的苗族村

① 该份文书原件原藏于贵州省天柱县档案馆,经天柱县政协文史委主任秦秀强先生的帮助,笔者始得见文书数码照片,谨致谢忱。

② 有关明代民间日用书写契约文书的各类样文,参见(明)徐三友:《新锲全补天下四民利用便观五车拔锦》卷二十四《诸般体式·文契体式》,万历二十五年收入酒井忠夫监修,坂出详伸、小川阳一编:《中国日用类书集成》,东京:汲古书院1999年版,第406-411页;(明)余象斗编:《新刻天下四民便览三台万用正宗》卷十七《民用须知·文契类》,万历二十七年刊本,收入酒井忠夫监修,坂出详伸、小川阳一编:《中国日用类书集成》,东京:汲古书院2000年版,第167-181页。

③ 据王宗勋和张应强对锦屏县档案馆藏4 000份契约文书的统计,有4%来自卫所后裔居住地隆里和新化。参见王宗勋,张应强:《贵州省锦屏县民间山林契约简介》,《华南研究资料中心通讯》第24期,2001年7月,第11页。

落——华寨村(旧称扒寨)收集到了契约文书36件,发现自称与周边“老死不相往来”的隆里所人就曾佃种该村落的田土,并书立文书如下:

立典田字约人扒寨龙君和。为因缺少用费无出,自愿将先祖遗下之业,坐落土名后徐皆秧田一坵,约谷陆石,请中出典龙里先生王家猷名下承典为业。当日凭中议价市洋壹佰元整,亲手收足应用,其市洋字(自)典之后,言延秋收,称脚谷贰百斤整,不得短少,如有少,者(则)任从典主耕种管业。恐口无凭,立此典字为据。

凭笔、中:龙君凡

民国三十一年三月二十日立[①]

该份由苗族人与卫所后裔签署的典契,尽管我们未知是谁事先要求使用契约文书,但从书写的文字而言,却是汉文字,而作为内地迁来的卫所军士后裔,自然是使用汉文字的主要人群,周边苗族人群,认同汉文字书写的契约文书,显然是接受了这种使用契约文书的习惯。另外,隆里所人在与周边少数民族村落的互动中,亦曾不断地使用各种文书处理日常事务。为示说明,兹举一纸认错文书如下:

立挟嫌妄阻字人隆里所王治浩、治泽弟兄二人。情因于嘉庆十五年,错阻加室寨姜佐兴之血侄姜松乔污漫溪之木,松乔年幼,佐兴出身上城,在开泰县主李具控我弟兄一案。蒙差提讯,审得我弟兄情亏理屈,山场杉木当堂尽断与姜佐兴、姜之琏、姜松乔叔侄管业。其所砍之木,系姜姓拖放发卖,我弟兄并无系分,叛案昭然。后归家,我弟兄复行阻号。佐兴欲上城禀报,我弟兄见事不谐,请中于内苦留,自愿立有错阻字样与姜姓柄照。又于嘉庆十七年五月内,姜佐兴、之琏将本名污漫溪之木发卖,客人生理,砍伐下河,我弟兄又胆将佐兴、之琏之木阻号。二比请中理讲,我弟兄无理可答。佐兴云:光天化日,何得妄行油火再三阻号。佐兴欲执前所书之错阻字赴官,中等于内排解,我弟兄原系挟嫌妄阻,自知罪累。今再立此挟嫌字样,日后再行不敢妄行滋事、藉故生端,如有此情,任从姜佐兴叔侄执字赴官,自甘领罪。恐后无凭,立此挟嫌妄阻字样,姜姓存照。

① 该份文书为贵州省锦屏县隆里乡华寨村龙景高家所藏契约文书之一,笔者于2012年7月22日上午至其家进行访谈,获赠其藏全部契约文书数码照片,并蒙授权用作学术研究,谨致谢忱,同行有笔者的同事王健博士、学生史露、赵跃、王家萍、岑广翠、陈盼盼、赵科龙等人。

凭中:吴秀忠、彭守道、范正邦、陈吉星

嘉庆十七年八月十三日亲笔治泽立。[7]p164

显然,隆里所人王治浩、王治泽兄弟,在与加室寨(属传统苗寨)姜佐兴叔侄的争端中,就多次以认错文书作为平息争端的手段。到此,我们似可断定,契约文书的使用习惯最早即是由卫所官兵,从汉族地区携带往其镇戍之地,进而使用开来的。若需旁证,贵州著名的安顺卫所屯堡之一——吉昌,亦有集中反映。[8]因此,明代卫所制度于边疆社会之变迁,具有深远的影响,把包括契约文书在内的日常使用频繁的汉文字及其载体带到边疆之地,便是其中之一。

第二类传播契约的人群,则是自发的汉族移民群体。明清时期,清水江地区有大量的非军事移民迁入,“湖南至贵州,一路扶老携幼,肩挑背负者,不绝于道”[9]p466的移民景象,多被提及。而更精确的数据,来自李中清对贵州34万汉族移民的分析,他发现大多数移民系以雇工的身份迁徙而来,渐渐地,这些雇工中的一部分上升为佃农,并最终发展为地主,其家庭亦随之不断壮大,并移居山下。[10]p327-335这与清水江文书中山林租佃契约所反映的事实相吻合,谓予不信,请看以下2份文书:

(1)立租栽杉人会同县唐玉周。今问到文堵(斗)下寨李明忠、姜映翔、映飞、九唐、福绞名下山场,土名加池塘山一块。其山言定栽杉,三年成林,恐有不成,佃主自栽,不得异言。日后栽成,二股均分,栽手一股,地主一股。今恐有凭,立佃栽杉租是实。

外批:合同未分,每年租烟四斤。

代笔:阳绍伦

凭中:姜绍文、廷珍

乾隆五十六年十二月十八日立[11]p33

(2)立卖杉木山场约人江右唐万宗。为因缺少本银,自愿将今得买姜腾芳、文干名下杉山,地名皆研,作十二股分,二人占二股半,出卖与姜之模名下承买为业。当日三面议定价银四两六钱正,当日银契两交,分厘无欠。其杉山自卖之后,买主管业,卖主不致异言。今欲有凭,立此卖契存照。

外批:此山场姜之模、老凤二人共得买

凭中:姜之桢

代笔:唐万明

乾隆五十八年八月十一日立[12]p18

从(1)可知,湖南会同人唐玉周到文斗寨租土栽种杉木,具有佃农的身份。而(2)中的江西人唐万宗,尽管在此我们不知其身份的转换过程,但从卖契内容可知,他先是从姜腾芳、姜文干手中买得股份,然后因为缺少"本银",便转卖与姜之模。从"缺少本银"四字,似亦可知,他又开始了新一轮的买股份或田土之过程。在不断的倒腾买卖中,其身份亦逐渐地由外来移民实现了向地主的转变。

其实,上述移民事实亦颇与民间文献尤其是族谱的记述相吻合,据清水江下游天柱县所遗存下来的清代族谱可知,天柱域内汉族移民先后迁入,归纳起来,有如下记述:北宋迁入有陈姓;南宋迁入者有吴、蒋、杨、龙四姓;元代迁入者有杨(与宋代迁入不同支)、龙(与宋代迁入不同支)、潘、刘,袁、彭、罗等七姓;明代迁入者有周、欧阳、胡、龚、张、肖、尹、鲍、梁、欧、姚、乐、郑、舒、谢、姜、谭、游、陶、伍、宋、全、秦、孙、唐、王、明、粟、陆、徐、黄、曾、姓、朱等三十四姓;清代迁入者有何、姚、石、林、苏、丁、蒲、万等八姓。①更为重要的是,汉族移民群体在垦殖过程中,使用了大量的契约文书。在民间故事里,就多有汉人利用契约文书中的文字断句游戏而"豪夺巧取"了很多苗人土地的故事,以致明清王朝的史书里称其为"汉奸"。譬如徐家幹游历了清水江流域之后曾这样记述道:"苗疆向有汉奸,往往乘机盘剥,凡遇有青黄不接之时,则以己有者贷之,如借谷一石,议限秋收归还,则二石、三石不等,名曰断头谷。借钱借米亦皆准此折算。甚有一酒一肉积至多时,变抵田产数十百金者。"[13]p311所以,清王朝很早就特别注意对"汉奸"进行惩处,例如乾隆二十年六月贵州按察使赵孙英曾就治理贵州苗疆办法说道:"新疆苗民较淳于旧疆,治之之法,在严惩汉奸,或入苗寨唆讼,或种苗地久占,或开店诱为盗贼,似此不法,有犯悉遽解原籍,则蠹去而苗安矣。"[14]卷六八九·乾隆二十八年六月丙子条,p714至道光六年,贵州巡抚曾委员逐细编查各属,"买、当苗人田土,客民共三万一千四百三十七户;佃种苗人田土,客民共一万三千一百九十户……住居城市、乡场及隔属,买、当苗人田土,客民一千九

① 这里只录不重复之姓氏,因为在历史长河中,同一姓氏在明清时期也再有迁入者,或者迁出又迁入者,参见杨德润编:《天柱县民族·姓氏·村镇·文物集成》,天柱县文体广播电视局2007年内部印刷本,第366-382页。

百七十三户。并住居城市、乡场,买、当苗民全庄田土,客民及佃户共四千四百五十户”[15]卷一·总叙,p10。如此众多的人到贵州买、当苗人田土,契约文书的运用是其中主要的交易媒介,现今清水江地区数以十万计的契约文书被发现,即是明证。而契约文书在传播和使用的过程中,其书写格式却呈现出多元化与地方化的趋势。

二、清水江文书书写格式的变化

清水江文书作为西南地区的文书群,对其基本格式的研究尚付阙如,然其对于全面而准确地理解整个清水江地区的契约文书,具有极为重要的意义。兹就清水江文书在明清不同时期所呈现的细微变化,归述如下。

其一,“签署日期”与“凭中”“代笔”等顺序的变化。明清时期,契约文书的签署日期在“凭中”“代笔”等之前,这是明清时期日用类文书中有关“契式”最为明显的书写顺序。例如乾隆二十五年福建官府制定颁行的“卖契式”即如是。[3]p34-35在清水江地区,现存的明代契约文书,遵循了这一书写顺序。但到了清代,这一顺序变为“凭中”“代笔”等在“签署日期”之前,日期书写在最后一行,这无疑是一直观而显著的变化,且不同于内地其他地域(比如徽州、闽粤、江浙)契约文书的书写格式。

其二,明代清水江地区的契约文书,物产出卖人有完整的“贯”,即家庭住址讯息。契约文书常如是开头:“贵州黎平府湖耳司蛮夷长官管辖地崩寨苗人吴王保、同弟吴艮保、吴老二、吴老关、吴老先等”“黎平军民府亮寨蛮夷长官司管下登寨立断租禾纹(文)约人潘贵银”[16]p99-100。这与明代日用类书的“契式”和清代官方颁行的“契式”是一致的。但从明代天启元年(1621)开始,清水江地区就已绝少见到有出卖人住址的书写格式。[17]p49这一变化,过去认为是清水江为一封闭的世界,交易双方距离较近,无须写明住址。然而,在清水江文书《龙新连南岳庙茶山断卖契》[16]p34中,交易圈亦有扩大至湖广宝庆府者。事实上,明清时期,随着清水江木材贸易市场的确立,经济贸易圈已远远超出了本县、本省之范围。[18]p25-44现在的问题是,何以“贯”的讯息就隐去了呢?从目前掌握的资讯来看,应是受内地契约文书书写习惯的影响。因为在徽州文书中,晚明以后的契约文书,家庭住址亦多省去。[19]值得一提的是,晚清以后在四川地区流行的

《写约不求人》,共收入“打店子文约式”“抚子文约式”“借钱文约式”“佃房文约式”“佃水田旱地文约式”“投师文约式”“舍白文约式”“请工文约式”“合伙文约式”“讨坟地文约式”“买阴地文约式”“卖房基文约式”“打青山文约式”“拖约式”“当田房屋基地文约式”“水田旱地房屋基地铺面定约”“永杜后患文约式”“拦留文约式”“保会文约式”“包管文约式”[20]p123-128等20种“约式”中,亦无家庭住址的资讯。

其三,清水江文书的抬头。明代完全符合阿风的研究结论,即“皇帝年号抬头顶格”[1]p947,绝少出现变化者。但到清代乾隆年间,开始出现了新的变化。譬如,年号中出现了抬一个字或两个字的书写习惯,尤其从道光年间开始,此类契约出现得越来越多。[21]p52到民国时期,另一个明显的变化是,开头首句“立”字抬头,甚至“立断卖田”四字抬头的现象也开始出现。[16]p215,218,236-239而承买人单独成行及姓氏抬头也多有所见了。[16]p90-92,211-214显然,契约文书的书写,已经向灵活多变的方向演变。

其四,清水江文书出现了地方化与民族性的书写特点。一是四抵的表述。在明代,交易标的物的四至表述中,只有“东、西、南、北”四种方位,即“东抵”“南抵”“西抵”“北抵”。到了清代,基本被“上、下、左、右”所取代,即写作“上凭”“下凭”“左凭”“右凭”。二是计量单位。因“山头地角高下,田邱方圆大小,阔狭形势,悉依地而成,不能以丈量计亩”,所以“苗民置产,惟计田几邱,收禾若干把,或计收谷若干斤,以登券据”[22]p341。由此可知,清水江地区不得不放弃以顷亩为计算单位,而采“丘”“块”为单位来计算“田”与“山林”。而计算收成或税收的单位则有常规的“石”“斗”“升”“合”,也有“担”“挑”“称”“碗”,还有地方与少数民族特用的“禾”“把”“边(秱)”“卡”,等等。当然,这与苗人、侗人的生活习惯密切相关,清水江地区苗、侗人的传统粮食作物是糯稻。乾隆《清江志》有载:“诸苗则种糯,五月栽插方完。稻谷九月内可以尽刈,诸苗之禾则须十月。其收时,以手摘,谓摘禾;以索缚之,或谓之把,或谓之编”[23]卷一·气候,p566。在契约文书中,一般称“编”“秱”或“卡”,书写习惯上多用“边”或“卡”。“卡”的写法是两个“手”并立,或上面为“加”,下面为“手”,都是两手将禾穗用草绳编在一起的意思,与“边”的含意相同。因此,有关田土与收成的计量单位成了清水江文书最具地方化的表现之一。

其五,画押的变化。通常而言,契约文书的签署,都需要凭中和代笔人出面，其签署顺序从右到左多为中人、代笔人、立契人。但值得注意的有两点：一是清水江文书如阿风指出的那样，立契人没有署押的现象很常见。[1]p961二是在清水江文书中，出现了“画字人”，尤其在嘉庆、道光两朝特别注重履行“画字”程序。譬如《龙用之冲得献茶山断卖契》：

立断卖茶山杉木核桃约人龙用之。为因缺少用费，无处出息，自愿将到名下受分祖业，坐落地名冲得献茶山一块，上凭路、下凭冲却(脚)，左右凭岭，四至分明，凭中出断与伯父大儒名下承断为业。当日凭中三面议定断价银陆两贰钱整，亲手领回应用。其山自断之后，任从银主将山耕管。如有外来不清，在于卖主理落。恐后无凭，立此断约一纸，永远发达，存照是实。

凭证：族叔明章(画押)

画字人：大权(画押)

代书：族叔大学(画押)

嘉庆贰拾叁年五月初五日立[16]p11

画字在清水江文书中，多写作“画字”和“画字人”，亦有写作“中吃画字”者。高聪与谭洪沛解释说，画字人主要起到证实当事人亲自履行画押手续的功用。[16]p99而张研根据湖南、安徽、江西的案例，有如下解释：在写契、过割、交庄时，卖主及其亲房族属全部到场拿“画字银”“画押钱”。画字签押，一方面实际表示放弃自己对买卖标的的权利，对买主购买土地没有异议；另一方面从土地权利人的角度认证此交易的合法和新业主的土地权属。“画字银”“画押钱”正是对其“认证”新的土地权属的酬谢。[24]清水江文书中的画字人之作用，显然应如是。因为清水江地区深受安徽、江西、湖南文化的影响，在木材贸易鼎盛的嘉庆、道光两朝，正是这一影响达到顶峰之时。而画字人在契约文书中的大量出现，恰好说明了清水江地区土地权属的重新确立方式，已经受到了安徽、江西、湖南“乡规”“乡例”的影响，并已将其引入契约文书的书写格式中来。唯需注意者，清水江地区并非全都是卖主及其亲房族属全部到场拿“画字银”，常常一人参与即可，如上述龙用之与其大伯龙大儒的这次交易，参与者即为龙大权。并且从内容亦可发现，清水江地区即便是房族内部的土地权属的重新确立，也引入了这一书写格式。换言之，无论是与外族的权属交易，还是房族内部的买卖，涉及土地权属的重新确立，均需要画字这一程序。

其六，特别值得注意的是，在清水江文书的书写格式中，从乾隆年间开始，画押成萎缩之势,尤其到道光及以后,甚至凭中、代笔等都呈现出减少趋势,一些契约文书至少在书写程式上,已见不到“中人”“代笔”等的踪影,即所谓“无中人”现象。我们以张应强和王宗勋编辑出版的《清水江文书》做抽样分析。① 在7 344件断卖契约中,有889件无中人参与。从时代分布来看,乾隆18件、嘉庆41件、道光104件、咸丰16件、同治23件、光绪108件、宣统39件、民国540件。这种从“当日三面议定价银”到“当日二比议定断价”②的变化,足以说明清水江文书的书写与签署,更加灵活多变。

最后值得一提的是,清水江文书书写的用语,明代极为规范,即高聪与谭洪沛所论“格式典雅庄重”[16]p15。事实上,其时文书开始传播,书写均临摹“契式”,变化自是极小。但随着时代愈后,契约文书书写逐渐娴熟,创新运用开始,用词地方化的倾向就愈加明显。当中尤应注意者为汉字记苗音、侗音及其相互混用的特殊书写情况,具体言之有三:一是汉字记苗音或侗音;二是半汉半苗或半汉半侗意译与记音混用;三是汉语径译苗语或侗语。[25]凡此均反映了清水江文书书写中多元化的语言文化生态现象,亦凸显出侗、苗、汉民族聚居融合的特点。

三、从“插草为界”到“各具契纸”的习惯变迁

明代以来,清水江地区不仅大量使用汉文字书写的契约文书,而且书写格式出现了地方性、多元性、民族性的变化,无疑均接受了汉族民众的契约文书书写习惯。契约文书作为重要的“私籍”,既是确认权利的重要证据,又是作为书证提交到法庭的重要证据。③清水江地区民众接受并使用契约文书的同时,

① 张应强,王宗勋主编《清水江文书》共3辑33册(桂林:广西师范大学出版社,2007,2009,2011年版),收录自清代以来清水江地区契约文书、族谱、诉讼词稿、山场清册(坐簿)、账簿、官府文告、书信、宗教科仪书、唱本、誊抄碑文,等等,计有契约文书14 987件,其中断卖契约7 344件。

② 民国十四年《龙兴桃洞头虾蟆形地拨换契》表述为“二比商妥”,民国二十年《杨昌枝大路坎下池塘断卖契》表述为“对面言定”。分别参见高聪,谭洪沛主编:《贵州清水江流域明清土司契约文书(九南篇)》,北京:民族出版社2013年版,第381,415,429页。

③ 在徽州地区,无论是官方的户口与土地册籍、府县志书、执照、诉讼卷宗等公籍,还是契约、合同、族谱等私籍,都可能作为书证而提交到法庭,参见阿风:《公籍与私籍:明代徽州人的诉讼书证观念》,《徽学》,第八卷,合肥:黄山书社2003年版,第22-39页。事实上,在受汉文化影响至深的清水江地区亦如是,契约文书成为人们面对审讯最重要的呈词。参见杜家骥主编:《清嘉庆朝刑科题本社会史料辑刊》,天津:天津古籍出版社,2008年版,第3期,第1673页。

重视其保存,显然与此有关。换言之,清水江地区契约文书的大量使用和保存,显示其地经历了从“插草为界”的“无法”习惯向“各具契纸”的“有法”习惯转变的历史变迁过程。

清水江地区,自司马迁时代到明代,一直处于朝廷及士子文人的视野之外,具体的生活状态并未为外界所熟知,因而顾祖禹在论及贵州形势利害时,仍说:“贵州之地,自唐宋以来通于中国者,不过什之一二。元人始起而疆理之,然大抵同于羁縻异域,未能革其草昧之习也”[26]卷一百二十·贵州方典纪要序,p5232。即便再晚近的魏源,也仅知道清水江为“沅江上游,下通湖广,上达黔粤,生苗居其上,沿岸数百里皆其巢穴”[27]p288。光绪年间修撰地方志书时,尚有该地苗人“虽通汉语、不遵文教、刻木为券、剁木为誓”[28]卷十上·艺文志,p472的表述。直到唐陶华于民国28年(1939)所做田野调查时,尚有如下记录:

明末天启年间,遵义土司奢崇明作乱,敝族祖宗随军讨奢崇明至遵义,旋至定番,因家焉。罗氏有十子,年老时,谓曾游历至藕溪(在今龙里第二区),其地大可开垦,命其二子往寻之,不获,回以各种记号告之,乃得,因命其二子家焉。时清康熙年间也。是时其地全未开垦,亦无人占领,乃插草为标,以示所有权之范围。至今凡有三四十户。田地之有契,始于乾隆年间。[6]p88899-88900

该口述资料显示,贵州当地的契约行为迟至清乾隆时期才有,在此之前是“插草为界”。其表述存在不同程度的错误,但此种误传和现象,即便今天,尚多有遗存,以致现代法律人类学家的研究成果中,多有“埋岩”“芭茅草”[29]p24-62,133-139一类的成果。

但是,从明代开始,清水江地区就开始大量使用契约文书的事实却毋庸置疑。贵州苗族大量使用林业契约,虽然这些契约文书是用汉字书写的汉文数据,却是在苗族内部所签订的契约文书。契约签署之际,也就意味着苗族民众成为货币经济活动中的一员。陈其南曾解释契约关系显示出个人主义的概念,认同契约订定模式,相对地也就确认这整个经济活动的行为规范。[30]p7而事实上,在清水江地区,随着“红契”的发现,我们知道该地的人们至少从明代中期就开始接受明王朝有关财产权的法律登记程序。[17]到了清代,尤其是雍正五年(1727)规定“苗民地亩多恃强侵占,以致互相仇杀,应令各具契纸,开明四至,官给印信,俾永远承业”[31]卷五十四·雍正五年三月甲寅条,p827,以及“汉民错处其间,历年久远,苗产尽为汉有,苗民无土可依,悉皆围绕汉户而居,承佃客民田土耕种,昔日之苗寨今尽变为汉寨”[32]卷六·镇远府,p176-177之后,不管是外来移民,还是苗人,使用契约文书的范围进一步加大。这对原有“插草为界”的物权持有习惯冲击甚大,出现了凡事均需正式书写契约文书的生活习惯[33]。

值得注意的是,尽管清水江文书中,“白契”占据93%以上的比例[34],但民众在使用契约文书时,为了防范日后纠纷的发生,其在文书的书写以及程序设计上,都做了充分的考虑。譬如乾隆二十五年(1760)的一份分关文书就这样写道:

立清白分关人姜吉祥、上贤、士凤、启才、富宇、凤宇、和宇、得中、文学、文佐等,为因众□□买得污革、□石、千石三处山场。□□卖空,倘山内存落脚木根数枝,三阄均分。遗山不载,俱系荒地,我三阄同心公议,将此三处山场分平均分,照字研勿,当天发誓,并不反悔。哪阄异言,执字鸣官,自甘祸罪。[21]p6

在这份文书里,尽管不见证人的参与,也未经加盖官钤,但他们在契约中加入了“哪阄异言,执字鸣官,自甘祸罪”的表达与设计。从乾隆年间开始,这种把官府作为监控的影子写入契约文书的事例愈发增多。据此,我们有理由相信,在契约文书大量使用之后,不仅书写格式在发生着地域化、多元化的变化,而且导致当地固有风俗习惯开始改变,例如关乎地方稳定的纠纷解决习惯,就由“理讲”“鸣神”风俗开始向有法可依的“鸣官”方向演变[35]p269-289。事实上,“无中人”契约文书和“白契”的大量盛行,还使清水江地区社会伦理维系下的经济交往习惯得以发展,形成了村寨——家族共同体的经济圈[36]。

而从画押格式的变化来看,在明代的清水江文书中,就极为规范地使用了契约文书的画押程序。譬如锦屏县偶里乡九南寨《吴王保石榴山冲荒地卖契》:

贵州黎平府湖耳司蛮夷长官管辖地崩寨苗人吴王保、同弟吴艮保、吴老二、吴老关、吴老先等。为因家下缺钱使用,无从得处,情愿将到自己祖业管耕一处,土名石榴山冲旷野荒地一冲,请中问到亮寨司九南寨民人龙稳传名下承买为业。当日三面言定议值价钱,吴王保、吴艮保名下银壹两柒钱,吴老二、吴老关名下一股壹两柒钱，一共叁两肆钱整，入手回家应用，去讫外。其荒地，东抵石榴山，南抵大王坡，西、北抵溪，四至分明为界。断粮浚卖，任从买主子孙开荒修砌管业，再不干卖主之事，亦无房族弟男子侄争论，二家各不许憣悔，如有一人先行憣悔者，甘罚生金三两、白水牛一只入官公用，仍旧承交。今恐人心难凭，立此父卖子绝文约，永远子孙收照用者。

吴王保名下多银叁钱正

嘉靖叁拾伍年十一月廿三日

立约人：吴王保（画押）

同弟：吴艮保（画押）

同侄：吴老二（画押）、吴老关（画押）

同男：吴老先（画押）

引进、（凭）中：尚金台（画押）

中证：龙传勇（画押）

寨老：龙传亮（画押）

代笔人：陆国用（画押）

同见人：陆进银（画押）、杨正富（画押）

吴王保、吴艮保共画字一钱七分

吴老二、吴老关、吴老先共画字一钱七分

龙详保画字壹钱整

天理人心，永远子孙收执用者[16]p99

诚然，从明代中期一直到近现代，画押的格式呈现出多元化趋势，甚至还出现了“无中人”的现象。但不可否认，直到1988年天柱县地湖乡佑家寨的《培修喉咙塛茶山合同书》及画押格式尚如下所示：

业主宋显扬、宋良臣将喉咙塛一块慌茶山承包给梅花村吴展成，培修期限五十年，直到成林。为使皆山林果永，永不受损失，业主将本山塆口从田边起让一块进身四丈、过间五尺地基给吴展成作阳基，山权永永属业主所有，阳基永永属吴展成所有。恐日后无凭，特立契据存照，永不反悔。

业主：宋显扬（画押）、宋良臣（画押）

承包主：吴展成（画押）

中人:潘光本(画押)、潘积德(画押)

执笔人:丁盛廉(画押)

公元一九八八戊辰年十月四日立

比对上述两份相隔332年在苗寨签署的契约文书可知,自明代契约文书传入清水江地区以后,在不断的使用过程中,书写格式尽管有变化和创新,但由此衍生和沉淀出来的“各具契纸”而耕管田土的习惯,已成为其日常生活的重要组成部分。那种“插草为界”就能拥有整片山林、田土的所有权的习惯,常面临界限混乱、争端频发的严重问题,而以汉文字书写的契约文书,白纸黑字,尽管作伪的事例亦非少见,但在面临争端做呈堂证供时,较之既无时间概念、亦无四至分明的“草标”要清晰得多。因此,生活在清水江地区的人们,所有权习惯也就在契约文书传入和明清王朝律法介入的双管合力的作用下,转变为了“依契管业”。

综上所述,明初以降,随着明清王朝的不断拓殖和经营,清水江地区由“化外”之地逐渐成为“王化”之区,在这一社会、政治、经济、文化、环境等方面均发生变动的新的地域里,卫所军士与其他汉族移民不断涌入,不仅带来了契约文书,且在与少数民族互动的过程中,把日常生活中利用契约文书的习惯和观念传播给了他们。少数民族也在与汉族的不断交往中,积极主动地适应契约文书营造的社会环境,利用契约文书保障自身的权益,逐渐丢弃“插草为界”的所有权习惯,并且在契约文书书写格式中,努力地加入地域性、民族性的书写内容。这不仅丰富了明清时期契约文书书写格式研究的内容,而且使我们弄清了汉文字的传播及其生根方式与人们固有习惯的转变为明清时期贵州少数民族地区不断“内地化”的重要一环。

参考文献:

[1]阿风.宋代以来中国土地买卖文书书写格式的变迁与地域差异[C]//探索清水江文明的踪迹——清水江文书与中国地方社会国际学术研讨会论文集.成都:巴蜀书社,2014.

[2]吴才茂.近五十年来清水江文书的发现与研究[J].中国史研究动态.2014(1).

[3]杨国桢.明清土地契约文书研究[M].北京:人民出版社,1988.

[4]张传玺.中国历代契约会编考释(上)[M].北京:北京大学出版社,1995.

[5]田汝成.炎徼纪闻[M]//景印文渊阁四库全书(第352册).台北:台湾商务印书馆影印本,1983.

[6]唐陶华.贵州及贵阳实习调查报告[M].台北:成文出版社,1977.

[7]张应强,王宗勋.清水江文书(第1辑第5册)[M].桂林:广西师范大学出版社,2007.

[8]孙兆霞等.吉昌契约文书汇编[M].北京:社会科学文献出版社,2010.

[9]民国贵州通志(前事志)(第三册)[M].贵阳:贵州人民出版社,1988.

[10]李中清.中国西南边疆的社会经济(1250—1850)[M].林文勋,秦树才,译.北京:人民出版社,2012.

[11]张应强,王宗勋.清水江文书(第1辑第12册)[M].桂林:广西师范大学出版社,2007.

[12]张应强,王宗勋.清水江文书(第2辑第3册)[M].桂林:广西师范大学出版社,2009.

[13]徐家干.苗疆闻见录[M]//西南稀见丛书文献(第十四卷).兰州:兰州大学出版社影印本,2003.

[14]清高宗实录[M]//清实录.北京:中华书局影印本,1986.

[15]爱必达.黔南识略[M].台北:成文出版社影印本,1968.

[16]高聪,谭洪沛.贵州清水江流域明清土司契约文书(九南篇)[M].北京:民族出版社,2013.

[17]吴才茂,龙泽江.清代清水江下游天柱吴家塬苗族村落土地契约文书的调查与研究[J].原生态民族文化学刊,2011(1).

[18]相原佳之.清代中期,貴州東南部清水江流域の木材流通構造——以<採運皇木案牘>の記述を中心に[J].社會經濟史學,2007(72-5).

[19]刘伯山.徽州文书[M].桂林:广西师范大学出版社,2005.

[20]冯学伟搜集、整理.清刻本《写约不求人》[M]//法律文化论丛(第2辑).北京:法律出版社,2014.

[21]陈金全,杜万华.贵州文斗寨苗族契约法律文书汇编——姜元泽家藏契约法律文书[M].北京:人民出版社,2008.

[22]林溥.古州杂记[M]//西南稀见丛书文献(第十四卷).兰州:兰州大学出版社影印本,2003.

[23]乾隆清江志[M]//中国地方志集成·贵州府县志辑(第22册).成都:巴蜀书社,2006.

[24]张研.关于中国传统社会土地权属的再思考——以土地交易过程中的“乡规”“乡例”为中心[J].安徽史学,2005(1).

[25]张新民.扩大中国乡土社会的认知解读范围——《天柱文书》序[J].贵州文史丛刊,2014(1).

[26]顾祖禹.读史方舆纪要[M].北京:中华书局,2005.

[27]魏源.圣武记[M].北京:中华书局,1984.

[28]光绪古州厅志[M]//中国地方志集成·贵州府县志辑(第19册).成都:巴蜀书社,2006.

[29]徐晓光.原生的法:黔东南苗族侗族地区的法人类学调查[M].北京:中国政法大学出版社,2010.

[30]陈其南.婚姻、家族与社会——文化的轨迹(下)[M].台北:允晨文化实业股份有限公司,1986.

[31]清世宗实录[M]//清实录.北京:中华书局影印本,1986.

[32]罗绕典.黔南职方纪略[M].台北:成文出版社影印本,1974.

[33]吴才茂.契约文书所见清代清水江下游苗侗民族的社会生活[J].安徽史学,2013(6).

[34]刘亚男,吴才茂.从契约文书看清代清水江下游地区的伦理经济[J].原生态民族文化学刊,2012(2).

[35]吴才茂.理讲、鸣神与鸣官:民间文献所见明清黔东南纠纷解决机制的多元化研究[M]//中国社会历史评论·第15卷.天津:天津古籍出版社,2014.

[36]罗康隆,杨成.侗族传统家族制度与清代人工营林业发展的契合[J].广西民族研究,2009(3).

作者简介:吴才茂,西南大学历史文化学院博士研究生;凯里学院人文学院副教授,贵州原生态民族文化研究中心研究员。

基金项目:国家社会科学基金重大项目“中国古文书学研究”(14&ZDB024),项目负责人:黄正建。

原文出处:《西南大学学报》(社会科学版)(重庆)2016年第4期。

转载:《人大复印报刊资料·明清史》2016年第10期全文转载。

晚清马政的整顿与变革浅探

陈振国

（河南城建学院 法律系，河南 平顶山 310028）

摘　要：晚清在日益深重的内忧外患的煎迫之下对马政先后进行了传统的整顿和近代的改革。同治年间发起的传统整顿在马政的机构设置及管理制度建设上毫无建树，加之马政官员的渎职，“搜军实”“挽颓风”的愿望落空；光绪末期新政大潮中的马政近代改革在机构、制度乃至理念方面努力与世界同步，却由于财政的极度困顿、官僚整体性的麻木不仁和科技的发展而导致的马政日趋被边缘化等不利的外在环境的牵扯而流产。

“夫国之大事在戎，戎之要在马”，[1]276-407因而有“马上得天下”一说，道出了马政在传统社会形态里的重要地位。

统一战争对马匹的强劲需求、血液里流淌着的骑射基因决定了马政在清王朝也同样备受重视。在迎来康乾盛世之际，马政也渐入佳境：北部中国牧场（马厂）林立，各项制度也日趋完备。《清朝文献通考》对此有一番生动的描述，“太宗文皇帝既平察哈尔，谓地宜畜牧，遂分置各牧场。逮定鼎以来，又增设总管各官为之经理。其掌于太仆寺者，则有左翼四旗、右翼四旗牧厂；其掌于上驷院者，则有大凌河及张家口、独石口外诸处牧厂。草肥土衍，云锦成群，岁之蕃衍孳息者，以千万计”[2]6561。康熙也夸口说：“自古马政之善，无如本朝者。”[3]346

不过清代马政也无法挣脱承平日久之后百弊丛生的怪圈。嘉、道以后日益走向没落，陷入了“今之马非马，尚安问政乎”的窘境[4]9803。而日益深重的内忧外患严重地摇撼着清王朝的统治,出于自我挽救,清对马政先后进行了传统的整顿和近代的变革。

一、传统框架下的马政整顿

太平天国的狂飙似乎让清廷突然意识到马政已是积弊深重,同治元年(1862年)闰八月的一道上谕中透露出当政者对马政现状的忧虑和不安,"其京外各营、各直省驿站,额设马匹支应差操及接递公文,均关紧要",而"军营马队最为得力,然必须膘壮精良方能制胜。近来马政废弛,积弊日深,以致调赴军营马匹时多疲瘦"。为此,朝廷痛下决心,"若不认真整顿,何以搜军实而挽颓风?"要求各相关部门大臣务必实心任事,"不得视为具文,致干重咎!"[5]1089-1090在朝廷的推动下内外要求厉行整顿马政的呼声不绝于耳,"发难起,内外争以整顿马政请"[4]9803。翁同书疾呼,"马匹为武备之要需,牧场为边防之重务。承平日久百弊丛生,马政之废弛未有甚于今日者"。他催促大力整顿营马、牧马之弊,期待着"成周教駣攻驹之政,唐代设牧置监之规,复振兴于今日,而牧场不等于虚设矣!"[6]2088

同治元年(1862年),在一番争论之后整顿马政的帷幕正式拉开。兵部分析马政废弛的缘由,"推原其故,总由监牧官视为具文。该管官漫无觉察,积习既深,滋弊亦甚"。所以有针对性地拟定整顿章程六条:(1)牧官宜严考核,"拟请责成该厂大臣认真查察,岁终具奏,将各群膘分实在情形于折内声明"。(2)责成以宜杜推诿。(3)沿途善喂养。(4)报倒宜按定例。(5)孳生宜备册案,"拟请每年终仍将孳生数目咨报,并将历届均齐年份令该都统依递核算,造具四柱清汉细册报部,以备查核"。(6)营驿马匹应一律整顿,"拟请嗣后,京外各营及各直省驿站应令该管大臣确切查核,每年岁终具奏"。最终欲达到"蒐军实而挽颓风"的美好图景。①

朝廷当然希望通过整顿马政为军营驿站提供更多合格马匹以便为早日剿灭肘腋之患增砖添瓦,对于兵部的整顿章程即刻表示同意,也明确提出了期望,"各该管大臣等务当力求整顿,俾马政日有起色,以利军需"[7]11995。

① 这里只是择引其要者,兵部整顿马政章程的具体内容详见盛康辑:《皇朝经世文编续编》(卷七十九兵政五马政),台北:文海出版社有限公司,1979年版,第2089-2092页。

立国以来首次马政大整肃看似下了很大决心,不似从前那样找几个玩忽职守的官员革职了事,而是切切实实地制定了章程,提出了要求。然而细细揣摩整顿马政六条章程却发现了无新意:不但毫无生气的马政机构未见有任何触动,百弊丛生的马政管理制度也不曾有任何革新之处。林林总总的条款中实际上最终落到了实处的只有年终奏报一项。尽管朝廷不惜以“严办”“重咎”相威胁,在官僚系统已呈现出“体制性”崩坏的情况下,这种不伤筋动骨的整顿,其结果与朝廷的期望必定相去甚远。

且不说年终奏报是否能真实地反映各场(厂)的实际状况,但就能否做到按年奏报就已经大成问题。以光绪朝为例,三十四年间,只有大凌河、科布多官厂、太仆寺两翼牧群等七个场(厂)断断续续年终具奏过,而且没有一个场(厂)能年年具奏。科布多官厂算是比较按规矩办事的了,但还是有十个年头没有具奏,其他场(厂)就更等而下之。营、驿方面,光绪朝,全国有23直省,省省有驿,又有17处将军、都统,他们情况又怎样呢?《光绪朝朱批奏折》里详细记载的各直省军营驿站年终奏报情况同样令人沮丧,只有广州、福州、宁夏等13处有过具奏纪录,不及40处应奏直省、将军及都统的三分之一。而已经具奏的要么是隔三差五地应付,要么就是一成不变地虚应故事。[①]以广州为例:

表1　光绪年间广州驻防将军年终查明额设马匹具奏情况

项目年份(光绪)	额设马匹	上年倒毙	本年买补	本年倒毙	实有马匹
一年	—	—	—	—	—
二年	480	64	二月买补足额	64	416
三年	—	—	—	—	—
四年	480	64	三月买补足额	64	416
五年	480	64	三月买补足额	32	448
六年	480	32	五月买补足额	32	448
七年	—	—	—	—	—
八至十年	480	32	四月买补足额	32	448
十一年	480	32	五月买补足额	32	448

① 具体可参见中国第一历史档案馆编:《光绪朝朱批奏折》(第五十五辑),北京:中华书局,1995年8月版,第275–977页中有关记载。

续表

项目年份(光绪)	额设马匹	上年倒毙	本年买补	本年倒毙	实有马匹
十二至十八年	—	—	—	—	—
十九至二十年	480	32	二月买补足额	32	448
二十一至二十三年	—	—	—	—	—
二十四年	480	32	二月买补足额	32	448
二十五年	—	—	—	—	—
二十六至三十四年	480	32	二月买补足额	32	448

资料来源:第一历史档案馆编:《光绪朝朱批奏折》(第五十五辑 军务·马政,中华书局,1995年版)中有关数据绘制。

光绪朝,广州将军一职先后由长善、继格等一批皇亲宗室担任。长善任内还有所忌惮,在买补马匹的月份上玩点花儿样,继任者则连这点都懒得粉饰一下。从上表可以很清晰地发现从光绪十二年(1886年)到三十四年(1908年),二十余年间,广州八旗驻防马匹每年的倒毙数量及买补月份都惊人地一致,晚清官僚对政务的敷衍确实让人叹为观止,难怪朝廷看多了这种相似的具奏后,对广州驻防马匹“有计划按要求倒闭”的情况甚为不满,多次朱批了“兵部知道”之后,终于忍无可忍:“骑射为我朝良法,广州旗营宜令练习不可荒废。例倒马匹甫经买补足额,何以续倒者仍如前数?岂必合一成五之例而后已耶?此等旗营风气不可不除!”[8]387 对朝廷的斥骂似乎臣下早已经有了“抗体”,根本就无动于衷。如此臣子,指望他们实现“搜军实而挽颓风”,不啻是白日梦。

这次整顿略能带给皇帝些许安慰的要算是大凌河牧场(厂)了,可以看作此次整顿中的“大手笔”:署锦州副都统恩合将年已七十以上之牧长、副牧长嘎尔炳等七人勒令休致。“衰老之员恋栈充数,若不严行惩办,不足以资整顿。”其次将锦州牧群衙门六品翼领向与副都统联衔画稿的权力剥夺,“以示区别而杜僭妄”[8]387。

这次貌似轰轰烈烈的马政整顿仅此而已,并无机构和制度上的任何变动。同治三年(1864年),在要求察哈尔都统等力加整顿所属牧场(厂)的谕旨中,又明确要求"其攒扣兵饷、马驹变价及挑缺令兵丁出银添补马群,一切积弊务须全行革除。各衙门陋规及馈送查群大臣程仪等项名目并著永远裁革,毋得再蹈从前积习"[4]9807。朝廷革除积弊的迫切心情可见一斑,而谕旨中对此反复重申,只能说明种种马政痼疾依然如故。

整顿成效几何呢?几例事实足以说明一切。

光绪十年(1884年)五月,大凌河牧场具奏有大骟马一千五百九十匹[8]450,当年八月,神机营"请由大凌河牧群调备口轻膘壮战马一千匹,听候调用"[8]453。不料主管大凌河牧务的锦州副都统维庆声称仅能挑选出膘壮堪骑骟马五百二十匹,其余要么"口老疲瘦",要么"齿性未定",总之是"不堪充选",并建议挑选部分骒马充数[8]455。

张家口外两翼牧场乃清朝军马繁育基地中的佼佼者,光绪三十四年(1908年)察哈尔都统诚勋查核亏短计三万三千二百九十六匹之巨[4]9810。

《清史稿》中的记载也印证了此次马政整顿的效果不彰。光绪九年(1883年)穆图善练兵用马孔亟却遍地寻求良马不得,甚至远赴黑龙江求马无果,不由慨叹:"地气其尽乎!"[9]4174

传统框架下的马政整顿成效不过尔尔。

二、晚清马政的近代变革

甲午一战,大清帝国陆海军惨败于日军。黄海上空的硝烟还未散尽,以西洋军事制度为蓝本的变革大幕已徐徐拉开。在你方唱罢我登场的变革大舞台上,我们也看到了马政的舞姿。

(一)中央马政机构的整合

1905年,主管马政的兵部车驾清吏司改组为军牧司,太仆寺并入。曾赴欧美考察军事,深知军马重要性的徐致善任司长;曾赴日本观摩马政,力主马政改良的陈诜任司长上行走兼繁殖科科长。军牧司设均调及繁殖两科。均调科掌军牧人员的任免、军牧兽医教育、军马卫生材料购买分配及牧场有关事宜;繁殖科掌军马采购、马匹繁殖及马政计划与规章的厘订等事项[10]250-251。宣统二年(1910年),陆军部再次改革马政机构:设立军马总监,并分设南北军马分监七处。先设北分监,即以两翼牧场改组而成。南分监拟设于广西。总监下设四科,仍驻张家口,辖陆军部所属各牧场[10]254-255。

马政机构整合重组,是清朝马政史上的一件大事,其意义不在于换了新招牌,而在于由有近代马政思想的人士出掌马政事务,给暮气沉沉的清朝马政带来了一丝曙光。这一切似乎预示着晚清马政要有一个新的开始。

(二)与国际接轨的军马采购标准的出台

马政机构改革确乎带来一番新气象。宣统二年(1910年),陆军部制定了《采购军马资格年限规则》,这也是清朝二百多年来马政史上一项有转折意义的大变革。此前营、驿挑补马匹实际上没有一个明晰的可操作性标准,仅"口轻膘壮"四字而已,完全依赖于挑选人员的经验。挑选人员的漫不经心或损公肥私,使解送到军营驿站的马匹往往有"矮小,不堪骑用"或"疲瘦,不能耐久"等弊病。

《采购军马资格年限规则》仿照西洋章程,不但规定了一般军马的采购标准,而且更进一步细化了不同用途军马的采购标准,骑马、驾炮马、辎重马等因为功用各异,所以选取标准也各不相同。另外马匹的颜色、年龄等等都做了相应的规定。①

这样就使得各地在选取军马时有了一个可以统一参照的标准。选马标准的制定为晚清编练新军的标准化、统一化做出了一点儿贡献。

(三)马种的改良

马种的改良也是晚清马政改革的一个重要环节。

1903年,《农学报》发表有《俄罗斯马之种类》一文,详细介绍了俄罗斯马的优良品种。这是清政府预备改良马匹的先声。两年之后,军牧司为推进军马改良,在张家口外的两翼牧场建立模范马群,拟订马匹改良方案,引进德国、俄国纯种马及新疆伊犁马。这是有组织、有计划的近代马种改良的先声。

1909年陆军部以两翼牧场为基地正式开始了马匹改良实验。当年引进英国种马一匹;又挑选伊犁儿骡马二百匹。为丰富种马种类,6月间,采购到俄国

① 具体的选马标准详见刘锦藻:《清朝续文献通考》(卷二百三十六·兵三十五·马政),杭州:浙江古籍出版社,1988年影印版,9816页。

产黑儿骡马三匹,黄枣骝骡马一匹,此外还得到德国青岛提督所赠德国产纯血种牡马一匹,“此马六岁,体高五尺一寸,体格优良,特设马厩,由兽医官保育,产有杂种驹数头”[10]255。

这次马匹改良实验,规模不大,但毕竟是政府出面有组织有计划的近代马匹改良的开始,意义非同寻常,且开端不错。1910年总管崑源报告里按捺不住的是欣喜之情,“现查验英种息驹九匹,伊犁息驹五十七匹,俄种息驹三十二匹。该息驹骨骼躯干并皆高大壮实,已觉成效可睹。水土气候均甚合宜,俄马产自寒带,尤为相习”[4]9817。

(四)北洋马医学堂

考求史料,我们看不出清代有对马匹疾病的医疗特别重视的迹象。中央马政机构之一太仆寺所属司牧官役的设置上,并无马医名目。上驷院是皇家御用马政机构,实际上其所属口外牧场司牧官役的设置与太仆寺并无二致,更不消说远处西北的绿营各牧场(厂)。唯独储养于京师,皇帝会随时调用的内外厩马匹,“设医长蒙古二人,医师蒙古十八人,癞医六人,兽医汉十六人”[2]6563。

由于马医的缺乏及医术的落后,马匹的倒毙及患病率极高。商都、达布逊诺尔两处自乾隆十七年(1752)至二十二年(1757)短短五年间,就倒毙马匹6 400匹有余。[7]3409嘉庆十八年(1813),大凌河牧场(厂)马匹“生癞者一千六百四十余匹,倒毙者一千三百二十余匹”[7]6127。

这样的局面显然不利于马匹的生产。进入新世纪之后,筹练新军的领军人物袁世凯对此有着长远的思考,提出“亟须考求各国卫生之术,并储马医之选”,“因材施教,为学择人,迟之数年,明医药解剖之术胜搜讨军实之任者,当不乏人”[11]677-679。1905年由袁世凯奏准于保定开办北洋马医学堂,这是一所专门培养陆军兽医人才及军马卫生管理人才的专业技术学校。马医学堂的设立是晚清马政改革的又一重要举措,具备近代马医知识的毕业生充实到马政第一线,部分缓解了马医紧缺且医术落后的局面,对于马政事业的良性发展无疑具有重大意义。

(五)开辟新牧场(马厂)

我国西南山区也曾有丰富的马匹资源。面对马匹的不敷使用,1908年京畿道监察御史赵炳麟建议于西南大兴马政,“我西南马政,全未讲求。……是今日就西南辟大牧场,讲求马政,实为要图","倘可兴马政",可以"预备西南各省陆军之用,于戎政大有裨益"[12]95。建议是不错,但从此没有了下文。不过到了抗战时期,军政部句容种马场几经辗转,迁至贵州,建有清镇种马场,也算没有枉费赵御史当年的一片苦心。

对于新设牧场之事,直隶总督端方感同身受,"查东西各国育马之所,官私林立,其不惜重资以经营牧场者,类因产马事业必以争竞力剧而后始能进步改良……是欲整饬马政,即不得不多设坰牧,以为考验改良地步"[4]9815。

1902年袁世凯筹练北洋常备军,一向赴张家口外草地一带采购军马,马匹长途跋涉,解到时往往疲瘦不堪。1905年6月袁世凯上折《请将黑峰河等处留作牧场片》,提出就近新建马厂,即北洋马厂[13]1167。不过短短三四年光景便已经小有成效,1909年直隶总督端方派员查验该厂,"共计七群,实存儿、骒、骟马二千六百五十七匹。所有新生幼马,光绪三十三年不过三十五匹,三十四年不过四十五匹,本年六月已至三百二十二匹。从此认真整顿,三四年间生息日繁即无须购自口外,足敷二、四两镇战马之用,兼可节省经费以裕军储"[4]9815。

(六)两翼牧场的改革

讨论晚清的马政改革便不能不提一直以来就是清代最重要的军马繁殖基地的张家口外两翼牧场。清中叶以后该场也是江河日下,不仅马匹亏额巨大,牧地被垦噬也很严重①。光绪三十四年(1908年)清廷委任所倚重的副都统崑源出任两翼牧群总管,"以期牧政日有起色"[12]52。

崑源上任后立即推出整顿章程六款:归并群牧、整饬牧养、添设属官、开办两翼牧群学堂、设立模范群、酌加总管以下各官弁兵丁津贴[4]9814-9815。

改革方案中最有新意的是开办两翼牧群学堂和设立模范群两款,要培养具有专门牧养学识的人才,使马匹牧养正规化、科学化,以期摆脱全凭经验牧放的传统;而模范群的设立则开启了有组织有计划改良马种的实验之门。仅此而言,崑源的眼光较之任何前任都更长远、深刻和独到,已经触碰到了近代马政的门槛。

此时陆军部编练三十六镇新军的计划正在逐步实施中,军马的需求既多

---

① 具体废弛情形在刘锦藻:《清朝续文献通考》(卷二百三十六·兵三十五·马政),杭州:浙江古籍出版社,1988年版,第9814页有详细的记载。

且急,陆军部对崑源拟订的两翼牧场改革计划态度鲜明地予以支持。其改革计划各种费用共计约43万余两,为避免朝廷因库贮支绌而否决马政整顿计划,陆军部强调"详核该牧群总管所称各项经费,无可再减,请仍照原请数目拨给",[4]9815对崑源整顿计划之倾心可见一斑。

不管马政整顿计划如何适合整个军事改革需要,最终还是要落实到财政上的支撑。崑源的计划实在算不上庞大,费用更谈不上巨额,即便如此,度支部已经觉得吃不消,"无如臣部财力异常支绌,虽系分年支付,仍属无可腾挪"。经过与陆军部反复磋商和讨价还价,最后,"核议拟拨给开办经费银六万两,常年经费银六万两"[4]9815。

(七)改革成效

确实,此番马政改革确取得了一系列成果:马政机构整合了,且由具有世界眼光的人物统领;选马标准也更具有可操作性;马种的改良也小有成果;马匹医疗牧养趋于与世界接轨,这不免让人对晚清的马政充满遐想。可惜此时大清王朝气数已尽,不数年间,革命军起,马政改革也随之成为过眼云烟。

三、结　语

晚清马政的整顿与改革可以看作中国近代化浪潮在马政领域里的缩影,同样经历了由表及里的艰难历程。

同治年间开始的马政整顿,成效确实乏善可陈。究其根源,从大环境来说,整个官僚系统的腐败是祸首。大批官员尸位素餐、昏聩无能,"全身保位者多,为国除弊者少;苟且塞责者多,直言陈事者少"[14]226。严重腐蚀马政系统效能的"规礼贺银""程仪银两"等各种名目的陋规"历久相沿",[7]11997由这些庸劣而又贪婪的官吏来执行马政整顿,出现牧场马匹亏短累累,驿站马匹倒毙不已,军营里虚拴空头,但递到皇帝案头的奏折里依然一派歌舞升平的奇妙景象就不足为奇了。另外马政本身过于苛刻的责罚制度也无法激起马政官役参与整顿的积极性。只要马匹出现亏短,不问缘由,官员重罚,兵丁责打。原巴里坤总兵张拱辰在任内时,所辖诸马厂亏马7 800余匹之多,道光三年(1823)被革职拿问,"发往伊犁效力赎罪","应赔亏马价银一万五千六百七十四两,著张拱辰赔缴十分之六"，"勒限一年完缴"[15]卷62。次年六月，张拱辰即因"虑赔缴无资，遽尔轻生"，自缢身亡[15]卷69，张拱辰位居总兵之高位尚且因无力赔补巨额亏欠而走上绝路，此也足见清代马政对官员兵丁处罚力度之烈、之剧。最后，这次马政整顿章程丝毫不涉及事关整顿成败的重要环节如机构、制度等的变革，只一味强调事实上有名无实的年终具奏，无异于隔靴搔痒，其劳而无功的结局从开始的那一天就注定了。

新旧世纪之交，作为晚清庞大军事改革的一个组成部分——马政改革走向纵深：从机构到制度都引进了一些西方的理念和模式。我们不怀疑清政府改革马政的诚意，马政改革成功可以为他们集权于中央，找回"乾纲独断"的感觉助上一臂之力。然而财政的拮据是马政改革的致命伤，两翼牧场区区40余万的预算费用都能让偌大的度支部左右为难。用一位候补道员的话来描述这种窘境是再精当不过了："出一策则以筹款无着而中止，办一事则以经费过巨而缩小，因陋就简，挖肉补疮，但以敷衍目前而已。"[16]182

晚清帝国官僚整体性的麻木不仁也绝非马政改革的福音。"朝廷颁布一令，政府则恭录谕旨寄之督抚，督抚下之司道以施行于各府厅州县，而政府之能事毕矣。其行之有效与否，政府不复过问也。部臣议上一事，则钞录奏稿，刷印章程，咨行京外各衙门下所司施行，而部臣之能事毕矣。其行之果无滞碍与否，部臣不暇深求也。前者既未实行，后者又复踵至，积重难返，虽以奉旨交办之件，延搁数载，亦遂久而若忘，因循废弛，遂以不振。"[16]331

另一方面，从"我国士卒，初有几何？因娴骑射，所以野战则克，攻夺则取"[7]67到"所习硬功刀石及马步射，皆与兵事无涉，施之今日，亦无所用"[17]总4697的变化，是科技生产力发展的结果，所印证的是骑射的渐趋式微，更是马政在当政者视域里由中央而边缘化的历程，这也注定了在晚清庞大的新政计划中马政的改革得不到当权者的重视。

经济的困顿加上并不很有利的大环境，决定了晚清的马政改革不会走得太远。

参考文献：

[1]陈讲.马政志[G]//四库全书存目丛书.济南:齐鲁书社,1996.

[2]清朝文献通考[M].杭州:浙江古籍出版社,1988.

[3]天台野叟.大清见闻录(上卷:史料遗闻)[M].郑州:中州古籍出版社,2000.

[4]刘锦藻.清朝续文献通考[M].杭州:浙江古籍出版社,1988.

[5]清穆宗毅皇帝实录(卷四十)[M].北京:中华书局,1986.

[6]杨家骆,盛康.皇朝经世文编续编[M].台北:文海出版社有限公司,1979.

[7]赵之恒,等.大清十朝圣训.[M].北京:北京燕山出版社,1998.

[8]中国第一历史档案馆.光绪朝朱批奏折[M].北京:中华书局,1995.

[9]赵尔巽.清史稿(第十四册)[M].北京:中华书局,1976.

[10]谢成侠.中国养马史[M].北京:科学出版社,1959.

[11]沈祖宪.养寿园奏议辑要[M].台北:文海出版社有限公司,1966.

[12]宣统政纪[M].台北:文海出版社有限公司,1989.

[13]天津图书馆,天津社科院历史研究所.袁世凯奏议(下册)[M].天津:天津古籍出版社,1987.

[14]王先谦.十二朝东华录(嘉庆朝)(卷六)[M].台北:文海出版社有限公司,1963.

[15]清宣宗成皇帝实录·卷六二[M].北京:中华书局,1986.

[16]故宫博物馆明清档案部.清末筹备立宪档案史料(上)[M].北京:中华书局,1979.

[17]朱寿朋.光绪朝东华录(第四册)(卷一百六十八)[M].北京:中华书局,1958.

作者简介：陈振国(1970—),男,河南辉县人,历史学博士,河南城建学院法律系讲师,主要研究晚清史。

原文出处：《西南大学学报》(社会科学版)(重庆)2011年第3期。

转　载：《人大复印报刊资料·中国近代史》2011年第9期全文转载。

下编

明清经济与社会研究

社会流动与晚明信息场的发达

刘中兴

(华中师范大学 历史文化学院,湖北 武汉 430079)

摘　要:明代中期以后,随着商业的发展,社会流动的加快和频繁成为当时社会的一大特征,在城市中出现了开放的,能提供消费、能带来商业效益并且能满足一般社交需要的信息场。青楼、酒楼、茶馆和寺庙是最能反映城市繁华的场所,也是城市中尤为重要的社交场所,在晚明时期的诸多信息场中最具代表性。看不见的信息在这些场所及其延伸的空间中得以交汇,形成舆论作用于社会空间:见证、交流、引领、反馈、推进,成为社会变迁的最好注脚。

晚明时期,关于言官"交章论劾"[1]卷二百五十七,列传第一百四十五的记载层出不穷,明清之际的笔记和《古谣谚》中,收录的民间谣谚有很多,还有书籍、揭帖等等,各种舆论形态都十分活跃。随着商业的发展,社会上产生了舆论传播的空间市场,出现了消费文化的需求,民间的社会舆论传播成为市民生活的主要内容,广告等营销手段也越来越受到重视。晚明时人很善于用各种方式营造舆论、表达意见,影响政治和社会生活,信息和舆论的活跃也成为晚明的典型特征之一,受到史家的关注。

关于中国古代社会的信息传播,金克木提出了"信息场"的概念:除了个人间的和家庭内的对话不算,社会上信息比较集中的'场'有很多需要考察……各种信息以人为载体传播交流,有吸引,有排斥,起种种作用,有种种反应,表现为人的语言和行为。较多人的、较一致的可以算作习惯性的反应,其中有心理的前提。多数人的行为习惯可算民俗。大家相互影响而比较共同的指导行为的心理状态可算民俗心态。这种心态的形成、传递、变化往往是对信息的反应。因此,我们不妨把这些综合起来加上一个‘信息场’的符号以便解说。[2]94金克木提出的“信息场”,为我们探析晚明社会开辟了一个新的角度。

关于晚明时期信息场的研究,目前多见于新闻史和传播史的论述中,尹韵公对明代新闻传播史有系统详细的论述[3],台湾学者王鸿泰从资讯传播、社会想象与公众社会的角度对城市传播空间有系统的探讨[4],陈宝良将明代的舆论分为官方的舆论和民间的舆论两大系统[5],姜士彬从传播和社会结构方面对明清的俗文化的传播进行了深入研究[6],这些都为后学提供了诸多启示:信息场得以在晚明时期迅速发展,有着深层次的社会因素。社会流动加快是晚明社会的重要特征之一,本文试从社会流动的角度,探析信息场与社会变迁的深刻互动关系。

一、商业发展中的社会流动

信息论认为,信息指事物发出的消息、指令、数据、符号等所包含的内容。人通过获得、识别自然界和社会的不同信息来区别不同事物,得以认识和改造世界。信息是社会的反映,晚明信息场的发展有着典型的时代特征。明初对人口的控制相当严密,社会缺乏基本的流动性。明代中期以后,随着商业的发展,社会流动的加快和频繁成为当时社会的一大特征。农作物的专门化、手工业的发展、商业市镇的激增以及地区性贸易市场的形成,都在不同程度上促进社会流动:既有地域之间的人口流动,又有社会阶层之间的流动。①晚明信息

① 陈宝良在《安徽史学》2005年第2期的《明代社会流动性初探》一文中,对明代社会的流动性进行了系统详细的论述,从官方的户籍控制,人口的分化与等级制度的解体,以及客籍、附籍的出现诸方面,对明代中期以后的社会流动性进行了考察。陈宝良认为,明代社会是一个具有相当流动性的社会。社会流动的形式,既有地域之间的人口流动,又有社会阶层之间的流动,而这种社会阶层之间的流动,又包括向上与向下两种流动方式。社会流动的加剧,则显示出晚明社会正好处于一个转型时期。陈宝良在其专著《明代社会生活史》《明代儒学生员与地方社会》中对明代的流动性问题也多有论述。台湾暨南国际大学历史学系王鸿泰在《史学月刊》2006年第5期《明清社会关系的流动与互动》一文中,认为商业城市(包括部分市镇)具有高度的“流动”性——人与人、物与物、人与物在此交会、集散,这种流动性是城市成为一个特殊社会活动场域的基础:一方面人与物从各地不断流入或流经此场域,另一方面,在此场域内的人与物也频繁地互动,人与人、人与物发展出各种不同的互动方式,而整个互动过程也逐渐形成社会形态的变化与社会文化的发展。此外,万明的《晚明社会变迁:问题与研究》、樊树志的《晚明史(1573-1644)》对此问题也有详细的论述。本文对以上诸位学者的论著多有参考。

场的活跃与多样性，可以从这种广泛的社会流动性中找到社会根源。

嘉靖后，商业发展的规模和资本的积累，皆超过以往的朝代。“大约豪宦连田阡陌，其势力足为奸欺，而齐民困于征求，顾视田地为陷阱，是以富者缩资而趋末，贫者货产而僦庸。”[7]卷五百四十五，嘉靖四十四年四月丙戌条嘉靖后，一部分农民不堪赋税过重被迫离开土地，形成一批流入城市的无产者。赋税、匠户制度的改革使农民、工匠的人身依附关系松弛，为他们从事手工业提供了条件。嘉靖时松江人何良俊言：“余谓正德以前，百姓十一在官，十九在田，盖因四民各有定业，百姓安于农亩，无有他志，官府亦驱之就农，不加烦扰，故家家丰足，人乐于为农。自四五十年来，赋税日增，徭役日重，民命不堪，遂皆迁业。昔日乡官家人亦不甚多，今去农而为乡官家人者，已十倍于前矣。昔日官府之人有限，今去农而蚕食于官府者，五倍于前矣。昔日逐末之人尚少，今去农而改业为工商者，三倍于前矣。昔日原无游手之人，今去农而游手趁食者，又十之二三矣。大抵以十分百姓言之，已六七分去农。”[8]卷十三《史九》，p111-112

在手工业普遍发展的基础上，社会分工得以扩大，雇佣工人成为一种普遍的现象。当时苏州“生齿最繁，恒产绝少，家杼轴而户纂组，机户出资，机工出力，相依为命久矣”[9]卷三六一，万历二十九年七月丁未条。《吴江县志》载“至明熙宣间，邑民始渐事机丝，犹往往雇郡人织挽。成弘以后，土人亦有精其业者，相沿成俗……有力者，雇人织挽，贫自织”[10]卷三十八，生业。明代后期，此类机户至少在三万家以上，受雇的机工的数量更加庞大。如广东地区的矿冶业，规模相当大，“凡一炉场，环而居者三百家，司炉者二百余人，掘铁矿者三百余，汲者、烧炭者二百有余，驮者牛二百头，载者舟五十艘。计一铁场之费，不止万金”[11]卷十五，货语。万历年间，苏州的手工业者往往百十成群，他们是靠出卖劳动力为生的人，完全脱离了生产资料，成为一无所有的劳动者，他们与工场、作坊主之间纯粹是一种雇佣关系。

在这种情况下，社会流动变得频繁起来，人口逐渐分化，传统“四民”的区分也越来越模糊。随着市镇的发展，还兴起许多与市民阶层需要相适应的服务性行业，甚至还出现不少混迹于城镇，以不正当手段谋生的游民。于是，社会力量发生了新的分化，传统的“四民”之说已经无法规范社会大发展下社会各阶层力量的新变化。传统的职业区分变得空前复杂，难以辨别。明朝人姚旅提出了“二十四民”之说：“古有四民……余以为今有二十四民”，除士、农、工、商及兵、僧之外,还有道家、医者、卜者、星命、相面、相地、弈师、驵侩、驾长、舁人、篦头、修脚、修养、倡家、小唱、优人、杂剧、响马巨窝等十八民,“凡此十八民者,皆不稼不穑,除二三小技,其余世人,奉之如仙鬼,敬之竭中藏。家悬钟鼓,比乐公侯,诗书让其气候,词赋揖其下风,猗与盛哉!”[12]卷九,风篇从“四民”向“二十四民”的转化,反映了晚明社会大流动的一种必然。

明中后期的社会交往,也打破了士与士之间的交往圈。由于商品经济的空前繁荣,商人阶层的兴起及其财富的大规模积聚,为其社会交往的拓宽以及向士人阶层的渗透提供了极大的物质便利,出现了商人与士人结交的现象。商人阶层不仅模仿士人的生活及品位,还投资于书楼、画室、古玩、字画等等,产生了一批儒商,奠定了士商交往的文化基础。商人还活跃在士人的社会文化活动中,出现了“满城贵客文人与妖姬静女莫不毕集”的盛况[13]。然而,士商交往中更增加了物质利益的因素。在明代中后期,士人为他人写墓志铭与作寿序、文序、碑铭、传记以及为商人子弟授课,为书商写书评等等谋利行为已经很平常。商人阶层都愿意与士人结交,正如钟惺所言:“富者余赀财,文人饶篇籍;取有余之赀财,拣篇籍之妙者而刻传之,其事甚快。非惟文人有利,富者亦分名焉。”[14]

如上所说,不仅亦农亦工、亦农亦商成为寻常之事,儒士、官宦的交往与士、商的渗透、融合也成为十分普遍的现象。正如何良俊所说:“盖吾松士大夫,一中进士之后,则于平日同堂之友,谢去恐不速。里中虽有谈文论道之士,非唯厌见其面,亦且恶闻其名。而日逐奔走于门下者,皆言利之徒也。或某处有庄田一所,岁可取利若干;或某人借银几百两,岁可生息若干;或某人为某事求一覆庇。此无碍于法者,而可以坐收银若干,则欣欣喜见于面,而待之唯恐不谨。盖父兄之所交与而子弟之所习闻者,皆此辈也。”[8]卷三十四,《正俗一》,p312人们越出血缘、地缘和等级的限制,人际交往的途径和范围大大扩展,交织着经济、政治、文化、社会等多方面联系。商业利益的驱使,信息交换、社会交往需求的激增,使晚明信息传播的内容和层次更为多元。

晚明时期,信息的来源和种类多样,以邸报、民间报纸、书籍、揭帖、时事小说为主要代表。邸报是中国古代延续千年之久的官方报纸。这种政府公报性质的报纸,在明代得到很大发展,其官方性质、广泛传布的特点和报道内容的开放,使它成为明代最主要的信息传播工具和舆论载体,起到了比较大的制造舆论、引导舆论的作用,在明代尤其是晚明的社会政治生活中发挥了巨大的作用。同时,由于明代的纸张、印刷技术比以往朝代都要发达,读者大增,邸报的发行数量也大大高于以前,深入社会生活的程度也日益加深且高于历代,甚至内容也有下意识地迎合普通民众的趋势。而且,随着知识群体的日益增大,这一群体开始要求政府公报以外的最新消息。这一需求使明朝后期的商业性新闻产物——民间报纸登上了历史舞台。

书籍由于"信息的有选择性传递,将人们划归到非常不同的信息系统,而创造出各个'群体'。对于你所知道的、书写的或阅读的东西一无所知的人,显然是非常……'不一样'作为一个物体,一本书不仅仅是传播媒介,它也是一种艺术品和财产。这样,它不仅仅是提供信息的一种渠道,也是自我和身份的象征"[15]。书籍是潜移默化的制造舆论的方式。晚明时期,由于市民阶层的发展、文化艺术的繁荣,以及书籍印刷的价廉方便,书籍成为制造、传播舆论的重要工具。

邸报是一个全国性的传播媒体,信息内容主要是以政治事务为主,而其参与者也是有阅报习惯的知识分子,因此它可以说是地方士绅与中央政权之间的一个政治性中介,而书籍也需要一定知识水平的知识分子才能阅读,它们和一般民众的现实生活还是有所间隔。真正深入一般民众的社会生活中,在其中发挥联系作用的是揭帖与小说、戏剧、民间谣谚之类的"大众传播"媒体。

揭帖在社会上广泛地使用,人们把公开散发的私人文书和传单等物,称为私揭;把不具名而散发的文书和传单等物,称为匿名揭,或匿名文书。不论是私揭,还是匿名揭,都具有揭发、诋毁、煽情的作用和性质,它们都是舆论的一种宣泄手段、民意的一种表达方式,在明代社会都比较流行和普遍。

时事小说和时事剧的大量创作和广泛流传(演出)实际上起到了传播新闻的作用。新闻传播要求具有真实性、时效性、重大性、广泛性、公开性等特点,时事小说和时事剧不同程度地符合这些特点。民间谣谚由于层次低,信息的传达率、接受率极高,并且反馈性强,具有极强的鼓动性和传播力度,成为民间舆论信息传播的代表媒介。

在此基础上,以经济为中心的商业、市镇网络构成了明代商品流通的空间,更为晚明信息传播的活跃创造了空间。联结媒介和读者的交通和邮驿网络愈加成熟,在发达的商业交通网络之上形成了一个立体灵活的信息传播格局。

二、社会流动中的舆论信息场

文化社会学认为,任何信息的传播都有一个原始的信源,再向四面八方传播,就如同水中掷一块石头激起的波纹一样,一层一层地向四周扩散,这称为横向传播;同时,还有一种传播是如同树根一样,从主根、支根到毛细根依次传播和扩散,称之为竖式传播。在文化信息的传播过程中,这两种传播模式依托信源和传播网络交互作用,从而跨越区域持续运动,形成多层次的舆论传播。[16]

晚明社会的信息传播格局是与其商业特色和社会流动性特征相一致的。社会流动的频繁,反映了晚明社会控制的减弱。大量身份自由的无产者流入城市加入商业洪流中,使市民阶层队伍不断壮大,也使舆论传播的主体和受众得到壮大,舆论的活跃成为市民社会的主要特征之一。由于商业活动的需要,城市中社交活动积极展开,渐渐凝结成一个个稳固的社会活动场域,发展成为舆论传播的信息场。市民通过这些信息场制造、传递、散播各种信息,形成各种舆论。市民阶层的崛起与活跃,使城镇实际上成为新的生活方式和社会思潮的展示窗口与传播据点。由大小城市和市镇组成了信息空间网络,各种信息和舆论往往借此得以传递和扩散,人们通过一种不自觉的过程互相影响、传播信息,形成一种"个人——信息场——城市——其他市镇——全国"的横向传播。同时,不同社会阶层和地位的人群之间,也有信息交流的需要,通过公共的、开放的信息场形成竖式传播。由此,在晚明社会多层次的信息传播格局中,信息场成为最为关键的一环。人们需要开放的、能提供消费、能带来商业效益并且能满足一般社交需要的信息交流和传播的空间场所,其中最典型的就是青楼、酒楼、茶馆和寺庙。

(一)青楼

青楼是最能反映城市繁华的场所,也是城市中尤为重要的社交场所,在晚明时期的诸多信息场中最具代表性。商品经济的繁荣促进了晚明社会奢侈之风的蔓延,导致意识形态领域内悖离传统礼教的社会观念的滋长与扩张。阳明心学与强调“存天理,灭人欲”的程朱理学传统大相径庭,推动了文人主体意识的高扬和个性解放,禁欲主义一经开放,则逐步走向了纵欲的极端,肯定情欲、追逐性爱成为时尚,为妓院大行其道营造了适宜的社会舆论环境。

青楼在明代的发展经历了一个“兴起——发展——低潮——复兴——繁盛”的过程,其繁盛期即在晚明。伴随着商业的发展,晚明青楼规模之大、类型之丰富、人员之完备、来往阶层之复杂,皆超过以往。晚明青楼以南都南京为中心,《板桥杂记》说:“金陵都会之地,南曲靡丽之乡。纨茵浪子,潇洒词人,往来游戏,马如游龙,车相接也。其间风月楼台,尊罍丝管,以及娈童狎客,杂伎名优,献媚争妍,络绎奔赴,垂杨影外,片玉壶中,秋笛频吹,春莺乍啭,虽宋广平铁石心肠,不能不为梅花作赋也”[17]。西湖“名胜之燕集,殆无虚日,鲸吞海吸,青楼红粉,争相承迎”[18]。

人的复杂构成的存在加上环境就是信息的载体。[2]98妓女是青楼的主角。明初朱元璋、朱棣还将罪臣妻女发入教坊充为乐籍,在官营妓院中就有许多出身名门、受过良好教育的女子。章学诚指出:“前朝虐政,凡缙绅籍没,波及妻孥,以致诗礼大家,多沦北里。其有妙兼色艺,慧擅声诗,都士大夫从而酬唱。”[19]因此,在明代南京妓院之中,自然有较多能歌善舞、工诗画、善吟咏的女子,也不乏识大体、明大理、有气节之人。此外,诸如家妓、市妓、私娼等,对应着不同的消费群体,构成了层次多样的妓女群体。“妓院不仅是男女交际,更是政治、军事、经济、艺术、文学各种信息的汇聚交换场地,上下人等趋之若鹜。”[2]100来往于妓院的社会阶层众多,与妓女群体一起形成多样化的信息源和信息交流渠道,促进了信息场的丰富和活跃。青楼已不再是简单的声色交易场所,正日益成为城市中一个重要的文艺中心和社交中心。名妓成为文人活动中的重要角色,并滋生出“名妓文化”,成为晚明的特色之一。在青楼这个开放的信息场之中,既有名士名妓的琴棋书画、歌诗词赋,士大夫忧国忧民、喟然时局的时事消息,也有商人阶层交易买卖、商品流通的商业信息,更有一般市民家长里短、奇闻趣事的社会“新闻”。各种信息在这里汇集、发酵再传播,形成了极具特色的“青楼信息场”。由青楼信息场产生的舆论效应扩散开来,对晚明的社会风气和文化生活产生了深远的影响,青楼与社会通过信息场形成了“不自觉”的互动。

(二)酒楼、茶馆

明代中后期,城市中的酒楼、茶馆可以为大量进入城市的流动人口提供一个食宿、休憩的场所。“然而,酒楼、茶馆在城市中存在的意义,却不仅止于供应流动人口的饮食之需,它的存在等于是在城市中创立了一个开放空间:它提供居城者(无论长住或暂停)一个开放性的活动场所,容许任何具基本消费能力的人进出其间。”[20]342随着商品经济的发展,酒楼、茶馆同时满足人们饮食、社交的需求,不仅成为重要的社交场所,更为城市中的信息传播创造了空间。

酒楼随着城市生活的日趋丰富而繁盛,数量、质量和规模上都有所发展,从酒食摊、酒铺、酒肆再到酒楼,商业力量成为影响酒楼发展的最主要、最普遍的作用力。开封城内鼓楼西边“坐客满堂,清唱取乐,二更方散”,是在“有天下客商、堆积杂货等物,每日拥塞不断”的背景下发生的。晚明的南京作为江南一大都会,秦淮河两岸是酒楼、酒馆集中地区。这些酒楼各有特色,有的以美酒知名,有的以佳肴为招牌,有的则以独特的建筑和装饰为特色,甚至一些酒楼还有歌女吸引顾客。由于酒肆众多,每年南京的酒消费量十分可观,除了本地生产的外,每年还要贩来“大曲约五十万块,中曲约三十万块,面曲约六十万块,京城自造细曲约八十万块,而内臣勋戚自制之曲不与也。四直河油约五十篓,四直大曲约一十万块”[21]卷十六“内府衙门执掌”。

尤其在商业活动频繁的地区,由于商人的消费能力与社交应酬需要,酒楼的社交功能更加突出:“万历后,率以声华气谊相高,寻盟结社,千里命驾……往时茶坊酒肆无多家,贩脂卖脯者恒虑不售,今则遍满街巷,旦旦陈列,暮辄罄尽矣。”[22]卷一“风俗”,p22万历之前,酒楼“无多家”,万历之后,“寻盟结社”则酒楼“遍满街巷”。明代中期以后,酒楼的娱乐性逐渐显现,妓女频繁地出现在酒楼中,这种声色类酒楼亦成为城市中非常重要的社交、娱乐场所,酒色联营为很多人联络路线、交换信息、传播舆论提供了充分的条件。

相对于酒楼,茶馆因为消费更低,成为一个更具普遍性的社交场所。“自明中期以来,大体可说茶馆相对于酒馆呈现出后来居上的趋势,而这种趋势也正是茶馆所内含的平民性愈益发展的结果。”[20]363一般人可以没有太大经济压力地、常态性地进入这个场所,在其间进行社交活动,甚至因而凝结成地缘性的社交圈。《儒林外史》第24回中写道:戏子鲍文卿回到故乡南京后,意图重回戏行，于是他重新整顿好自己的行头后，就“到(戏行)总寓旁边茶馆内去会会同行。才走进茶馆。只见一个人……独自坐在那里吃茶。鲍文卿近前一看，原是他同班唱老生的钱麻子……茶馆里拿上点心来吃。吃着，只见外面又走进一个人来……钱麻子道：‘黄老爹，到这里来吃茶。’……黄老爹摇手道：‘我久已不做戏子了。’”从小说中可以看出，这座茶馆是戏行中人一个很重要的聚会场所：一时无戏的钱麻子和退休后闲来无事的黄老爹可能都习惯到此闲坐交谈，所以离乡良久，返乡后意图重操旧业却不知现今行情如何的鲍文卿想要“会会同行”打探消息时，自然地就会到此茶馆中来。城市中的茶馆成为社交中心的同时，相随于人与人的集散，信息在此空间中流传，因而茶馆也成为城市中的信息传播中心。

酒楼和茶馆作为一个开放的消费空间，为各色人等创造了信息流动的机会。而信息的交换作为社交活动的一部分，也可以通过在酒楼和茶馆消费来进行。亦即在酒楼和茶馆消费的过程，正是社交活动和信息流通的过程。酒楼和茶馆已经成为一个主要的信息传播据点，在这些空间中可以有效地打探相关消息，相对地也可以散播消息，甚至制造舆论。

(三)寺庙

寺庙空间的广阔和受到政治意识影响较少，使其成为可以兼容更多人群的场所，成为更加民间化的社交场所。明代寺庙的数量不在少数，京城作为政治文化中心，寺庙建筑最多，明人沈榜于《宛署杂记》中记载：明代的北京城，其城内有寺72所，庵77，观7，庙77，共计233所，其城外的宗教建筑尚不包括在内。这些寺庙大多建于明代，且以嘉靖、万历年间修建者居多。明中期以后，相随于商业的发达与城市流动人口的增加，寺庙常成为一般民众游赏和进行市集活动的场所。在城市生活的影响下，寺庙本身也逐渐商业化，城市的各种声色活动也随之流入，以至于寺庙成为一个充满世俗性与大众化的娱乐场所，成为城市中最公众化的社会与商业场所，其表现形式就是“庙会”与“庙市”。

庙会起源于古代的社祭，由于祭祀必有烧香礼拜之举，届时也必有许多逛庙之人，久之，也就成了民间自发的一种群众性活动，俗称“庙会”。庙会通常都在庙中、庙前举行，形成以庙宇为中心的综合性民间游艺场所。庙会大都极具地方色彩，凝聚着浓郁的乡土气息。如河北宝坻县的庙会以民间的杂耍百戏为主,“各庙演戏,惟娘娘庙有庙会,其自各庄来者,自作把戏。惟张家庄之耍铁叉、打吵子鼓及车辘轴之转悠悠为最。本街则胯鼓、钟幡、耍坛子、五虎棍,后添台阁、背阁、踏高跷。外来赶庙者,偶有女筋斗、绳戏、马卸、刀山等戏。阗街塞巷,举国若狂。”[23]卷二“寺观”这里的庙会汇集了社会的各个阶层,凸显了庙会的社会性与公众性。

随着商业的渗透,具备了宗教与商业双重性质的庙会,也被称作“庙市”。庙市所汇集的人群中,无论是赶庙的,还是设摊的,仍以社会中下层为主。庙会还吸引了包括社会上层妇女在内的广大妇女群体,在杭州“西湖昭庆寺山门前,两廊设市,卖木鱼、花篮、耍货、梳具等物,皆寺僧作以售利者也。每逢香市,妇女填集如云。孙渊如诗云:丝带束腰锦衬额,游廊叉手走东西”[24]。因为更为广泛的社会基础和更为自由的商业空间,庙市迅速发展,甚至超过了一般的市集。

由此,寺庙成为各类民众加入信息传播过程最现成的场所。政府教化理念的宣扬、官绅的赈灾活动、城市中的各种工商或娱乐活动、市场,让寺庙成为各阶层人群聚集的场所,使纷繁的信息以及由此而来的活动显得非常方便,以至于寺庙成为群众舆论和运动的发起地点。“同时,在宗教力量的作用下,寺庙所具有的精神意涵,在平时可能为社会正义提供保证,而在面临社会危机时,则可能发挥凝聚群众意志的作用。因此,城市中的寺庙在形而下的层次上是个‘大众广场’,在形而上的层次上则可说是民众的精神堡垒。”[25]

三、结　语

通过上述分析,可以清晰地看出“信息场”与晚明社会的互动过程:商业的繁荣和社会流动的加快促进了晚明妓院、酒楼、茶馆以及寺庙的规模化发展,社会各阶层的人群来往于这些开放性的场所进行交往,形成了丰富的信息传递与交流,在此基础上推动情色文化、名妓文化、饮食文化等文化形态的形成和发展,同时引领时尚和艺术的潮流,配合思想解放和及时行乐的思潮,引发情欲、享乐的舆论场,这种舆论场在商业化、市民化的社会空间中再传播作用,在信息场中形成信息的反馈和交流,必然会推动这些场所规模的扩大和经营模式的创新,刺激新的信息产生和传递,形成新的舆论传播。信息场是晚明社会文化的熔炉和反射镜,秦淮河畔的芳踪倩影、酒楼茶馆的鼎沸人声、庙会和庙市的热闹非凡与晚明江南的经济文化盛景,已经融为一体。看不见的信息在这些公共空间中得以交汇升华,通过看不见的舆论作用于社会空间:见证、交流、引领、反馈、推进,成为社会变迁的最好注脚。

参考文献:

[1]张廷玉.明史[M].北京:中华书局,1974.

[2]金克木.无文探隐——试破文化之谜[M].北京:三联书店,1991.

[3]尹韵公.中国明代新闻传播史[M].重庆:重庆出版社,1997.

[4]王鸿泰.明清的资讯传播、社会想象与公众社会[J].明代研究,2009(12):41–92.

[5]陈宝良.明代民间舆论探析[J].江汉论坛,1992(2):50–57.

[6]姜士彬.明清俗文化的传播[J].明史研究,1991(1):216–226.

[7]明世宗实录[M].台北:“中研院”历史语言研究所校勘本,1962.

[8]何良俊.四友斋丛说[M].北京:中华书局,1997.

[9]明神宗实录[M].北京:线装书局,2005.

[10]乾隆吴江县志[G]//中国地方志集成(第19册).南京:江苏古籍出版社,1991:176.

[11]屈大均.广东新语[M].北京:中华书局,1985:409.

[12]姚旅.露书[M].福州:福建人民出版社,2008:206.

[13]侯方域.马伶传[M]//虞初新志,卷三.石家庄:河北人民出版社,1985:39.

[14]钟惺.题潘景升募刻吴越杂志册子[M]//陈少松.钟惺散文选集.天津:百花文艺出版社,2005:247.

[15]约书亚•梅罗维茨.消失的地域:电子媒介对社会行为的影响[M].肖志军,译.北京:清华大学出版社,2002:77.

[16]司马云杰.文化社会学[M].太原:山西教育出版社,2007:216–217.

[17]余怀著,李金堂校注.板桥杂记[M].上海:上海古籍出版社,2000.

[18]田汝成.西湖游览志[M].上海:上海古籍出版社,1998:201.

[19]章学诚.文史通义[M].北京:中华书局,1988.

[20]王鸿泰.从消费的空间到空间的消费——明清城市中的酒楼与茶馆[G].蒲慕州.生活与文化.北京:中国大百科全书出版社,2005.

[21]刘若愚.酌中志[M].北京:北京古籍出版社,1994:131.

[22]王锦等.(乾隆)常昭合志稿.清嘉庆二年刊本.

[23]李光庭.乡言解颐[M].北京:中华书局,1982:26.

[24]胡朴安.中华全国风俗志[M].石家庄:河北人民出版社,1986:229.

[25]王鸿泰.世俗空间与大众广场——明清城市中的寺庙空间与公众生活[J].明代研究,2008(10).

作者简介:刘中兴,华中师范大学历史文化学院博士研究生。

基金项目:教育部人文社会科学重点研究基地重大项目“近世知识群体的专业化与社会变迁——以史家、儒医、讼师为中心的考察”(12JJD770018),项目负责人:刘中兴;华中师范大学中央高校基本科研业务费专项资金项目“群体与社会变迁——多学科视域下的前近代社会群体研究”(CCNU09C02004),项目负责人:刘中兴。

原文出处:《西南大学学报》(社会科学版)2013年第2期。

转载:《高等学校文科学术文摘》2013年第3期论点摘要。

明清"收养孤老"律例与社会稳定

柏　桦

(南开大学 法学院,天津市 300071)

摘要:"收养孤老"律是明清社会救济立法的重要体现,既与社会经济发展、社会结构变化、地方政治治理形式转变有关,又与明清统治者的重视、立法监督体系的健全、社会救济机构的设置及管理有关。它不仅体现传统社会救济基本意图,而且在"仁政"理念的基础上,从法律上规范了"孤贫"救济。救助孤贫不仅仅是理念问题,需要一定资金的支持和制度的保障,必要时还应该整合社会资源,调动社会成员的积极性。传统政治体制则决定了明清统治者不可能提供充足的资金,也不可能有完善的制度,不会去整合社会资源,更害怕社会成员的介入。因此"收养孤老"律例实施的实际效果,也是有限的。

中国社会中的慈善活动和互助行为有着悠久的历史传统。从观念形态上看,慈善意味着对受困群体的同情、怜悯和关爱,由此产生出一系列相应的救助行为和公益行为;从组织层面看,主要有四类慈善机构起着济贫帮困作用,它们是宗族慈善组织、宗教慈善组织、政府慈善组织和社会慈善组织。从国家与社会关系看,这些机构可分为政府救助机构和社会救助机构两类。从历史变迁特征看,慈善的发展大致可以划分为三个时期:一是宗教慈善占主导地位的汉唐时期,二是政府慈善救济为主的宋元时期,三是社会慈善勃发的明清时期。勃发时期的特点是王朝有"收养孤老"的法律规定,通过法律以保证社会救济制度的推行。

一

洪武元年(1368),朱元璋对中书省臣言:“中原兵难之后老稚之孤贫者多有失所,宜遣人赈恤之。”省臣曾以国用不足劝止,遭到朱元璋的训斥:“老者,民之父母,幼者,民之子弟,恤其老,则天下之为子者悦,恤其幼,则天下之为父母者悦。天下之老幼咸悦矣,其心有不归者寡焉。苟置其困穷而不之恤,民将怃然曰:恶在其为我上也。固周穷乏者不患无余财,惟患无是心,能推是心,何忧不足?今日之务此最为先,宜速行之。”[1]所以“国初立养济院以处无告,立义冢以瘗枯骨,累朝推广恩泽。又有惠民药局、漏泽园、幡竿蜡烛二寺。其余随时给米给棺之惠,不一而足”[2]。为保证“养济院收养鳏寡孤独废疾不能自养者”的措施实行,朱元璋先将其著之于令,随后编入《大明律》。朱元璋将旨在规范孤贫救济行为的“收养孤老”,以法律的形式加以确定,并“永为定制”。

《大明令·户令·收养孤老》:“凡鳏寡孤独,每月官给粮米三斗,每岁给棉布一匹,务在存恤。监察御史、按察司官,常加体察。”该条确立了官方救济孤贫的基本范围和标准,并责成监察御史、按察司官行使监察之责,以确保法律和政策得到推行。明洪武十八、十九年律,即《律解辩疑》所载明律,即在此基础上制定。律云:

凡鳏寡孤独及笃废之人,贫穷无亲属依倚,不能自存,所在官司〔应收养而不收养者,止〕以监守自盗论。

该律对收养的范围进一步明确,并规定对政策贯彻不力之官员进行惩处。洪武二十二年(1389)律,即《大明律直解》对官吏渎职有了更加明确的规定:

凡鳏寡孤独及笃废之人,贫穷无亲属依倚,不能自存,所在官司应收养而不收养者,杖六十。若应给衣粮而官吏克减者,以监守自盗论。

洪武三十年(1397)律中“收养孤老”条未作变动。洪武三十年律,即《大明律》被明王朝奉为“一代大法”,自颁行之日起到明末,除万历十三年(1585)合刻颁行《大明律附例》时改动55字外,内容未有变更。

清军初定燕京，但天下兵革未休，所面临的是巩固和扩大胜利的问题。在这种情况下，刚刚归顺的明朝降臣争相建言“速定律令”，为多尔衮所采纳。顺治元年（1644），多尔衮谕令法司官会同廷臣详译明律，参酌时宜，集议允当，以便裁定成书，颁行天下。[3]经过近三年的努力，清代第一部成文法颁布，即顺治三年（1646）（实际是顺治四年四月二十四日颁布）的《大清律集解附例》。顺治三年《大清律集解附例·户律·户役·收养孤老》云：

凡鳏寡孤独及笃废之人，贫穷无亲属依倚，不能自存，所在官司应收养而不收养者，杖六十。若应给衣粮而官吏克减者，以监守自盗论〔凡系监守者，不分首从，并赃论〕。

该律基本沿袭了明律的基本内容，只在明律的基础上加入小注[4]一条，进一步明确了对“监守自盗”的处置标准是不分首从，坐以赃罪，此后的雍正三年（1725）律，乾隆五年（1740）律，“收养孤老”律文都没有变更。

清代的律为不易法，而例却因时损益。例原以辅律，非以破律，是所谓“例因案入，例实由律出”[5]。乾隆五年（1740）以后，还形成五年一小修、十年一大修的制度。律与例并行的用意是，“盖法者，一成不易之矩；而情则有曲折轻重，非可以概论者也。是故断法有律，而准情有例。律守一定，而例则因时为变通”[6]。有清一代，“收养孤老”前后共增删修订有例7条①。

---

① 条例089.01：“鳏寡孤独，每月官给粮米三斗，每岁给棉布一匹，务在存恤。”（此条系明代旧例。乾隆五年，以孤贫口粮，按季支给，现有定例，所以将此条删除）

条例089.02：“直省州县所属养济院，或应添造，或应修盖者，令地方官酌量修造，据实估计，报明督抚，在于司库公用银内拨给，仍不时查勘，遇有渗漏之处，即行粘补完固。倘有升迁事故，造入交代册内，取具印结送部。其正实孤贫，俱令居住院内，每名各给印烙年貌腰牌一面。该州县按季到院，亲身验明腰牌，逐名散给口粮。如至期印官公务无暇，遴委诚实佐贰官代散，加结申报上司，毋许有冒滥扣克情弊。若州县官不实力奉行者，该督抚即行查参，照例议处。”（此条系雍正十二年，户部议覆山东布政使郑宝禅条奏定例）

条例089.03：“军流等犯，除年逾六十不能食力者，照例拨入养济院，按名给与孤贫口粮外，或年未六十而已成笃疾不能谋生者，亦应一体拨给。其少壮军流各犯，实系贫穷又无手艺者，初到配所，按该犯本身及妻室子女，每名每日，照孤贫给与口粮。自到配日起，以一年为止，于各州县存贮仓谷项下动用报销。各州县有驿递之处，一切应用人夫，酌派军流少壮中无资财手艺之犯充当，给与应得工食。无驿递之州县，公用夫役，均令一体充当，逐日给与工价。仍令该督抚照各处现行章程妥协办理。”（此条系雍正十三年定例。一作乾隆二年户部议覆福建巡抚卢焯条奏定例。雍正九年定例有“流犯年逾六十拨入养济院，给与孤贫口粮”之语，是以有“照例”二字）

二

“收养孤老”自明代入律，又经过清代的因袭发展，前后达500余年，无论统治者重视与否，各级官吏贯彻执行情况如何，对社会的影响也应该是很大的。

“收养孤老”律在法律上保证了孤贫人口的基本生存。统治者的初衷是为了维护社会的稳定，以维护自己的统治秩序，但通过立法、执法、监督等环节所建立的社会保障体系，还是具有法制化效应的。

首先，通过国家机关的立法和执法活动，确立了孤贫人口得到基本救助的原则。

纵观我国古代社会救济制度的发展，统治者关注的重心始终是荒政，而对于社会弱势群体的日常救助，在制度探索和法律制定上则相对缓慢。宋朝的居养措施有了较大的进步，由临时性走向了经常性的政策，基本实现了社会救济的制度化，构建了一套比较完备的社会保障体系，但对于恤养孤贫仍停留在具体政策的实施上。明朝首次把“收养孤老”写入了《大明律》，这是对社会保障法制建设的一大推动。但是明朝在法律的执行过程中，却没有形成相配套的制度体系，所以对孤贫的救济，无论是救济标准、机构建设，还是监督执行等方面都缺乏比较完善的制度。清王朝在因袭明代“收养孤老”律的基础上，以一定数量的律例、则例、章程等进行补充，使收养对象、标准、救助机构的运作等方面有了比较具体的规定，与此同时，还逐步完善了自上而下的监督体系，也就在一定程度上保障了该条法律的有效执行。政策上升为法律和制度，使政策具有了稳定性。

条例089.04：“京师五城各设栖流所一处，安顿贫病流民。其修理房屋工料及衣食药饵之资，每年每城动支户部库银二百两备用，如有不敷，许其赴部具领。如或有余，留于下年备用。该城御史督率司坊等官，实心办理。如有虚冒侵蚀等弊，照例交部治罪。”（此条系雍正十三年定）

条例089.05：“老人九十以上者，地方官不时存问，其或孤寡及子孙贫不能养赡者，州县查明赈恤，详报督抚奏闻，动用钱粮，务令得沾实惠。”（此条系乾隆五年，遵照雍正元年谕旨定例）

条例089.06：“各省流寓孤贫，如籍隶邻邑，仍照例移送收养外，其在原籍千里以外者，准其动支公项银两，一体收养，年底造册报销。”（此条系乾隆九年，户部议复吏科给事中钟衡条奏定例。乾隆十八年一度停止，但没有明令废除）

条例089.07：“凡被灾最重地方，饥民外出求食，各督抚善为安辑，俟本地灾祲平复，然后送回。”（此条系乾隆十三年奉特旨纂为例。乾隆十八年一度停止，但没有明令废除）以上见柏桦编纂《清代律例成案汇纂》，未刊稿，教育部人文社会科学研究重点项目。

其次，严格要求官吏和救助对象遵守法律，从而使法律规范能够发挥其本身的功能。

“收养孤老”律明确救济孤贫为官员的基本职责，应收养而不收养以及监管不力就要受到法律的制裁，这是该律的核心所在，也是确保孤贫救助事务的底线。收养孤老是地方政务之一，也是法律规定，地方官吏可以徇私舞弊，但不敢完全破坏收养孤老机构；救助对象可以改换名目而冒名顶替，但不敢不收养额定救助的人。法律规范作用应该说是明显的。

再次，“收养孤老”律在理念上虽然没有跳出历史的局限，但是其社会意义与政治意义应该说是巨大的。

民为邦本，本固邦宁；水可载舟，亦能覆舟；治大国若烹小鲜之道在于安民。历代统治者为了维护自己的统治，对于人民采取的是牧养之道。朱元璋曾讲过：“为治之道有缓急，治乱民不可急，急之则益乱；抚治民不可扰，扰之则不治。故烹鲜之言虽小，可以喻大，治绳之说虽浅，可以喻深。”[7]这是一种浅而易见却又很高深的统治权术。尽管统治者在维护自己的利益时，不会以人民的意志为转移，但引导人民顺从统治，巩固统治基础，却是他们的治绳之道，“收养孤老”律无疑是统治者牧养治绳之道的组成部分。

明清王朝在制定“收养孤老”法律的同时，进一步发展和完善社会保障制度，保障项目也从一般的收养，扩大到医疗、丧葬、安抚等救济方面。以法律来约束和督促各级官吏，不但规范了救济行为，而且提高了救济效率。朝廷每年从财政中拨出相当份额的钱款，并调拨粮米等作为养赡孤穷之资，意在保证孤贫人口的基本生存需求。在全国广设养济院、普济堂、栖流所、留养局、育婴堂等机构，意在挽救无助的孤老、婴幼，使他们不至流离失所。从养济院、留养局等机构的规章条款及实施效果来看，确实在一定程度上限制了许多孤贫流民的活动，也在一定程度上缓解了社会由于贫穷所造成的各种问题和动乱。

养济院的设立，使一些“鳏寡孤独及笃废、无亲属可依倚者”得到救助，生存有了一定的保障。养济院虽然屡经变化，但一直发挥着应有的作用，以至在民国初期还沿用清王朝的旧制。如山东省的社会保障经费由财政厅拨给，各地的养济院也依然按照旧章运作。如济宁州的养济院，旧在西关文胜街东，有大门3间，房屋32间，后来倒塌，至道光时，仅存房屋6间，贫民皆不住堂，只是按期赴州署支领口粮;民国初期,也没有修缮养济院,依然按旧制发放口粮[8]。明清王朝的各类救助机构,在流民安置问题上发挥着应有的作用,在一定程度上缓解了流民聚集带来的隐患。

明清两代均存在较为严重的流民问题,明清在安抚流民问题上的失误,激化了阶级矛盾,逼迫流民起来反抗。然而。明清王朝利用各地的栖流所,对流民实施收容与资送,这种安抚方式,虽然不能说完全缓解了阶级矛盾,但在维护统治秩序方面还是起到了一定作用。

应该承认,明清王朝对孤贫的救助,完全是基于维护统治秩序的目的,但在客观效果上,还是使相当一部分社会弱势人群得到了救助,有了栖身之所和生存之资,哀号遍野与怨声载道的现象也有所减少。我们不能将明清王朝的孤贫救济作用无限夸大,但也应该将之作为明清王朝得以长期延续的一个因素,更重要的是,某些成败还能够给我们提供一些经验教训。

"收养孤老"律例没有禁止民间力量参与社会救济,而明清王朝在巩固统治的过程中,对民间力量的看法也有所改变,如明朝末年,江南的各种善会的兴起。"善会是所有以行善为宗旨的社团的统称。其形式分别有同善会、一命浮图会、惜字会、恤嫠会等等,而且精神的支柱又不同程度地受到儒、佛、道三教的影响。"[9]对于这种民间救助组织,王朝虽然没有提倡,但也没有反对,在某种程度上,一些地方官员还积极倡导。明末善会"不似宋代的救济组织,处处由中央政府或地方官领导,而以地方上无官职而有名望的人为领袖,同时被救济的人的资格并不受官方机构所订的注籍所限制"。民间力量得以进入社会救济的行列,"明末善会可说是一个前所未有的中国社会新现象"[10],这种新现象即便在发展过程中不是一帆风顺(因为符合社会发展的需要,必然会越来越强大),也会得到官府的认可并提倡。

入关之初,为防止民间力量集结成反清势力,清王朝打击民间结社活动,对民间力量参与社会救济持否定态度,而随着政治统治的巩固,对民间的控制也趋于宽松,率先在江南地区兴起的私人善堂,不但得到朝廷的认可,地方衙门也尽力提倡。这一转折的标志,是康熙四十五年(1706),当时"颁赐京城广宁门外士庶所建普济堂'膏泽回春'匾额并御制碑文,每岁恩赏崇文门税银千两、口粮银二百两、堂内地租银千两,为养赡孤贫之用"[11]。这一行动表明朝廷对民间参与社会救济开始持鼓励态度，而雍正二年(1724)的上谕，则开始在全国鼓励民间力量参与社会救济，将民间救济纳入朝廷的规范。

凡老疾无依之人，每栖息于此，司其事者，乐善不倦，殊为可嘉。圣祖仁皇帝曾赐额立碑，以旌好义。尔等均有地方之责，宜时加奖劝，以鼓舞之。但年力尚壮及游手好闲之人，不得借名混入其中，以长浮惰而生事端。又闻广渠门内有育婴堂一区，凡孩稚之不能养育者，收留于此，数十年来，成立者颇众。夫养少存孤，载于《月令》，与扶衰恤老，同一善举，为世俗之所难。朕心嘉悦，特颁匾额并赐白金。尔等其宣示朕怀，并倡率资助使之益加鼓励。再行文各省督抚转饬有司，劝募好善之人，于通都大邑，人烟稠集之处，照京师例，推而行之。其于字弱恤孤之道，似有裨益，而凡人怵惕恻隐之心，亦可感发而兴起也。[12]

这道诏令不但承认了地方慈善组织的合法地位，而且要求地方官进行劝募，大力推广。新生事物往往来自民间，而其发展壮大则往往需要官方的支持和推广。“收养孤老”律例允许地方官员利用地方力量实施救助，一方面调动了民间力量的积极性及资金，另一方面也把民间力量纳入了法律的约束范围。

民间善堂的建立需要得到官方的认可，凡建立善堂，要得到地方衙门的批准，由官方给予执照，官方则要进行一定的查验，实质上是一种有效的监控。清王朝在防范地方力量发展壮大的同时，试图将地方力量纳入自己的轨道，虽然在一定程度上限制了民间救助事业的发展，但毕竟打开了民间救助的大门。官方需要利用地方资源，而地方资源也希望得到官方保护，社会救济体系的“官民合作”特色，给社会救助发展带来了生机。

明清王朝以行政力量介入民间社会慈善事业，使民间慈善事业在目标上和官方取得了一致性。由朝廷主导、官民共同参与的社会救助体系，不但整合了社会资源，也有效地整合了社会力量，共同维护着政治统治基础。民间力量参与救济事业，使救济面拓宽，救济质量提高，更多的孤贫人口在沐浴着朝廷“恩泽”时，反抗情绪也有所缓和。明清王朝的末年，官方对社会救助问题不够重视，在社会救助方面所发挥的作用日益减少，而民间力量参与的社会救济在日益发挥作用的同时，不但有效弥补了官府退出所造成的空白，也使民间力量得以发展，最终使一些民间力量成为王朝的反对者。

三

任何国家的法律都不能脱离政治,而法律作为政治的一种形式,在政治上发挥着重要作用。政治的变化直接导致法律的变化,法律的变化又促进政治的变化。政治关系的发展变化对法的废止、修改和创制提出新的要求,法律则依据政治关系的发展变化而修订。以明清孤贫救济来说,其可以按照政治发展来分阶段。毛佩琦在1993年曾经将明朝划分为开创(1368—1424)、守成(1425—1505)、祸乱(1506—1566)、中兴(1567—1586)、衰敝(1587—1644)等五个时期[13]。清代至今尚没有人运用这种分期方法,但从政治发展的角度,也可以划分为开创(1644—1712)、守成(1713—1787)、祸乱(1788—1859)、中兴(1860—1897)、衰敝(1898—1911)五个阶段。(此阶段划分系作者本人的认识,并没有得到学界的认可。本人的理由:开创期截止时间是以康熙五十一年(1712)的滋生人丁永不加赋为标志;守成期是以台湾林爽文起义为标志;祸乱期是以此时期内忧外患接连不断为标志;中兴期是以洋务运动及所谓的“同光中兴”为依据;衰敝期以戊戌变法为起点)不过从孤贫救济角度来看,吏治虽然与孤贫救济密切相关,但从另外的角度来看,吏治的衰敝却导致民间力量的介入,孤贫救济民间化反而开创了孤贫救济的新阶段。

开创期的特点是创造制度,勒定一朝典章制度。朱元璋生活在元末社会危机已经全面爆发,政治混乱已经达到极点的时期。他不论在参加起义过程中抑或是在登上大明王朝皇位后,都曾多次总结元末政局及其导致覆亡的教训,他一再说,“元之疆宇非不广,人民非不多,甲兵非不众,城郭非不坚”,但“一旦红军起于汝颍”,便“群盗遍满中原”[14]。认为主要原因在统治者内部,所谓溃发于中。所以他坚持摒除“胡元之制”。力图仿照唐宋制度建立新的制度体系,而“收养孤老”律便是在此时勒定的。清王朝初建,政局未稳,恢复社会保障体制,可以争取民心,也有利于政权的巩固。然而,在三藩叛乱及各地反清武装抗击的情况下,当务之急是统一国土,统治者没有精力、也没有能力全面恢复社会保障体制,仅仅是各地方视自己的经济状况而重建毁坏了的养济院,朝廷虽然基本没有投入,但在制度和法律上还是确立了孤贫救济的地位。

守成期在制度体系上处于较为稳定和发展的状态,在遵循祖宗基本制度的同时,也出现一些变化。这一方面说明当时的经济得到较迅速的恢复,社会日趋繁荣,史称由乱入治。另一方面祖宗建立的制度在变化了的社会经济与政治条件下,有些不合时宜,不足以应对千变万化的情况,在某些策略上进行调整也是必然的。从明代弘治《问刑条例》《皇明条法事类纂》等史料来看,孤贫救济也出现一些新的规定,但也暴露出许多弊端[15]。清代自康熙中叶以后,清王朝的统治基本稳固,对救助孤贫的财政投入也有所增加,而雍正乾隆时期对律例的修订,使“收养孤老”的法律更加完善,但所暴露出的问题,也跃然于律例之中,而君主屡下诏书恤孤贫,并督促地方重建和完善养济院等救助机构,对贫困人口的救助事业有所发展。因为“收养孤老”没有纳入地方官政绩考核范围,所以地方衙门对此关注不够,各地救济机构年久失修,财政也缺乏保障,救助机构勉强维持,甚至取消,置孤贫流离于不顾的现象也开始普遍起来。

祸乱期基本承袭前代的事例,而本朝所颁布的新例也附制度而行。本来应该是有新例依新例,无新例依旧例,无旧例依祖制;但是新例与旧例互相矛盾,祖制与新旧例也互相冲突,何者为先,何者当革,何者当兴,没有固定规则,“以恩侵法,以私掩公”,就会“政事多乖,号令不信”[16]。这期间孤贫救济的弊端明显,而朝廷并没有应对措施[17]。而清乾隆后期,人口迅速发展,土地不足以为生,大量人口涌入市镇。在商品经济并不发达的当时,进入城镇的人口谋生困难,不得不铤而走险,已经成为城镇的隐患。这些社会因素导致了律例的变化,在增加栖留所、粥厂等机构,就地收养外来流民的同时,尽可能地将他们遣散回籍,以期减少社会不安定因素。嘉道时期,流民数量增加,他们扶老携幼,千百为群,络绎不绝,涌向城镇。辇毂重地的京师,仅沦为乞丐的流民就有十万以上,而嘉庆元年(1796)二月,一个寒冷的晚上,露宿街头冻死的就有8 000人[18]。当时土地高度集中,满族内部的阶级分化也更加严重,不但流民日益增加,就连八旗兵也因兵饷不足,大量典卖旗地,也渐渐沦为佃户或流民。“富者连阡陌,而贫者无立锥”[19],社会矛盾激化,连续镇压16年的白莲教大火刚刚扑灭,全国各地的星星之火又开始燃起。此后在内外双重矛盾冲击下,清王朝的统治已经出现危机,不可能去关注社会救济,而官方的救济机构在战争与人为的毁坏下,所存无几。如山东冠县,在捻军过后,养济院的院舍就荡然无存了,普济堂原有房屋18间,也仅存6间,院中隙地也多被强邻侵占[20]。不仅仅是山东,其他地区的养济院和普济堂等救助机构也大部分荒废,土地则"欠租转佃",转换主人,房屋则日久失修,大部分倾圮,又经"兵燹",恢复实在不易[21]。在祸乱期,官方的孤贫救助往往成为个人的行为,如明代吕坤《实政录》所提倡的养济院政策[22],虽然"在一定的范围之内唤起了人们对社会救济问题的关心,产生一定的影响。但是,他的养济院政策对以鳏寡孤独政策为中心的国家救济政策没有发生任何影响"[23]。再如清代刘衡在四川梁山县勒定"绅捐孤贫章程十七条""官捐孤贫章程十六条",发布"收养孤贫劝捐告示"等,身体力行,使收养孤贫扩大到200余名,远远超过朝廷规定的收养数额[24],也只不过是地方官的个人行为,并没有引起朝廷救济政策的变化。当官方救助机构遭到破坏的时候,民办救助机构却蓬勃发展起来。民办救助机构的发展,除了地方经济发展因素之外,与朝廷控制能力萎缩和民间在动乱中寻求自保有密切的关系。朝廷控制能力萎缩,不是朝廷对地方力量的失控,也不是出现所谓的"公共领域"导致官方难以介入。

衰敝期的制度取舍出现混乱,不但制度的弊端显现无遗,制度崩溃的征兆也显露出来。明代的衰敝期,"民心、兵心、士子之心,将吏之心,无所不坏,要皆在廷诸臣之先坏而种种因之。重贿所归,使人不知法纪;以科场为垄断,以文字为纠连;举贪官污吏之所渔猎,豪绅悍士之所诳骗,愤帅骄兵之所淫掠,聚毒于民。民心既去,国运随之"[25]。政以贿成,法纪虽存,然而人心不在。清代的衰敝期,"盖宫廷之般乐无度,本可以招丧亡,而官僚之庸之贪之腐,之高高在上,近于土木偶人,之收受陋规,几于公然舞弊,则亦当为辛亥革命之因"[26]。此时"地方官吏全无实政,废事者酒色烟赌,终日酣嬉;有余力则奔走形势,不知其他;喜事者则任用蠹役,厚结劣绅;攘夺剥削,无所不至,而民情疾苦,毫无恫念于其中"[27]。中央官吏"除去早衙签到外,闲来只是逛胡同"[28]。真是败亡之典可述,败亡之政警人。在这种情况下,官方的救助机构根本不能发挥作用,而民间的救助,有研究者在通过对社会保障实践的历史考察后指出:"一定时期内的生产力发展水平,或社会经济发展水平是决定该时期社会保障实践活动的决定性因素。"[29]从主观上来说,古代帝王都希望泽被苍生,人民安居乐业,但是主观必定受客观因素的制约。"历任父母非不欲举行恤孤之政,但州民复业无几,钱粮征收有数,存其心,无货于财,安能及此哉!"[30]社会需要救助的孤贫数量很多,而朝廷经济实力有限,是救助理想与现实之间所存在的必然矛盾。每增加一名孤贫,意味着财政预算中要增加一份支出;每增加一间房舍,意味着一个艰苦的筹资过程。统治者十分清楚,孤贫是收之不尽、养之不竭的,所以清王朝自建立伊始,就对地方收养孤贫限定了数额。"各州县收养孤贫,准于地丁内报销者,每处不过数名,或十数名不等。此外或有官地官房收租或筹金交商生息,经费有限,而额数亦拘。"[31]孤贫的确认也有严格的条件制约,这些制约条件主要包括年龄、残疾程度、户籍、政治道德等条件,还要受到养济名额的限制。孤贫要进入养济院接受救济,首先必须取得乡约邻佑保状,经地方官员的严格审查,最终报皇帝核准。"在统治者眼里,一个名额不仅仅意味着一名孤贫,更重要地,它意味着一项钱粮的征收。"[32]养济机构的名额确立后,继任者往往因袭不变,有研究者在考察两湖大部分州县不同年代所修方志时发现,其中所载孤贫名额都是一样的,部分州县也有增额和额外收养的情况。增额意味着地方财政负担的增加,其难度较大,一般要奉上级命令或征得上级同意。

在政府财政困境加剧的情形下,官方收养孤贫的条件越来越严苛,"普济堂以收养贫病老人为主,而养济院则比较强调贫困的残疾之人"[33]。当政府财政困境加剧或社会动荡之际,孤贫钱常成为被裁革的对象。在没有财政支撑的情况下,即使是笃废疲隆极度困苦之人,也应该与养济院无缘。一旦财政状况好转,养济机构的堂宇又得以修建,孤贫支出重又列入预算。传统的养济救助事业就这样在时兴时废、时宽时严的过程中发展。

韦伯曾指出:"中世纪,家族在欧洲实际上已消失了,在中国却完好地保存着,它与经济团体一起在地方行政机构中起作用,并在某种程度上向未知的其他方面发展。"[34]中国古代国家的形成,不是因为家长制家庭关系完全解体,而是由家长制家庭内部的血缘关系和与之相辅助而成的公社土地关系直接演变而来。因此家长制家庭关系在国家发展过程中国家化了，以婚姻为纽带的家族关系也政治化了。正如梁启超所讲："而所谓家族之组织，国家之组织，村落之组织，社会之组织，乃至风俗、礼节、学术、思想、道德、法律、宗教一切现象，仍肖然与三千年前无以异。"[35]家庭单位作为社会基本组织形态，在中国得以长期延续，内部有着类似于国家的权力分层，具有政治和经济的双重功能。每个家庭的成员在"忠孝"的规范下，服从于具有最高权威的"父家长"，这种家庭本身的稳定性，构建了整个社会的稳定秩序。这种稳定性不但削弱了社会变革的潜力，也给朝廷的施政带来了阻力。地方衙门施政得不到当地宗族的支持，不但权力难以深入到基层，而且会影响到地方的稳定。

在以家族为本位的社会中，皇帝被渲染为国家的"家长"，而社会成员则成为其子民。"中国政府就完全建立在这种伦理关系上。客观的家庭孝敬是国家的标志。中国人认为自己既属于他们的家庭，同时又是国家的儿子。在家庭内部，他们不具特性，因为他们所在的实体单位是血缘和自然的单位。在国家内部，他们同样缺少特性，因为国家内部占统治地位的是家长制。政府的任务仅仅是落实皇帝预先制定的措施。皇帝像父亲一样，掌管一切。"[36]正是这种"父"与"子"的权力关系，塑造了其在社会保障中的"施舍"理念和被动性。

与清代救助机构的大量出现相呼应，世家大族效法范仲淹家族义庄，纷纷设立义庄。据统计，清代仅苏州就有义庄达179个，其中清代创办168个，占94%[37]。对同族贫困者进行救助是义庄的建庄原则。明清时期家族一般都拥有一定的经济基础，即以义庄为主要形式的族产。族产除了用于祭祖、修谱之外，主要用以救济困难族人。设立义庄救济族人，有利于维护社会的稳定，因此得到朝廷的支持，"立家庙以荐蒸尝，设家塾以课子弟，置义庄以赡贫乏，修族谱以联疏远"[38]，成为清王朝的祖训。

这种宗法模式的传统社会结构，决定了社会保障以家庭为主的自我保障性质。在传统社会，家庭、宗族特别是宗族所设立的族田、义田等承担了保障的主要职能，但其具有较强的封闭性、狭隘性、排他性，在很大程度上限制了社会性保障事业的发展。

古代统治者将救济孤贫视为朝廷的责任，是统治者代天理物的职责所在。在早期儒家传统中就已经有了“政府应是社会福利的主要甚至是唯一提供者的想法”，所谓“天下之穷民而无告者，责令官司收养，可谓仁政矣”[39]。中国历史上的大部分时期，均以儒家思想作为治国的指导思想，“天地之大无弃物，王政之大无弃民”，这是历代统治者所标榜的“仁政”原则。

中国古代，国家一直是一种家国同构的结构方式，朝廷视臣民为“子民”，百姓视朝廷为“父母”，“父母”对“子民”的生产、生活等各个方面全盘负责，被认为是十分自然的事情。明清“收养孤老”以法律的形式明确了这种责任，落实到现实中。作为一种“罪”的认定，官吏不收养孤贫，就是没有尽到作为“父母”的责任，要受到责罚，而孤贫被收养，官吏则尽到抚育之责，为民“父母”的政治体现在法律当中。

法律的制定需要符合社会现实，如果是“法因弊立，弊由法生，循环往复”[40]，不但法律的权威性容易受到削弱，人民也将失去对法律的尊重。清代的“收养孤老”律例在执行过程中，曾经出现过许多问题，统治者不去从根本上找原因，仅因弊立法，当然也免不了陷入循环往复的怪圈。

救济孤贫所追求的是社会利益而非经济利益，其立法的真正意图应该在于构建一个稳定的社会，但统治者所着眼的仅仅是巩固统治秩序。所以朝廷在救济立法和政策制定及实施中，体现出较强的被动性和阶段性。在统治秩序面临危机的时候，统治者往往注意“施仁政”，而一旦国家安定或出现财政上的困窘时，救济孤贫又变为“非急务”。有清一代统治者所关注的是大规模的自然灾害所引起的社会混乱，弱势群体的日常救助责任更多的为地方所承担。

“收养孤老”律例的核心内容在于规范官吏的救助行为。律文明确规定官员“应收养而不收养”要受到法律制裁，但又限制收养的名额，给付有限的资金，而何者应收养又没有明确的规定，这就为官员规避责任提供了便利，使政府没有缘由对他们实行制裁，从《刑案汇览》合刊本所收的7600多个案件来看，“收养孤老”方面没有一个刑案，则可见这条法律的实施情况。

孤贫救助虽然有“收养孤老”律例的支持，但是救助事务却取决于地方官的素质。康熙曾经感叹：“有治人，无治法，但能真正任事者亦难得。”[41]雍正则认为：“治天下惟以用人为本，其余皆枝叶事耳。”[42]在行政权力包揽一切的当时,“人存政举,人亡政息”,所依赖的是“人治”。在“人治”的政治环境下,法律必须服从于政治,而政治则取决于主事者,在这种情况下,君主的“喜怒哀愁”与地方官的“奉上安下”紧密地联系在一起。君主的“喜怒哀愁”,使救助政策缺乏稳定性和连续性;地方官的“奉上安下”,使他们只注意把和上级的关系弄好,而置人民的利益于不顾。因此,我们对“收养孤老”律例在当时所起的作用,既不能估计过高,也不能说作用全无。

参考文献:

[1]户部三·救荒[M]//徐学聚.国朝典汇.北京:北京大学出版社影印本,1993.

[2]礼部·恤孤贫[M]//申时行等修.明会要:卷80.北京:中华书局,1989.

[3]顺治元年八月丙辰[M]//清世祖实录:卷5.北京:中华书局影印本,1985.

[4]郑秦.清代法律制度研究[M].北京:中国政法大学出版社,2000.

[5]清代则例及其与政法关系之研究[G]//王钟翰清史论集:第3册.北京:中华书局,2004.

[6]重修律例纂辑成序[M].

[7]余继登.典故纪闻:卷5[M].北京:中华书局,1981.

[8]慈善篇·养济院[M]//济宁县志:卷4.民国十六年铅印本.

[9]陈宝良.中国的社与会[M].杭州:浙江人民出版社,1996.

[10]梁其姿.施善与教化——明清的慈善组织[M].石家庄:河北教育出版社,2001.

[11]皇朝政典类纂:卷182[G]//沈云龙.近代中国史料丛刊续编第八十九辑.台北:文海出版社,1982.

[12]雍正二年闰四月辛巳[M]//清世宗实录:卷19.北京:中华书局影印本,1985.

[13]毛佩琦.明代分期刍议[G]//明史论文集.合肥:黄山书社,1994.

[14]洪武四年六月庚戌[M]//明太祖实录:卷66[M].台北:“中央”研究院历史语言研究所校印.

[15]戴金编次.皇明条法事类纂:卷12[M]//中国珍稀法律典籍集成:乙编第4册.北京:科学出版社,1994

[16]刘菃传[M]//张廷玉.明史:卷188.北京:中华书局,1974.

[17]桂萼.《应制条陈十事疏》之“革奸徒”[M]//明经世文编:卷179.北京:中华书

局影印本,1962.

[18]《清史简编》编写组.清史简编[M].沈阳:辽宁人民出版社,1980.

[19]救荒册[M]//崔述.崔东壁先生遗书:卷1.清道光四年(1824)陈履和东阳刊本.

[20]恤政[M]//梁永康等.冠县县志卷5.民国二十三年刊本。

[21]重建普济堂禀[M]//戴杰.敬简堂学治杂录:卷2.清光绪十六年刊本.

[22]《民务》所载各条[M]//吕坤.实政录:卷2.合肥:黄山书社影印,1997.

[23]夫马进.中国善会善堂史研究[M].伍跃,杨文信,张学锋,译.北京:商务印书馆,2005.

[24]刘衡.州县须知[M].合肥:黄山书社影印,1997.

[25]“崇祯十七年九月丁卯”引张捷曰[M]//谈迁.国榷:卷103.北京:中华书局,1958.

[26]清末三朝内政[M]//陈登原.国史旧闻.北京:中华书局,2000.

[27]李慈铭.祥琴堂日记[M]//陈登原.国史旧闻.北京:中华书局,2000.

[28]沈宗畸.便佳簃杂钞[M]//陈登原.国史旧闻.北京:中华书局,2000.

[29]郑功成.社会保障学——理念、制度、实践与思辨[M].北京:商务印书馆,2001.

[30]艺文[M]//续辑均州志:卷15.清光绪十年(1884)均州志局刻本.

[31]赋役[M]//长沙县志:卷9.清同治十年(1871)刻本.

[32]周荣.明清养济事业若干问题探析——以两湖地区为中心[J].武汉大学学报(人文科学版),2004(3).

[33]王卫平.普济的理想与实践——清代普济堂的经营实态[J].江海学刊,2000(1).

[34]韦伯.文明的历史脚步——韦伯文集[M].上海:上海三联书店,1988.

[35]新民议[M]//梁启超.饮冰室文集:卷15.上海:广智书局校印,光绪二十八年(1902).

[36]黑格尔.东方世界[G]//夏瑞春.德国思想家论中国.南京:江苏人民出版社,1989.

[37]王卫平.明清时期江南地区的民间慈善事业[J].社会学研究,1998(1).

[38]圣谕广训[M].北京:迪志文化出版有限公司,2001.

[39]梁其姿.施善与教化——明清的慈善组织[M].石家庄:河北教育出版社,2001.

[40]林振翰.盐政词典·序[G]//张小也.清代私盐问题研究.北京:社会科学文献出版社,2001.

[41]康熙十二年二月癸酉[M]//清圣祖实录:卷41.北京:中华书局影印本,1985.

[42]雍正四年八月初六日朱批[M]//鄂尔泰等.雍正朱批谕旨·鄂尔康奏折.台北:文海出版社影印本,1965.

作者简介:柏桦(1953—),男,北京市人,历史学博士(中国)、文学博士(日本),南开大学法学院及周恩来政府管理学院双聘教授,博士生导师,主要研究中国政治制度史、中国法律制度史。

原文出处:《西南大学学报》(社会科学版)2008年第6期。

转载:1.《新华文摘2009年第3期全文转载;2.《人大复印报刊资料·明清史》2009年第1期全文转载;3.《高等学校文科学术文摘》2009年第1期论点摘要。

论清代“盐法”律例实施中贫民的困境

任晓兰

（天津财经大学 法学院，天津市 300222）

摘　要：清统治者深知贫民有困于饥寒而流于盗贼的可能，所以在财税法制中多有体恤贫民的条款，“盐法”例文中允许“贫难军民，将私盐肩挑背负，易米度日”就是一例。但一法立，一弊生，通过对清代相关“盐法”律、例、则例、事例、省例、章程和成案的考察发现，此例在实践中虽然部分地缓解了贫民为生计所迫而引发的社会问题，但同时也沦为了奸商豪强转嫁税收负担、借机贩私的工具。在增加国家财政收入与苏民困以保税源之间的权衡，是终清之世历任统治者都无法解决的难题，贫民作为社会的“最少受惠者”却承担了社会发展的主要成本，也是清代财税法制自身难以克服的顽疾。

盐课是清代的主要财政收入之一，早在清朝初年就有“滇黔闽粤，未尽削平，所需兵饷，半资盐课”[1]卷50，金镇：《盐法考》。学术界从经济史的角度对历代盐课的研究一直是比较繁荣的，从法制史角度的研究，有代表性的为张世明在《清代盐务法律问题研究》①中对清代盐务专卖法律构成要件的分析，张小也在《清代盐政中的缉私问题》②中对贩卖私盐法律制裁的分析等。受到儒家“天地之大无弃物，王政之大无弃民”的“仁政”理念的指引，同时出于维护统治的需要，清廷也深知贫民有困于饥寒而流于盗贼的可能，所以在制定“盐法”等相应的财税律例时，对贫民的生计问题多有体恤；但是贫民的实际生存状态却依然不容

① 张世明：《清代盐务法律问题研究》，载《清史研究》2001年第3期。

② 张小也：《清代盐政中的缉私问题》，载《清史研究》2000年第1期。

乐观,本文将从清代“盐法”律例的制定及其执行入手,分析贫民在清代财税法制运行中的困境及其形成原因。

一、清代“盐法”律例制定中对贫民的体恤

贫民作为社会的底层劳动者,其基本生计的维持直接关系到王朝的安危,清统治者也深谙个中道理,所谓“诚恐贫穷小民,失其生理,困于饥寒,流为盗贼”[2]卷31,因而在制定相关的财税律例时,每每关注贫民基本生存条件的保障,力求“为贫民衣食开生路”[2]卷15,实施相应政策时也希望“贫民得沾实惠,勿致胥役侵蚀中饱”[3]卷142,以期达到“得以屏息盗贼,贫穷者各遂其生”[3]卷97的理想境界。而盐为民众日用必需之物,清代统治者在制定相关的“盐法”律例时,也不得不考虑到贫民的基本生存要求。由于食盐这一税收课征对象的特殊性,顺治十七年(1660年)便在《户部禁令·盐法禁例》规定:“贫民食盐四十斤以下者,免税。四十斤以上者,仍令纳课。”[4]卷231这样就为贫民食盐确保了基本的生活底线。同时,对于偏远地区盐价高昂贫民无力买食的状况,清廷还曾做出过减平盐价的决定,如乾隆年间,因为“广西盐引因商人无力承办,以致民间有淡食之苦”,而“食盐乃小民日用之需,部价既多二厘,则民间所费,必不止于二厘,广西地瘠民贫,道路遥远,应令盐价平减,以惠闾阎”[5]卷14。

清代的财税法律规范除了律文之外,还有大量的例、则例、事例、省例、章程和成案,律为不易之大法,例乃因时损益之定制,而则例、事例、省例、章程、成案均为律例的补充。有清一代“盐法”律例中对贫民的体恤,则更直接地反映在允许“贫难军民,将私盐肩挑背负,易米度日”的“例”的规范之中。为了保证王朝充足的盐税供给,有清一代对于私盐的惩处一直是非常严厉的,《大清律例·户律·课程·盐法》律文中,对贩私盐的处罚为:“凡贩私盐者,凡犯(无引)私盐(凡有确货即是,不必赃之多少)者,杖一百、徒三年。若(带)有军器者,加一等,(流二千里。盐徒)诬指平人者,加三等,(流三千里。)拒捕者,斩(监候)。盐货、车船、头匹并入官。(道涂)引领、(秤手)、牙人及窝藏(盐犯),寄顿(盐货)者,杖九十、徒二年半。(受雇)挑担驮载者,(与例所谓肩挑背负者不同。)杖八十、徒二年。非应捕人告获者,就将所获私盐给付告人充赏。(同贩

中)有(一人)能自首者,免罪,一体给赏。(若一人自犯而自首,止免罪,不赏,仍追原赃。)”[6]250此后,有清一代又逐年增加了例43条和事例12项,对贩私盐的处罚力度大体呈现出逐渐加重的态势。

与此同时,清廷也发现有些贫难小民肩挑背负食盐换取食物的现象,不宜以贩私盐论处。顺治年间四川巡按张所志就曾上奏:“凡贫穷小民,负盐易食者,不许苛求搜索。但恐奸民积棍,乘机兴贩,改包射利,反亏国课。应定六十斤以下者,准作易食零盐,免其纳课。六十斤以上者,即作票盐,仍令纳课。”[2]卷141随后户部议覆后定为:“贫民易仓食盐斤,应令四十斤以下者、准免课税。四十斤以上者、仍令纳课。”[2]卷142雍正年间又对贫民负盐售卖的地点进行了限制,进一步规定为:“贫难小民,许其负盐四十斤,于不销官引地方,易米度日。如有私相买卖,并于销引地方公然货售,及假托肩挑背负,运送窝囤,合成大伙私盐等弊,该地方官,立即严拿,照私盐并数律治罪。”[7]卷71最终,于乾隆元年议准定例为:“除行盐地方大伙私贩严加缉究外,其贫难小民,年六十岁以上,十五岁以下,及年虽少壮,身有残疾,并妇女年老孤独无依者,于本州、县报明,验实注册,每日赴场买盐四十斤挑卖,只许陆路,不许船装并越境至别处地方及一日数次出入,如有违犯,仍分别治罪。”[6]256这条例文为《大清律例》条例“除行盐地方大伙私贩”条。这条例的规定不仅对贫难军民的内涵进行了界定,对其年龄、健康状况等相关问题进行了规范,而且为了便于管理和防范贩私还要求对这些挑卖食盐者进行注册,并对贩卖的路线、地点及出入次数进行了严格的规定。这条例文在乾隆五年、乾隆三十二年及嘉庆六年的“凡豪强盐徒”的惩处条例中,均得以保留为“若贫难军民,将私盐肩挑背负,易米度日者,不必禁捕”[6]250-258的条款,对此薛允升按《笺释》曰:“律言车船、头匹、挑担、驮载而后成其为私盐,故例谓肩挑背负易米度日,不必禁捕,正所以与律发明,以见矜恤贫难之至意也。”此后,对贫难军民肩挑背负私盐的规定,还有一些补充,如乾隆年间两淮盐政尹会一奏请贫民不准三人以上凑合兴贩,认为“贫难小民,亦止许各自挑负易卖,不许结队成群凑合兴贩,如过三人以上,仍行查究”[5]卷21;还有对于偏远乡村可以不必报明、验实注册的简易程序,比如乾隆年间“琼州孤悬海岛,遍地生盐”,这使得“乡村离州县甚远、贫难老少、报验非易,应如该督等所题,将贴近灶场之贫难老少男妇于境内负卖者,照例免其禁捕,毋庸报验给卖。其各州县小贩,亦听民自便”[5]卷24。可以说,允许“贫难军民,将私盐肩挑背负,易米度日”之例作为清廷体恤贫民的法律规范,在很长一段时间里发挥着效力。

二、胥吏奸商对盐法恤民条款的利用

清廷制定“若贫难军民,将私盐肩挑背负,易米度日者,不必禁捕”之例的初衷是为了让贫难小民生计有望,一来可以减免政府赈济之累,二来可以避免贫民困极为盗之虞。这一条款的制定,的确使得部分贫难军民在生活食盐和维持生计等方面,获得了基本生存的依凭,也在一定程度上缓解了由于贫民为生计所迫所引发的一系列社会问题,充分体现了清统治者的“仁政”理念。但是,一法立,一弊生,在这条律例的实施过程中,出现了大量官吏胥役营私舞弊、奸商豪强借此贩私的事件,贫民不仅没有因此例文而获益,反而常常沦为地方奸商、豪强转嫁及逃避税收负担的工具和地方官吏借此以权谋私、肆意鱼肉的对象。

早在康熙五十六年,在《吏部处分例·查禁私盐》条中就有“地方各官,失察外省棍徒,来境私贩,仍照定例,按次处分,有能拿获私贩千斤以上者,将该管官核实题请纪录。如有不肖官员,贪图纪录,将贫难军民,肩挑背负,易米度日之人及外省来贸易之平民,滥作私贩查拿,私用非刑,害人致死者,将该员照诬良为盗例革职。如未经致死者,将该员降一级调用”[8]卷18的针对官吏的处分则例。可见在康熙年间,就出现了官吏为了贪图缉私政绩,而将肩挑背负,易米度日的贫难军民当作贩私加以查拿,甚至还加以刑讯逼供而致人死亡的事件发生。乾隆元年,又在《户部禁令·盐法禁例》中进一步指出了官吏欺压贫民之弊:“至于失业穷黎,肩担背负,易米度日,不上四十斤者,本不在查禁之内。盖国家于裕商足课之中,而即以寓除奸爱民之道,德意如是其周也。乃近见地方官办理私盐案件,每不问人盐曾否并获,亦竟不问贩盐斤数多寡,一经捕役汛兵指拿,辄根追严究,以致挟怨诬攀,畏刑迫认,干累多人。”[4]卷231而且这些官吏“凡遇奸商夹带,大枭私贩,公然受贿纵放,而穷民担负无几,辄行拘执,或乡民市买食盐一二十斤者,并以售私拿获,有司即具文通详,照律杖徒,又因此互相攀染牵连贻害”,以至于乾隆本人也不得不慨叹这条例文的制定是“原以恤养贫民,济其匮乏,并非宽纵匪类,使之作奸犯科也”,不想“是穷民未必沾恩,而法度废弛,闾阎转受奸民之扰矣”[5]卷14。此外,在《刑案汇览》中也记载了嘉庆十四年发生的一个成案《巡役逼死买邻盐人驳令拟抵》:“孙万忠出门拾粪,顺便在章邱盐店价买官盐三斤四两携回食用,系愚民意图稍得便宜,并非违禁贩私,核与知系越境之盐买食应干杖责者不同,正与贫难军民将私盐肩挑背负易米度日者无异,原可毋庸禁捕”,而“该犯等倚恃巡役,辄将其拘获,希冀送官讨赏”,并对其百般刁难竟致孙万忠自尽[9]351。此案被列为成案,具有了辅助法源的效力。成案是一种不成文的法律形式,是由各部或各省对某些典型案件判决的先例汇集而成的,因此它是根据律例而加减比附形成的案件判决。成案的成因是案情判决在律例之上无法寻找到合适的专条而加以征引。“其最善者莫如比照加减成案,事略而尽,文简而赅,可以辅律例之未备”[10]《熊莪叙》。作为有清一代重要法律渊源的则例和成案中均有此类事件的记载,足见官吏为了个人缉私政绩而肆意欺压贫难军民的事件,在当时已不鲜见。

一般民人贩卖私盐要被处以严重的刑罚,而贫民肩担背负易米度日不上四十斤者,即可不按贩私论处。这样一条旨在体恤贫民的条例,在当时也常常被奸商盐枭当作贩私的重要手段。有些盐枭借此谎称自己为贫民进行贩私。雍正二年就出现了这样的事例记载:“贫难男妇,藉盐资生,肩挑背负,易米度日者,照例免罪,毋许官弁兵役生事扰民。如有积枭藉称贫难男妇,将私盐潜行窝囤,兴贩贸易者,令地方官弁及盐政衙门,一体稽察,照例从重治罪。”[4]卷231事例是朝廷处置各类政务的临时规定,包括皇帝发布的上谕以及对于大臣奏本的批示等,虽然没有明确规定其具有法律效力,但在具体实施过程中,起到法律的效用。事例积累后,刑事方面的一般编制为条例,行政方面的往往编制为则例,成为独立的单行法规,因此,雍正二年的这件事例,就在此后被编入了同年的《户部禁令·盐法禁例》之中。乾隆元年开始定例要求贫民于“本州岛县报明,验实注册”之后方可肩挑贩卖,此后便在民间出现了奸商豪强售卖发放老少牌盐的新问题,如“长芦所属滦州、迁安、乐亭、丰润、宁河等五州县引地,自设立老少牌盐,奸徒收买发贩,以致私盐充斥,官引壅滞难销”[5]卷243。雍正年间还仅是盐枭贩私者藉称自己为贫民,而到了嘉庆年间的《户部禁令·盐法禁例》中,甚至出现了在江南浙江等省附近场灶地方,“更番叠出,积少成多,或串雇贫民,代为分拆零售”[4]卷231的现象。国家律典在高额的私盐利益面前,显得如此苍白无力，而朝廷体恤贫民的条例，反而成为奸商豪强转嫁税收负担、借机贩私的工具，正是“穷民之沾润有限，奸贩之影射浸多，竟以老少之利源，变而为私枭之弊薮”[5]卷1046。以至于在乾隆年间发生的山东峄县地方盐枭聚众一案被破获后，当严讯之下，要犯“供系在海赣交界之处，零星偷买老少盐，积有一二百斤不等，先后装车推买等语”[5]卷1046之后，乾隆曾痛定思痛，一度在部分省份停止一切肩挑背负之例，而代之以给钱裁贩加以变通。比如在山东的“盐场老少贫贩，惟沾化之永利场额设二十一名，日照之涛洛场额设一十三名，计每名日赴场领盐，可获利二三十文不等。今既议裁，应仿天津给钱裁贩之例，日给制钱二十四文”[5]卷1048。在闽省盐场也做出了“每名日给制钱十文，不令挑盐”[5]卷1051的变通规定。

三、“盐法”律例实施中贫民不利处境的原因

清初顺治帝在殿试天下贡士的时候曾经慨叹：“用兵之际，兵必需饷，饷出于民。将欲减赋以惠民，又虑军兴莫继，将欲取盈以足饷，又恐民困难苏。必如何而后能两善欤？”[2]卷31的确，在增加国家的财政收入与减轻黎庶课税负担之间的权衡，是终清之世历任统治者都无法解决的难题。虽然统治者深知赋税出于民间，与民休息可以保证税源的道理，但是在清代政治体制的运行中，统治者对国家财政收入的要求是首要的，而地方上则以“庶民人得以安生，地方亦可宁谧”[2]卷15为仁政目标。这使得地方奸商胥吏有机会在盐赋的征收和缉私过程中徇私舞弊，中饱私囊，而作为社会阶层中“最少受惠者”的贫苦百姓则始终是国家财政负担的主要承担者。

从总体上说，为保证国家的财政供给，清代的食盐生产是一种严格的计划性生产。在各个盐产区、各个盐场，大都有“额定产额”，而催缴盐课也是相关官吏的职责所在。比如按照《吏部处分例·盐课奏销》顺治八年覆准的规定：“盐课欠不及一分者，巡盐御史(寻改为盐政)罚俸一年，欠一分以上者降俸二级，欠二分以上者降职一级，欠三分以上者降职二级，皆留任，欠四分以上者降三级，欠五分以上者降四级，欠六分以上者降五级，皆调用，欠七分以上者革职(寻增为：未完初参，照巡抚地丁钱粮初参例处分)，限二年催完，如限内不全完，照原参分数议处。”[8]卷18对相关责任官吏的惩处不可谓不严，各级官吏均不

敢懈怠。在清初社会经济尚未恢复,食盐人口尚未复原的情况下,清廷为了谋求增加财政收入而要求按照额定引额强行派销,使得地方官吏只能在“各属纷纷告苦,目击心伤”之余,“但以国课攸关,点金无术,不得不仍照例催征”[11]顺治四年正月二十日。此外,有些盐官为了博清廷欢心还曾盲目请引,以至于在乾隆年间出现“司盐政者率以增引为能,不计商人之能销与否。不知一经增引,商人不免赔累,必致亏本,其病在商;额引势必增价,其病仍在民”[12]乾隆二年正月二十六日的局面。事实上,自嘉庆以降,由于自然灾害、私盐泛滥、官引滞销等原因,实际产盐量多不足额;但是即使不领余引,也要把余引的课额如数交足,而这部分负担又不得不转嫁到了普通商民身上。在造成商人经营成本增高的同时,进而使食盐民众的经济负担加重。

清代为了保障盐课收入和专商的销盐特权,还划分了销盐区域。这于贫民生计而言也有很多不合理的成分。如“归州、巴东例食淮盐,因淮盐从长江至汉口”,路途遥远,盐价自贵,致使“穷民度日不给,无力买盐,致多淡食”[13]雍正十一年四月十三日,于是乾隆年间大学士朱轼曾上《请定盐法疏》,指出“以江南之镇江等府而论,与淮扬相去甚近,而向例必食浙盐。浙江路远,商运需费,盐价自贵;而淮盐就近可得,价亦甚贱。舍贱买贵,人情所难”,建议“应就盐地之远近,逐一查明,尽为改易”[1]卷50,朱轼:《请定盐法疏》。但是,乾隆帝还是以“无知小民惟利是图,只知得尺则尺,得寸则寸,如建昌划入闽省,私贩即可越过建昌,沿及抚州、南昌,无所底止,恐巡缉亦未能周到”[14]卷34《征榷六》,p7871为由未准所请。这说明,在乾隆看来,禁绝私盐保证税课才是重中之重,而至于贫苦百姓舍贱买贵,舍近求远,甚至于无力买盐的种种困苦则只能置之不顾了。

在盐课的征收过程中,官吏胥役对商民的层层盘剥,在清代官场也是司空见惯的事。商人运盐行销的每一道手续、每一个关口都充斥着官吏胥役的盘剥,如“每一纲发运之初,运司衙门有‘八开’之目,八开者:开征、开请、开重、开坝、开桥、开所、开捆、开江是也”,以至于“私费所出,几半于盐本”[15]卷3,《发运引目》,这说明本应归于国家的财政收入,在中间环节被各衙门胥吏所截留、侵吞,所谓“正课之外,私费不赀,遇一事即有一事之陋规,经一处即有一处之科派”[16]卷44,《人物志·才略》。同时,清代还多次要求盐商报效,在盐商进行巨额报效之后,清廷往往以加斤、加价的形式对盐商予以弥补,有些商人便借此“暗增引斤,或高抬盐价”[17]卷3,《通例·征榷门》,把报效的重负转嫁于消费者身上,使盐价增高,盐引壅滞，以致于出现“贫乏小户，往往有兼旬弥月坚忍淡食，不知盐味者”[18]卷11《敬陈两淮盐务积弊附片》的情况。事实上，清代统治者虽也深知盐法实施中弊端丛生，盐道“上下各官，需索商人，巧立名色，诛求无已。穷商力竭，不得不挪新补旧，上亏国课，高抬盐价，下累小民，至于官盐腾贵，贫民贩卖私盐，捕役斗殴，株连人命，流弊无穷”，但是终究无法找出“何以苏商，何以裕课，上供军国，下利闾阎”[7]卷3的良方。

“盐法”律例中允许“贫难军民，将私盐肩挑背负，易米度日”一例是清统治者基于“仁政”的施政理念，从法律规范上对贫民的体恤与救济，具有一定的进步意义，但由于受历史的局限，其进步性缺乏实际执行方面的意义。体恤贫民不仅仅是理念问题，而且需要一定的社会支持和制度保障，必要时还应该整合社会资源，从根本上保障实际缴纳税金的民众享受到应有的社会权利。由于清代盐课是一种间接税，它的税赋最终会落到食盐消费者身上。国家要保证赋税收入，官吏借机盘剥商民，奸商可以抬高盐价，而民间盐价愈贵，贩卖私盐就越猖獗，国家的财政收入就越难以保障，清廷就不得不耗费更高的成本进行缉私，最终承担财政负担的还是贫苦黎庶。以利益为导向的层层转嫁与恶性循环，是清代财税法制自身难以克服的顽疾。可以说，虽然清代在“盐法”律例的制定中有意识地考虑到了贫民的生计问题，但是一法立，一弊生，在其财税法制体制内，清廷无法从根本上解决贫苦黎庶的生存危机，而清廷自身也始终无法摆脱贫民迫于生计而以暴力反抗其统治的威胁。所以，清朝末年出现的普遍性的抢砸盐店风潮，就是例证。

参考文献：

[1]贺长龄.皇朝经世文编[M].上海:广百宋斋光绪17年刊印本.

[2]清世祖实录[M].台北:“故宫博物院”影印本.

[3]清圣祖实录[M].台北:“故宫博物院”影印本.

[4]钦定大清会典事例[M].台北:新文丰出版公司据清光绪二十五年原刻本影印本.

[5]清高宗实录[M].台北:“故宫博物院”影印本.

[6]田涛,郑秦,点校.大清律例[M].北京:法律出版社,1999.

[7]清世宗实录[M].台北:“故宫博物院”影印本.

[8]大清会典则例[M].文渊阁四库全书本.

[9](清)祝庆祺,等.刑案汇览三编[M].北京:北京古籍出版社,2004.

[10](清)许梿.刑部比照加减成案[M].清道光刻本.

[11](清)朱鼎延.为军兴需饷正殷,户口输榷惟艰事[M].中国第一历史档案馆藏.

[12](清)法敏.为敬陈管见事[M].中国第一历史档案馆藏.

[13](清)佛保.归州巴东盐引请改拨川省行销疏[M].中国第一历史档案馆藏.

[14](清)刘锦藻.清朝续文献通考[M].杭州:浙江古籍出版社,2000.

[15](清)李澄.淮鹾备要[M].清道光3年刻本.

[16]两淮盐法志[M].清嘉庆11年刊本.

[17]清盐法志[M].民国9年铅印本.

[18](清)陶澍.陶文毅公全集[M].清道光20年刻本.

作者简介:任晓兰(1978–),女,天津市人,法学博士,天津财经大学法学院民商法系副教授,主要研究中外法律史。

基金项目:天津财经大学科研发展基金项目“明清财税法制研究”(Y1010),项目负责人:任晓兰。

原文出处:《西南大学学报》(社会科学版)2011年第1期。

转载:《人大复印报刊资料·法史学》2011年第7期全文转载。

昂贵的京控

——嘉庆朝徐姓自戕案分析

石　怡，罗冬阳

（东北师范大学 世界文明史研究中心，吉林 长春 130024）

摘　要：清代日益分化与竞讼的地方社会增加了司法需求，而开放的京控，尤其是嘉庆帝的改革，冀望为民众申冤，同时整饬吏治，适应了这种需求，但效果并不理想。究其原因，在于清代京控及司法制度与行政体制同轨，为一金字塔构造，优质司法资源集中于顶部，改革仅强化了顶部纵向司法监控的压力，地方贫弱的司法资源和能力并未增强。就嘉庆末徐姓京控案看，县级主审司法能力贫弱，院司道府复审多处违法，虽然原告自戕京控，促动清廷纠正了错案，但其成本极其昂贵，京控呈现出司法效力与效率的背离。这种背离一旦达到临界点，不仅有损地方政府威信，朝廷权威也一并受损。

清嘉庆二十五年（1820）九月，安徽泾县民人徐玉麟为其兄徐飞陇命案赴京鸣冤，并于刑部门前自戕身死。这一激烈的京控[①]自杀行为，令道光帝重审该案。经调查，孙玉庭最终认定此案前经安徽省官员审出的徐姓合谋杀害徐飞陇以图赖章姓之案情及徐玉麟京控所指章姓劫杀徐飞陇之情节，均为大错。命案正凶实为案中紧要人证李象，其先因半夜疑贼而将徐飞陇殴毙，后又畏罪

---

① “京控”一词始见于清代，可视作“赴京控告”“来京控诉”的简称。《清史稿·刑法志》（北京：中华书局，1976年）对“京控”含义及京控案件受理情况有如下说明：“其有冤抑赴都察院、通政司或步军统领衙门呈诉者，名曰京控。”与“京控”类似的有“叩阍”。“叩阍”本意指叩打宫门，引申为直接向最高统治者申诉冤屈。该词最早出现于宋代，并为其后各代沿用。《清史稿·刑法志》对其解释如下：“登闻鼓，顺治初立诸都察院。十三年，改设右长安门外。每日科道官一员轮值。后移入通政司，别置鼓厅。

混扳，利用徐章两姓宿怨，混淆视听。同时，孙玉庭还审出泾县差役安拿教供及安徽省复审官员刑逼原告妄认等不法情事。该案情节离奇，于中国第一历史档案馆所藏相关档案中有较详尽记载。[①]据此剖析该案，可以深化对清代司法审判弊端及京控制度[②]实际运行效果诸问题的理解，也可以窥见清朝嘉道期间国家与社会互动之一斑。

一、分化与竞讼的地方社会

徐飞陇命案被安徽省官员办成错案，有社会和司法多方面的原因。其中案发当地社会的利益分化，竞讼的社会风气，紧张的族际关系，边缘化的人群，为该案布下重重迷雾，增加了案件审理难度，当属铸成错案的社会原因。

其投厅击鼓，或遇乘舆出郊，迎驾申诉者，名曰叩阍。”“叩阍”是一种直诉于皇帝的上诉行为，其地点可在京师，也可在皇帝出行时的任一地方。其缘起可追溯至尧舜时期设立的“进善之旌”与“诽谤之木”，其最初是作为统治者了解施政得失，而向臣民开放进言以陈利弊的渠道，后逐渐发展演变形成“邀车驾”“击登闻鼓”“上书言事”三种形式。清代制度，“京控及叩阍之案，或发回该省督抚，或奏交刑部提讯。如情罪重大，以及事涉各省大吏，抑经言官、督抚弹劾，往往钦命大臣莅审。发回及驳审之案，责成督抚率同司道亲鞫，不准复发原问官，名为钦部事件”。(《清史稿》第4212页)目前学界对“京控”的理解仍存分歧，其焦点主要在“京控”与“叩阍”的异同上。从程序上看，京控须经中央相关部门受理诉状后方可诉诸皇帝，而叩阍则是直诉皇帝，诉诸中央相关部门非其必要程序，这是两者的差异。但无论京控还是叩阍，最终都要奏闻皇帝，并且受理后的审理程序都一样，所以当时人与学界往往将两者等同视之。如清末法学家沈家本认为叩阍形式之一的“上书公府言事”与“今之京控相似”(《历代刑法考》第1478页，北京：中华书局，1985)。生于光绪年间的史学家连横也认为，民人自州县经府、道、省逐级上控，仍不服，“则控之京，谓之叩阍”(《台湾通史》卷12《刑法志》，第151页，南宁：广西人民出版社，2005)。

① 嘉庆、道光两朝相关档案，见中国第一历史档案馆藏朱批奏折，档号：04-01-26-0039-028、04-01-01-0608-034、04-01-01-0608-036、04-01-26-0039-029、04-01-01-0623-036、04-01-01-0619-011；录副奏折，档号：03-2337-042、03-2338-022、03-2265-030、03-2266-016、03-2266-017；禀状，档号：03-2265-031。

② 以往关于清代京控制度的研究，多注重从制度形成及沿革层面分析，而就该制度的实际运行效果仍缺乏较为具体的解释。京控制度相关研究较为主要者有：欧中坦(Jonathan K.Ocko)的《千方百计上京城：清朝的京控》(收录于(美)高道蕴等编《美国学者论中国法律传统》，第566-611页，中国政法大学出版社，1996年)，此文侧重将京控作为社会问题来考察，对影响该制度运行的各种社会因素进行重点探讨。李典蓉的《清朝京控制度研究》(上海古籍出版社，2011年)，利用台湾地区保留的清朝档案资料，对京控制度的流变与实践进行探讨；胡震《最后的“青天”——清代京控制度研究》(《中国农业大学学报》，2009年第2期)一文，从法制史的角度探讨清代京控制度与晚清京控演变，尤其注重将晚清与民国时期处理类似案件的审判方式进行对比。阿风：《清代の京控——嘉庆朝を中心に》((日)夫马進编：《中国訴訟社会史の研究》，第333-379页，京都：京都大学学術出版会，2011年)，利用清代上谕档中的案例资料并结合《清史稿》等文献，对清代京控制度的概念、渊源，以及嘉庆朝京控制度的完善、嘉庆朝京控扩大化的原因等问题进行了系统分析。

近年研究成果表明,明清时期人口规模迅速扩张,人均耕地面积下降[①],商贸活动日趋活跃,城市化进程持续发展[②],南方一些工商业市镇的繁兴,对乡村城市化的发展起到很大的带动作用。[③]此四者相互伴生,使得土地资源愈加稀缺,脱离农业,追逐工商利益的人口增多,而消费习惯则由简朴走向奢靡,人际关系由古淳走向争竞。

泾县位于今安徽省东南部,在清代属宁国府,处于长江南岸平原与皖南山区交界地带,“长山大谷,枕徽襟池”[1]卷1,形胜,p87,自古便是“风物繁华之地、舟车辏集之乡”[2]卷2,风俗,p79,在明清社会变迁大势中,其民风习尚亦随波逐流。诚如嘉靖《泾县志》所载:

明初新离兵革,地广人稀,上田不过亩一金。人尚俭朴,丈夫力耕稼,给徭役,衣不过土布,非达官不用纻丝;女勤纺绩蚕桑。居室无大厅室,高广惟式。成化、弘治间,生养日久,轻役省费,民称滋殖,此后渐侈。田或亩十金,民居或僭仿品官第宅。男子衣文绣,女子服五彩、衣珠翠、饰金银。务华靡,……商贾亦远出他境。嫁娶奢靡。[2]卷2,p80

逐利和奢靡的习尚,冲击着旧有尊卑贵贱观念,百姓对官府的陌生与敬畏感逐渐消退。而经济发展与利益多元化使得百姓之间发生摩擦、纠纷的几率增大,讦讼、健讼成为清代地方官眼中泾县风俗标志性的“弊俗相沿”。嘉庆《宁国府志》引乾隆《泾县志》云:

泾民刚满而竞,往往鹬蚌结于睚眦,听断所及,讼牒麇集,甚至济北之树、汝南之水,累年浃岁,刺刺不休,盖其风使然。大率一人险健,则主文佐斗,实繁有徒。一事愤争,则蔓引株连,纠缠靡已,废时破产,举弗遑恤。[3]卷9,舆地志,风俗,p338

泾县民风好讼,被地方志解释为“山民”的“强劲”所致[3]卷9,舆地志,风俗,p338。“山民”的脚下是稀缺的土地资源。方志称该县地土“十分之中,山居其四,水居其二,平地无几”[2]卷二,舆地纪,水利,p68。确实,因为该县地属山区,土地资源本来稀缺,而

---

① 根据(美)德怀特·希尔德·珀金斯(Dwight Perkins)的估计:1650年时,中国总人口约为1-1.5亿;1750年时,约为2-2.5亿;到1850年时,已上升至约4.1亿。参见:(美)王业健《清代田赋刍论(1750-1911)》(北京:人民出版社,2008),第9页。

② 参见:何一民《中国城市史》(武汉:武汉大学出版社,2012),第350-355页、第403-404页;樊树志《明清江南市镇探微》(上海:复旦大学出版社,1990);李伯重《江南的早期工业化(1550-1850)》(北京:社会科学文献出版社,2000),第409-417页。

③ 参见:(日)斯波义信《中国都市史》(北京:北京大学出版社,2013),第38页。

便利的水路交通却更增高了其经济价值,再加之风水观念的影响①,土地之争往往成为当地人聚讼的焦点。与泾县地理相同的邻邑旌德县,有着相似的"健讼"之风,民众"勇于私斗,健于讦讼"。方志作者认为勇斗健讼之风的形成,"盖由地窄人稠,阴阳二基,实所难得,每于造屋、造坟之时,或称税亩未清,或藉界址相连,或假售主分业,种种嫌隙,鼠牙雀角,在所不免"[3]卷9,舆地志,风俗,p341。这是很有见地的看法。本文所介绍京控案的主角,即是居于安徽泾县铜村的徐、章二姓,因连年山场之争结有宿怨。正是这一宿怨在该案中被真凶李象利用,为原告徐姓所执念,从而将控案引向了歧途。

徐、章两姓之嫌怨,最初结于乾隆十年(1745)的山场之争。泾县铜村淡字473号高坪坑起至483号牛背石止,共十一号山场,章徐两姓于其中各有置业。乾隆十年,两姓因争其中滑石坑、牛背石等山场结讼,曾经山邻议息立界。嘉庆十九年泾县荒歉,徐姓族人赴山挖取蕨根时,因伤及树木而被章姓禁阻,两姓互殴,讼端复起,诉至县衙。山场之争,因其牵涉风水和巨大经济利益,往往诈伪百出,属于较难断解的土地纠纷。而复杂的买卖关系,为产权判定更增加了一层难度。该处山场,徐章两姓原本于其中各有持业。但时间一久,两姓子侄支派众多,互相间买卖山场频繁,造成彼此之间山场界址模糊,难以条分缕析。因此,时任知县断案时,误判前述十一号山场之中的"剪刀交徐姓未卖之产,作为滑石坑徐姓已卖之业"[4],将两姓相争之地判归章姓所有。对此有欠公允的判决结果,徐姓始终不服,而两姓因山场之争所生嫌怨亦日渐加深,并埋下命案发生后徐姓执认章姓为真凶的伏笔。

二、贫弱的基层司法能力

利益日趋分化、纷争诉于竞讼的社会,对国家司法服务提出了更多更高的需求。国家如不能相应地增加基层司法官员数量、提高司法效率,仍以既往有限的司法审判能力应对较以往远为复杂难解的案件,那么错案、冤案出现的几率无疑会随之增加。

① 乾隆《泾县志》称泾县"敝俗相沿,大端有三,曰停葬,曰溺女,曰健讼。"(嘉庆《宁国府志》卷9《舆地志·风俗》,第338页,台北:成文出版社,1983)

嘉庆二十一年三月初一日，泾县知县清宁①接到民人徐道生报案，称其父徐飞陇在八门口地方受伤身死，呈请该县勘验。人命重情不能耽延，清宁于初三日抵达，并于当晚提讯证人李象，因其供词不确，拟带县再审。初四日一早查验尸首，因见尸伤均在下部，亲填“受伤追贼，戳落塝下，跌断命门细筋而死”[5]。随后堂审阶段，为求实情，清宁曾刑讯李象，但因其屡次妄供，且查无确据，遂推断徐飞陇之死“或系他处争殴，死后移尸”，将前后见证、嫌犯人等全部释放，详请另缉正凶。[6]

据清代司法制度，若原被两告或其亲属认为州县衙门初审不公或对初审结果存有疑义，可以按照府、道、司、院的层级逐级上控，直至赴京，在都察院或步军统领衙门呈控。徐飞陇命案初审后，其家属对该县审判结果不满，遂逐级上控至京。由其上控呈词及最终复审结果来看，该县在勘验、审讯和详文诸环节都存在疏漏。

其一，在命案至关重要的尸检环节出现遗漏与错检。清宁初审时，督同仵作洪椿相验徐飞陇尸伤共十三处[6]，其中左脚踝处有骨损现象，余下伤处均属轻浅；致命伤在腰眼穴处，经检验属石块垫伤，导致徐飞陇命门处筋脉断裂而死亡[7]。但孙玉庭复审时，督同熟谙验伤之宝山县知县周以勋对尸身重新检验后，却发现徐飞陇尸身仅喉骨与脚踝两处有伤，其中咽喉骨呈淡红色，结喉骨呈红紫色，左脚外踝骨呈红色但并未骨损，上述各伤处并不轻浅；因初检时认定致命伤位于腰眼穴处，其尸身尾椎骨倒数第七节处应有伤痕，但复检时却发现不仅该处并无伤痕，原验命门骨受伤之处亦无损伤，仅脊背骨第二、三节呈青色[7]。

经孙玉庭查明，李象因当晚疑贼，在徐飞陇经过时，取钉有铁齿的磨楪向其下身打去，并顺势将其摔倒，使之“扑跌门前沟旁，半著水沟，半在沟旁地上”[7]。随后，李象即脚踏其背脊殴踢。徐飞陇因倒地时面部朝下，且上身跌入水沟内难以应声，以致窒息而亡[7]。根据李象对当晚情形的供述并结合周以勋

① 道光《泾县续志》中并无“清宁”其人，但有嘉庆二十一年至二十四年“清善”任知县的记载。“清善，字撰堂，镶黄旗人，举人，敬避御名，下一字改今名”。在“安徽巡抚吴邦庆奏为特参泾县知县清宁审办命案草率以致尸亲逞刁诬赖案延莫结请革职事”一折中，吴邦庆将其写作“清宁”；但在“两江总督孙玉庭奏为遵旨审明安徽泾县民徐玉麟呈控族兄徐飞陇被挟嫌围杀委员诬审反坐一案按律定拟事”一折中，则将其写作“清凝”。故本文推测“清凝”原为“清宁”，为避讳道光皇帝名讳旻宁而改。

的尸检结果,复审断定,徐飞陇尸伤多集中于下身且呈不规则分布,是由铁齿磨楪殴打所致;其左脚踝及背脊处瘀伤,为殴踢所致。在徐飞陇停止挣扎后,李象曾抓住其后衣领将之翻转提起,故在咽喉处留有勒痕,并于尸检时验明咽喉骨与结喉骨处均呈红色。

由此可以推知该县初次验尸环节确实存在疏漏,仵作洪椿因未能悉心查验伤处,导致咽喉处关键伤痕被漏检,且多处尸伤检验不准确;而知县清宁也因缺乏相关医学知识而不能纠正仵作错误,只能凭仵作勘验报告推断徐飞陇为“跌断命门细筋”而死,导致人命案件审理中最重要的尸检环节出现错漏。

其二,清宁审案能力不足。徐姓族人得知徐飞陇死讯之后赶赴现场,发现李象碓房门外及河沟边均有血迹,死者族侄徐长发即将李象看守控制。清宁勘察现场后,亦当将李象作为重大嫌疑对象。而且案件经由县府详办缉凶后,李象又远逃浙江,显有畏罪潜逃之意[7]。但清宁审案时并未彻查这些疑点,而是过于依赖刑讯,致使李象肆意混扳,淆乱了案情。同时,清宁对其所用差役监管不够,使得差役董庆及舒元等因敲诈章姓不遂,而教唆李象之子李笋混供徐飞陇为章姓八人围打身死[7],从而导致本因山场之争结怨的徐章两姓更由这一命案而互相猜疑,讦讼不休。

其三,清宁呈报案情及审讯情况的详文有不当删节。清宁审讯李象时,李象初供章姓与徐姓结讼,章姓有“欲打徐姓之语”。而差役向章姓索贿不遂,教唆李象14岁子李笋于堂审时证供亲眼见到八人围打徐飞陇,其中四人为章姓族人。知县清宁随后提质李象,李象即扶同混供。及加以刑讯,李象挟徐长发看守之嫌,妄供“是晚闻声出看,撞见徐长发嘱其勿管闲事”,将嫌疑对象又引向徐姓。后经对质徐长发及章姓族人,证明李象所供或系仇扳或系无中生有。但撰写详文时,清宁“因图简净,删去李象先供章姓争殴一节,即以李象供扳系先徐后章,叙详通报”,致使死者亲属无法知晓所谓章姓围殴致死乃差役教唆伪供,仍坚信章姓为凶手,不断上控[7]。而徐姓对误认凶手的固执,也招致安徽省复审官员强烈怀疑徐姓有“自行致死人命图赖章姓”的动机。

所谓“万事胚胎皆由州县”[8]772,作为清代司法审判机关的最低层级,州县的地位至关重要,绝大多数案件均需由其初审。从案件初审过程看,清宁本人对该命案并非不重视。清律对印官亲验命案有明确要求:“凡人命呈报到官,该地方印官立即亲往相验。”[9]卷851,p1236同时也规定了明确的检验程序:“其果系斗杀、故杀、谋杀等项当检验者”，“务须于未检验之先，即详鞫尸亲、证佐、凶犯人等，令其实招以何物伤何致命之处，立为一案。随即亲诣尸所，督令仵作如法检报，定执要害致命去处”，“公同一干人众，质对明白。”[9]卷851,p1235清宁对该案的处理，基本遵循了上述律例要求。其于死者家属呈报命案后的第二日晚即赶到现场，不可谓不速；随后，并无耽延，于当晚即提讯证人李象，查问死者家属并了解大致案情，不可谓不勤；再后，于次日一早带同仵作、刑书人等亲临尸所勘验，并有徐飞陇之侄随同相验，不可谓不公开透明；在整个过程中，也不存在受贿及贪赃枉法诸事。由此可见，并非贪渎不法的清宁在初审过程中之所以出现重大纰漏，更多应归因于案发当地客观条件的限制以及清宁本人断案能力的局限和专业法律知识的欠缺，尤其是法医检验知识的不足。徐姓居住之铜山村地处偏僻、群山环绕，八门口地方为其出村进城必经之路，距村仅五里之遥，但李象碓房所处八门口地方永寿巷路边，邻近溪河，位置偏僻且并无近邻[10]，而当时在场的吕斌系鸡奸对象，受凶手嘱咐隐瞒[7]，这样的客观条件造成该命案很难寻求第三方人证，审讯中李象正是利用了这一点见风使舵、任意混扳，增加了案件审理难度。同时，也正是由于自身能力局限及缺少相应法医学知识，使得清宁没有怀疑李象混扳的动机可能与作案有关，也未觉察到仵作尸检报告的错漏，进而造成案情推演出现错误，放过了嫌犯。

三、丧失公信力的监司

徐姓族众因以往争山讼嫌，坚信徐飞陇之死系章姓围殴所致，不认同“详请另缉正凶”的初审结果，先后赴臬司、巡抚衙门上控①。时任安徽巡抚胡克家在将嫌犯证人等提省审讯时，参审委员凤颖同知陈斌、候补宣城知县聂绍祖、怀宁知县董梁等，发现证人李象得有徐姓所给盘费近百两，遂怀疑徐姓是因之前山场讼争而谋杀徐飞陇以图赖报复章姓，并贿嘱证人李象，从而改变审讯方向，对徐姓原告及族证严加追问，施以刑讯，但终因徐姓坚不承认而未能审明。因见在本省上控翻案无门，嘉庆二十三年十月，徐飞陇之子徐荣生进京呈控。步军统领衙门接收呈词后，上奏奉旨，交继任安徽巡抚康绍镛审办。

---

① 清代所谓上控，指案件涉讼者对审理或判决不满时，向其所控司法机构之上级衙门呈控的行为。京控作为向中央司法机关的呈控，是清代上控的最高层级。

京控案件发回该省督抚审理后,一般先查照刑前事由,分饬藩臬两司行提人证、卷宗到省。随后由两司饬委人员(一般为该省知府、知县或署府、署县等官员)查办审讯,厘清初步案情上报。再由两司督同提审,核对犯证口供及诸证据,并按律拟罪。最后再由藩臬两司招解至督抚衙门,由该督抚亲提严鞫。由于此时案件已经过多层审理,案情基本清楚,督抚对案件的审理,大多为对案卷与人犯口供的再次提审与查核,在斟酌拟律定罪并无不妥之后,具折奏闻。历尽千辛万苦的京控案件被发回省审,参与承审各官员的态度与办案能力非常重要。若出现偏差,无疑会对京控申雪冤抑的实际效果产生不良影响,进而导致国家司法权威性与公信力遭受质疑。徐姓京控案的发展,即印证了这一点。

康绍镛于首次提审过后,即饬委臬司,将案件交由安庆知府申瑶、凤颖同知陈斌,督同怀宁知县任寿世、候补宣城知县聂绍祖审办。由于前有徐姓给予李象盘费百两一层,诸委员等遂坚信徐飞陇致死根由必在徐姓。为得到定案口供,陈、聂两员对徐长发等熬审刑拷五十余日,将其屈打成招,逼其诬认做伤图赖。该委员等将审明情由上报臬司,但臬司提审时,徐姓复翻前供,致使仍未定案。

嘉庆二十四年八月,徐飞陇三子徐芝生再次京控,案件被步军统领衙门仍咨回安徽省审办。因该案已迁延日久,新任巡抚吴邦庆曾督促藩、臬两司,饬委安庆知府申瑶、已委署宁国府印务陈斌、署安庆知府钱兴等赴省会同加紧审办。审办过程中,陈斌再次严加刑审,徐姓涉案人等畏刑妄供,诬服做伤图赖。由于所供致伤之处与原验致命伤痕处所不同,须重新尸检以得确证。但吴邦庆委派官员提取徐飞陇尸棺时,却遭遇徐姓聚众对抗,导致丁役七人受伤,二人被捆,安徽地方当局的司法公信力受到严重挑战。

之所以出现此种局面,与下列因素有着直接因果关系。第一,安徽省过于重视口供,以致审讯过程中接连发生严重的刑讯逼供行为。古代刑案审讯极重口供,为获得切实供招,对嫌犯等施以适当刑讯是允许的。清律规定:“强窃盗、人命及情罪重大案件正犯及干连有罪人犯,或证据已明再三详究不吐实情,或先已招认明白后竟改供者,准夹讯外,其别项小事概不准滥用夹棍”[11]故禁故勘平人第一条律文,p1040。但为防止官员滥刑毙命草率结案,清律对刑讯程度加以限制,并对违法刑讯的官吏施以惩处。“若将案内不应夹讯之人滥用夹棍,及虽系应夹之人因夹致死并恣意迭夹致死者,将问刑官题参治罪。若有别项情弊,从重论”[11]故禁故勘平人第一条律文,p1040。同时,《钦定六部处分则例》中亦有“刑逼妄供枉坐人罪”条,明确规定滥刑官员的处罚:“凡大小衙门问刑官员,于命盗案件不能虚心研鞫,刑逼妄供,草率定案,证据无凭,以致枉作凌迟斩绞者,革职;枉坐发遣军流者,降四级调用;枉坐徒杖笞罪者,降三级调用;俱毋庸查级议抵”[12]卷48,审断下,刑逼妄供枉坐人罪,p1013-1014。

徐姓一案关涉人命重情且疑点颇多,为求嫌犯口供,适当用刑势所必须。但是,陈、聂两员刑讯的酷烈程度显然已超出朝廷法令的规定要求。在徐玉麟身带冤状中,曾称刑讯极为残酷,熬审刑拷长达五十余日,不但将徐飞陇之妻锁押班房,并且对其子侄等施以跪链、上枷、加绷、提耳等刑,致使有人酷刑成废,而徐飞陇之侄徐广也在酷刑之下畏惧乱供。此种呈诉内容虽或有夸大,但孙玉庭后来的复审奏折中建议将陈、聂二员“革职并发往军台效力赎罪”,是因为他们“于人命重案并不虚衷推鞫,因疑误致先后率意刑求,几成冤狱”[7]。这也说明,陈、聂二员的滥刑逼供,确为事实。

第二,泾县差役舒元教唆徐姓痴呆族人徐兆作伪证,伪造亲见徐姓合谋杀害徐飞陇以图赖章姓情节。舒元之所以教唆徐兆做伪证,是因为拘拿关键证人徐孝芳不到,其家属被收禁[7]。而伪证之所以被采信,则在于问刑官陈、聂二员只希图锻炼成狱,无视了证人的有限行为能力。

第三,在重做尸检、获取关键证据前,由巡抚吴邦庆主持的安徽省第二次复审以揣测替代严格的证据审查,罔顾证据之间的矛盾,妄参原泾县知县清宁。吴邦庆亲审时曾发现陈、聂所报案情有两个重大疑点,一是“据委员等,亦以该县原验尸伤不确,请提尸棺检办”[6]。所谓“原验尸伤不确”,是指原泾县知县清宁提供的验尸报告所描述的伤情与徐长发等人的口供描述不符[7]。二是“供情狡展,忽认忽翻”。虽然存在这两个重大疑点,但吴邦庆未待重新尸检,即断言“其为徐姓自行做伤致死情由,已属显著”。并以未能据李象伪供“是夜曾见徐长发在伊门前站立”究出徐姓自行做伤致死真情,参奏知县清宁“初审草率”“更恐有故纵情弊”,请将其革职提讯[6]。吴邦庆参奏清宁,无异于宣布该案已有结论,徐姓即是凶手,重做尸检,不论结果如何,不过是走形式,与该案结论无关。

安徽省的刑讯逼供和徐姓有罪推定,让徐姓感到灭顶之冤即将降临,正如徐长发弟徐德荣赴都察院报告所称:“可怜人非铁石,何求不得!若候抚宪奏结,有死无生。”[5]为避免坐以待毙,徐姓一方面派人第三次进京,分赴刑部和都察院控告,另一方面“于各要隘口垒放石块,村内预备器械”,凭险抗拒巡抚吴邦庆饬派前去提取徐飞陇尸棺的官兵[13],以保全证据、可见安徽省院司各衙门在徐姓家族内心已毫无司法公信力可言。

四、成本昂贵的京控昭雪

徐姓第三次京控赴刑部控告者徐玉麟采取了最为激烈的“自戕”方式,震动了朝廷。嘉庆二十五年九月二十四日晨,刑部门皂发现刎颈自杀的徐玉麟及其随身所带冤状,刑部堂官即据此上奏,请求令安徽巡抚吴邦庆及原审各委员俱照例回避,该案交钦派大臣或两江总督亲提检审。奏折中称:“徐玉麟系已死徐飞陇无服族弟,事非切己,何肯远涉来京控诉,甚至以身相殉,殊非情理!”[14]新继位的道光帝极为重视该案,令两江总督重审[15]卷5,嘉庆二十五年九月庚辰,总第33册,p138。此时正值吴邦庆报告徐姓自行做伤致死、参劾清宁之折“甫经入奏”[14]。

徐姓得知案件交由两江总督复审后,采取配合行动,交出了徐飞陇的尸棺。此次检验与复审官员,全由两江总督孙玉庭自江苏省干员中遴选。检验发现尸伤与原检差别甚大,既与徐姓所控情形不符,亦与安徽省所审图赖情节不合。而审讯后发现此案实情与安徽省所讯情节迥异,罪名出入悬殊。徐飞陇实被李象黑夜疑贼殴毙,章徐两姓均非凶手;并究出差役舒元、董庆等先后诱骗李象之子李筭及徐姓族人徐兆到案狡供诸情节,进而发现徐姓坚指章姓劫杀,以及安徽省委员审出徐姓谋命图赖等情,皆为大错。经孙玉庭奏报定案,将李象依斗杀律科断;差役舒元等因教供导致委员误审,照“诬良为盗治罪例”发边远充军,不准援免;该县仵作相验不实,并于原验尸伤任意增减,发往乌鲁木齐,以示惩儆;知县清宁因相验草率,不能审出正凶且任意删节犯供,发往军台效力赎罪;安徽省委员凤颍同知陈斌、候补知县聂绍祖于人命重案并不虚衷推鞫,因疑误致先后率意刑求,革职发往军台效力赎罪;其余相关审理人员,也因各自审理不力而分别受到革职与降调惩处[15]卷12,道光元年正月戊辰,总第33册,p234-235。孙玉庭因能“审明正凶、据实平反”,加二级[15]卷12,道光元年正月癸酉,总第33册,p239-240。此时已是道光元年正月，该案自案发、初审，期间三历京控，到定案，历时约五年。

开放京控曾被清廷寄予整顿吏治、为民申冤的厚望。嘉庆帝曾指出："朕勤求治理、明目达聪，令都察院、步军统领等衙门，接到呈词即行奏明申理，以期民隐上通，不使案情稍有屈抑。"[16]卷70，嘉庆五年六月乙亥，总第28册，p938他还曾乐观表示："百姓果受有司屈抑，何难向督抚衙门呈诉？即或不为审理，亦可赴京控告。方今纲纪整饬，断不令小民有覆盆之冤。"[16]卷80，嘉庆六年三月庚辰，总第29册，p34就徐姓京控案看，该案最终冤情得雪，表明清廷为百姓伸张正义而开辟的京控渠道仍可被视为有效。但是，在清廷对官员司法行为有严格制度约束的条件下，该案却于前两次京控审理中办成冤案；京控既然被清廷开辟为百姓申冤的渠道，呈控者却在付出生命代价，甚至不惜以暴力与官方相抗后，方获得较为公允的审判结果。这说明，京控并非百姓可以方便运用的诉讼途径，其成本相当昂贵。京控也并非朝廷可以简单用来为百姓申冤的工具，其运作复杂，效率低下。可以说，开放京控的实际效果与清廷的期望相去甚远。之所以如此，本文认为，其根本原因在于京控制度本身蕴涵的内在矛盾。这一内在矛盾就是地方司法能力的贫弱与朝廷司法监控力的片面强化不相适应，这种不相适应使得国家的司法能力无法随着民众司法服务需求的增加而获得实质性增强。

开放京控必然会给清朝各级政府，尤其是给中央政府，带来巨大的司法压力。嘉庆五年，嘉庆帝上谕中曾指出："乃近日来京呈诉之案，殆无虚日。其中多有以闾阎细故、琐屑上控。甚或挟嫌图诈，任意株连。并闻有不肖之徒，以不干己事，挺身包揽，科敛钱文。"[16]卷70，嘉庆五年六月乙亥，总第28册，p938-939细绎该上谕，当时京控压力主要来自两方面。一是控案数量巨大。京控事件并非都是朝廷所认为的大事，而是多有琐屑"闾阎细故"。二是审理难度不小。既有原告的"挟嫌图诈，任意株连"，也有包揽词讼者的参与，增加了案件审理难度。

嘉庆帝应对京控压力的办法是申严赴京越诉治罪条例。该条例要求诉讼必须逐级上诉，规定："若未经在本籍地方及该上司先行具控，或现在审办未经结案，遽来京控告者，即所告属实，仍当治以越诉之罪"[9]卷816，p904。这一新例的目的在于将诉讼事务向地方政府分流，以减轻朝廷的司法压力。

除了申严越诉禁例外，嘉庆帝还将简派钦差为主审理京控案件的做法改为发回各省督抚负责重审。同时，要求督抚必须率同司道主官"亲行研讯"，不得转委属员，更不得发回原问官审理或会审。又要求地方主官担起亲审之责，勤于断案,及时审结,不得任意延宕,逾限未结者有罚。

总的来看,嘉庆帝改革京控案审理的诸多办法,都指向加大地方官的司法责任,强化朝廷对地方的监督,但并未相应增加地方司法资源以强化其司法能力。限期结案、逾限有罚的规定就已给地方官莫大压力,让他们感到"京控之案均系奏交、咨交要件,例限甚促"[17]刑政例下,"各属解省命盗、洋匪、会匪各案议定章程"条,p1002。由于地方行政和司法资源有限,嘉庆后期,逾限未结的京控案无省无之,少者三四案到十案,多者直隶三十二案,而山东竟有八十九案之多[16]卷289,嘉庆十九年四月乙丑,总第31册,p947。虽然违限之罚不能避免违限行为相当程度上存在,但并不意味着违限之罚从不落实。地方有限的行政司法资源,也使原问官回避制度沦为具文。原问官回避,势必要调用其他府县甚至他省官员,但对于各有职司的官员来说,均有其本任职事,一经调动,本任职事亦不能及时处理,耽延积压在所难免①。因此,在实际的京控复审中,委用原问官的情况就比比皆是。②即就本文所涉案件而言,前两次京控复审,原问官陈斌与聂绍祖均被委用,并对案件审理结果起着主导作用,但委用他们的安徽藩臬二司主官之受罚,并非因为这一违例行为,而是因为"未能虚衷研鞫,几至酿成冤狱"[15]卷12,道光元年正月癸酉,总第33册,p240。就徐氏京控案来看,规避违限之罚及原问官回护,未尝不是安徽省前两次复审致误的重要原因。违限之罚的压力,促使地方官员将办案责任层层下压,导致相关执行人员以极端甚至非法之道为对策。本案中差役舒元之所以教唆痴呆徐兆做伪证,就在于他久拿要证不获,其家属被泾县拘禁。而陈斌、聂绍祖等问官偏重刑讯而疏于物证勘察、忽视证据间的矛盾,急于结案是其重要动机。当被违例再次委以同案问官时,维持之前的案情判断就成为他们的不二选择,因为一旦翻

① 美国学者施坚雅曾观察中国每一王朝极盛时期县级区划的数目,发现根据史籍记载,贯穿帝国时代的历史中,县级区划的数目极为稳定。由此,其推断"如果说随着边境的扩展,新县也相继建立,那么很明显,在原来定居的地区中,县数却有规律地在减少。中国历史上县级区划的稳定性,恰恰说明中国历史从中唐以后直到帝国结束,出现了政府效率长期下降,基层行政中心职能一代比一代不断缩减的情况"。(详见(美)施坚雅主编:《中华帝国晚期的城市》,第19页,北京:中华书局,2000)

② 以乾隆、嘉庆、道光三朝为例,三帝均曾对督抚司道等将上控之案仍批交原审之府州县审办的行为严加申斥,并惩处个别官员。如嘉庆二十五年六月壬辰,安徽巡抚姚祖同因将特旨交办之案仍发原审之府州县复审被交部议处。(《清仁宗实录》卷372,《清实录》总第32册第912页)但总体看来,这一现象仍继续存在,在道光二十五年七月乙丑的上谕中,道光帝曾指出:"该督抚等复不为亲提究办,仍发原审之员。该员等明知审断错误,意存回护前非,又焉肯力为昭雪?"。(《清宣宗实录》卷419,《清实录》总第39册第254-255页)

案,由刑逼妄供而追究“故勘平人”之罪,将是他们难以承受之重。因此,当该案再次发回安徽省重审时,安徽审案各员的措施就是进一步刑讯恐吓原告,将该案做成铁案。此时的参审各员已不再能以中立的立场公允办案,其角色俨然转变为徐姓京控者的对立方,其司法公信力在徐姓心目中已消失殆尽。

地方行政和司法资源的不足,不仅让限期结案、原问官回避等京控改革措施沦为具文,也让越诉禁例难以落实。据上文所引嘉庆五年例规定:“或现在审办未经结案,遽来京控告者,即所告属实,仍当治以越诉之罪。”本文所涉案件中,徐姓三次京控都是在“审办未经结案”之时,但孙玉庭最终结案时,并未追究徐姓的“越诉之罪”,这等于事实上否定了越诉禁例的有效性。其背后的原因,相关文献并未明言,但考量整个案情的发展,则可以发现,不懈的越诉在徐氏京控案中实为申冤之关键。而其中的关键之关键则为第三次京控中徐玉麟在刑部大门前的自刎控诉和徐姓宗族的抗官。徐玉麟的自刎,提升了京控重审的实际级别,督促了原问官回避制度的落实,而徐姓宗族的抗官则保全了最重要的物证,不然徐飞陇尸棺若让巡抚吴邦庆获得,则其不难按照“徐姓自行做伤致死”的先行结论制造尸伤、伪造证据,那么徐姓之冤将覆盆永戴。

反过来看,为了提高京控案复审的级别,督促落实原问官回避制度,求得相对公正的司法裁决,原告必须付出极高的诉讼成本,从自戕式控诉到冒着被朝廷以“乱民”罪名镇压风险的聚众抗官的极端方式,都是其中极昂贵的选项。聚众抗官毕竟风险过大,分寸和时机拿捏不妥,即可能阖族遭受镇压,而自戕式控诉,已足可以唤起朝廷的重视,给地方督抚的重审施加足够压力。徐姓自戕案后不久,因争控坟山,又发生同县民徐行以抱告身份自刎身亡于都察院门前的事件[18]。清廷甚为警觉,为儆效尤,于道光二年通过新例,规定京控自戕主使者和自戕未死者,将被处以最高为“杖九十、徒二年半”的刑罚,以“保全民命”,并预杜借人命而妄自图赖、敲诈的风气[9]卷815,p894。但是,与可将被告方置于死地以及原告方重获新生的预计结果比起来,这一处罚仍是很值得的。即使自戕者身死,只要能将被告置于死地,也可获得一个平手,而冤抑得以伸雪、本家族社会地位得以维持,尚在平手之上。所以,京控中不仅屡有原告宗亲的自戕式控诉,而且乡族发达之区,在地方纷争中,强势宗族也会惯于出现“贿买亡命、轻生变诈”的现象[19]161。

总之,清朝的京控制度,以及嘉庆帝的相关改革,都指向加大地方官的司法责任,强化朝廷对地方的监督,而并未相应地增加地方的司法资源以强化其司法能力,真正优质的司法资源只存在于朝廷和朝廷能够加以直接监督的总督。换言之,优质司法资源一般只存在于清朝司法体系的顶部。在清朝集权体制里,顶部的优质司法资源,犹如金字塔的塔尖,必定是稀缺的,当然也必定是昂贵的。

五、结　语

本文所述徐姓自戕京控案,只是嘉庆、道光时期上千件京控案中的一例个案,无法说明京控案诉讼中错案和冤案发生的比率。但是,一叶知秋,不同的个案都有着相同的京控制度基础,从一例个案的解剖也可以管窥清代京控制度面临的问题。分化与竞讼的地方社会,增加了司法服务需求;而开放的京控,尤其是嘉庆帝也希望借京控和相应的改革来整饬吏治、改善民生,高度重视京控案的审理,也积极适应了社会的这种需求。然而,实际效果离清廷的期望却有着相当距离。究其原因,在于清代京控和司法制度,与行政体制同轨,都是一种“金字塔”构造,优质司法资源仅集中在司法体制顶部。嘉庆帝的改革措施,只是强化了顶部的纵向司法监控压力,而地方司法资源和能力并没有增强。就徐姓京控案来看,县级初审明显存在主审知县司法能力贫弱的问题,而司道的复审,存在违法委用原问官、刑讯逼供、不顾证据间矛盾等严重问题,京控相关法例成为具文,反映出可供使用的司法资源不足和审讯程序中问官权力缺乏制约。虽然经原告不懈京控,直至以自杀的极端方式控告,促动清廷动用级别更高、程序更加规范的司法力量,最终纠正了安徽省的错误。但是,纠错的成本极其高昂。原告家族不仅多人“酷刑成废”[5],而且付出了生命代价;安徽地方政府方面,不仅司道府县相关人员受到了不同处罚,地方政府的司法公信力也遭受严重损失,省级和跨省司法资源被多重消费。该案徐姓冤情最终得雪,则清廷为百姓伸张正义而开辟的京控渠道仍可被视为有效力,但高昂的成本却说明京控作为解决社会日益增长的诉讼纠纷的方式并不令人满意。在朝廷权威仍在时,京控案件的多寡实与地方吏治的良窳成反比。推论之,则京控的效力与效率实相背离。而当这种背离达到一定临界点,则朝廷权威一并受损,连京控的效力一并失去。这一点,在清代闽粤乡族性械斗中也得到了印证。闽粤乡族性冲突之解决，诉诸京控途径，在嘉庆二十年以后明显增加，一方面是出于闽粤乡族力量对朝廷权威的信服，但同时也是地方吏治不良、处理讼案不力的表现。道光年间闽粤京控案的数量增加明显，而吏治更加腐败。咸丰、同治年间，受太平军影响，地方吏治尚不可问，京控案件亦不能得到尽心处理，人民赴京亦难，闽粤京控案件显著减少。但至光绪年间，军事已平，而闽粤京控案件则依然少见，其原因在于闽粤乡族对地方吏治和朝廷一并失去信任，对纠纷的处理直接诉诸乡族间的私斗[19]164-167。

参考文献：

[1]李德淦，修，洪亮吉，纂．泾县志[M]．中国方志丛书．台北：成文出版社，1975.

[2]嘉靖泾县志[M]//天一阁藏明代方志选刊续编．上海：上海书店，1962.

[3]鲁铨，等修，洪亮吉，等纂．宁国府志[M]．中国方志丛书．台北：成文出版社，1983.

[4]两江总督孙玉庭奏为讯明泾县铜村徐章两姓互争山业结讼连年案秉公断结杜讼事（道光元年正月初四日）[Z]．中国第一历史档案馆藏朱批奏折，档号：04-01-01-0623-036.

[5]安徽泾县民人徐长发为族叔被章戊子等仇杀该县受嘱改格事禀状（嘉庆二十五年九月二十八日）[M]．中国第一历史档案馆藏禀状，档号：03-2265-031.

[6]安徽巡抚吴邦庆奏为特参泾县知县清宁审办命案草率以致尸亲逞刁诬赖案延莫结请革职事（嘉庆二十五年七月初十日）[Z]．中国第一历史档案馆藏军机处录副奏折，档号：03-2337-042.

[7]两江总督孙玉庭奏为遵旨审明安徽泾县民徐玉麟呈控族兄徐飞陇被挟嫌围杀委员诬审反坐一案按律定拟事（道光元年正月初四日）[Z]．中国第一历史档案馆藏朱批奏折，档号：04-01-01-0619-011.

[8]王又槐．办案要略[M]//官箴书集成，合肥：黄山书社，1997.

[9]光绪朝．清会典事例[M]．北京：中华书局，1991.

[10]两江总督孙玉庭奏为安徽泾县徐姓藉命违抗加派官兵会拿速获惩办事（嘉庆二十五年十一月初九日）[Z]．中国第一历史档案馆藏朱批奏折，档号：04-01-01-0608-034.

[11]大清律例通考校注[M]．北京：中国政法大学出版社，1992.

[12]光绪朝．钦定六部处分则例[M]//近代中国史料丛刊：第34辑．台北：文海出版

社,1969.

[13]安徽巡抚吴邦庆奏为审理泾县民人徐荣光呈控伊父被章立托等致死案并请将署知县申汝慧去顶戴事(嘉庆二十五年十月初九日)[Z],中国第一历史档案馆藏军机处录副奏折,档号:03-2266-016.

[14]大学士管理刑部事务戴均元等奏报安徽泾县民人徐玉麟身带冤呈于刑部大门外自刎情形事(嘉庆二十五年九月二十七日)[Z].中国第一历史档案馆藏军机处录副奏折,档号:03-2338-022.

[15]清宣宗实录[M].北京:中华书局,1986.

[16]清仁宗实录[M].北京:中华书局,1986.

[17]福建省例[M]//台湾文献丛刊第199种.台北:台湾银行经济研究室,1964.

[18]两江总督孙玉庭奏为审拟泾县民人徐华遗抱告徐行赴京刎颈控告吴鹤庆谋买坟山并吴恕恒刁翻延宕一案事(道光二年三月二十一日)[Z].中国第一历史档案馆藏奏稿,档号:03-3698-015.

[19]胡炜崟.清代闽粤乡族性冲突之研究[M].台北:台湾师范大学历史研究所,1997.

作者简介:石怡,东北师范大学世界文明史研究中心,博士研究生。

基金项目:中央高校基本科研业务费专项资金资助课题“中西文明历史经验中的公共社会价值观研究”,项目负责人:赵轶峰。

原文出处:《西南大学学报》(社会科学版)2015年第4期。

转载:《人大复印报刊资料·明清史》2015年第11期全文转载。

海疆经济分量加重与设县中的官、私较量①

——以明晋江安海新县设置失败为例

王日根

（厦门大学 历史系，福建 厦门 361005）

摘　要：明代中叶以后，晋江安海以其便利的海洋贸易条件，顺利跻身于经济急剧上升地方排行榜中，朝廷派来的官员、地方部分宗族势力均积极进言设置新县，体现出王朝对海洋区域治理的重视。但一方面官方与若干私家的利益或发生冲突，另一方面不同宗族因相互间的矛盾亦时常表现出政治态度的不一致，导致晋江安海新县设置失败，其背后充满着官与私、私与私之间错综复杂的矛盾与斗争。

一、明安海海港兴起与海疆经济分量的加重

民间海商的海上贸易活动驱动着安海港的兴盛。早在宋代，商贾们造船出海，将“唐货”换成“番货”，转销国内。因此，宋代泉州市舶司已派官吏来管理安海港市贸易事务，“州遣吏榷税于此，号石井津”[1]。安海与石井隔海相望，近在咫尺。“斯时，海港千帆百舸，乘风顺流，出入海门之间。渡头帆樯林立，客商云集，转输货物山积，镇市店肆罗列，百货杂陈，举凡越裳翡翠，南海明珠，无所不有，丝绵锦绮，毡毛靴袜，无所不备。镇市之繁荣，不亚于一大邑。”[2]明代，泉州港衰落，安海港更进入其繁荣发展的鼎盛时期。它逐渐发展成跟漳州月港齐名的私人海外贸易中心之一，其地位于泉州平原的南侧，北靠厦门湾。苏

① 收稿日期：2015-05-10

琰说:“安海距泉郡五十里而遥,其地北阻府会,南控漳潮,乘风破浪,诸岛夷仅在襟带间。”[3]174其地理位置对发展海外贸易有一定的优势。《安海志》中说安海的形势为:

安平,泉南一大都会也。上接郡垣,下达漳、粤;西扼九溪、黄冈之险,南通金、厦、台、澎之舶。

其地势则自三峰、毫光,转东北十里为六都内坑、熊山,迤逦南行为七都桐林、前埔、曹店;自是而东曰佳坂、庵前,接以内市、浦边,障安平之左臂。而由内市南行则有庄头、井林、萧下,南至东石,以踞海门之东。其西曰古田、后萧,接以曾庄、曾埭,障安平之右臂。而由曾庄南行,则有南安之朴兜、江崎,至石井,以踞海门之西。是则东石、石井,实安平之二巨鳌也。

其水道则由晋江东南隅诸溪流,南汇于石井江以达大海:其南安诸水则自九溪东折于大盈桥入溪尾、曾埭而注于海,与晋江水大会于海门,以通天下之商舶。[2]卷二,山川,p10

安海港居围头湾内。循围头澳而西,经丙洲、塔头、潘径,即达安海港。入港处有白沙、石井两澳东西对峙,是为海门。舟入海门,海面豁然开阔,港岸弯深,随处有避风良坞。旧有后垵湾者,在镇东里许,为天然避风港。海船遇风,恒趋此避险。……安海江海流平,出入无风涛之险,较之泉州湾口江海争流,风高浪急,舟行有横风逆流之险,安海港尤为航海者所欣所向。[2]卷十二,海港,p118

但在明初的时候,江夏侯汤和整饬海域,安海不算冲要之地,还将元代设于该地的巡检司移往浯州屿水寨:“洪武二十年丁卯(1387),江夏侯整饬海域,以安平不系冲要,乃移本巡检司往浯州屿水寨,而以同安陈坑巡检司兼守本处。初未设官,随时以指挥、检校、县丞、千户等官委镇。”[2]卷一,沿革,p3明政府在此处缺乏直接管辖的机构,却为私人海上贸易兴起提供了方便。《闽书》说:“安平一镇尽海头,经商行贾,力于徽歙,入海而贸夷,差强赀用。”[4]也有“晋江人文甲于诸邑,石湖、安平番舶去处,大半市易上国及诸岛夷,稍习机利,不能如山谷淳朴矣。然好礼相先,轻财能施,曷可少也”[5]。迄至嘉靖年间,安海已有了一定的规模:“本都数千人家,粟帛之聚,甲于乡邑。”[2]卷十二,海港,p127又有文献称安海是“东南巨镇,朋比阓联,万有余家”[6]。王忬列举嘉靖年间福建通番港口时说:

“漳泉地方,如龙溪之五澳,诏安之梅岭,晋江之安海,诚为奸盗渊薮。但其人素少田业,以海为生。”[7]这些史料都说明安平是嘉靖年间福建主要走私港口之一。

万历年间,安平镇经济进一步繁荣,其时有人说:“安平一镇在郡东南陬,濒于海上,人户且十余万,诗书冠绅等一大邑。(民)多服贾两京都、齐、汴、吴、越、岭以外,航海贸诸夷,致其财力,相生泉一郡人。”[8]显然属于跨国贸易,安海商人采购来浙江丝绸、江西瓷器、四川药材和本省府县的山货、海味、手工业品、土特产,汇聚之后,浮海“贸夷”,安海成了海商对外贸易的重要港口。从安平港载运出去的货物包含了丝、绸缎、锦绮、陶瓷、药材、铁器、糖品、果品等,运销到柬埔寨、占城、暹罗、渤泥、三佛齐、吕宋和日本等国。安平商人常驾船到三佛齐与阿拉伯商人进行交易。换来的钱再买成胡椒、香药、犀角、象牙、珠贝等,运回安海再销往各地,安海呈现出繁荣昌盛的景象[8]。万历四十六年(1618年),安平镇已是“室家鳞次,阛阓栉比,肩摩毂击,骈骈阗阗,昔村落而今粤区矣”[3]174-175。

明政府推行“海禁”,故导致安平镇繁荣的主因是海上走私,由此而形成的安海商人集团渐渐闻名于全国。“福地素通番舡,其贼多谙水道,操舟善斗,皆漳泉福宁人。盖漳之诏安有梅岭,龙溪海沧、月港,泉之晋江有安海,福鼎有桐山,此皆海澳僻远之处,贼之窝,向船主、喇哈、火头、舵工皆出焉。”明代朱纨曾说:“泉州之安海、漳州之月港乃闽南之大镇,人货萃聚,出入难辨,且有强宗世获窝家之利。”[9]私人海上贸易几乎都控制在地方的强宗大族手中。他们从明中叶至明末不断发展,对外开拓,势力越显强大。李光缙说:“安平人多行贾,周流四方。兄伯十二,遂从人入粤。鲜少有诚壹辐辏之术。粤人贾者附之。纤赢薄贷,用是致赀。时为下贾。已徙南澳与夷人市,能夷言,收息倍于他氏,以故益饶,为中贾。吕宋澳开,募中国人市,鲜应者,兄伯遂身之大海,外而趋利,其后安平效之,为上贾。”[10]223这一段文字很实在地描写了一个安平商人发财的经历。李光缙感慨说:“吾温陵里中家弦户诵,人喜儒不矜贾,安平市独矜贾,逐什一之利。然亦不倚市门,丈夫子生及已弁,往往废著,鬻财贾行遍郡国,北贾燕,南贾吴,东贾粤,西贾巴蜀,或冲风突浪,争利于海岛绝夷之墟。近者岁一归,远者数岁始归,过邑不入门,以异域为家。壶以内之政,妇人秉之。此其俗之大都也。”[10]225去吕宋贸易很快在安海形成一股风气:“自吕宋交易之路通，浮大海趋利，十家而九。”如《安海志》中所记叙：

嘉靖间，安平商人李寓西，即曾徙南澳与夷市，因长期与夷人交，能夷言，乃倍获其利。甚有富豪贾商，勾结官吏，私造海船，自雇船工，满载货物，径自往日本、吕宋、交趾等地，其瞒天过海，各有妙法：或就海港附近小港澳，轻舟分散出海，以就海船转运；或贿赂官吏，假给文引以渡关卡；或借官许通贸之琉球为转口再运往日本或南洋各地，以牟厚利者。更有大者：集帮伙，结船队，置武装，载私货，窜行海上。官称之为寇，却莫能制。若郑芝龙者，曾以安海港内之石井澳为据点，集海船千百艘，纵行海上，成为东南海上之一大海商。安平商人，或乞其符令，或借其庇护，乃得畅行海上而无阻。其始，仅船数十，至天启六年丙寅(1626)而有一百二十艘，次年突增至七百艘，崇祯间竟达千余艘。明朝对其发展之快，自叹为：“彼以恤贫诱人，我以禁粟驱民。[2]卷十二,海港,p122-123

众多的番商亦有驾船前来贸易的。嘉靖年间，“番舶连翩径至，近地装卸货物。”[11]黄堪《海患呈》说：日本商船一来就有数十艘，碇泊安海港海门白沙。“四方土产货，如月港新线、石尾棉布、湖丝、川芎。各处逐利商民，云集于市。”本地人民“亦有乘风窃出酒肉柴米，络绎海沙，遂成市肆。”[2]卷十二,《海港》附文,黄堪《海患呈》另据《同安县志》记载：“碇于晋南之白沙头，与漳、泉人互市”的日本船，最多曾达“数千艘”。隆庆间(1567-1572)吕宋开洋，募集华人为市。安海商人李寓西、陈斗岩首航吕宋贸易，获得巨利而归。从此，包括安海在内的沿海居民纷纷下海去南洋，有的便定居下来，成为华侨。到明末安海的地方社会差不多已被郑芝龙海商势力完全把控，郑氏拥有庞大的商船队，此时，安海“城外市镇繁华，贸易丛集，不亚省城”[12]。外国人称其为“著名的商业城市”。一些强宗大族连接官府的一个重要途径是科举，多有斩获。安海作为晋江的一个重镇，有明一代，登进士者21人，登乡榜者71人，蔚为大观。[2]卷一,沿革,p8安海的地方士绅与海外贸易存在深刻的联系，他们积极谋求跟官方合作以实现对地方社会的控制。

走私港口勃兴，具有科举功名的士绅阶层参与到海外走私贸易活动中，逐渐形成巨大的经济力量，他们试图与地方官府形成联盟，从而在地方社会控制中掌握主动权。提出设县动议并谋求占据主导权是许多有着海外走私贸易背景的士绅们试图达到的目标。

二、嘉靖年间安海设县之官私较量

嘉靖二十四年(1545年),安海地方出现了倭患,这种外来力量加剧了安海地方社会的混乱状况。嘉靖年间黄堪的《海患呈》说:

本年(嘉靖二十四年)三月内,有日本夷船数十只,其间船主水梢,多是漳州亡命,谙于土俗,不待勾引,直来围头、白沙等澳湾泊。四方土产货,如月港新线、石尾棉布、湖丝、川芎,各处逐利商民,云集于市。本处无知小民,亦有乘风窃出酒肉柴米,络绎海沙,遂成市肆。始则两愿交易,向后渐见侵夺。后蒙本府严禁接济,是以海沙罢市。番众绝粮,遂肆剽掠,劫杀居民。鸣锣击鼓,打铳射箭,昼夜攻劫,殆无虚日。去海二十里乡村,挈妻提子,山谷逃生。灶无烟火,门绝鸡犬。……至本月十九日,夷船闻风逃去,居民复业。[2]卷十二,《海港》附文,黄堪《海患呈》

在黄堪眼里,嘉靖年间安海地方因为港口走私贸易的发达,商品汇聚,人口增殖,市井繁华,但他认为这里地方社会秩序混乱,一方面私人海商集团坐大,不服政府管理,另一方面,地方富庶引起山海流寇的觊觎。

迩来生齿浩繁,众志难一,流寓杂处,机巧居多。况县治去远,刁豪便于为奸;政教未流,愚民易于梗化。……况本都数千人家,粟帛之聚,甲于乡邑。山海寇贼,素来染指,实可寒心。又有奸民诡告良民为番徒,以塞清议;又有把寨妄申良民为番徒,以图需索。鹿马不分,玉石俱焚,是皆海寇致害良民。[2]卷十二,《海港》附文,黄堪《海患呈》

黄堪并不敌视安海经济的发达,但他觉得这时的山贼和海寇严重危害了当地的正常秩序,奸民诬告良民,贪官诬陷良民的现象均存在,理应设置相应的政府机构,对此做细致的处理。这一认识得到了当时负责福建军政事务的朱纨的积极呼应,并首次提出在安海设县的主张。《甓余杂集》中记载:

臣惟安海地方,虽属晋江、同安二县,而离县太远,政令不行。南安一县,迫近府郊,又无城池,人不数姓,不成县治。……若以南安官司移置安海,而以南安附近晋江、同安都鄙割附该县,以安海都鄙割入南安,不过转移之劳、营建之费,而一府之经画伟矣。[13]

明代南安县城在丰州，离泉州府城不过十里，且无城池防守，人口亦不多。所以朱纨提出可撤销南安县，重新分割里图另立安海县，并在原南安县内设府通判以控制安溪、同安、晋江各县。“或以安溪离府太远，不可无南安。然有南安，安溪固自远也。南安数姓，惟黄族为巨，为守望谋，亦不过移一腹里冗设巡司。使该府巡捕通判在往住札，则南安、安溪等处皆有控制矣。”[13]《明世宗实录》中亦记载了中央政府所理解的朱纨的主张：“国初海禁甚严，地方宁谧，迩年豪民藉势通夷，当事者莫敢诘难，动为掣肘，惟庙堂烛其奸欺，不为摇动，然后法禁可立。一、明宪体。言：“都御史职在总宪，比御史周亮奏言：城池、仓库、钱谷、甲兵、刑名、狱讼及官吏臧否，利病兴革，皆不得与。则所谓宪职者安在?请申明之。”一、定法守。言：“浙、福守巡诸臣，既有专官，继又设粮储、屯田、巡海等道，职守参差，互相推诿，今宜檄分巡各道，按地分驻，兼综诸务。专事者惟理其绪而稽成焉，苟一道不治，专事者乃躬督之。”一、定要害。言：“闽之要害，若月港，首宜创邑。安海原属晋江、同安二县，离县太远，南安迫近府郊，地偏民寡，宜移治安海，割其地近晋江、同安者附之二县，而以安海割入南安，似为两利。桐山、梅岭，闽之尽境，行部罕至，宜增置漳州通判一员，专驻梅岭，置福宁州同知一员，专驻桐山。”一、除恶本。言：“通盗势家往往窃发文移，预泄事机，及有捕获，又巧眩真赝，此恶本之难除也。请自今地方失事即重创守土所司，俾知惩戒。”一、重决断。言：“规画多方，奉行者鲜。甚或持异论以阻挠之，宜令各守臣持议坚确，凡事果行，无惑两可。”疏下，兵部覆议：“纨所陈多忠愤激切，其言定法守，欲以专事者受成，似非分职之意。至于海滨立县增官亦嫌更扰。然其议守巡分驻要害，禁诘海滨，实有益也。”[14]考察史料，还发现嘉靖年间江苏昆山人俞允文对朱纨的主张也持基本赞同的意见：

访得贼中谙水道及操舟善斗者，多漳州、泉州、福宁人。漳州属县诏安有梅岭，龙溪有海沧、月港，泉州署县晋江、同安连界有安海，福宁有桐山，皆负海阻，民甚桀逆，专以勾引番人杀掠为命。梅岭在闽中极南，尽界邻走马溪、下湾二澳，接广东潮州。走马溪下湾有两山障蔽，无风涛险害。贼舡每收泊于此。桐山东北尽界，接浙江。……今漳州、福宁多阻桀逆，于闽中又为最。即欲诛之，不能尽诛。拟合漳州添设通判官一员,专住劄梅岭;福宁州添设同知官一员,专住劄桐山,照依海沧安边馆事例。其月港、安海,可各添设一县。或谓,泉州南安县去府甚近,民又稀少,无城池自固,宜以南安徙置安海。南安都鄙附近晋江、同安者,即割隶晋江、同安。安海都鄙即割隶南安,不必另立县为省。此议前已经福建都、布、按三司等官具奏,诚为甚便。乞即下吏部议处,选择贤能官员知其俗者,讽喻和辑之,又守候诚谨,则民既近有所属而威德宣行,自消其凶悖之心矣。[15]

这则史料可被看作对当时朱纨主张的主要立论之补充,俞允文的主张大概来自朱纨的上议,而俞允文的父亲俞璋,正德辛未(1511年)进士,曾任官泉州府,是为俞允文关注安海设县的原因。

作为安海地方士绅中的一员的黄堪自然积极支持朱纨的建议,黄堪认为:"且宋石井镇之制,近有朱都堂移县之请,伏望明台为本都造万古不磨之功。乞赐申请设官永镇,使地方有备,则盗寇无窥伺之心;政令申严,则奸顽无交接之患。地方安靖,民生乐业,实为万代阴骘。"[6]文中的朱都堂即指朱纨。朱纨提议安海设县主要看重安海地理位置适中,处于南安、晋江、同安、安溪四县之交,在此立县易于控制这几个县。但朱纨也意识到安海若立县则与南安县存在辖区重叠、腹地变小的问题。因而他的主张是设安海而撤南安。理由是南安县治丰州离泉州府城太近,不到十里,人口不多,又无城池。而当时反对设县者表面的理由仍为新县设置扰民费财等,而我们可以推断深层次的原因还有泉州一府在宋代几乎开发完成,拥有较长历史的南安县在地方士绅的眼中还具有很强的文化意义和历史意识,故地方士绅没有明说但在内心应该是反对裁撤南安县的。而如果新立安海,并保留南安,则在经济上、政治上、地理区划上都不容易协调。因而这一主张在当时存在较大的争议,加上朱纨严格海禁导致闽浙士绅反对,最后朱纨设县计划终于搁浅。

三、万历时期安海筑城之官、私较量

朱纨在设立安海新县的建议中没有明确提到安海在防卫上的便利之处,但安海当地的士绅则看得更清楚。安海作为海港,远离外海,拥有曲折的海湾,便于防御来自海上的威胁,同时陆上腹地周边都有山岭拱卫,易守难攻。

如果在安海设立城池则诚为一良好的防御所在。如《安海志》卷四《城池》记载：

迨元入明，治属晋江，图依旧，都名八，班四十。……其后生齿繁而文物盛，产籍多而赋税足，为晋江之上都也。郡邑视为富饶，官府赖其急办；而盗贼亦缘此而流涎。故广贼入者二，海寇涎望者屡。但阻于港汊之险，难于兵舰之用耳。[2]卷四，城池，p29

同卷《城濠》中亦说明：

（安海）南城面海，目穷处海门也。潮一日夜两次起落，潮退，港底水尽，如船入，必乘潮头初动时即随潮而入，至波平方得到岸。去必潮大平时即转船头，亦随汐渐出，汐尽得到海门，若稍缓则两头俱不得到，必须停流，盖港汊多曲湾，微不由道，必搁浅败船。此海寇不得到岸一也。

石井、东石乃安海之二巨螯，两边到海，内宽外窄，春秋二汛，海上汛船如麻；收汛则捕盗船亦多，如寇一入，则兵船把汊口，盗船不能脱，此海盗不能到城二也。

自古海寇何止百千至。杰黠势大如温文进，岂曾不垂涎安海，亦不敢窥其门墙者，以此二险也。此固天堑百二之险不能过也。东西二埭，水泽泥淖，东埭到东门以上，接皇恩坑；西埭到西门以上，接福埔坑，是皆易防守。所可虑者东北一隅耳，守城者须用力于此。自古贼至安海者，按高谱载：宋景炎之世，天下大乱，奸民挟漳贼二次而入，获进士高大章以去。自后至明朝正德二年丁卯（1507）十月十三，广贼远袭，剽掠甚惨。五年庚午十月廿四，广贼又至，皆山寇也。直至嘉靖三十七年戊午（1558）四月初三倭寇由海而来，然皆从他处弃船登陆，行有十里而后至安海，非直抵也。[2]卷四，城池，p36

这样的地理形势对于明代官方防倭来说是很便利的。所以明代官方与地方士绅在嘉靖年间开始有筑城的动议。

嘉靖三十六年（1557年），时任晋江县令卢仲佃和安海地方士绅为防倭始有筑城之举。而这一筑城的行动则充满了波折和地方势力之间激烈的斗争。倡导筑城的为泉州知府熊汝达和晋江知县卢仲佃，负责筑城的是曾任池州知府、当时已经致仕在乡的乡宦柯实卿。安海筑城的过程在《安海志》作如下记载：

嘉靖之末，东阳卢公以本县父母，垂慈怜而废政：闾里贵宦以邻乡狡官，生忮求以成谋；父母有爱子之真心，而彼以爱兄之道乘，诚信而喜之，不虞其有他计也。乃于三十六年丁巳(1557)卜日，运五十之工，驱东海之石以成建，功未及半，而柯宦实卿因取柏木为基，被乡恶颜钦夫殴死。戊午(1558)四月，宦仆挟倭以来报宦仇，焚其尸，火其庐，祸延居民。其岁城亦卒成之，己未年(1559)雨大城圮，倭奴大至。自是六七年间，漳贼、倭寇流祸不已，城随圮随修。[2]卷四，城池，p29

在这则史料中，将负责修城的柯实卿称为闾里贵宦，并指出他有私心，并擅自在修城时取公用木料为基，导致被“乡恶”颜钦夫殴死。同时这则史料认为修城完毕的第二年(嘉靖三十七年，1558年)的倭患是柯实卿的仆人勾引倭寇来为其报仇，结果反而“焚其尸，火其庐，祸延居民”。

再参考《安平志》对安海修城的考证，可以更清晰地看到柯实卿修城却罹奇祸的始末。在《安平志》卷二《地理志·城池》一节中，1957年编者考证：建设安平城之时间，明、清官修府县志，皆作嘉靖三十七年，先由县令卢仲佃倡建，后由乡绅柯实卿完成，隐去三十六年卢侯倡建，柯绅以自修一百丈为响应，功及半，柯绅因取木为基，被乡凶殴死等事实。但何乔远之《闽书·建置志·安平镇》对此有如下记述：“(安平城)令卢仲佃与乡绅柯实卿甓石拓之。实卿为池州守，为镇人成功，其坚果任怨如其治官，竟为凶徒所戕”。证实卢侯、柯绅共同建城及柯绅确被凶杀于建城中，而非最后完成安平城之建设者。可知《城池》篇所述建设安平城之曲折经过及起讫时间为实录。即城始建于嘉靖三十六年，完成于嘉靖三十七年。柯绅之死，似应在三十七年四月倭寇由龟湖突至安平掠杀之前，因此之后，安平城也告成。[16]卷二，地理志，p44又据同书第47页编者的考证，说明柯实卿在修城时存在损公利己的行为，同时由于他家是地方势宦，与地方其他大族等存在较深的矛盾，所以导致了被殴身死及来年奴仆挟倭报复的悲剧。下面将编者按转引如下：

【原编者按】：清抄本有《安平城池》一篇，系将明抄本《城池志》删去柯仆挟倭以来之记载，而加以称颂柯实卿语词之作品，或者系出于清道咸间新街人柯琮璜之手笔。而明抄本《城池》篇中，柯宦因取木为基被乡恶颜钦夫殴死乃涂改原文，而宦以忮求死之句，当时造城派工派捐，众人埋怨者，盖亦以柯宦之兄系大商人，柯府广有田园财产，造城首先为保护豪富，柯自造百丈石城而拆东桥石，又擅取他人之木，乃损人利己之行为耳。当时黄菊山在文中即特别指出：安海筑城出于民之醵金，是否认柯对筑城之功也。卢侯城记即高元宾之作，观明抄本"小序"有"高元宾曰"等语，似高亦系修编《安海志》人之一，其文中亦有兴作重役不能无生得失之句。可见当时筑城与防倭，以及贾夷问题与人民生活之关。至于《安海旧城》一篇，乃黄其琛作于清光绪十年上巳辰后三日，尽去旧案。[16]卷二，地理志，p47

而《安平志》在义烈一目"黄仰"条下的记载也与《安海志》大不一样，详细记载了柯实卿家族及黄仰家族在嘉靖年间的斗争及柯宦死事的始末。义烈黄仰条下首先说明了嘉靖年间安海的廪生黄仰为维护位于安海的石井书院的祠产，与当时福建督学、浙江人田汝成的斗争。这一事迹与《安海志》所载基本相同。然后史料详细说明了黄氏家族与柯氏家族在筑城前后的争斗。《安平志》记载：

有乡太守柯实卿者，杰黠狡猾，凌驾寒门，吞渔大姓，又欲以力制吾宗，遣其仆募永春之教头，令其弟诱五澳之海贼，三道入攻，意在残捣掳掠，公乃率我族众，督我家僮败山海之贼而推擒其首。柯知力不敌，乃复以势以贿而构之于官，两下俱伤，狱久未决。既而实卿毒害于人，无远不披，岂虑其所以自毒也，寓泉被刺而未遂，居家侄弟谋杀而不就，钦夫杀之如拉朽。[16]卷七，人物志，p228

说明黄氏与柯氏两族在地方控制上存在巨大的矛盾，黄仰史料的编写者甚至认为柯实卿是嘉靖年间安海倭患的幕后主使，而柯家陷构黄仰入狱，双方在修安海城时处于缠讼之中，而以柯实卿被颜钦夫所杀告一段落。

而第二年(嘉靖三十七年)倭寇入犯安海则是柯家世仆所为："继之戊午之年，有被害者林五与逝仔、童仔挟倭而来，冀复其仇，盖未知实卿之已死也。至则赭其室，焚其棺，俘其人，纵余毒而后去。"[16]卷七，人物志·义烈，p228-229当时黄仰还被押在狱中，

时公在狱，倭寇狼藉，乡邦莫之能御，公素有用武之志，而筹略亦素闻于人，阖郡咸推郡守豫章熊公汝达，出之于狱，礼而遣之，公誓不与贼俱生，发家僮为兵，守洛阳桥，当贼北来之冲，贼首有跛脚番者，最杰黠用事，公以计获之，于是不敢渡，沿山道而去南安潘山直抵磁灶，与其乡千长吴君范战杀之。公策其必至安海，乃率众

追及磁灶破之，遂直趋至堡时，堡新筑未就，以四月初三败罢役，公至，率家兵子弟，调拨守御，贼闻之不敢□堡者数日，公料其已沿山路出境矣，因暂安之，且值端午，遂各解严回家。有为贼响导者，以□□□□意，公兵犹在堡，又以西桥为绝□，可托险而破也。乃诱贼沿堡城边俘掠人民，出西桥南趋，意欲□□以自脱也，既而乡之避贼者二万余人，亦欲出西桥以奔，贼于后追逐甚急，海潮又涨，西桥一时拥塞，而公兵未集，望救者转切，公按剑誓曰："捍贼救民吾之分也，见贼扼人于险而舍之，将焉用戎为？"即率其现有之兵二十人，据险以拒贼，杀贼十余徒，而二万逃生之众，乃不得脱险焉。既而人渡尽，贼大至，以二十人抗三千，势不可支矣。而潮水涨满，人劝之曰："众寡不敌，尚可逃也，谨避之，以图后计。"公曰："逃，非匹夫事也，辱人也，逃遁贱行也。以一身活二万人之命，丈夫责也。余廪膳也，食君之禄矣，纵不敌而死，亦从王事之忠也。忠，素志也，死不以罪，而以功得死所也，夫复何恨哉。悲夫！纵毒而死于匹夫之手者，何啻祥鸾之于□鼠也。"遂擒战力尽，与其从弟廷英死之。嘉靖戊午岁之五月初五日也。事闻官给葬。巡按御史斗山范献科上其功而祭之以文，钦赠州同知，赐一子冠带云。[16]卷七，人物志·义烈，p228-229

从这则材料中可知，当柯实卿筑城之时，黄氏性格刚烈的代表人黄仰因与柯家的诉讼还被押在狱中。而柯氏死后，直至嘉靖三十七年春，柯家仆人挟倭来攻时，柯实卿已死。此时官方才将在地方上另一有影响力的大族领袖黄仰放出领导城防。这一事例颇像之前章节所说的，正统年间，诏安镇涂膺领导的诏安镇城的保卫战，也是地方士绅领导群众抗御流寇骚扰的例子，只是涂膺守城成功而安海黄仰则不幸身亡。

再看《安海志》中记载黄仰死后其一子获得封荫的情况。黄仰死后，袭冠带的儿子名叫黄回青。《安海志》转引《泉州府志》中的记载说："父仰遭齮龁，絷圈土十年。回青亦坐累落籍，荼苦备尝。值倭乱，父自狱中上书请讨贼，死难赠官。回青袭冠带，州同治。"[2]卷三十，义勇，p360可见安海柯氏与黄氏因对地方把控问题导致的诉讼居然长达十年之久，而黄仰本人因为在此前得罪了省督学田汝成，在诉讼中处于下风，被絷狱中达十年之久，亦不能成为筑城的领导人物。但在嘉靖三十七年的倭乱中却成为城防的地方领导，死后其子回青及黄仰的兄长黄伯善共同领导了之后的守城及抗倭，黄氏宗族亦在之后的安海社会中得到了发展，扩大了地方影响力。再看《安海志》转载黄仰族兄黄伯善条的记载：

(伯善)领嘉靖十九年庚子(1540)乡荐历任昌化教谕、衢州府同知,后罢官归家,益思行其德于乡,数为乡人排难解纷,尤急于宗族;族中指以七八千,为纪纲约束之,奖其贤者,周其贫者,诫斥其傥荡不类者,族人多化焉。[2]卷二十七,文苑,p339-340

黄伯善的儿子黄宪清后也为举人,黄宪清之子黄汝良中明万历十四年(1586)丙戌科会元进士,另一儿子黄汝为中万历四十六年(1618)乙卯科乡举人。汝良二子庆增、庆华分别再中天启四年(1624)、崇祯六年(1633)举人,黄庆华后官至山东监察御史。从这些资料可知,黄氏家族为安海地方大族,族众达到七八千人之多。而黄氏与负责筑城的柯氏之间的矛盾反映了明代安海地方社会强族相争,把持地方事务的复杂历史面貌。双方对地方的把持与斗争也都依赖于官方的支持与调停,但实际上有点凌驾于官方之上了。而明清时期的地方史志的书写者由于出身与立场的不同,多少受到了地方强宗的影响,对这一公案作出了不同的阐释,导致我们今日看到这样复杂不清、语焉不详的记载。

上述史料说明明嘉靖年间,安海地方社会的大族在筑城与海外贸易上存在激烈的矛盾斗争。但无论斗争如何激烈,安海镇城修筑对安海的地方防御起到了决定性的作用,城池在嘉靖三十年代大倭寇侵袭福建沿海时巍然不倒。而柯实卿被殴死这一事件,柯氏族众必然谋求官方对行凶者予以处置。《安海志》卷三十一《笃行》下列柯实卿之弟柯奇卿条目中记载了柯氏代表对柯实卿被杀案件的追诉。这则转引自《泉州府志》的材料是这么说明的:

柯奇卿,字特季,号鳌桥,为郡诸生,有文名。兄实卿为池州守,归,为乡人所龉龁。奇卿亦因是坐累铲籍。实卿议城安平,奇卿实助其画,复部署族人为捍御计。比倭至,率以登陴,兼治糜以哺保者,与众共守,城卒以完。后倭复至,野剽无所得,乃发冢责赎,乃冒死从间道以父柩归。……实卿之殁,以建城采木为凶徒所戕,事极冤酷。奇卿徒跣控诉两台,累岁倾资殆尽,不为辍。凶人卒伏。[2]卷三十一,笃行,p362

从这则史料来看,殴死实卿的颜钦夫最终被官方处死。但在当时,如若发生民刺官的事件,则官府将极为严厉和果断地予以惩处。但从材料来看,制裁殴死柯实卿的凶手居然要如此周折,可见期间充满了大族间的矛盾和斗争,柯家在官方眼里似乎是把持地方的另一乡霸，也是需要惩治的，地方舆论也分为对立的双方。如上引黄仰的史料，说到“柯知力不敌，乃复以势以贿而构之于官，两下俱伤，狱久未决”，说明明代泉州官方处理柯、黄两族的争端，采取各打五十大板的做法，除将黄仰系狱外，也革除了柯氏中柯奇卿的生员身份。这样才能说“两下俱伤”。

而当时的地方舆论对柯宦被杀事件分为同情与讨伐二派，如何乔远就同情柯氏被杀，并认同柯氏造城之功。但官方文献中《泉州府志》《晋江县志》都对争端的深刻内因避而不录，而历代私修安海志的作者对这一事件则有自己的看法，《安平志》中还记录了数条补充资料：

【附二】城池志门楼四，以后有窝铺连城楼二十八个，及稍广之。立甲长副以居民。配上中下户。家产有千者为上户，出银三十两，中下出银二十两，柯宦署笔自担一百丈。柯功何不大哉！宦之死莫之记者何也？后乡绅御史苏琰志其墓，深为太息。柯宦死于嘉靖丁巳，至崇祯甲戌八十有余，其孙胤贤乃葬之。

【附三】东桥名曰“东洋桥”。宋绍兴二十二年，安平桥成，二十三年权泉州军赵令衿偕进士临漳户椽史进建之，不半载而成。长六百十余丈，广一丈二尺。分为二百四十二间，东西二亭，赵令衿撰碑记。明嘉靖三十六年，倭寇频扰，急议筑城保障里人。知府柯实卿乃拆东桥石筑城，而桥废焉。

【附四】明嘉靖丁巳年，邑尹卢公讳仲佃，乡绅柯公讳实卿，虑安平士民之众，无城廓之卫，于是申请各宪议建石城以为之备。因为乏石，乃拆斯桥之石以筑城，功未及半，而柯公身受意外之祸死矣。后之往来者，冒风雨之阻，多归怨于柯公，厥后，石城完就，而安平之众，无有颂柯公之德者。呜呼！桥城二便，不知孰是孰非，惜哉！[16]卷二，地理志，p48

附二与附四为柯实卿抱不平，同情柯氏之死。而附三则谴责柯实卿修城时擅自拆安平桥的罪过。这些都反映了明代地方社会复杂的面貌。而所谓柯氏家仆勾引倭寇为柯复仇劫掠安海，估计是其家仆趁着柯氏死后图谋对主家进行劫掠，所以倭寇攻安海反而将在安海城外的柯家烧毁，劫掠一空。如此解释，则我们对安海筑城的曲折历史才能稍有清晰的认识。而安海镇城修好后，“倭寇”多次进攻，都未能下，地方赖以安全。“三十八年倭寇两攻安平，四十三

年后自仙游来攻,皆不能陷。”[17]卷九十九,p4522

嘉靖三十年代末倭寇冲击风波过后,明代隆庆、万历年间漳泉地方社会处于一种较宁静的状态中。漳州海澄设县,月港开港之后,漳州沿海获得海外贸易的合法地位,安海的海外贸易实际上从属于月港。而万历三十年代,安海设县之议再起。而在此之前,相邻地方先有将驿站移置安海的主张。如若安海设驿站,则是安海地方的一种负担,故引起地方士绅的强烈反对。黄氏家族的乡绅黄伯善也给我们留下了反对设驿站的文献。黄伯善认为安海设驿站没有花费官方的经费:

安海筑城出于民之醵金,不烦库藏;守城本于土著编户,不动官兵,钥锁自由,盘诘不懈。虽鲁君之夜呼有所不闻命,而汉使之神驰亦不得以骤通也。近有南安县康店驿夫,保捏呈欲寄驿于兹土。……其奸人乘传,托以皇华为名,而非时急呼于外,党与伏匿,假以驿卒为名,而观衅待变于内。方此之时,若拒之而不纳,是无王命也。纳之则万家之命坐受其缚,幸而不死,仅有鸟迁兽徙而走耳,奚暇顾其家室哉。是城反为贼寇之堡,而驿为奸宄之资,数万金之费,委于草莽;数百雉之险,鞠为丘墟,城既不为民有,驿亦安得独存,云霄驿之近事一鉴也。且晋江濒海,村落靡有孑遗,独安海一城,伤残之民以供里旅之役,而安海亦何负于官府哉。兹复使为贼有,则安海之人民土地,一时俱尽,宁复可为县乎。贼得安海城以为巢穴,聚而不散,谋而不轨,羡鱼盐之利,通山海之货,游途阻隔,数县声息不通。东断永宁之臂,西折武荣之肢,南拊南安之背,北扼清源之咽,是事不十费支吾耶。缘系议处应否徙驿,书生愚昧,以为不相应,大不便云。[18]

因此地方士绅强烈反对将南安的负担转嫁于晋江和安海。这一动议也就搁浅了。从材料来看,南安方面主张移驿,似乎是作为安海设县主张的一个附加条件来谈的,而黄伯善为首的地方士绅反对,说如果移驿,而人民逃亡,“安海之人民土地,一时俱尽,宁复可为县乎?”

而黄伯善之孙万历十四年会元黄汝良给我们留下了万历年间地方士绅推动设县的重要史料。根据《安平志》说明,1984年安海镇政府在朱文公祠西侧建镇政府办公楼时,出土有关明代设驻镇馆石碑二方,其碑文对万历年间割地设县未果,以及后设驻镇馆的复杂曲折历程,有详细的记述。同时碑文明确说明了《安海新设驻镇馆记》一文的作者为明万历年间安海黄氏进士黄汝良，而不是《乾隆府志》所收入的同名文章所说的作者为苏谈。府志收入此文删节过多，篇幅仅为碑文的三分之一，碑文字迹剥落难辨者亦不少。从该碑文来看，万历年间安海重提设县的动议，是因为地方士绅受到了嘉靖隆庆年间海澄设县成功的鼓舞。“列圣以来，益谨绸缪，泉漳兴福之间，时增式廓，若竹崎、云霄、海澄诸处，大者为邑，小者为镇，犬牙错而虎落周，良以巨浸浩淼，风飙飘忽，不备不虞，易启戒心，盖庙谟宏远矣。”漳州府在明代至此已经新设五县，同时云霄作为镇城，也以设官管辖，直属于府。而安海自嘉靖年间设县动议未成之后，虽已筑城，但没有官方常驻机构管辖。碑文中对嘉靖万历以来安海的局面作了以下描述：

(安海)承平日久，生聚渐繁，室家鳞次，阛阓栉比，肩摩□击，骈骈阗阗，昔村落而今粤区矣。物力既盛，巧故萌生，曩时奸民往遥阑出、交关岛夷，输我虚实，自洋禁开，互市之舶往来□□，我以彼为外，□彼□□□为兀脔，□陀涎垂何所不有。昔内地而今夷□□。嘉靖之季，倭讧突发，磨□吮血，万室为墟，当事者乃始料民醵赀，筑为城堡，保聚捍御，民用稍有宁志。其后夷棼既熄，经久虑疏□间，镇以武弁桑梓□□□□□□□□□复经则委□□□□□吏早□□褥徙规浚削。无事如蚁慕膻，有事则如□遗迹，非惟无益又滋害焉，何则城非公创，不领于职方。守无专官，罔虑于民社居平，犹或探充无忌，杆鼓时鸣，一旦有儆，其□剪为寇，雠者几何，夫时至则事起，以高皇帝加意海邦，推之讵于今日，不为之所哉。[19]

在这种情形下，地方士绅联合向上官建议设县，“于是堡之缙绅父老，走控上官”。

时任晋江县令顾士琦对于新设安海县的建议是：“安海置邑，如海澄诚便，然必割晋南同之界。版籍既定，纷更为难，又必设官，办建学，必多创公署，必措处舆台，一切廪禄经费，猝未易办。宜略仿云霄竹崎故事，建设分府，即以现在府倅一员充之，无增官之扰，有保障之安，计无便此者。”[2]卷五，公署，p41而碑文中对安海分设府通判常驻的始末是这样记载的：

监司上其议，直指方公深韪之。为请于朝，给印章，文曰驻镇安海，用示专守。

堡人闻命欢欣鼓舞，输将帛币，□走恐后，乃始揆日蠲吉，饬材庀工，即城之西北而建署焉。统以周垣，拱以重门，有堂有皇，有寝有房，宾馆廨舍，罔不毕备，盖不烦官帑一钱，而隆栋峭然矣。经始于别驾汪公，殷公继之，趋事益敏，起丙午四月，越戊申四月落成。[19]

在这种情况下，官方因安海设县存在较大的行政难度，故模仿漳州云霄镇的例子，设立泉州府督粮馆分镇安海，并派遣新任府通判殷光彦莅临安海专驻管辖。安海的府属督粮馆实际上是作为晋江的分县常驻该地处理的。

道光《晋江县志》为当时推动设镇的县官顾士琦和首任督粮官(府通判兼任)的殷光彦都做了传。

顾士琦，字二韩，太仓人。万历戊戌进士，二十九年由崇安令调知晋江县。不为伉强开敏喜事好功，一以恺悌为政。值旱蝗相继，极意拊循，催科不事鞭扑，与为期会，民无逋者。两造之讼，徐出片言，轻者立遣，重者量惩，无株连，亦无久系。校士严加防范，邑无留良，即在彀外者亦帖息无哗。兴一事必惟其终，革一事必思其后。居己于瘠而予民以肥，居己于拙而予民以静。门无暮金，吏皆奉法。造请贤士大夫咨询利弊，不厌谆复。秩满，念岁祲，民艰于食，报绩独迟。[20]卷之三十五，政绩志

顾士琦的施政风格是严于律己，加强管理，颇有政声，在任晋江令后升迁而去，因而他的主张得到上司的首肯，也得到地方士绅的认可和支持。

而首任安海镇官的通判殷光彦也有较好的政绩：

值安平新设镇，移驻于斯，是时疆理方殷，庶务草创，光彦至未数月，顾吩咄嗟，百务具举，镇去郡稍远，邪侠恶少，博塞呼卢，探丸击剑，恣睢莫何。光彦摘其尤桀黠者，重惩之。诸风渐息。镇素殷富名，奸人虎视，始而鸡狗窃关，继且萑苻思逞。为慎管钥，严街鼓，明保伍，饬游击。于是夜犬不吠，闾阎安堵。镇城数圮，外隍曾无衣带之限，创谋缮陴，塞港以壮金汤。……俗嚣讼难诘，光彦干局精敏，才谞练明，片言立折，两造输诚。钩金既省，桁杨罕用，惠同之民咸赤质成。其他善政，难以枚举。郡人歌颂，万口一词。[16]卷七，人物志，名宦，p202

万历三十五年虽设县不成,而终于有了官方常驻的文官予以管辖,安海地方社会也经历了一段发展的局面。但好景不长,天启、崇祯时期随着郑芝龙海上力量的崛起,安海很快成为郑氏海上商业与军事集团的基地,基本脱离了官方的直接控制,为郑氏海上集团直接把控了。根据廖渊泉的研究,天启、崇祯年间,安海港是郑芝龙对外贸易的基地,郑芝龙海商贸易的发展和海上武装力量的壮大,必然促进安海港的极盛。郑芝龙以其煊赫的权柄和雄厚的资财,调动大批的人力、物力,采取很多措施,对安平镇进行大规模的整治与建设,如首先继续修筑安海城池。“筑城安平镇”,“开府其间”。他还在安海镇内大兴土木,建筑有“亭榭楼台,雕梁画栋,极尽豪华”,其“巧工雕琢,以至石洞花木,甲于泉郡”。并兴建仓库和军营,“积财宝甲兵,充实其中,人物丽盛,专务丰殖”,更重要的是郑芝龙还整治安海港,在安海“开通海道,海梢直通卧内,可泊船,竟达海”。而郑芝龙降清之后,郑成功继续利用安海为基地,展开对清政府的斗争。[21]这都使得安海成为明清福建历史上的一个特例,因为战争的破坏,安海港开始衰落下去。入清以后,虽再有设县的动议,基本不能获得官方的支持,因为这时安海的经济地位已不像明末呈顶峰状态,厦门崛起之脚步已渐近。

四、余　论

由上文论述我们可以看到安海设县跟海澄设县的情况具有很多相似的地方。这两处地方在明中叶私人海上贸易发展起来之后,都成为地方海上贸易的中心地,经济发展迅速。都与当地原有的政治中心距离较远。一旦设县都能够控制地方重要的港口地域,而且地理上都有利于地方的军事防御。两地在明代都产生了大量科举士绅,这一阶层都力图推动对地方有利的设县运动。但海澄与安海设县一成一败,又分别有深刻的内在原因和不同的历史背景。

从地方士绅对地方事务的把持来说,安海的士绅集团更加深入介入地方事务。嘉靖年间的设县及之后的筑城运动,可以看到地方大族对地方控制权的斗争的情况。海澄在设县之前,不像安海出现能够强力把控地方政务并能跟政府合作的科举式大族,海澄地方秩序更加混乱,倡乱的民间力量与官方合作的程度更低，如前面对海澄设县的详细考察中，海澄设县后地方民众对官方仍采取不合作的态度，明代官方如若不在海澄设县，地方治安及将来的合法的海外贸易基本不可控制。

此外安海所处的泉州经济发展的周期与漳州不同。泉州的开发早于漳州，宋元时期其行政区划的格局基本稳定，形成了强大的历史惯性。而漳州开发的黄金时期和经济发展的高峰在明中叶以后，漳州地方的县份原本就较少，各县的辖区过大，海澄在地理上具有更完整的成县的条件，面朝九龙江入海处，腹地内有完整的水系沟通，山区与沿海地形复杂。安海的成县条件则相对不足，腹地狭小，所在的晋江、南安两县之间再划出一县，势必导致三县的地域都过于狭小，所以明代倡导设县的主张是撤南安，让安海、晋江两县并立。这势必引起南安地方的反对。同时，在私人海外贸易港口的功能和地位上，安海一直不如海澄。海澄在明代中叶以后已经成为可以联系全中国沿海的贸易中心地，全国的财货要纳入海外贸易往往先转运至海澄，再分批发出去。而安海的贸易货物，尤其是纺织品往往从海澄转运批发。这些都导致海澄设县势在必行，而安海的设县却存在种种的阻挠。

最后，安海历史最特殊的一面在于明代崇祯年间郑芝龙海上力量崛起之后，完全把持了沿海的政治、经济、军事事务。安海成为郑氏海上力量的总后方和大本营，这样特殊的历史更使得安海设县的可能性化为乌有。明清易代时期，郑成功与清政府与福建沿海的争夺更集中在诏安、海澄、厦门岛、安海这几个重要据点。至郑氏力量离开福建沿海后，沿海的海上贸易衰退，地方治安趋于稳定，安海设县的内在动力几乎丧失殆尽。

参考文献：

[1]方舆汇编·职方典[M]//古今图书集成：第一〇五一卷．北京：中华书局影印本．

[2]安海志修编小组．海港[M]//安海志：卷十二．厦门：厦门大学图书馆藏．

[3]陈宾．安海新设驻镇馆记[M]//晋江碑刻选．厦门：厦门大学出版社，2002．

[4]何乔远．闽书：卷三十八[M]．福州：福建人民出版社，1994．

[5]（万历）泉州府志：卷三·风俗[M]．台北：学生分局，1987．

[6]关德宪．安平城二敌楼记[M]//安海志修编小组．（新编）安海志：卷四·城池．厦门：厦门大学图书馆藏．

[7]王忬.条处海防事宜仰祈速赐施行疏[M]//陈子龙等选辑.明经世文编:卷二八三·王司马奏疏.北京:中华书局,1987.

[8]何乔远.镜山全集:卷五二[M]//安海志修编小组:(新编)安海志.厦门:厦门大学图书馆藏.

[9]朱纨.阅视海防事[M]//陈子龙等选辑.明经世文编:卷二百零五·朱中丞甓余集.北京:中华书局,1987.

[10]李光缙.景璧集:卷4·史母沈孺人寿序[M].福州:福建人民出版社,2012.

[11]胡宗宪.筹海图编:卷四[M].台北:商务印书馆景印文渊阁四库全书第584册.

[12]江日昇.台湾外纪:卷八[M].台北:世界书局,1959.

[13]朱纨.甓余杂集:卷五[M]//四库存目丛书:集部第78册.济南:齐鲁书社,1996.

[14]嘉靖二十八年四月辛亥条[M]//明世宗实录:卷347.上海:上海古籍书店,1983.

[15]俞允文撰.仲蔚先生集:卷二二[M]//续修四库全书集部·别集类.上海:上海古籍出版社,1995.

[16]安海乡土史料编辑委员会.安平志校注本[M].北京:中国文联出版社,2000.

[17]顾祖禹.读史方舆纪要[M].北京:中华书局,2005.

[18]黄伯善.徙驿议[M]//(新编)安海志:卷五.厦门:厦门大学图书馆藏.

[19]黄汝良.安海新设驻镇馆记[M]//安海乡土史料编辑委员会.安平志校注本:卷五.北京:文联出版社,2000.

[20]道光晋江县志[M].上海:上海书店,2000.

[21]黄天柱,廖渊泉.郑芝龙父子与安海港的盛衰[M]//安海港史研究.福州:福建教育出版社,1989.

作者简介:王日根,厦门大学历史系教授,博士生导师。

基金项目:国家社会科学基金重大项目“清代海疆政策与开发研究”(13&ZD093),项目负责人:王日根。

原文出处:《西南大学学报》(社会科学版)2015年第5期。

转载:1.《人大复印报刊资料·经济史》2016年第1期全文转载;2.《人大复印报刊资料·明清史》2016年第2期全文转载。

明清之际生态环境与社会治乱

刘志刚

（中南大学 马克思主义学院、历史与文化研究所，湖南 长沙 410083）

摘　要：明清之际社会的治与乱无疑一同孕育于当时的生态环境及其变迁之中。一定程度上讲，区域生态的恶化是明末社会大乱的原始动力，各地区复杂的生态地理又为其蔓延构筑了天然的屏障。然而，区域生态资源的严重缺乏，无力支撑长期的战争消耗，因此，时至清初社会秩序的重建事实上也是生态演变的必然结果。在这个过程中，区域生态一度遭到了巨大的破坏，动乱过后广大地区走上生态“原始化”的漫长历程，与此同时的则是“人居环境”的极度衰退。

明清之际是中国历史上治乱交替的一个重要的时期。以往史学界对其时政治、经济、社会结构等方面的问题进行过大量细致的研究，但生态环境及其变迁通常被当作背景或原因一笔带过。近年来，虽然明清环境史研究日渐受到国内外史学界的重视，但就目前的成果来看，主要着眼于经济开发、移民垦荒与生态系统之间关系的考察，并且观点都不约而同地指向明清时期的过度开垦对生态系统造成了极大破坏。除清初“虎患”研究略有所涉外，已有的环境史论著对明清之际百余年间生态环境与社会治乱变迁之间的关联常避而不谈。本文不揣浅陋对此专门探讨，以就教于大家。

一、"穷山恶水出刁民":社会大变乱的生态基础

俗话说:"穷山恶水出刁民。"这虽然包含极强的贬义色彩,但却鲜明地刻画出生态地理环境与地方社会治乱之间密切的关联。从生态史的角度看,与其说它暗含着特定的价值判断,不如说它是这些区域呈现出的一种生态现象。如是观之,明清之际社会秩序大变乱的背后是否还隐藏着更为厚重、原始的生态力量呢?

首先,陕北地处农牧区交界带,生态极为脆弱,人口承载力与抗灾力都相对低下。而这一地区却是明朝北方的边防重地,驻有近百万守边兵丁及其家属。因此,它成为当时社会大变乱的策源地是有其必然性的。就生态环境而言,明末陕北沿边一带"四望黄沙,不产五谷"[1],"有今岁开种而明年即抛荒者,有歇种此段而复新开别段者"[2]。又如榆林镇,"无平皋沃壤以滋封殖,无广陌通都以便灌输","镇城百余里之内,一望沙漠,不生五谷"[3]。"其间称为腴田,岁堪耕牧者十之二三耳,且天时难必,水利不兴,雨或致愆期,则束手无从效力"[4]。毗邻陕北的大同府屯田也是"水冲沙压,碱薄不堪者多有之"[4],与陕北一河之隔的保德州"山坡陡地,抑且暖迟霜早,一年一熟,犹有不能告成者,至远山谷,十年九荒,遇丰岁计亩所获,不过一二斗"[5]。由此可以看出此地生态环境之恶劣。这一带不仅风高土燥,物产最薄[6],而且流沙肆虐,大有吞没沿边诸城之势。万历末期涂宗浚在奏疏中说:"万历二年以来……榆林等堡,芹河等处大沙比墙高一丈,埋没墩院者长二万三十八丈三尺;响水等堡、防胡等处比墙高七八尺,壅淤墩院者长八千四百六十八丈七尺;榆林威武等堡、樱桃梁等处比墙高五六尺及与墙平,阔厚不等,长四千四百二十六丈五尺,通共沙长三万二千九百三十三丈。"[6]这些都现实地描绘了明清之际陕北地区"从来多盗"的生态基础。

时至崇祯初,陕北一带更是连年大旱,社会秩序随同生态环境彻底恶化。崇祯四年,三边总督杨鹤奏报道:"臣防秋出塞,亲见延、西一带极目黄沙,比之中、东二路更苦。从前历过月饷实是缺欠四年,地本不毛,一物不产,频年亢旱,粟贵如珠,欲其不作贼不可得也"[7]11。是年,延绥巡抚洪承畴也上奏曰:"延镇东西边长一千二百里,南至延安八百里,外则套部仅距一墙,内则黄沙弥望,一毛不产,夙称穷荒绝塞……大荒已历三载,群盗纷起,冲边营堡与临边州县

饥寒彻骨，所在思变”[7]30-31。可以说，明末农民大起义爆发于陕北，是这一地区生态环境长期恶化、人地矛盾日趋紧张以及灾害突至的必然性结果。

其次，明清之际社会动乱的迅速蔓延与升级，不仅是义军因明朝的军事围剿而做出的反抗，也是为地区生态压力所迫。陕北恶劣的生态条件、残破的经济环境根本无力承载成千上万饥寒交迫的兵丁。三边总督杨鹤在崇祯四年(1631年)的上疏中就指出："臣一入延安之界……闻延北州县有寸土不耕者矣。延安光景已与西安大别，延北光景又与延南别。贼皆流转延南，死不肯归延北。"[7]14-16至崇祯十六年(1643年)，有难民也称"贼不得汴，必南走楚，盖荆襄鱼米之地，南北咽喉，是天下一都会也"[7]400-401。事实也验证了这一预言，李自成是在攻陷襄阳后才向陕西开进的。可见，明末农民大起义爆发于生态最为脆弱、经济最为落后的延北，随之向生态、经济条件都较好的陕南、山西、河南、四川、湖广等地区蔓延，实属一种生态反应。事实上，这种生存性的转移又构筑出明末农民起义后期另外一幅生态环境与社会秩序的图景，即生态、经济条件较为恶劣的地区反而社会秩序相对较好。崇祯二年(1629年)，行人马懋才在上疏中就指出了这一现象："总秦地而言，庆阳、延安以北，饥荒至十分之极，而盗则稍次之，西安、汉中以下，盗贼至十分之极，而饥荒则稍次之。"[8]然而，这并非是社会秩序的正常重构，而是社会动乱的自我抑制效应。

此外，"穷山"与"恶水"不仅为社会秩序的大变动提供了原始的动力，而且为其发展、壮大构筑了一道道天然的屏障，是孕育火种的摇篮。这一时期，"缘山依险，先为自固，而后纵掠平原"与"倏去倏来，兵至则散，兵去则聚"，几乎是各地义军最为常用且行之有效的斗争策略[7]108,325。如陕西地区虽然无处不起义，但主要区域集中在中北部的黄龙山及其附近地区，西北部的米仓沟、铁角城一带"峻山绝崖""绵亘五百余里"的大山区[7]28,72-73。而陕南的兴安州直至清初依旧"人皆带发，负险观望"[9]272。究其原因即是这一地区处处"突兀巉岩，干云插汉"，其中板场寨更有"一夫当关，万人趑趄"的复杂地形[9]276-278。山西也是这一时期义军活跃的地带，"自宁、霍以及浮、岳及阳、高、泽、沁之间，弥山遍野，绵亘数百里，尽皆揭竿之众"[7]47。而盂县、五台、灵丘等地素称"盗薮"，也因这一区域"峻岭绝壁，险寨深沟"处处皆是的地理条件[9]254,258。时至清初，山西地区的义军受到根本性的打击，但交城、静乐等地的义军仍顽强抵抗。时人即明确指出，是因这一地区系"恒霍、太行之麓……丛峰邃谷"，且"多产良马"，而其民则“勇捷轻生”“善习鸟枪”，其独特的区域生态环境为乱局的延续提供了丰富的人力与物力资源[9]265-266。

湖广则界连豫、陕、川，地形极为复杂，为义军提供了巨大的发展空间。“秦楚万山之中，郧襄汉商之地”也是各地义军集聚休整最好的场所[7]125-126。襄阳、郧阳以至陕南的汉中、兴安等地，绵延数千里，不是“丛林密箐，绝岩深沟”，即是“悬崖峭壁，鸟道羊肠”[7]124-125。这样复杂的地理环境极大地制约了明朝军队的战斗力，致使其“马难驰逞，营难安插，粮难裹运”[7]124-125。并且明朝的精锐部队多为北方骑兵，在这些荆楚大山深处，不仅不能发挥出自己的优势，而且大多水土不服，“人病马病”比比皆是，甚至“罹灾蒸瘴毒疾疫，物故者十二三”[7]125-126。无须义军的突围，明朝军队重重围剿的大幕就已被这一带的奇山峻岭刺得千疮百孔了。也正因如此，时至崇祯十二年，湖广地区“自承天至枣阳、襄阳，径达南滋山无处非贼矣”[7]252-253。并且清初“夔东十三家”仍以川楚一带为活动区域，也正是看中了这一地区的地理环境。

明清之际，陕、晋、川、楚四省力量强大的“流寇”尚且要以群山险阻为屏障，其他地区的“土寇”则视山寨为生命线。鲁西地区的宫文彩军就是以“穴有千余，周回二三百里”的嘉祥满家洞为根据地的[10]。曹州府地区的榆林军则以范县、濮州等地数百里的榆树林为掩护，“蔓延朝城、观城、郓城、城武诸县，凡数百里，行旅裹足者几二十年”[11]。鲁东地区的莱、芜、青州等地“夙号贼薮”[7]226，这一带的义军不仅据有山寨之险，而且有近海之利。一旦遇上大规模的朝廷军队，即暂避海上，这一度让清军极为恼火。直隶赞皇县境内的“纸糊套”，以其“万山层叠，与北直、河南、山西三省之地，犬牙相错，径路丛达”的生态地理环境，直至清初仍有“积寇盘踞险要，赋税不供，招纳亡命，时出四劫”[12]。而皖北一带的义军，主要以绵亘数百里的英霍山区为根据地。皖南则有以建德山区为活动中心的义军。苏北徐州龙驹嘴、天门寺、黄藏峪等山区以及海州等沿海地区都有义军潜伏。江南苏松一带也因其“外滨海洋，内多湖荡，茫茫巨浸”，而“夙称盗贼渊薮”[9]134。浙江义军据守于四明山区，无疑是因其介于“宁绍两郡”之间，方圆数百里皆崇山峻岭，且能山海相通的地理优势。

江西义军活跃于南部万山重叠的大庾岭一带，以赣南鱼骨、莲花等寨及永丰九仙山最为有名。湖广南部的衡阳、郴州等地也因“界在万山，每为盗薮”[7]67-68。福建也因山路“林木蓊葱，道路险窄”，马兵、步兵俱难行进，水路“尽系溪壑,非大筏可驾”,且“漳泉逼临大海”,直至顺治五年除建宁府城尚安定外,其余地区“漫山遍野,无处非贼”。[9]304 粤闽地理生态相似,皆为“山海交错”之区。其东北境的花山,“层峰叠岩……中多积盗,蔓延起伏,毒流数邑”[13]。永安更是“重峦复嶂,昔固盗薮”,其中“磜头山与乌禽、天字、清溪等嶂,员墩、黄沙等山……绵亘险阻”,而且磜头山等地“故有铁冶”“多良田”[14]。这样的地理生态资源为当地义军较长时间的斗争提供了极好的条件。而其沿海地区,则有“巨寇石璧……扬帆窥窃,抗逆未降”[9]311,致使琼州总兵高进库在陈述防守事宜时焦急万分,称:“(琼州)在水也,四通八达,万派千流……在在示瑕,纵多船兵,此备彼寡,无所不备,则无所不寡”[9]315。

可见,各地义军的活动无不深深地打上区域生态地理的烙印,而且这些地区都界连数县,甚至跨越数省,可以说是政治控制的真空地带,官府围剿常需多方协调,费时费力,这也对起义军的发展壮大极为有利。如河南商丘一带接壤山东、直隶两省,“东兵欲剿,彼即奔逃畿豫地界,真保加兵,彼又奔逃东省地界。总以境在两岐,狡藏三窟,几于不可穷诘者,数十年于兹矣”[7]320。又如浙闽赣交界处,“江闽两省兵一步不肯入浙境,贼皆闽人,而所扰多属浙地。各郡县痛痒绝不相关……书疆株守一城之外,竟同胡越。故此呼而彼不应,前倡而后不随”[9]796。崇祯曾特颁谕旨:“淮楚蜀各抚俱移近界,相机截剿,不许画地驰诿……违者立正法”。[15]824 可知,这类地域间的推诿在当时必为寻常之事。

明末农民大起义的爆发无疑是多种因素共同促成的,其中生态的原始力量不容忽视,并且它能不断地发展、壮大,最后将明朝摧毁,也显然得益于各地复杂的地理生态环境。离开了那些崇山峻岭、密箐深林的“穷山恶水”,各地起义的星星之火可能早已被明朝的精锐部队扼杀在摇篮之中,不可能形成后来的燎原之势。然而,为何到了清初原本孕育火种的深山老林却又成了各地义军的“穷途末路”呢？天地无言,为何在明末与清初这两个不同的历史时期对起义军表现出来的却是两副截然相反的面孔呢?这不仅需要仔细探讨明清政府与农民政权三者在政治、军事能力上的不同,还有必要考察各地义军物资补给方式与当地生态环境、资源禀赋之间的关系。下文即对后者做一较为详细的讨论。

二、"靠山不吃山，靠水不吃水"：区域补给与生态资源的错位

以往大量的研究对农民军的物资补给方式很少有详细的论述，仅用极少数材料来论证他们也重视农业生产。这显然是不可取的。事实上，明清之际起义军所据的深山密林、水乡湖泽并未真正在生产上发挥过多大的作用，他们获取物资补给的方式始终是以"打粮""吃大户"为主，也恰恰是这种生存方式成为他们斗争中的"软肋"，一旦被人掐住便彻底失去了抵抗的能力。

起义之初，赈陕御史吴甡就曾奏称：陕北一带"贼皆土人，悉知情状，日日攻掠，民间之蓄，为之一空"[16]140-142。又称："(贼)以战斗为耕作，以焚抢为寻常……终岁勤动，只以资盗"，致使不少地区"人多逃窜，地尽荒芜，一望萧条。"[16]205-206虽然这种获取生存资源的方式过于极端，但被俘义军所言"吾侪亦知抢掠非策，但今日归家，明日饿死矣……饿亦死，盗亦死，宁盗以缓须臾耳"[16]156-157，可谓是道尽了他们心中不尽的辛酸与无奈。

随着战争规模的扩大，社会秩序进一步崩溃，荒盗交相为虐。陕西、山西、湖广、河南等省区相继成为主要战场。但起义军的后勤补给并没有因为活动区域的扩大而发生根本性的变化，仍旧以"打粮"为经济手段，以"吃大户"为斗争策略。崇祯十二年(1639年)，张献忠即率军"到郧因粮"，致使这一带"民食久绝，枕藉而毙者不可胜计"[7]216。顺治二年(1645年)，据守荆襄等地的李自成余部李来亨、高必正等仍旧"纵贼上下打粮"[9]178，用"攻寨洞，焚庐舍，掳人索财，得则纵之"来实现物资的补给[17]。其他地区义军的做法也如出一辙。

然而，这种资源获取方式显然未能从根本上解决起义军的粮食问题，反而使危机程度更为严重。崇祯五年，吴甡即奏报："贼所屯据之地……皆窘于无可抢掠。"[16]205-206崇祯十年，有被俘义兵称道："听说官兵到回武当山老营，总头目老君说，山内无粮米，你们且抢了吃过冬再回山来。"[7]206-207崇祯十四年，河内知县也上奏称："今并富室旧家尽成饿殍，村落丘墟，人烟断绝，贼亦无处打粮矣，贼且食贼矣。"[18]这些也再次证明了前文所述义军在不断转移流动过程中遭受的生态压力。各地义军物资的匮乏与一贯的经济手段，迫使他们必须不断地向平原地区经济较为发达的乡村、城镇进发，以获取物资与人力上的补充，这实际上也让他们对后者形成了一种无法摆脱的经济依赖关系。这种物资补给地与据守区域上的地理错位，在外部形势有利的情况下，可以大大地推

动各地义军的发展速度,但是一旦形势变化,被困死在深山老林之中必然是他们难以逃脱的命运。

当然,明清之际的农民军也有发展经济生产的事迹。如崇祯十六年,李自成等占据湖广荆襄蕲黄一带后,“复返襄阳盖房扎营,委官种田”[7]413。清初,李来亨、高必正、刘体纯等据守荆襄一带后,也开始“与百姓公买公卖”[9]173。并且招来逃逸的山民,“俾各就业,供租税”[17]。各地“土贼”在发展生产上较为积极,这主要是因他们“土生土长”,熟悉当地经济生态资源,能较为顺利地开展经济生产。如山东东平、汶上等二十余州县的地方义军曾种有大面积的小麦。嘉祥的“满家洞”义军不但积极发展生产,还与外地保持了较为密切的经济联系。山西交山、静乐等地义军更是“时而放牧马”,“时而散处峒窖”,且与当地土成民人关系融洽,“非其亲戚即其交知”,并且这一带既产良马,又有大量的木材外销[19]。广东永安等地义军也依靠礤头山的“铁冶”与山谷间的“良田”等生态经济资源,展开了长期的抗清斗争。江西永丰九仙山寨也储备有大量的物资,“其粮储米食,可支二三年,柴煤他物称是”[20]。浙江四明山区也有“履亩而税”的山寨[9]151等等。然而,这些记载与其说是他们发展生产的证明,不如说是他们到了“抢无可抢”的窘境,不得不做出的一些适应性改变。并且,明清之际起义军所开展的这些生产活动显然不能满足他们物资上的需求。首先,不论是荆襄、夔东一带的深山,还是其他省份的寨堡,以及东南沿海一带的湖泊、海岛,可耕土地原本就相当匮乏,更何况其中多数地区战火之后已经残破、萧条不堪,根本无力承载数以万计义军的长期驻扎。并且农业、畜牧业等都是生产周期较长的行业,满足不了起义军物资上的应急需求。

其次,这些大山区即使具备丰富的自然资源,也必须与外部市场进行正常的交流,才可能实现其自身的价值,而且这些区域还严重地缺乏粮食之外的其他生活必需品如盐、铁等物资。因此,它们不可能形成一个独立的经济体系,以支撑长期的战争消耗。康熙初年,降清义兵恰好道出了这一苦衷:“将军雄据险要,勒兵数万,水战凫轻,山斗猿捷,而驰骤平原,非其长也。况地无千里之饶,粮无一年之积,出则势不能远,守则师无所资,其能久乎?”[9]350

而清初政府正是根据各地义军所据地域生态资源上的严重不足,实施极为严厉的“坚壁清野”政策。对于“山贼”,在军事上采取“于四旁分布劲卒,扼其出没,防其窥伺”等围剿策略[21];在经济上施行“禁民间牧马,停南堡村木厂”

等封锁手段[22];在政治上则增设县治以加强地方控制。对于“海寇”,则推行严苛的海禁,“尽迁移之外,凿长堑为界,遍筑烽台,有敢逾界一尺者诛”,或“钉塞海口,悉空其地”[23]。在清初政府这样一系列囚笼政策的打击之下,起义军不可避免地走向了败落。

可见,深山密林、水乡湖泽具有“高险深广”的地理优势,但同时在生态资源上却也存在严重的缺陷,它们足以让起义军养精蓄锐,但却无法支撑长期的战争消耗。并且各地义军一贯推行的经济手段也让他们与乡村、城镇形成了一种紧密的经济依赖关系,一旦无处可掠,无城可攻,则立即陷入了“靠山不能吃山,靠水不能吃水”的困境,逼使他们不得不在降而生与守而亡两者之间做出最后的抉择。

三、“人居环境”的退化:生态补偿的代价

天地无言,但在明清之际的社会治乱变迁中却扮演了重要的角色,确有几分“成也萧何,败也萧何”的意味。同样,这一时期的治乱交替在其时的生态史上也留下了深深的烙印。生态环境随同社会秩序历经沧桑巨变,曾一度遭到极大的破坏,迎来的是一个漫长的自然补偿期。

在中国古代“水火为兵,坚壁清野”等战略战术的指导下,大规模的战争无疑会对所经区域的生态环境造成巨大的破坏,这一点在明清之际治乱交替过程中表现得相当明显。首先,即是河流、井渠及其周围生态环境的破坏。崇祯四年,起义军围困庆阳城时就截断城中“水道”[7]10。崇祯十五年,李自成等围攻开封时,先是“填濠渠坑井”[7]352,然后又继开封守军之后掘开黄河,以水灌城,致使下游一带不仅数百里村镇全无,而且不少地区的生态环境也被彻底摧毁,出现严重的沙化、盐碱化现象。如杞县等地,“昔之饶裕,咸成硷卤,土地皆为石田”[24]。清初政府镇压各地义军时也屡屡采用这一手段。如对山东满家洞义军即“困绝汲道,听其自毙”[10],围困皖南英霍山寨,也是先断其水道。平定广东清远炉丁起义,则垒石塞潭。镇压曹州榆园军时,清军甚至掘开黄河,以水代兵,虽然将起义军镇压下去,却致使这一地区成为有清一代重要的黄泛区,生态环境严重衰退。有一些地方义军为抗击清军的进攻,也不惜采取“阴

毒四山水草”的举措[23]卷十二。可见，这一时期战火所经之处河流水系及其周边生态环境所遭受的破坏必定是巨大的。

其次，是森林的大面积砍伐与焚毁。明清之际起义军大部分时间都是蛰居于群山之间，以深山密林为掩护，“忽隐忽显”，“倏进倏退”，所以“以火代兵”，大肆烧毁、砍伐森林，成为政府军镇压各地义军的不二法门。“烧木城，拆石城”“以火攻之”“砍树木发火”等手段频频使用[9]289。又如，清初京畿地区因其“树木丰密”“薥秫茂盛”，成为义军活动频繁的地区，为此清廷特发布伐树令，“京南、东、西大路树木，除稀少无碍外，凡多至千百，茂密成林者，悉令地主于三日内，自行砍伐；有违抗不遵者，树木入官，仍指名参究”[9]54。清初张存仁在镇压榆园军时也采用了火攻与伐树的策略，“阴使人持火具，从间道焚林烈泽，烟火涨天；继遣健丁操锐斧，列阵催枯刈木，灌莽若洗”[25]。前者几乎可以说奠定了清初以降京津一带林木稀疏的生态格局，后者则将鲁西北数百里的榆树林彻底毁灭，这些措施对当地生态环境的影响不可谓不大。不仅政府军镇压义军时大面积毁坏森林，义军也常将其作为取胜之法。崇祯十五年，李自成围攻开封时，将“四外树木尽砍”[7]352。并且活动在山区的义军要消耗大量的木材，对森林的破坏也不可忽视。时至崇祯十六年，襄阳一带李自成等军就已出现“乏柴”，需遣精兵北渡“拆房戕木，下襄应用”的状况[7]412。

在这些举措之下大量动植物被戕杀无疑是不言而喻之事。但这对绝大多数地区来说只不过是短暂的一瞬，迎来的将是一个上百年恢复的“原始化”进程，这也是这一时期生态变迁最为显著的特征。无数温馨的乡村田园、繁华的城镇都市统统无情地淹没在荒野蔓草之间，成为虎狼出没之地。陕西，“千里荒山，寂无人烟，孤城山堡，望若辰星”[7]499，山东，“飞蓬如云，荆榛蔽野，行人断绝，城市之中不啻荒村”[15]943-944。河南五府，“半为水国，半为麋场”[26]。湖广“岳属之巴陵、长属之湘潭、湘阴，衡属之衡山……沃壤鞠为茂草，荡为荒丘，举目皆然”；郧襄地区，“兵戈之余，田地鞠为茂草，郊原一望丘墟”[27]。四川，“所在焚毁，人民死徙……荒草弥望”，以致沦为“水泉多毒，食之人马皆病”的瘴疠之区[28]。广东，“惠潮一带弥望千里，白茅荒草，未尝有农，何由得耕?”[29]云南，“近永昌诸处被祸更烈，周数百里，杳无人烟”[30]。甚至京畿一带也是“一望莽荡，蒿艾不除，白草黄沙，行人凄断”[15]466-467等等，不一而足。随着生态环境的变化，清初陕西、湖广、四川、江西、浙江、福建、广东、广西等省区几乎一同爆发了大规模的“虎患”，其中尤以四川最为严重，成为此时这一地区人口减少的重要原因。时人对四川死于瘟疫、虎患的人数作过粗略估算：“自崇祯五年为蜀乱始，迄康熙三年而后定”，在这三十余年间川南“死于瘟、虎者十二三”，川北“死于瘟、虎者十一二”，川东“死于瘟、虎者十二三”，川西“死于瘟、虎者十一二”[31]。事实上，直至乾隆中后期这些地区的虎灾才逐渐平息。此时“虎患”的集中爆发不能说是人类的活动侵犯了豺狼虎豹的生存领地，反而是“人居环境”的严重衰退，让它们得以肆意横行。

如果说生态系统在明朝历经二百余年的恶性开发，那么明清之际这一个多世纪里它则以自然休耕的方式得到了充分的补偿，但却是以“人居环境”的彻底恶化为代价，清初垦荒者为此又不知付出了多少血泪。当前明清生态环境史研究在强调伐林开荒对生态系统破坏的同时，也不应忽略明清之际生态环境这一先破坏后“原始化”的演变阶段，以及其后重建“人居环境”的必要性。

参考文献：

[1]顾祖禹.读史方舆纪要：卷6[M].上海：商务印书馆，1935.

[2]褚铁.乞勘新增牧地银两疏[M]//明经世文编：卷386.北京：中华书局，1997.

[3]龚辉.(嘉靖)全陕政要[M]//四库全书存目丛书：史部188册.济南：齐鲁书社，1996.

[4]庞尚鹏.清理大同屯田疏[M]//明经世文编：卷359.北京：中华书局，1997.

[5]王克昌.保德州志：卷3[M].台北：成文出版社，1976.

[6]涂宗浚.修复边垣扒除积沙疏[M]//明经世文编：卷448.北京：中华书局，1997.

[7]郑天挺，等.明末农民起义史料[M].北京：中华书局，1954.

[8]计六奇.明季北略[M].北京：中华书局，1984：106.

[9]谢国桢.清初农民起义资料辑录[M].上海：上海人民出版社，1957.

[10]顺治二年六月庚午[M]//清世祖实录：卷17.

[11]周尚质.曹州府志[M].南京：凤凰出版社，2004.

[12]柴桑.京师偶记[M].北京：广业书社，1925.

[13]王永名.花县志[M].台北：成文出版社，1967.

[14]屈大均.广东新语：卷七[M].北京：中华书局，1997.

[15]明清史料：乙编第二本[M].上海：商务印书馆，1936.

[16]吴甡.柴庵疏集[M].杭州：浙江古籍出版社，1989：142-143.

[17]张仲炘.湖北通志:卷六九[M].上海:商务印书馆影印本,1934.

[18]郑廉.豫变纪略[M].杭州:浙江古籍出版社,1984:81-82.

[19]艺文[M]//洪璟.交城县志:卷16,康熙四十八年刻本.

[20]蒋继洙.江西省广信府志:卷5[M].台北:成文出版社,1970.

[21]侯方域.壮悔堂集:卷四[M].上海:商务印书馆,1937.

[22]循吏传一·赵吉士传[M]//赵尔巽.清史稿.北京:中华书局,1997.

[23]屈大均.皇明四朝成仁录:卷八[M].台北:明文书局,1991.

[24]周玑,等.(乾隆)杞县志:卷七[M].台北:成文出版社,1976.

[25]吴世雄,等.(同治)徐州府志:卷22[M].南京:江苏古籍出版社,1991.

[26]明清史料:甲编第一本[M].上海:商务印书馆,1930.

[27]明清史料:丙编第一本[M].上海:商务印书馆,1936.

[28]孟乔芳.孟忠毅公奏议[M]//四库未收书辑刊:第四辑第十九册,北京:北京出版社,2000.

[29]张伟仁.明清档案[M].台北:"中央"研究院历史语言研究所,1986.

[30]列传二十四[M]//赵尔巽.清史稿.北京:中华书局,1997.

[31]刘景伯.蜀龟鉴:卷5[M]//四库未收书辑刊:第三辑第十五册.北京:北京出版社,2000.

作者简介:刘志刚(1981-),男,湖南邵阳人,历史学博士,中南大学马克思主义学院历史与文化研究所讲师,主要研究明清史。

原文出处:《西南大学学报》(社会科学版)20011年第5期。

转载:《新华文摘》2011年第24期论点摘要。

从常熟均赋到昭文民变

——清道光晚期江南社会危机透视

郭燕红

（中国人民大学出版社，北京市 10080）

摘　要：道光二十六年（1846）江苏常熟针对"大小户"苦乐悬殊，创行均赋，"小户"税负大为平减，而邻县昭文仍固守旧制，终于激起民变。接踵发生的常、昭两大事变，集中反映出蓄积已久的官民、官绅、绅民、业佃以及州县与运粮旗丁等诸多矛盾渐趋激化，以至因漕起衅，酿成巨案。此次社会危机如果放在中英第一次鸦片战争和太平天国金田起义之间这一历史大背景下考察的话，在一定程度上也预示着近代中国历史可能的发展趋向。

常熟县清初隶属江苏省苏州府，雍正二年（1724）以赋繁狱积，难于治理，分该县东境为昭文县，县署仍与旧县同城[1]。道光二十六年（1846）常熟创行均赋，而昭文固守旧制，激起民变。接踵发生的常、昭两大事变，集中反映出长期蓄积的官民、官绅、绅民、业佃以及州县与运粮旗丁等诸多矛盾渐趋激化，以至因漕起衅，酿成巨案。以往学者通过不同视角对道光后期江南地区日益严重的社会危机与民变的研究已有诸多成果，①本文则将常熟均赋与昭文民变置于中英第一次鸦片战争和太平天国金田起义之间这一历史大背景下考察，聚焦于统治者力求自救的变革与下层民众暴力冲动的内在联系，从而揭示近代中

① 可以举出（美）白凯：《长江下游地区的地租、赋税与农民的反抗斗争：1840-1950》（上海：上海书店出版社，2005），赵思渊：《十九世纪中叶苏州之"大小户"问题》（《史林》，2012年第6期），张小也：《史料·方法·理论：历史人类学视角下的"钟九闹漕"》（《河北学刊》，2004年第6期），戴海滨：《"嘉定之变"与上海小刀会起义诸问题考论》（《上海师范大学学报》（哲学社会科学版），2014年第5期）等确有研究深度的学术前沿成果。

国社会转型之初即已呈现的改革与革命二者之间的发展趋势。

一

道光二十五年(1845)十二月初,苏州知府桂超万刚一上任就遇到了大麻烦。属下常熟县令金咸“带印上省辞官”,原因是本年冬漕开征,至岁杪“颗粒未收”。金咸号为“干员”,竟然视收漕“利薮”为“畏途”,宁可弃官而走,可见漕务棘手已经到何等地步!症结到底在哪里?桂超万归纳出三点:“苏郡田赋之重甲于天下;大户又短交而得漕规;粮艘帮费日增。”[2]276

先说赋重。清承明制,每年额征漕粮四百万石,加上久已视为“正米”的耗米,则高达五百余万石。通常讲江、浙、湘、鄂、赣、皖、鲁、豫“有漕八省”,实际上各省粮额悬殊,曾任江苏巡抚的林则徐甚至说“江苏漕额之大,有一县而可抵湖南、北一省者”[3];说是江苏,其实只有苏州、松江、常州、镇江、太仓四府一州。关注漕务数十年的苏州绅士冯桂芬更极言苏、松、太之赋重:“上溯之,则比元多三倍,比宋多七倍;旁证之,则比毗连之常州多三倍,比同省之镇江等府多四五倍,比他省多以二十倍不等。”[4]662 至苏州一府,道光初年漕粮(包括白粮)正耗米实征高达七十万石以上,①桂超万讲“苏郡田赋之重甲于天下”并不夸张。江南赋重尽人皆知,但只一句话——漕粮系“天庾正供”,前朝以来数百年定制如此——就足令有意建言减江南漕赋者缄口不语。

再说“帮费”。漕粮例由旗丁挽运北上,帮费就是州县对旗丁运费不足的津贴。道光初年,江苏漕多之县,每年旗丁津贴一项“总须用银三四万至六七万不等”[5],过了十余年,苏、松大县则涨到了“洋银(即银元)十六万及十四万不等”[6],按一枚银元兑换0.71两白银的比价,每县帮费合银十万至十一二万两不等。州县转而以帮费日增为借口,浮收勒折,转嫁于粮户。嘉道50年,朝廷三令五申,厉行“清漕”,有识之士连篇累牍揭露旗丁帮费对国计民生的祸害,结果却如桂超万所言,“粮艘帮费日增”。这背后既有因物价持续上涨及水患频仍致运道阻塞而推动运粮成本提高的非人为因素,更有漕运体制腐败造成的沿漕陋规泛滥等社会原因。

---

① 道光五年试行海运,苏州府起运漕白正耗七十五万余石,见同治《苏州府志》卷十六,“田赋五漕运”,《中国地方志集成·江苏府县志辑7》,江苏古籍出版社等据清光绪八年江苏书局刻本影印。

最后看看江南由来已久的大户短交漕粮。所谓“大户”,就是“富豪之家与稍有势力者”[5],既包括有科举功名或居乡官宦的“绅”,也包括资财雄厚的“富”。与大户相对,既非绅又非富的“庶民谓之小户”[7]卷435,443。大户短交漕粮,以致州县征税总盘子的缺口则要小户用“长价”来弥补,以常熟为例,道光二十四年(1844),大户漕粮每石交纳“短价折色(漕粮改折银钱谓之‘折色’)四元光景”,小户则长价“折色八元三四角”[8]5,竟高出大户一倍有余。所以当时人说“(州县)以大户之短交,取偿于小户”[7],或者说得更形象,“挖小户之肉,补大户之疮”[9]。同为有地纳粮,大小户纳粮之不公平还表现在“注荒”。道光以降,“地方官不论年之果否荒熟,总以捏报水旱不均,希图灾缓,借此可以影射”,道光二十四年常熟“高低大熟”,“禾稻十分收成”,仍捏报水旱灾歉,竟奉旨恩准“灾额四分七厘”。但“蠲缓旷典”经州县书吏作弊统统惠及大户,小户“固籽粒未注,恩赦亦不望矣!”家产不过一二十亩的常熟小户柯悟迟举了一个极端的例子:“假如大户,票米十石零三升,竟以十石注缓,三升完缴,短价折色四元光景,仅要洋(银元)一角二分,将票米总算,扯每亩不过(制钱)四五十文。如小户,票米照数算,每亩必要一千零。”[8]5冯桂芬对自己家乡纳粮之不平不均的概括言简意赅:“漕弊不外两端:一在长价,一在注荒。大户既出短价,又能注荒,是再益也;小户既出长价,又不能注荒,是再损也”[4]581。如此恶政,小户出路不外两条:良懦者干脆卖掉田地,产归大户,沦为业主的佃户;狡黠者则将自己的田产诡寄大户名下,以规避长价,讨点实惠。实际上大户未必全恃势豪,其中广为包揽漕粮以渔利者,又称“包户”,被官府视为争夺税源、侵蚀正供的“漕棍”。这类人窥破州县漕粮无不浮收的内幕,往往借此挟制,讹诈取银,在常熟,“其人曰‘白颈’,其银曰‘漕规’”[8]5——桂超万讲“大户又短交而得漕规”,指的就是此类刁劣绅衿。当时“(常熟)绅官成风,皆包漕粮、合(疑为食字)漕规,不以为耻而以自豪”[10]329;与此相应的是,“小户之田,或契卖,或寄粮,犹水之就下,急不可遏者。”[8]6以至道光晚年常熟“县中漕粮大户九万,小户二万”[10]329,“十万余漕,编大户者九万”[2]276。漕赋不均,既病民,又病官,小户困穷,“冬暖号寒,年丰啼饥”且先按下不说,负有足额征漕、按时兑运之责的州县如常熟竟首当其冲,收不上粮。该县应征“十万余漕”,九万石都编在了享受短价的大户名下,小户之“肉”都挖出来也补不了大户之“疮”,况且大户也不满短价而与官府相持,上年大户每石短价至“折色四元光景”,而当时“仓色米”不过

“一元七八角”，算下来大户亦需以两石上下完一石之粮。[8]5当然，实际情况要复杂得多，大户也不尽相同，冯桂芬说：“（绅户）最少者约一石二三斗当一石，多者递增，最多者倍之。”[4]1大户“急公者寥寥”[8]5，以至该县冬漕开征一月竟“颗粒未收”。漕政功令森严，情急之下，金咸索性掼掉乌纱，一了百了。

州县辞官，事体严重，桂超万自难允准；然则，不辞又当如何?寻思良久，减漕额既非区区知府力所能及，减帮费又是一块更难啃的硬骨头，桂超万最后决计对大户下手：“除非弃此一县（常熟）不收漕粮则已，若要收漕，舍均赋更无他法。”“金令熟筹一夜，深以为然”。“均赋”天公地道、名正言顺，但势必损及大户利益，此名臣林则徐抚吴5年（道光十二年二月至十七年正月）不能办者，盖“苏松太三属漕额独重，世家大族亦独多”[11]，苏州府城乡更藏龙卧虎，地方举措稍有不慎，就不知道碰了哪根敏感的中枢神经，反应有明枪，更多的是暗箭，通常皇上降旨“有人奏”如何如何，立刻就有好戏可看。冒着重重阻力和极大风险，桂超万、金咸决心一搏，前往同禀江苏巡抚李星沅，“请委二员先拿漕棍”[2]277，得到积极支持，心中更添底气。道光二十六年（1846）刚开春，均赋即在江苏常熟一县雷厉风行地推行开来。

金咸回县，迅速拿捕“包漕太多”的在籍知县、举人蔡廷熊和武举浦登彪，经苏州府提讯，“包漕、得规属实”，即由巡抚李星沅奏准革去其功名，严审拟罪。此举意在杀鸡儆猴，震慑大户，特别是其中包漕索规的“漕棍”。雷霆过后，桂超万力主“威行而济之以恩”，迅速推出了《均户新章》和《投仓赦罪章程》，并广贴告谕，申明“首恶固大为蠹害，附从或不尽刁顽。禀明大宪（巡抚），酌定均户新章，限尔等十日内遵照全完，即为良户，不追既往，予以自新；其不遵纳者，确系莠民，定即照单查拿，按律惩治。何去何从，惟其自取；始终不悟，后悔何追!”同时在县署前“设柜悬示”《均户新章》：不分大户、小户名目，一律“每石荒注二分，价洋三元五角”。时米价每石一元三四角，大小户一律二石六斗上下完粮一石。此次均赋的核心为“均户”与“均荒”并重，可谓抓住了陈年积弊的要害。均赋的受益者，“一介农民”柯悟迟心情不错：“自此踊跃输将，颂声载道矣！”巡抚李星沅得到下属“小户欢欣，大户安静。现办均户、均灾，外间亦无他说”的禀报也放下心来。迨二月中，“常漕已竣”，从苏州知府桂超万决计均赋,前后历时不过50天而已。①

处于此次改章均赋第一线的常熟令金咸的表现值得一提。据柯悟迟所记,他也张贴了一通告示,略云:"常邑粮户,向分大小,而价遂有短长,其中苦乐悬殊,以小民之膏血,为包户之贪饕,小民何辜?包户何悻?人心何在?天理何容?今奉各大宪面谕,一例征收,本县惟有拼此一官,为小民开一线生路!"说得慷慨激昂、义愤填膺,柯悟迟以为,"金邑尊民心既得矣",但笔锋随之一转,"吾谓其非出于本心也,是因陋规多,浮收少,所入不补所出,故有此更变也。"[8]6真让人不得不佩服这位乡村儒士目光之犀利,竟能一针见血地道破这次均赋初衷根本不在苏民重困,县主的呼天抢地"为小民开一线生路"云云,不过是博取爱民美誉的政治秀。当然,柯悟迟不否认小户负担大减的积极一面,但那只是均赋的客观效应。

更重要的是,常熟一隅暴露出来的大小户"苦乐悬殊"、官府与包户交相争利以及旗丁与州县帮费之争,远非当时江南社会矛盾的全部,能够产生震撼性影响的主要角色贫苦农民和佃农还没登场呢。

二

如果说常熟均赋是一幕喜剧,那么,接踵而至的邻县昭文民变则是付出了十条以上人命、三十余人被流放惨痛代价的悲剧。

一百六七十年过去了,还原昭文民变真相并非易事,幸好当时人留下了记述这场悲剧至少四个比较完整且虚实详略足资参证的版本:1.苏州知府桂超万的《宦游纪略》。作者数次带兵镇压抗官拒捕的乡民,他又堪称一个高明的谋略家,善于在动兵前发动政治攻势以瓦解对方阵营,凡此《宦游纪略》都有详实的记录,不过他太热衷于表现自己,以至一些关键情节反倒一笔带过。2.常熟底层士人柯悟迟的《漏网喁鱼集》。作者站在小户立场,冷眼旁观邻县昭文民变全程,随手记来,多能触及要害,有感而发,且不假文饰,直抒胸臆,虽称野史而足以补充甚至校正官书档案之缺误。3.御史朱昌颐道光二十六年九月间题为"奏为特参江苏昭文县蠹书薛桂恶害地方请旨查办事"的奏片。[12]清代臣工

① 道光二十六年常熟均赋的过程,参酌桂超万《宦游纪略》卷五、柯悟迟等《漏网喁鱼集》道光二十六年和《李星沅日记》道光二十六年正月初二日、十六日、十九日及二月十六日相关内容撰写。

奏折即系密折，若有更机密而严防泄露者，则随正折另附“奏片”。朱昌颐奏片反映的是坊间舆论，矛头直指“蠹书”，所述情节虽得之“风闻”，却提供了诸多为他本所无的内容，惟得之“风闻”，容或有关键人物名字之讹误。4.主持审拟昭文民变案的两江总督壁昌、江苏巡抚李星沅的奏折[13]。该折对案件起因、经过、办案程序、拟罪的法律依据等都有详细记载，据称本于该案数十百来人犯“各供悉前情不讳”的口供，但供词求取、情节装点等大有文章，实在让人不敢深信，惟其正式官方文书，时间、地点、人名等一般确切无误。除上述四个比较完整的版本外，熟稔政情民隐的包世臣当事发之际有两通致苏州知府桂超万的书信[14]195-197，不无独到深刻之见。再就是李星沅的日记披露了自己私下里一些真实看法，为考辨昭文民变起衅原由的真相提供了重要依据。

现在回到“昭文巨案”真相的考察上。综合考证上述各版本，除至为关键的民变起因上两江督抚审拟奏折与其他诸版本存在根本差异，绝对无法弥合通融外，其他情节多大同而小异，有的细节甚至高度吻合，正好互相补充印证。民变起因，事关全案定性，暂且留待后文详加辨析，下面先斟酌比对该案多种版本，采信诸说吻合度较高的情节，尽可能选用中性色彩词语，将该案大概轮廓勾勒如下：

案发：东乡民众闹署拒捕，杀死眼线——道光二十六年开春，江苏常熟紧锣密鼓地开始均赋、均荒，邻县昭文知县毓成坐以旁观，按兵不动。正月二十一日突有东乡梅李镇乡民聚集多人，为首者金德顺（金得顺）与季萃萃（季萃、季瑞），下午进城，入县署争闹，其时围观者甚众，乱中大堂暖阁、栅栏及内室尽毁，继而又群赴已革漕书薛正安家，将其房屋拆毁，器用打碎。毓成饬差往捕，金德顺等鸣锣纠众，将官府眼线钱汶奎、陆大启用锄头殴毙，弃尸海中。附近民情汹汹，莫有固志。

升级：东乡佃户聚众暴动，焚抢业户，波及镇洋——五六月间，该县东乡徐市、归市一带佃户因业主苛收麦租，张荣荣、王四麻子起意效仿同乡金德顺、季萃萃，写贴揭帖，约令众佃，聚众七八千人，毁抢焚掠业主三四十家，毗连昭文之太仓州复有聚众拆毁前任江西巡抚钱宝琛房屋之事，镇洋县亦因不准乡农报荒，即哄闹县署，尽毁漕书家。巡抚李星沅奏明先将查办不力之昭文知县毓成撤任，派同知何士祁署任查办。

平息：首犯斩枭，从犯拟绞拟流数十名——七月二十二日，署令何士祁带兵勇至梅李搜捕,彼处已集数千人,皆执农器,迎出梅塘,锋不可撄。何上省请兵,李星沅即委中军参将恩长、本府桂超万带领抚标兵会同福山镇标兵前往镇压,探知金德顺、季萃萃及曹明、曹双全三路聚众万余人。二十五日桂超万出六言告示云:今冬昭邑漕米,准照常熟新章;粮户无分大小,已议一律输将;官既从民所欲,正当安业农桑。拒捕是金德顺,为首纠众猖狂,尔等捆他送究,大众可免遭殃。二十六日祭旗,颁发军令,凡妄扰民间者,以军法从事。斯时,枪刀列列,剑戟重重,镇压民变,如临大敌。是夜大雨倾盆,骤涨至三四尺,禾田淹没。大兵猝至而民众见知府告示先已逐渐解散,并未抵抗。陆续搜获首要各犯十余名,解往苏州。经巡抚李星沅提审,即请出王命旗牌,将金德顺与季萃萃押赴市曹,先行斩决,枭取首级,解赴昭文东乡犯事地点悬竿示众。九月初六日李星沅会同两江总督壁昌上折奏报审拟昭文金德顺、季萃萃等"寻衅生事、聚众拒捕致死眼线案"及该县张荣荣、王四麻子等"挟制减租打毁业户案",除金、季已斩枭外,两案拟绞七名、拟流(杖一百流三千里)三十二名(张荣荣应斩,在逃未获)。同日,李星沅又奏报另案审拟延搁已久的已革漕书薛正安等把持漕务、揽纳漕粮案,薛正安从重拟流。先是,御史朱昌颐密奏"昭文县蠹书薛桂恶害地方,因而奸民滋事",九月初九日廷寄命江南乡试正考官柏葰等于文闱事竣后驰赴苏州会同署理江苏巡抚陆荫奎(李星沅已升任云贵总督)认真查办。昭文民变遂升级为重大钦案。十月,钦差大臣柏葰等奏称遵旨会讯完结,认定总督壁昌、巡抚李星沅等定拟各犯情罪均属相符,同时奏请概行禁绝大户、小户、包户名目,并整顿漕务,不准旗丁多索帮费,严禁州县浮收等。

尾声:昭文均赋——冬,常、昭两县会议,粮户无分大小,运米交纳者,一律五筹(约二石六七斗)作一石;交纳折色者,一律每石三元七八角,约合二石七八斗(米价每石时值一元三四角)。虽说大小户注缓仍有不均,但知府桂超万总算大体兑现了他的昭文粮户无分大小一律输将的承诺。

轰动一时的昭文民变至此虽说画上句号,但前面暂且放下的起衅根由马上凸现出来而必须给出明确回答。具体来讲,道光二十六年正月二十一日究竟为什么突有东乡梅李镇乡民聚集?是受坏人煽惑寻衅滋事,还是官府恶政激起民变?这个大是大非的问题如果悬在那里,就根本谈不上全案的定性。不止今天还原这一历史事件、总结历史经验最终要回到案发的原点,即使当年钦差大臣柏葰等也很快意识到两江督抚与社会舆论对起衅原因持有截然对立的看法。他们在接手皇上交办的案件后很快复奏："该督等(壁昌、李星沅九月初六日)所奏金德顺等欲图包漕，赴已革漕书薛正安家吵闹起衅，现在奉交原片(朱昌颐奏片)则称系漕总薛桂肆恶贻害，激生事端。"[15]

下面先看道光二十六年九月初六日两江总督壁昌、江苏巡抚李星沅审拟全案的奏折对起衅原由的铺叙：

"金得顺幼本无赖，披剃为僧，不守清规，还俗行医，并无粮产，终倶耕作度日。道光二十五年十月间，昭文县已革漕书薛正安曾邀金得顺诊病就痊，金得顺即欲夤缘作奸，包漕渔利，央恳薛正安包庇，薛正安回复未允，金得顺心怀怨恨，稔知薛正安现在干预漕务，计图借端挟制。适有季萃萃先因完纳漕粮，与薛正安争吵有隙，二十六年正月金得顺与季萃萃会面，彼此谈及欲与薛正安寻衅，金得顺声称若不激动众怒，薛正安不知畏惧。二十五年分昭文县秋收歉薄，已奉眷黄将歉收地方分别缓征，乡愚目不识丁，可以捏称全奉豁免，薛正安舞弊差追，怂惑众听，去与薛正安吵闹出气。季萃萃复以此事必须写贴传单方能互相传播，即写传单十余纸"，"四处分贴，纠人定期进城"。"于二十一日会齐"，"下午进城，先赴薛正安家滋闹，因闻薛正安赴县喊禀，金得顺等即至县署大堂同声喧索，欲见薛正安理论，因观看人多，致大堂暖阁、栅栏挤坏。"[13]

显然，两江督抚断定此案起因是金得顺、季萃萃为泄私愤而肇衅滋事，然而，关于昭文民变其他版本及片段记述通通不支持上述起衅原因的描述，其各种解释尽管详略不一，容或有枝节参差，但所述昭文民变起因系受到常熟均赋直接影响而不堪本县官吏变本加厉地浮收勒折却高度一致。

苏州知府桂超万："(道光二十六年)二月间，昭民见常熟小户减赋过半，而昭邑自腊收起如常，金德顺起意闹署并打毁与县往来绅家。"[2]卷五

常熟县民柯悟迟："昭令毓成，素性狡狯"，"迨常邑复议之时，彼亦坐以旁观，及新章既定之后，共冀转否为泰，吾邑(昭文)亦断无不改之理……不思事在相形，岂能苦乐之若是乎？正月廿一日，突有梅李一带乡农纠集多众，直入昭署，将法堂、内室尽毁，官眷越墙。继到漕书薛三家，亦复一空。"[8]道光二十六年

桂超万与柯悟迟的叙述不谋而合地将昭文闹漕归因于壤地毗邻且同城而治的常熟县均赋所引发的联动效应。包世臣虽不在事发现场,但其《答桂苏州第一书》中有云"所宽仅在常邑,同城环观,焉得不生觖望?",与柯悟迟"事在相形,岂能苦乐之若是乎"字异而意同。

那么,昭文民变锋芒为什么直指州县官吏,并以闹漕拆衙、捣毁漕书家居的形式爆发出来?桂超万说,常熟均赋,昭文"自腊收起如常";柯悟迟说,知县毓成"乃竟若罔闻,仍谕经差,荒固不注,价亦仍然,自此悍吏刁经,故纵浮勒,而乡闾间虽鸡犬复不得安也"。御史朱昌颐密折附片披露出的情节更加详细:

"风闻江苏昭文县蠹书薛桂恶害地方,因而奸民滋事。缘薛桂以昭文库书充当漕总,该县之门村地方系在海滨,向以折色完漕,近因银贵加增,亦尚相安无事。薛桂平日为恶乡里,房屋器用恣意奢华,又有棍徒为之爪牙,人人侧目。上冬收漕,每米一石市价不过制钱二千余文,薛桂每石索洋银八圆,每圆市价一千四百文,计每石合钱十一千数百文,几以五石米价完漕一石……乡愚与之理论,薛桂百般吓诈,因有门村地棍金德顺等于正月间纠众赴县署诉闹,县令毓成不为申究,因逞平日怨忿,群赴薛桂处将其房屋拆毁,器用打碎,并不抢物而散。"

主持审办昭文民变案的巡抚李星沅在属于个人隐私的日记(二十六年八月初四日)中也承认乡民"意图减数收漕"而聚众闹署:"据首府(苏州府)禀称:昭文现获各犯已讯供,正月闹署意图减数收漕,继恐官役搜捕,遂相约纠众拒捕……各供似甚确实。"前文已经述及,道光二十六年初常熟均赋大小户一律二石六斗完粮一石,"昭民见常熟小户减赋过半",而本县"几以五石米价完漕一石",为争取如邻县均赋那样"减数收漕",金德顺、季萃萃散发传单,鼓动乡民赴县争闹,最终酿成哄署拆衙、抗官拒捕的大案——这就是桂超万、柯悟迟、包世臣、朱昌颐,甚至私下里的李星沅一致认同的起衅根由。

人们不禁要问,两江督抚、钦差大臣为什么执意将起衅原因完全归诸奸民金得顺包漕在先,继之以聚众无理哄闹呢?为什么把直接激成民变的已革漕书薛正安着意渲染成暴民寻衅滋事的无辜受害者?

钦差大臣柏葰复审此案时特别强调,"薛正安一犯,在金得顺等滋事案内并无不法重情"[7]卷四三五,444——书吏代表官府直接面对百姓,既然激起众怒的薛正安并无不法,昭文巨案的引爆与地方漕务积弊深重、官吏肆恶虐民的深层次背景则毫无关联,办案方向即可援照《大清律例》所载"直省刁民假地方公事强行出头,逼勒平民约会抗粮聚众至四五十人,照光棍例,为首拟斩立决,为从拟绞监候"[13],授意刀笔吏们精心结撰一篇从金德顺"幼本无赖"开讲,到勾结季萃萃纠众闹署的故事;反之,一旦将薛正安叙入案内,仇怨蠹书、"意图减数收漕"的聚众"闹署"就有了正当理由。为此,两江督抚及钦差大臣无视事实,刻意将因漕起衅、激成巨案的罪责全部加在"无赖"金德顺等人头上,以达到杀一儆百,震慑闹事百姓的政治目的。

严惩带头聚众闹事的"刁民"、偏袒"蠹书"以维护州县地方政权的威势,至少从道光初年以来就成为有漕各省审办因漕起衅案件的主流方向。以京控案为例,道光十一年(1831)御史宋邵谷奏称:"查近年来京控案件……分别奏、咨,交回本省查讯,结案后核其咨覆文件,则以虚诬惩办百姓者十之九,而以弊蒙惩办书差者十无一焉"[16]。司法何以如此暗无天日?江苏学政辛从益早已一语点破:"官之收漕必用书役,官欲浮收、勒折尤必委其权于书役,书役性多贪狠,自浮折全数交官外,又必图肥己橐,不满所欲,必不给与印串。官既授以权柄,势不得不听其所为。"[17]州县官吏狼狈为奸、沆瀣一气,结成错综复杂的利益关系。两司道府以至督抚则往往与州县声气相通、联为一体。江苏巡抚李星沅主办昭文民变案时秉持官场严惩闹事"刁民"的主流办案方向,向皇帝奏报时蓄意掩盖、扭曲起衅真相,其实他的内心也很纠结。要当官,特别是当地方大吏,就必须恪守官场的规矩,明知"闹署意图减数收漕",又绝不能替暴民讲话;而他毕竟良心未泯,重办之后又感叹"其情则可怜"[10]666、669,升任云贵总督、离开江苏前夕,他又将激成昭文民变的罪魁祸首、年逾七十的薛正安另案从重拟流,不准收赎[18]。李星沅似乎属于清代官场带有中间色调的那一类。

顺便说两句薛正安。其人籍隶昭文,本名薛瑞安,系已革漕书,长期暗中把持该县漕务,浮收勒折,"实为漕务之蠹"[18]。柯悟迟《漏网喁鱼集》中的"薛三",当即薛正安无疑。①御史朱昌颐奏片指参的肆恶乡里、激起民变的漕总"薛桂",盖"风闻"薛正安之类"漕蠹"之名的误传。此类人凌虐良善、起居奢

① "薛三"一称在《漏网喁鱼集》凡二见,下一处为"漕书舞弊,照薛三例充发",按之薛正安其事,皆相吻合。盖常昭等地乡俗,通常以兄弟齿序称呼,如"蔡三"即在籍知县蔡廷熊,其弟蔡廷训称"蔡五"(道光二十六年九月初六日江苏巡抚李星沅"奏为审拟昭文县民陈增呈近革书薛正安等揽纳漕粮浮收勒折议案事",国家清史工程数字资源总库:录副奏折,档号:03-3825-041)。

华,人皆侧目,衔恨刺骨。举个日后的例子,咸丰十年(1860)太平军占据常熟、昭文,漕总张康被"身、首、手、足六处悬示",乡民拍手称快![8]47

三

常熟均赋和昭文民变恰在第一次鸦片战争爆发和太平天国金田起义中间,上下各间隔大约五年光景,这十年间,作为江南一个小有资产、受到儒家理念浸染的乡村文人,柯悟迟时时处于忧愤状态,有时几乎到了绝望的程度:

道光二十一年(1841)开春,"夷氛大震","迩年频频灾缓,无从沾染丝毫,漕弊日深,兼之海疆不靖,困苦惊恐,未知何时得能重见天日也"。[8]4

咸丰二年(1852)春,"闻粤西土匪扰害愈炽","七月,粤匪蔓延湖南界,湖北、江西有警备","十一月初六……酉刻地震,较廿六年利害。初七午前又震,但见屋脊、树头摇摆不已,河水亦涌,水缸欹侧。灾异叠见,不知何时应报也"。[8]14、15

回忆起道光二十六年常熟六月那天凌晨的地震,"寤寐皆起,隐隐有车轮声",柯悟迟仍心有余悸。其时昭文民变正处于官民紧张对峙中,柯悟迟既不平于邻县大小户负担悬殊、县令毓成仍变本加厉浮收勒折,而一旦乡民聚众抗争,越出常轨,他又责难毓成"被乡农猖獗如是,并不详请究办",慨叹"滋事者固目无法纪,而残虐者安有天良哉"。他乐于接受本县自上而下、有序进行的均赋变革,却痛切反感邻县昭文那些目无法纪的"愚农"挟着血腥气味的"狂悖"暴力,尽管从本质上讲他们反抗官府恶政、争取减负有合情合理的一面。柯悟迟的心态是矛盾的,由其所处地位所决定,他的价值评判却始终如一。他认同朝廷对道光二十六年常熟均赋和昭文民变的处置——"知县办理不善,照毓成例革职;漕书舞弊,照薛三例充发;生监把持漕务,照蔡、浦例革拟罪;小民聚众滋事,照金、季例正法"——这绝非柯悟迟独有的看法和对未来的期望,至少在江南具有相当广泛的社会代表性。人心思变,但有恒产者惟恐无序暴力陷社会于动乱。[8]7、8

撤毓成、杀金季、流薛三、治蔡浦以及前此常熟均赋,也只能是江苏巡抚李星沅拍板定案。道光在李星沅抵任苏省奏折上特朱笔批谕:"朕看汝年富才明,学优品正,甚有厚望于汝”[7]卷四二四,p329。看来,他没有辜负皇帝的厚望。在常熟,以大小户均赋破解了征漕困局;在昭文,则迅速平息聚众变乱,于严惩聚众闹事“首恶”的同时严办民愤极大的“蠹书”,最终归结为如常熟均赋一样的制度变革,地方很快平静下来。说到这里,作为办理常昭两案的实际指挥者,苏州知府桂超万的作为不应忽略,李星沅在事平之后向皇帝报告,若非该管知府办理得宜,几致酿成巨案[13]。桂超万确实是交替运用政治与军事两手镇抚民变的高手,大兵压境,他没有立刻枪炮齐轰,麾师血洗,而是用老百姓听得懂的合辙押韵的六言或四言出了三通告示,区别良民与暴民、胁从与首恶,利用矛盾,争取多数,分化瓦解,各个击破。七月,金德顺聚众抗官拒捕案,兵“至则大众见示已散”,此前五月,佃户聚众抗租案,“一日便了”。桂超万回省报告巡抚:“(民众)三路聚众,已有号令,非兵,断不能散,非散,断不能拿,即告示亦借兵威耳”,可见他深谙文武两手并用,相辅相成、互为倚恃的奥妙。但又不宜说他纯粹玩策略,从常熟均赋之始,他就认定此举是循行“穷则变,变则通”古训的制度革新[2]289,285,290,277,到平息昭文民变,有意识地顺应昭文百姓“断无不改之理”[8]7的强烈愿望,从头至尾把均赋作为化解民怨的主要手段,而且言必信,行必果,绝不把改革当成忽悠民众的宣传口号。这是一位当时官场中不可多得的明白的能员。

然而,包世臣却直言桂超万恐怕没看透昭文民变“腠理”之疾。

道光二十六年七八月间,桂超万致书包世臣自责:“刁民兼悍,习与性成,镇洋巨案,接踵而起,移风易俗,俗吏未能,惭恧不可名状。”[14]199包世臣不能认同相继发生的昭文、镇洋民变在于滨海民风刁悍,故复书云:“窃意阁下尚未诊得此证之腠理也。镇洋、昭文前后毁抢官吏、绅富之房屋数百千楹,使阁下募勇带兵,出省至再,其病皆由于漕。”平心而论,因漕起衅,激成巨案,其间因果关系桂超万岂能不懂?指其“未诊得此证之腠理”,实在有点言过了。不过,包世臣接下来所言“漕政平,则刁悍皆从化;漕政不平,则良懦皆为敌”[14]199,确为古今治国理政之不刊之论。当时桂超万平息民变,屡屡得手,难免有点飘飘然。“移风易俗,俗吏未能,惭恧不可名状”云云,在包世臣看来,言不由衷。中国古代,文治武功固然难得,移风易俗才是只有尧舜禹能达到的最高境界,连康熙皇帝都“不敢自谓能移风易俗、家给人足,上拟三代明圣之主”[19]。包世臣窥破桂超万貌似谦卑,实则志满意得的虚伪,恳切希望他冷静下来,清醒地认识空前严峻的现实。包世臣信中十分强调昭文、镇洋佃农暴动的严重性："数十年来，漕事虽无安静之岁，而尚未至成大祸者，以苏松之田多属饶户，小民之自田无几，以佃户之脂膏津贴自田，尚可周章。近既银贵米贱，则饶户之脂膏亦竭，必诛求于租户，业佃皆竭，则事殆不可问矣。"[14]199道光晚年，江南重困，"病在膏肓，形同痿痹"[20]。如果说民风"刁悍"、暴力倾向加剧是病在"腠理"，漕赋独重、旗丁帮费日增、大小户税负不均以至州县征漕如跳"火坑"①是病在"肌肤"，官吏贪腐虐民、司法黑暗是病在"肠胃"，那么，"业佃皆竭"、佃户暴动则意味着已病入"骨髓"，无药可医，因为社会稳定的基石已开始断裂。包世臣语重千钧地向桂超万，也向全社会发出警告："昭文镇洋，直嚆矢耳。凶渠伏辜，理同扬汤，太上曰：'民不畏死，奈何以死惧之？'斯之谓也。"[14]199

道光二十六年年底，民情汹汹的常熟、昭文两县相继平复下来。凭借威权的自上而下的有序变革足以消弭自下而上的无序暴力，至少在江南局部地区得到了验证。柯悟迟倾心于前者，并对时局表现出了谨慎的乐观；成功维护社会秩序稳定的大员桂超万顾盼自雄、踌躇满志，感觉很好；独有布衣之士包世臣还在那里忧心如焚，他预感到一场更大的劫难正在逼近。

结　语

道光晚年，江南一隅的常熟均赋和昭文民变昭示人们：社会矛盾长期积累到被统治者不能照旧生活下去而且统治者也不能照旧生活下去的时候，社会大地震就要来了。要么统治者主动变革，刮骨疗毒，整肃吏治，并迫使既得利益群体做出让步，以缓和社会矛盾，争取自救；要么蹉跎岁月，无所作为，坐等农民起来以暴力手段革自己的命。不幸的是，当时统治集团作为一个整体对此并没有清醒的意识和强烈的意愿。看来江南地区在劫难逃，只有靠太平天国革命急风暴雨地一番洗荡，才可能全面推进以均赋为重心的社会经济变革。

① 道光二十八年浙江海盐征漕在即，知县段光清曰："既临火坑，岂能不跳？"（《镜湖自撰年谱》道光二十八年，北京：中华书局，1960）与常熟令金咸带印上省辞官有异曲同工之妙。

参考文献:

[1]清世宗实录:卷24[M]//清实录:第7册.北京:中华书局,1985.

[2]桂超万.宦游纪略[M].台北:文海出版社,1972.

[3]林则徐全集:第2册[M].福州:海峡文艺出版社,2002.

[4]冯桂芬.显志堂稿[M]//续修四库全书编纂委员会编.续修四库全书.上海:上海古籍出版社,2002.

[5]陶澍全集:第1册[M].长沙:岳麓书社,2010.

[6]鸿胪寺卿金应麟"奏为漕运兑费旧章不能再守请饬交江省督抚会同悉心妥议事"(道光十九年)[Z].国家清史工程数字资源总库.http://124.207.8.21/qinghistory/index_login.jsp:录副奏片,档号:03-3131-094.

[7]清宣宗实录[M]//清实录.北京:中华书局,1986.

[8]柯悟迟.漏网喁鱼集[M].北京:中华书局,1959.

[9]江苏巡抚傅绳勋"奏为苏松太三属折漕按照部议各项诸款缕析事"(道光三十年九月二十五日)[Z].国家清史工程数字资源总库:朱批奏折,档号:04-01-35-0285-002.

[10]李星沅日记[M]//中国近代人物日记丛书.北京:中华书局,1987.

[11]两江总督曾国藩"奏请核减苏松漕粮革除大小户名目裁减陋规禁止浮收事"(同治二年五月二十四日)[Z].国家清史工程数字资源总库:录副奏片,档号:03-4862-080.

[12]朱昌颐"奏为特参江苏昭文县蠹书薛桂恶害地方请旨查办事"(道光朝)[Z].国家清史工程数字资源总库:录副奏片,档号:03-2841-022.

[13]两江总督壁昌江苏巡抚李星沅"奏为审拟昭文县金得顺等县民肇衅生事拒捕致死眼线案等事"(道光二十六年九月初六日)[Z].国家清史工程数字资源总库:录副奏折,档号:03-4072-049.

[14]包世臣全集·中衢一勺[M].合肥:黄山书社,1993.

[15]户部左侍郎柏葰等"奏为遵旨会讯江苏昭文县棍徒金德顺等纠众滋闹二案等事"(道光二十六年九月二十四日)[Z].国家清史工程数字资源总库:录副奏折,档号:03-4072-053.

[16]京畿道监察御史宋邵谷"奏请各督抚严加整饬地方官衙蠹积弊以清狱讼事"(道光十一年十二月十九日).国家清史工程数字资源总库:录副奏折,档号:03-2618-056.

[17]江苏学政辛从益"奏为遵旨查办漕务疲弊情形事"(道光七年正月初六日)[Z].国家清史工程数字资源总库:朱批奏折,档号:04-01-35-0252-046.

[18]江苏巡抚李星沅“奏为审拟昭文县民陈增呈近革书薛正安等揽纳漕粮浮收勒折议案事”(道光二十六年九月初六日)[Z].国家清史工程数字资源总库:录副奏折,档号:03-3825-041.

[19]清圣祖实录:卷300[M]//清实录:第6册.北京:中华书局,1985.

[20]李星沅集:第1册[M].长沙:岳麓书社,2013.

作者简介:郭燕红,中国人民大学出版社编审。

原文出处:《西南大学学报》(社会科学版)(重庆)2016年第3期。

转载:1.《新华文摘》2016年第16期论点摘要;2.《高等学校文科学术文摘》2016年第4期论点摘要。

清朝旗民婚姻政策考论

陈 力

(中国人民大学 清史研究所,北京市 100872)

摘 要:在清朝,满洲贵族为了保证旗人不被以汉人为主体的民人所淹没而失去民族特性,许多政策、制度的制定,是以限制为目的,这使整个社会形成旗民两极格局。旗民婚姻政策,就是其中重要的一项。但是,这种婚姻政策却在不同的时间、不同的空间、不同的层次上,存在着巨大的差异乃至背离。这种差异与背离使政策的制定与执行之间形成巨大的张力,甚至无法调和,最终导致这种限制政策,成为一纸空文。

清朝作为中国封建王朝系列中的最后一个,最成功的莫过于其对边疆的治理和灵活的民族政策。婚姻政策既可以看成治理边疆的政策,也可以视为民族政策。频繁而长时段的联姻使得满蒙联盟固若金汤。因为满蒙联姻资料丰富,而且形成制度,故而,关于满蒙联姻的专著与文章汗牛充栋。与此形成鲜明反差的是,关于旗民、满汉之间婚姻的研究成果却是非常有限。

一些现代的学者经过研究认为,在清朝,旗民之间是不通婚的。黄仁宇认为:入关后,"满汉通婚被禁止"[1]。刘小萌认为:"清代社会婚姻关系的基本特点是旗民不通婚。"[2]杜家骥认为:"满族统治者的满汉不通婚政策,确切地说,应称旗(人)、汉(人)不通婚政策。"[3]512郭松义解释道:"由于旗人的主体是满人,民人的主体是汉人,所以旗民不通婚,有时也叫满汉不通婚。"[4]美国汉学家费正清认为:旗人享有诸多特权,但是他们不得经商、从事体力职业或与汉人通婚[5]。清朝皇帝禁止旗民通婚,是想用保持纯种的办法来图久存,维持两族的习俗差异[6]。魏特夫认为:在清代,使满汉之间彻底隔阂的因素有很多,其中一条就是:全面禁止满汉通婚,这条法令直到1904年方才废除[7]。欧立德也认为:在清朝,旗人与汉人的通婚,直到清末也还被看作很特殊的事例[8]。路康乐认为:清代满人与汉人在社会生活中也被隔离开来,其中最显而易见的是:满人不能与汉人通婚。尽管这些禁令,并没有写入大清法律文书之中,但是清朝历代统治者,均将之视为国策加以推行[9]。

也有一些学者持不同意见,定宜庄认为:“(顺治朝)允许满汉通婚这一诏令,曾使满族统治者陷入怎样一种进退两难的尴尬境地:坚持实施这一措施,显然行不通而且又不能强迫,收回成命或者再颁诏禁止,又非常荒唐而且难以自圆,加以解释也不可能有多少人相信。这时唯一的办法,便只有缄口不言了,清廷就正是这样做的。从顺治朝起到康熙朝中期,清廷在公开场合对于此事始终保持沉默。”[10]330-331张杰甚至认为:“清政府从没有颁布禁止满、汉人民通婚的法令……然而,‘旗民不婚’,是满族上层婚姻习俗上的不成文法。”[11]

关于旗、民之间的婚姻状况与政策,除了清朝官书之外,还可以通过其他一些路径窥探。例如雍正朝的一些奏折记载道:旗人“不许与汉人联姻,只许四旗互相嫁娶”[12]。清朝时人在笔记中谈到:“八旗兵分防各省,扼诸险要,画地而居,不与居民杂处,不与汉人联姻,备之未尝不周。”[13]《永宪录》中也记载:“按国制,皇后诸妃凡满洲之正室,皆不与汉人联姻。”[14]179

还有一些民间俗语作为历史记忆,也能从一定程度上反映历史片段和真实,如“状元不满中,汉女不入宫”“旗民不交产,满汉不通婚”。一些旗人的后代也回忆说:旗人取民女为妻,不能上档,不能领红赏和钱粮[15]28。

在清朝,旗民之间的婚姻到底呈现出什么状态? 旗民之间,到底是能通婚,还是不能通婚? 或是什么时候能通婚,什么时候不能?这些问题,是非常值得研究的。

一

入关前,为了拉拢和监督降服的汉官,努尔哈赤往往将自己或贝勒之女嫁给汉官,于是就建立了亲戚关系和政治联系,这就是他采用的一套争取新的同盟者的办法,这套办法经过精心筹划,几乎百试不爽[16]。

天命初年，佟养性“密输诚款”，“太祖嘉之，赐宗女为婿，号曰施吾礼额附”[17]卷182，佟养性传。天命三年，努尔哈赤劝降李永芳，就许诺“纳为婚媾”[18]。李永芳投降后，努尔哈赤果然“将皇子阿布太贝勒郡主妻之，升为总兵”[19]。李永芳次子李率泰年至十六岁时，努尔哈赤又将宗室女下嫁之[17]卷182，李率泰传。天命四年，开原城千总以下二十多人归降，努尔哈赤赐给他们“妻子僮仆”等[20]卷6，天命四年七月壬午。

皇太极认为：“今既慕义归降，须令满、汉贤能官员，先察汉民女子、寡妇，酌量给配。余察八贝勒下，殷实庄头有女子者，令其给配。”同年，贝勒岳托献计，以八旗贝勒、官员之女嫁给汉人降附官兵，以同化之。“诸贝勒大臣以女与之，岂不有名且使其妇翁衣食与共，虽故土亦可忘也。”并制定具体政策，归降的汉官，“凡一品官，以诸贝勒女妻之，二品官，以国中大臣女妻之”，皇太极深表赞赏，“嘉纳之”[21]卷11，天聪六年正月癸丑。后岳托就将自己的女儿嫁给了佟养性，皇太极与诸贝勒也参加了婚礼，以示重视[21]卷11，天聪六年正月己未。

天聪三年，皇太极为了招抚明朝岛官，对其许以种种诺言，其中一条是：“若能全岛来归者，愿做驸马即与驸马。”[22]天聪六年，“先是大凌河之役，汉人归降及俘获者甚众，悉令民间分养，至是更定永远安插之制。谕管户部事贝勒德格类曰：大凌河汉人，可分隶副将下各五十名，参将下各十五名，游击下各十名，尽令移居沈阳，以国中妇女千口分配之。其余令国中诸贝勒大臣，各分四五人，配以妻室，善抚养之。”[21]卷11，天聪六年正月丁酉其中大凌河守备刘士登就迎娶了镶红旗牛录佟丕的女儿[23]87。天聪八年，张文衡“自大同徒步来”，上书言收服人心之策，“太宗甚嘉之”，特“简大臣雅希禅幼女配之”[17]卷193，张文衡传。天聪九年，皇太极下令：“嗣后凡官员及官员兄弟，诸贝勒下护卫、护军校、护军、骁骑校等女子、寡妇，须赴部报明，部中转问各该管诸贝勒方准嫁。若不报明而私嫁者，罪之。其小民女子、寡妇，须问明该管牛录章京，方准嫁。凡女子十二岁以上者许嫁，未及十二岁而嫁者，罪之。其专管牛录，与在内牛录，皆同此例。”[21]卷23，天聪九年三月庚申

崇德元年，皇太极赐给明朝宁远降官刘银住妻室[21]卷30，崇德元年十月癸未。崇德二年，皇太极赐明石城岛、鹿岛降人妻室[21]卷36，崇德二年六月甲寅。同年，明都司聂仲金投降，皇太极将其分隶于怀顺王部队中，并“赐聂仲金并从者五人妻室”[21]卷37，崇德二年七月乙酉。石城岛守备、百总多名明朝官员投降，皇太极亦给他们安排妻室[21]卷38，崇德二年八月辛亥。崇德三年，投降清朝的总兵沈志祥因所携人数太多，不得不从各牛录中抽取妇女以给予降兵作家室[21]卷43，崇德三年八月乙未。崇德六年，“赐阵

获明守备何伯及男子十一人妻室、衣服”[21]卷58,崇德六年十二月甲辰。祖可法、张存仁等曾言及皇太极对归降汉人之恩遇:“大凌河官员困厄至极,荷蒙皇上矜全恩养,赐以宅舍田园,丰且足矣;妻妾阿哈,众且多矣;轻裘肥马,荣且贵矣。”[23]21

与此同时,清廷将大量俘获而来的民间蒙古族、汉族女子嫁给无配偶之旗人。崇德七年,“松山、锦州、塔山俘获蒙古妇人二百二十五口,汉妇人四百五十一口,幼稚六口。至是,命择蒙古妇人,赐和硕亲王以下,固山贝子以上各一人。其余分给各处归附无妻之人为妻”[21]卷60,崇德七年五月戊寅。

入关后,在对农民军的战争中,清廷将俘虏的大量妇女分配给八旗士兵[24]卷13,顺治二年正月乙巳。但是清廷正式颁行旗民通婚政策是在顺治五年,顺治帝上谕道:“方今天下一家,满、汉官民皆朕臣子,欲其各相亲睦,莫若使之缔结婚姻,自后满、汉官民有欲联姻好者,听之。”同时,详细规定了官民之间婚嫁聘礼的规格,“嗣后凡满洲官员之女,欲与汉人为婚者,先须呈明尔部。查其应具奏者即与具奏,应自理者即行自理。其无职之等之女,部册有名者,令各牛录章京报部方嫁;无名者,听各牛录章京自行遣嫁。至汉官之女,欲与满洲为婚者,亦行报部。无职者,听其自便,不必报部。其满洲官民,娶汉人之女,实系为妻者,方准其娶”[24]卷40,顺治五年八月庚申。

为了倡导旗民通婚,顺治帝亲自作表率,选汉人女子入六宫,其中户部左侍郎石申的女儿,恩赐永寿宫,冠服均用汉式,后封为恪妃[25]。在世祖的引导之下,清廷的亲王也开始迎娶汉女为妻。如豫亲王多铎,即纳江南常熟女人刘氏为妃[26]婚姻类·豫亲王娶嫠妇刘氏。也有一些汉臣娶满洲女子为妻妾,吴三桂降清后,清廷即赐其四名满洲女子,“凡行军必随往,此清制所以宠异诸王也”[27]。顺治十年六月,顺治帝“以太宗皇帝第十四女和硕公主下嫁平西王吴三桂子应熊”[24]卷77,顺治十年八月壬午。靖南王耿继茂向顺治奏请联姻:“子精忠、昭忠,年已长成,应请缔结婚姻,不敢擅便,惟候上裁,奉上旨会同内大臣议奏。”顺治帝很快答应了这门亲事,将和硕显亲王之姊赐为和硕格格,下嫁给耿精忠;将贝子苏布图之女赐为固山格格,下嫁给了耿昭忠[24]卷92,顺治十二年六月乙卯。

郭松义认为:康熙之后,清廷禁止旗人与民人通婚,这一禁令产生的“具体时间,最晚不会迟于康熙四年”[28],定宜庄也持有类似的观点[10]333。我认为这个观点是值得商榷的,在《清圣祖实录》中也记载了旗民通婚的实例:康熙十二年,康熙帝免除明宗室朱议滦死罪之后,将其编入镶白旗汉军,钦赐女子以做妻室[29]卷44,康熙十二年十一月丁卯。康熙六十年,康熙帝将允禟之女封为县君后,下嫁给赵世扬[29]卷291,康熙六十年正月辛卯。按照清朝的后宫制度,“皇后、诸妃及凡满洲之正室,皆不与汉人联姻”[14]179。但是,康熙帝的“妃子们有的是满人,有的是汉人,都是穿着本民族的服装”[30]。台湾学者陈捷先研究表明:康熙五十年之后,宫中生育情况是5位妃嫔生下子女5人,而其中汉族妃嫔有4人,生子女亦有4人,比例高达八成[31]。杨珍甚至指出:这一时期,康熙后宫妃嫔中,“汉人已经处于优势,她们并非汉军旗,而是清一色的江南女子”[32]。

在清初,大量的汉人投充入旗,成为旗人的一份子。但是后来,他们又纷纷潜逃,其中有一些在民间结婚生子。为此,康熙帝特别上谕兵部:“逃人在外娶妻所生之女,若已经聘嫁,不许拆散,亦不必向伊夫追银四十两给与逃人之主”[29]卷43,康熙十二年九月辛卯。清廷在法律上承认,旗下逃人之女嫁给民人具有合法性,并保障他们的利益不受原旗主的侵害。满洲家人除了逃往内地之外,也有许多逃往“蒙古四十九旗及索伦达虎里等”,这些地方的民人将满洲逃人“以为奴仆、子孙、妻妾者甚多”。对此问题,清廷采取与中原不同的政策。康熙二十六年,清廷上谕:“各札萨克、各旗佐领,不时严加缉捕送院,照例从重治罪。”[33]在康熙朝,清廷与漠西蒙古准噶尔部进行了多年争夺最高政权的战争。在战争中,为了激励旗兵士气,清廷将俘获的蒙古妇女分配给八旗官兵[29]卷181,康熙三十六年三月乙丑。与清军一起入关的西班牙传教士帕莱福注意到:“征服中国三四年后,鞑靼人拒绝娶中国女人……但在像中国这样人口众多的大国家是难以做到这一点的。……相反的情况很快出现;因为仇怨日渐减少,他们相互通婚联姻,几年内这种血缘的结合和婚配将使他们成为一个民族。”[34]

乾隆朝对旗民通婚屡令禁止。乾隆七年,“黑龙江城内贸易民人,应分隶八旗查辖……嗣后,凡贸易人,娶旗女、家人女,典买旗屋,私垦、租种旗地及散处城外村庄者,并禁”[35]卷162,乾隆七年三月庚午。乾隆三十年,军机大臣复议:“蒙古、锡伯、巴尔虎、汉军包衣佐领下之女,照满洲例,禁止与汉人结亲。”[35]卷748,乾隆三十年十一月丙子乾隆五十七年,又定:“宗室觉罗不得与民女为妻。”[36]但是,乾隆帝却将女儿下嫁给了孔子第七十二代孙孔宪培[37]。乾隆朝进士、大诗人张船山,有一妹曾嫁给八旗汉军高兰墅[38]。而在民间,民人采用种种办法实现了与旗人通婚。“红、黄带子娶民人女子为嫡妻仍用顶名办法,但娶民人女子为庶妻,庶妻子生子时可以随子一起上册。”[15]28

嘉庆时期王公贵族娶汉女之事,层出不穷。嘉庆十八年,“宗人府奏移居盛京宗室户口单内,开写妻室氏族,内有张氏、李氏、白氏、陈氏,是否汉军抑系汉人?其关氏或系瓜尔佳氏,童氏或系佟佳氏”。嘉庆帝对宗室觉罗与民人通婚的情况进行调查,对查出者只是“各予应得处分,不必离异”[39]卷270,嘉庆十八年六月甲辰。嘉庆二十五年,郡王绵志私买民人之女为妾,违背了“宗室王公等纳妾,向俱于该管包衣庄头家挑选”之例,被革除了王爵。但嘉庆帝又上谕道:以前王公如若有买民人之女为妾者,“已往不究,此后概行禁止”[39]卷372,嘉庆二十五年六月辛亥。解放初,据辽宁新宾县70多岁老人关荣普回忆,“其祖母施氏就是汉人,这是140年前的事”。这大概是嘉庆朝中期,“一般满族并不限制和汉人通婚”,“满汉不通婚,那是满族中的红、黄带子为了领红、白赏而实行的禁律”[15]40。

道光十六年,旗人陈氏将女儿嫁给了民人高纬保为妻,因为之前“并无违者”,也没有“治罪明文”,导致地方官难以断案。所以清廷对旗民婚姻,做出明确而系统的限制性规定:“嗣后,八旗、内务府三旗旗人内,如将未经挑选之女,许字民人者,主婚之人,照违制律治罪。若将已挑选及例不入选之女,许字民人者,主婚之人,照违令例治罪。民人聘娶旗人之女者,亦一例科断。”[40]但是,这一规定只是禁止旗人之女嫁给民人,如果旗女嫁给民人,仅将旗女开除旗籍而已,并没有禁止旗人娶民女为妻。

咸丰朝继承了道光朝的旗民婚姻政策,“驻防兵丁娶民人之女为妻者,准照各该处红事赏银数目,一体赏给”[41]。在咸丰年间,也出现旗人之女下嫁民人的事件,“木匠村有汉人李、刘二姓搬至此地,在未搬来之前已与满洲白家结亲,是随白家女儿带着孩子投奔娘家而搬来的”。当然,当时的旗民通婚,更多的是旗人娶民女为妻妾,旗人之女下嫁民人的应为少数。民人之女嫁给旗人之后,能够享受与旗人一样的待遇,可以得到恩赏银两,她们及其后代成为旗人的一份子。因为旗人娶民女为庶妻,庶妻生子时,可以随子一起上册[15]28。这其实就承认了旗人娶民人之女作为庶妻具有了合法性。

西方人对旗民通婚现象也有诸多记载,光绪二十四年,英国驻华公使窦纳乐(C.MacDonald)致函于外交大臣索尔兹伯里(Salisbury)说:“从前,满洲人不与汉人通婚,但现在这种习俗常常被打破。当然,尽管决不允许汉族男人与满洲女人结婚。”[42]英国传教士杜格尔德·克里斯蒂在奉天也发现类似的现象:“最初,与满人血缘相同的土著部落分布在山区,汉人则定居在平原。但是,随着时间的推移,通婚已经使满汉之间的差异越来越小,实际上,人们很难再把满人、旗人和汉人区分开来。"[43]

光绪二十七年,清廷将旗民不婚之禁令"除之,朝廷求治之心,可谓盛矣!"[44]慈禧太后下令"开除此禁",允许旗汉"彼此结婚,毋庸拘泥"。对于以前朝廷禁止旗汉通婚,她认为原因在于"入关之初,风俗、语言,或多未喻,是以著为禁令。今则风同道一,已历二百余年,自应俯顺人情,开除此禁。所有满汉官兵人等,著准其彼此结婚,毋庸拘泥。至汉人妇女,率多缠足,由来已久,有伤造物之和。嗣后,搢绅之家,务当婉切劝导,使之家喻户晓。以期渐除积习,断不准官吏胥役,借词禁令,扰累民间"[45]卷492,光绪二十七年十二月乙卯。光绪三十三年,清廷又一次强调,"满、汉通婚,宜切实推行"[45]卷576,光绪三十三年七月乙未。所以在光绪年间,刘坤一、张之洞上奏言:当今大清朝已经形成了"满、蒙、汉民,久已互通婚媾,情同一家"的局面[46]。

由此可以看出从努尔哈赤时代至光绪年间,无论旗人上层还是下层,无论是旗人娶汉女,还是旗人之女下嫁民人,旗民通婚基本上呈现出连续的状态。

二

纵观清朝的旗民婚姻政策,其实施与效力,不仅因时而异,而且因地、因对象而异,具体说来有以下几点:

(一)边疆地区的旗民通婚

在清朝,满洲统治者很少将中原的习俗推行到非中原地区,而是灵活地采取"修其教不易其俗,齐其政不易其宜"的手段治理边疆地区,而旗民之间的婚姻政策也体现了这一边疆政策的精髓。

康熙四年,清廷定例:"宁古塔流徙民人,有嫁女旗下者,听。"[29]卷16,康熙四年八月庚申康熙帝曾说:"黑龙江,系罪人发配之所。"[29]卷204,康熙四十年五月癸巳由此可见,发遣到黑龙江地区的汉人数量是很庞大的,自然嫁给旗人的汉人女子人数也不少。乾隆十二年,宁古塔将军阿兰泰奏称,吉林乌拉原来仅有旗人,而后民人陆续移入,与八旗满洲杂居,长期相处,相互融合,许多旗人与民人成为好友。但是,很多满洲人却非常贫困,"吉林乌拉满兵三千余户,穷苦者一千一百八十五户,甚穷苦者六百七十八户。盖因兵丁每月食饷二两,又无米石,值屡次出征,每年两次打围,需费甚多。又扣豫借生息银两,放饷时,除抵扣外,所余无几”[35]卷155,乾隆六年十一月辛卯。他们无力娶妻,因贪图民人富裕,多与民女结婚。到了嘉庆年间,边疆地区旗民通婚的现象更为普遍,“满洲、汉军,皆与蒙古通婚姻,然娶蒙古者多。达呼尔、巴尔呼自相婚姻,或与蒙古通。营站官屯,则满洲、汉军娶其女者有之”[47]。

旗人为了达到娶民女的目的,采取让民女冒名顶替旗人女子的办法。这正如一些贫苦旗人所言:“旗民不通婚的实质是:旗人大户嫌汉人小户姑娘不懂规矩和礼节。但一般穷人就不讲究这些了。”这种风气由关外延及关内,有些民人将女儿嫁给旗人,也是出于经济目的。有的民人家贫,为了以后能将女儿嫁入旗人之家,自小就不给女孩子们缠足[15]40。这种现象也被朝鲜人记录下来,“满人之家,汉女甚多”[48]。杜家骥研究东北他塔喇氏家族时发现:此家族婚姻有二百一十例,而与汉姓通婚之例占三分之一,其余的又有不少是与具有民籍的汉人通婚。“以上考察,也可看出八旗驻防之地,尤其是东北散居驻防地,存在着满洲旗人与汉人通婚乃至满汉混血、融合现象,而且不是个别现象。”[3]537

(二)旗人之女与民人通婚

《清稗类钞》中记载:“满洲、蒙古之男女类皆自相配偶,间或娶汉族之女为妇,若以女嫁汉族者,则绝无仅有。”[26]婚姻类·满蒙汉通婚乾隆七年,议定:凡由内地去黑龙江地区的民人,如果“娶旗女、家人女”等,一律“并禁”[35]卷162,乾隆七年三月庚午。乾隆四十九年,民人王世新娶新满洲赫哲人雅郎伊为妻,并与雅郎伊生下一女。地方官发现后上报清廷,建议将王世新发配到烟瘴边疆地区,枷号两个月,杖责发落。并要求将其妻雅郎伊和三岁的女儿,赏给劳绩之旗人为奴。乾隆帝得知大为光火:王世新之行为太可恶,地方官“所办殊轻,且未周到”。为了防止再次出现旗女嫁给民人,高宗下令将王世新严惩。让王世新在吉林乌拉地区枷号一年之后,再发烟瘴之地。此案亦牵连到雅郎伊之父,乾隆帝认为:“赫哲西贝钩,任意将伊女雅郎伊,给与偷参人犯王世新为妻,不得谓为无罪”。下令将西贝钩交给地方官,“另行议罪”[35]卷1217,乾隆四十九年十月丙午。因为当时法律规定,不准旗人之女下嫁给民人。

嘉庆十六年，清廷又议定："旗人之女，不准嫁与民人为妻。倘有许字民人者，照例议罪，仍准其完配，将该旗女开除户册。"[49]尽管禁令煌煌，但是"乾隆以后，满汉通婚的禁例进一步打破"[15]28。道光朝之后，再次规定："旗人之女不准嫁与民人为妻。倘有许字民人者，查系未经挑选之女，将主婚之旗人照违制律治罪，系已经挑选及例不入选之女，将主婚之旗人照违令例治罪。聘娶之民人亦将主婚者一例科断，仍准其完配，将该旗女开除户册。若民人之女嫁与旗人为妻者，该佐领、族长详查呈报，一体给与恩赏银两。如有谎报冒领情弊，查出从重治罪。至旗人娶长随家奴之女为妻者严行禁止。"[50]由此可见，清朝禁止旗民通婚的实质是禁止旗人之女嫁给民人。但是实际上，还是有大量的旗人之女嫁给了民人。

朝代	旗女	所嫁之男	出处	类别
康熙	参领王学孟之女	工部尚书冀如锡之长子植，拔贡生。	《碑传集》卷八，《光禄大夫工部尚书冀公如锡墓志铭》	汉军旗人之女嫁与汉人
乾隆	韩宝钿，汉军正蓝旗人	仁和举人翁光麟	《清代闺阁诗人征略》卷四	汉军旗人之女嫁与汉人
乾隆	汉军李纬国之女	纪明，字文翥	《景城纪氏家谱》第十四世	汉军旗人之女嫁与汉人
乾隆	镶白旗汉军附学生蒋纬栩之女	纪汝宽，附学生	《景城纪氏家谱》第十五世	汉军旗人之女嫁与汉人
光绪	镶红旗官学教习秉钧之女李氏	孕理，庠生	《定兴鹿氏二续谱》卷三	旗人之女嫁与汉人
乾隆	凝住，内务府正白旗包衣管领下披甲常春之女	永平府民人王逊英之子王朝臣	《内务府来文·弄罚类》卷八，第2109号	旗人之女嫁与民人之子做童养媳
乾隆	邢氏，内务府正白旗包衣管领下马甲邢全保之姐	李蕴汇，本京（北京）人，钱铺学徒	《内务府来文·弄罚类》卷八，第2124号	包衣旗人之女嫁与民人
乾隆	李氏，内务府正白旗包衣汉军明福之妹	罗永祥，民人	《内务府来文·弄罚类》卷八，第2143号	包衣汉军另户之女嫁与民人
乾隆	内务府投充庄头、已革知县王稹之妹	单十二，民人	《内务府来文·弄罚类》卷八，第2131号	庄头之女嫁与民人
乾隆	内务府遵化州庄头王永福之妹	李五，本处生员	《内务府来文·弄罚类》卷八，第2112号	庄头之女嫁与民人

（三）八旗汉军与民人的通婚

八旗汉军是八旗系统中有机的组成部分，其与八旗满洲、八旗蒙古统称为旗人，他们在经济、政治、文化上都具有与民人不一样的地位，以至于在清末出现“不问民族，但问旗民”之说[15]71。但是在旗民通婚政策上，清廷对八旗汉军采用了不同于八旗满洲、八旗蒙古的政策，承认汉军与汉人通婚。

雍正朝，清廷对汉军旗人与民人的通婚政策曾摇摆不定。雍正五年福州将军蔡良奏：“驻防兵丁均系旗人，竟有与汉人做亲者……查得此地四旗原额马步、兵丁、铁匠、炮手，共二千零四十二名，又新设抬杠木兵八十名，共二千一百二十二名，连家口男妇幼小共一万二千六百五十八名口内，另户壮丁一千二百八十五名，户下壮丁五百一十二名。细查此一万二千六百余名之内，兵壮娶民人之女以及营兵之女为妻者，共二百一十四名，将女聘与营兵为妻者二名，余皆四旗互相嫁娶。”在福州，旗民之间出现互为婚嫁的情况，而且人数颇多，所以蔡良向雍正帝保证：“奴才现在严行查禁，此后总不许与汉人联姻，只许四旗互相嫁娶，仍令各旗将有子而未定妻室者，有女而未许聘与人者，俟将来一有聘定，在未行嫁娶之前，俱先行报明，查过人册，奴才仍不时查察。”然而雍正帝对于此奏议，并没有特别的关注，只是象征性地朱批道：“但既往者，原难追究，将来者当加严禁。”[12]

雍正帝对汉军与民人通婚的态度含糊，只言对以前的既往不咎，“将来者当加严禁”。但是，如何“严禁”，对违例者如何处理，并没有明确的态度。所以，其后严禁汉军与民人通婚政策，执行的力度和效果，值得怀疑。这也导致汉军与民人通婚之事，屡有发生。不仅有汉军娶民人为妻，还有汉军之女下嫁民人。

雍正十三年，福州将军准泰上奏：“更闻得别省汉军驻防地方，多有将女儿许配民人者，总以定例未载，相沿成习。伏思汉军之与满洲、蒙古均属旗人，所有定例相应划一而遵行。奴才请嗣后，汉军旗人之女，悉照满洲、蒙古之例，不许卖与汉人，亦不许私与汉人结姻。”准泰对禁止旗民通婚的态度是强硬的，然而，雍正帝对准泰的朱批为：“向来既未定例禁约，此非目前要务，姑且缓之。”[51]从此可以看出，雍正帝对汉军与民人通婚，是采取默认的态度，连以前的“严禁”之词都没有了。

在汉军与民人通婚问题上，乾隆帝不像其父闪烁其辞，而是有了明确的态度。乾隆三十年,奉天锦州副都统常在曾上奏:“蒙古、锡伯、巴尔虎、汉军包衣佐领下之女,照满洲例,禁止与汉人结亲。”乾隆帝回复道:“汉军每与汉人结亲,历年已久,毋庸禁止。”[35]卷155,乾隆六年十一月辛卯这已经表明,清廷认为汉军与民人通婚已经具备合法性了。

清朝的皇帝们,对旗民实际通婚状态洞若观火。雍正帝就说道:“我满洲人等,因居汉地不得已与本习日以相远。”[52]许多旗人由于长期与民人杂处,几乎与民人无异。“旗人在外所生子孙,居住沿河地方者甚多,伊等在外既久,生长之子孙,语言举止竟于土著之民无异,且有与本地民人结为婚姻者。”[53]乾隆朝,在各处的驻防地,“旗人自己则几乎全部居住在位于都市的兵营里,而在那里,那些禁止他们与周围汉人通婚的法令正日益失去作用”[54]。

三

通过对清朝旗民通婚实际状况的考察,我们很容易赞同一个结论:“在清朝时候,对汉、满通婚也不是绝对限制的。”[55]

首先,从通婚时间的角度来看。从后金时代到清末,近三百年的时间中,旗人从上层到下层,从中央到地方,从京畿到驻防,均存在大量旗民通婚的情况。另一方面,从努尔哈赤时代到顺治朝,以及清末光绪朝,这一段时间占据清朝历史长河中不短的一段,清廷对旗民通婚采取支持与鼓励的态度。故而,大而化之地讲,在清朝“旗民不通婚”是有问题的。

其次,从通婚空间的角度来看。清廷对全国的统治政策并非铁板一块,而是采取“因地制宜”“因俗制宜”的办法,具有灵活性与多样性。在东北地区,清廷允许流人之女嫁给旗人。另一方面,清廷对贫困旗人娶汉人之女,也采取听之任之的态度。因为有了地域上的缺口,这使旗民通婚的禁令,就有懈可击。

再次,从通婚层次性来看。尽管清廷屡次禁止旗民通婚,但对于旗人上层,特别是皇帝,是不受限制的。正因为政策的制定者违背政策,导致了上行下效,而且清廷对违制之人并没有采取相应的惩罚措施,很多旗人有恃无恐。有时统治者也重典惩罚违制者,但大多数时候是虎头蛇尾,不了了之。这使政策的执行效果大打折扣,从某种意义上讲,旗民不婚的法条形同虚设,其执行的实际效力也是相当有限。

最后,从通婚对象的角度来看。尽管清廷在一段时期禁止旗民通婚,但是社会上形成一种怪现象:"满洲、蒙古之男女类皆自相配偶……其于汉军,则亦有婚媾,不外视之也"[26]婚姻类·满蒙汉通婚。八旗汉军可以与八旗满洲、蒙古自由通婚,而民人又可以与八旗汉军嫁娶。故而,八旗汉军成为民人与八旗满洲、蒙古通婚的中介与桥梁,使民人与八旗满洲人、八旗蒙古人间接地实现了通婚,这也削弱了旗民不婚的合理性与合法性。

清朝的旗人与民人主要是基于政治地位划分的,但是在长达近三百年的实际通婚状态之下,旗与民实质上仅为一种行政隶属的符号。旗民通婚,导致旗民之间血统的通融和民族的融合。即使是在旗人的"龙兴之地"——奉天,"满汉通婚,畛域早泯,加以交通便利,华夷杂处,合省民风,日臻同化"[56]。这极大地推动了"多元一体"民族格局的形成与发展。

参考文献:

[1]黄仁宇.中国大历史[M].北京:生活•读书•新知三联书店,2009.

[2]刘小萌.清代北京旗人社会[M].北京:中国社会科学出版社,2008.

[3]杜家骥.八旗与清朝政治论稿[M].北京:人民出版社,2008.

[4]郭松义.伦理与生活——清代的婚姻关系[M].北京:商务印书馆,2000.

[5]费正清.中国:传统与变迁[M].北京:世界知识出版社,2001.

[6]费正清.美国与中国[M].北京:世界知识出版社,2002.

[7]芮玛丽.同治中兴:中国保守主义的最后抵抗(1862-1874)[M].北京:中国社会科学出版社,2002.

[8]欧立德.清代满洲人的民族主体意识与满洲人的中国统治[J].清史研究,2002(4).

[9]路康乐.满与汉:清末民初的族群关系与政治权力(1861-1928)[M].北京:中国人民大学出版社,2010.

[10]定宜庄.满族的妇女生活与婚姻制度研究[M].北京:北京大学出版社,1999.

[11]张杰.满族要论[M].北京:中国社会科学出版社,2007.

[12]福州将军蔡良奏覆旗汉通婚情形并严行查禁折[M]//雍正朝汉文朱批奏折汇编:雍正五年二月二十七日(第9册).南京:江苏古籍出版社,1989.

[13]刘体智.满汉同化[M]//异辞录:卷4.北京:中华书局,2007.

[14]萧奭.永宪录:卷2下[M].北京:中华书局,1997.

[15]满族社会历史调查[M].北京:民族出版社,2009.

[16]格·瓦·麦利霍夫.满洲人在东北[M].北京:商务印书馆,1976.

[17]鄂尔泰等.八旗通志初集[M].长春:东北师范大学出版社,1986.

[18]满洲秘档[M].台北:文海出版社,1967.

[19]清入关前史料选辑:第1辑[M].北京:中国人民大学出版社,1985.

[20]清太祖实录[M].北京:中华书局,1986.

[21]清太宗实录[M].北京:中华书局,1985.

[22]缪荃孙.天聪时诏奏[M]//艺风堂杂钞:卷1.北京:中华书局,2010.

[23]崇德三年满文档案译编[M].沈阳:辽沈书社,1988.

[24]清世祖实录[M].北京:中华书局,1985.

[25]王士禛.恪妃[M]//池北偶谈:卷24.北京:中华书局,2006.

[26]徐珂.清稗类钞:第5册[M].北京:中华书局,2003.

[27]刘献廷.广阳杂记:卷3[M].北京:中华书局,1997.

[28]郭松义.伦理与生活——清代的婚姻关系[M].北京:商务印书馆,2000.

[29]清圣祖实录[M].北京:中华书局,1985.

[30]马国贤.清廷十三年:马国贤在华回忆录[M].李天纲,译.上海:上海古籍出版社,2004.

[31]陈捷先.康熙好色[G]//清史论集.北京:人民出版社,2006.

[32]杨珍.康熙皇帝一家[M].北京:学苑出版社,1994.

[33]赵云田点校.乾隆朝内府抄本《理藩院则例》[M].北京:中国藏学出版社,2006.

[34]帕莱福.鞑靼征服中国史[M].何高济,译.北京:中华书局,2008.

[35]清高宗实录[M],北京:中华书局,1985.

[36]宗人府[M]//钦定大清会典(嘉庆朝):卷1.台北:文海出版社,1992.

[37]秦国经.逊清皇室轶事[M].北京:紫禁城出版社,1985.

[38]震钧.天咫偶闻:卷3[M].北京:北京古籍出版社,1982.

[39]清仁宗实录[M].北京:中华书局,1985.

[40]道光十六年三月丙申[M]//清宣宗实录:卷280.北京:中华书局,1986.

[41]经政略·赏项条例[M]//长善,等.驻粤八旗志:卷6.沈阳:辽宁大学出版社,1992.

[42]英国驻华公使馆武官布朗上校有关满洲的笔记[G]//清史译丛:第5辑.北京:中国人民大学出版社,2006.

[43](英)杜格尔德·克里斯蒂.奉天三十年(1883-1913)——杜格尔德·克里斯蒂的经历与回忆[M].武汉:湖北人民出版社,2007.

[44]两广总督陶制军批斥洪牧嘉与札稿[M]//皇朝经世文新编续集:卷1.台北:文

海出版社,1972.

[45]清德宗实录[M].北京:中华书局,1985.

[46]户口考二[M]//刘锦藻.清朝续文献通考:卷26.杭州:浙江古籍出版社,2000.

[47]西清.黑龙江外记:卷6[M].哈尔滨:黑龙江人民出版社,1984.

[48](朝)俞彦述.燕京杂识[M]//林基中.燕行录全集:第39册.东国大学校出版部,2001.

[49]户部·分析户丁[M]//钦定大清会典事例(光绪朝):卷155.上海:上海古籍出版社.1995.

[50]旗人嫁娶[M]//长善,等.驻粤八旗志:卷5.沈阳:辽宁大学出版社,1992.

[51]署福州将军准泰奏请嗣后凡汉军旗人之女悉照满洲蒙古之例不许卖与汉人等情折[M]//雍正朝汉文朱批奏折汇编:雍正十三年八月初四(第28册).南京:江苏古籍出版社,1991.

[52]世宗宪皇帝上谕八旗:卷2[M]//文渊阁四库全书(第413册).台北:台湾商务印书馆,1986.

[53]世宗宪皇帝谕行旗务奏议:卷12[M]//文渊阁四库全书(第413册)台北:台湾商务印书馆,1986.

[54]孔飞力.叫魂:1768年中国妖术大恐慌[M].陈兼,刘昶,译.上海:上海三联书店,1999.

[55]关于我国民族政策的几个问题(1957年8月4日)[M]//周恩来选集:下卷.北京:人民出版社,1984.

[56]风俗[M]//奉天通志:卷97.沈阳:辽海出版社,2003.

作者简介:陈力(1979-),男,湖北黄陂人,中国人民大学清史研究所博士研究生,主要研究清史、满族史。

基金项目:2011年度中国人民大学研究生科研基金项目“清朝旗民婚姻政策研究”(11XNH072),项目负责人:陈力。

原文出处:《西南大学学报》(社会科学版)(重庆)2011年第5期。

转载:《人大复印报刊资料·明清史》2012年第11期全文转载。

明清江南官布之征解

范金民

摘　要：明代每年额定征解江南官布31万余匹，其中苏州府占近45%，松江府占42%，常州府占近13%。江南官布解运京师，特别是松江府解运三梭细布，后来成为江南最苦的差役，解户负担极为沉重。其征解方式前后经历了复杂的变化，不同的方式给解户造成的实际负担大不一样。清代康熙中后期起，官布采办的地域集中在苏州吴县一地，责成布铺轮值承办，措勒铺户。其数量，康熙中后期多至30万匹，后来因实际使用量减少，乾隆中后期减至每年五千匹，而嘉庆中期有时会增至10万余匹，但通常在一二万匹，至多六七万匹，道光初年则增至10万余匹，年年如此。明清时期无论官布的数量及其解运方式如何发生变化，其承值应差的性质都未曾改变。

明代江南，既是全国棉花种植、棉布织作最为发达的商品生产地，又是全国最为繁重的赋税区。为减轻民间的实际赋税负担和保证赋税的足额征收，宣德年间，应天巡抚周忱对赋税徭役实施大规模改革，在棉布生产区，因地制宜，将赋税米粮部分折征棉布，以平衡各地的赋税负担。据说弘治皇帝的内衣，都是由“松江三梭布所制”①。到正德时期，“内府甲字库收贮阔白三梭布”成为赏赐“内官内使”的专用品[1]卷41《正德三年八月戊辰》。从此以后，明朝直至清朝宫廷所需棉布，基本上均由江南提供，唐人吕温所说安史之乱后朝廷“辇越而衣，漕吴而食”[2]，至此或可改称为“辇吴而衣，漕吴而食”。

① 明中期太仓人陆容说：“尝闻尚衣缝人云：‘上近体衣俱松江三梭布所制。’本朝家法如此。‘太庙红纻丝拜褥，立脚处乃红布。’其品节又如此。”见《菽园杂记》卷1，中华书局，1985年，第1页。

官布的解运，江南地方简称为布解，视为大役重役，今人也曾有所关注，有所成果①。但既有研究仅着眼于松江一府，因而未能叙明明代江南每年布解总数及其各地分配数；明代江南布匹解运方式的前后变迁也不清晰；清代官布采办的数量及其运作过程全然未曾涉及，明清官布征解的变迁更是论而未明。至于不明白当时官布征收情形，认为嘉定棉布市场、市镇由此兴起，更是想当然的推论，并不符合实际②。

一、明代江南官布折征及其数量

明代江南官布的征解量，并非如人所说不甚清楚，而是令典规定，有数可查。正德《明会典》和万历《明会典》均载明，弘治十五年（1502），山东布政司夏税京库棉布20 000匹，准小麦24 000石；河南布政司京库棉布81 837匹；苏州府秋粮征京库阔白布19万匹，准米19万石；松江府秋粮京库布175 000匹；常州府秋粮京库折阔白布米5万石，每石折布1匹③。计其总数，为516 837匹，其中江南苏、松、常三府折进贡各色棉布为415 000匹，占总数的80%，而其中常州府的5万匹布已改征米粮。

张学颜《万历会计录》记录万历初年的赋税征收量，载明内承运库甲子库阔白三梭布33 000匹，阔白棉布360 411匹，共为393 411匹。其中河南布政司征解阔白棉布60 637匹，山东布政司阔白棉布20 000匹，苏州府阔白棉布14万匹，松江府阔白棉布99 774匹，阔白三梭布33 000匹，常州府阔白棉布4万匹，计其总数，正好相符[3]p996-998。江南苏、松、常三府所贡各色棉布为312 774匹，占总数

① 代表性成果如陈蕴鸾、曹幸穗：《明代松江府布解考论》，《中国社会经济史研究》2011年第4期）和《论明清松江府官布征解之变迁》，《中国农史》2012年第2期。

② 如吴滔、佐藤仁史在其专著《嘉定县事——14—20世纪初江南地域社会史研究》（广东人民出版社，2014年）中说：“昆山、嘉定改征官布，直接导致本来要到松江采购棉布的客商可以分流出一批到这二县进行交易，在一定意义上说，安亭和陆家浜的兴起即发生在这一背景之下。在归有光时代，甚至邻近的常州府欲采买官布也要前往安亭镇”（第66页）；“本来缴纳官布的‘权利’，只由松江一府所独享，明王朝在赋役改革中将官布作为贡赋经济的‘平衡杆’，间接促发了由实物财政向货币财政的转移。由于昆山、嘉定部分地区改征官布，本来要到松江采购棉布的客商，分流出一批到这二县进行交易，因而带动起一批棉布交易市场”。（第76页）

③ 正德《明会典》卷24《户部九·会计·弘治十五年起运数目》，《景印文渊阁四库全书》第617册，第274页；万历《明会典》卷26《户部十三·会计二·起运》，扬州广陵书社影印本，2007年，第468、469、473-474页。

393 411匹的近80%,较之弘治后期未有明显增减。前后对照,又可知明后期苏州府征布量减少了5万匹①,松江府折征了阔白棉布42 226匹,折银数是每匹银3钱[4]卷9《田赋二·赋额》,p24。

每年额定征解的这31万余匹江南棉布,据天启元年(1621)应天巡抚王象恒疏称,嘉定县派布95 050匹,太仓、昆山二县派布44 950匹,松江府华亭、上海二县派布107 849匹,青浦县派布24 925匹,常州府的武进、宜兴二县派布各2万匹[5]p49。若单论数量,苏州府最多,为14万匹,占近44.76%;松江府其次,为132 774匹,占42.45%;常州府最少,为4万匹,占近12.79%。其中松江府所征棉布,万历六年(1578)起,京库阔白三梭布33 000匹,阔白棉布折征后减为99 774匹。万历四十五年起,三梭布33 000匹中,改织黄丝三线布5 000匹,每匹加垫贴银2钱5分;黄丝二线布28 000匹,每匹加垫贴银1钱5分,两项共计加垫贴银5 450两[4]卷8《赋额下》,p24。

松江一府中,明末贡布的派征情形是:华亭县细布16 185匹,粗布48 935匹;上海县细布10 620匹,粗布32 109匹;青浦县细布6 195匹,粗布18 730匹[4]卷11《役法上》,p24,总计为132 774匹。据万历后期直隶巡按房壮丽奏称,苏州府岁额阔白棉布14万匹,每匹扛价银3钱;松江府岁额细布33 000匹,每匹扛价银6钱1分,粗布97 774匹,每匹扛价银3钱。可知细布即阔白三线布,或称阔白三梭布,粗布即阔白棉布。而据明后期苏松道的呈文,用于御用的只是松江府所贡三梭细布,数量为5 000匹,其余均是供宫廷及赏赐之用的[6]p338。因此,松江一府进贡的棉布总数虽然略少于苏州,但因御用棉布全由该府进贡,实际负担可能最重,是以松江人一直呼吁布解之累最重、应役最苦。

此30万余匹棉布,其实渊源有自。太祖洪武三年(1370),户部奏:"赏军用布其数甚多,请令浙西四府秋粮内收布三十万匹。上曰:'松江乃产布之地,止令一府输纳,以便其民,余征米如故。'"[7]可见,苏、松、常三府进解棉布,起始含有任土作贡性质,从民简便起见,而限定在松江一府,后来才扩大到生产棉布的江南三府。

从明代江南棉布的征解运作来看,额定数往往不能如期足额解交,拖欠累

① 正德《姑苏志》载,阔白棉布折米一十五万二千石(卷15《田赋·起运》,第10页),对照乾隆《苏州府志》(卷8《田赋一》第19页)所载,此为弘治十六年起运数,则其时苏州府每年额定本色棉布已减为14万匹。

累,但其中的御用棉布,随着皇帝生活的日益奢靡,同绸缎一样,往往临时加派,从而加重地方人户负担。如万历初年,专门进贡御用三梭布的松江府,即“忽加御用三线细布八千匹,岁又费金五六千”[8]。

周忱在江南采用交纳棉布替代赋税田粮,本是减轻沉重的田赋税粮负担之举,而非如人所说的是为了征收逋欠的税粮。嘉靖时大学士顾鼎臣为昆山人,他说:“一金花、官布,前辈建明,本为重额官田而设,名曰‘轻赍’,以宽民力也。”[9]正德《松江府志》载,宣德八年(1433),巡抚周忱奏定加耗折征例:“金花银一两一钱,准平米四石六斗或四石四斗每两加车脚鞘匭银八厘。阔白三梭布一匹,准平米二石五斗或二石四斗至二石,每匹加车脚船钱米二斗或二斗六升。布匹长四丈,阔二尺五寸。旧例匹重三斤,纳者率以纱粗验退,忱奏不拘斤重,止取长阔,两端织红纱,以防盗翦,至今行之。阔白绵(即棉)布一匹,准平米一石或九斗八升,每匹加车脚船钱米一斗或一斗二升。已上于重则官田上照粮均派,俗名‘轻赍’。”[10]pp12-13正德六年,应天巡抚张凤说:“细布一匹准平米二石,粗布一匹准平米一石。……先尽下户及赔疲之粮。”[11]万历《嘉定县志》编者认为,周忱见嘉定土薄民贫,而赋税与邻县等,又地产棉布,“奏令出官布二十万匹,匹当米一石,缓至明年,乃带征。盖布入内帑,中官掌之,以备赏赉,视少府水衡钱较缓,公实用以宽瘠土之民”[12]。明末苏州人陈仁锡说:“按金花旧制,京库折粮,每平米一石该折银二钱五分,周文襄、王肃庵(即应天巡抚周忱、苏州知府王仪——引者注)二公,俱派于重额田上,则此项银额派于吴县、长洲、吴江三县,以其田额重,故以是宽之也。京库折布,每一匹准米一石,每匹价银二钱五分,扛银分(分前原缺一字——引者注),旧制派于太仓、昆山,嘉定三县,以其地出布,其土高阜,故以是宽之也。”[13]p287华亭人陈继儒也说:“察得细布之役,起于正统八年周文襄公念松江赋役烦重,奏将阔白三梭布一匹,准平米二石五斗,每匹加车脚船钱米二斗六升,阔白棉布一匹,准平米九斗八升,每匹加车脚船钱米一斗二升。”[14]《布解议》,p18明末清初的昆山人顾炎武也认为,江南赋税钱粮“征科之额十倍于绍、熙以前者也。于是巡抚周忱有均耗之法,有改派金花、官布之法,以宽官田”[15]。

因为在产布区改征粮为棉布以减轻业户的实际负担,所以各地如嘉定和常州武进、宜兴等地将其视为利薮,竭力争取改征额。如嘉靖末年昆山人归有光对其家乡的折布额推扩到昆山全县甚至部分转移到常州府大有意见,专门致信地方官,要求维持原状[16]。而嘉靖初年宜兴知县丁谨认为,宣德间折征时,武进、宜兴二县官布为八万匹,后来被松江、嘉定二处分去三万匹,“后县虽有银布之名,殊无银布之利”,现在请求“官布为松江、嘉定分去者,照旧复还分派”[17]p14。各地人士大多站在地方利益立场,伸张利益诉求。

至于周忱实施折粮征布的时间,正德《松江府志》及明后期江南各地府县志均记为宣德八年,而陈继儒记为正统八年(1443)。由明廷于正统五年即下令将松江府折粮大梭布等免征来看,当为宣德八年,殆无疑义。

细绎上述江南地方人士的评价,应天巡抚周忱在宣德年间的做法,鉴于官田税重而民田税轻的情形,在出产棉布的州县,将重额官田的本色税粮,改派棉布征收,以减轻官田重则户的沉重税粮负担。其中阔白三梭布,也即细布,一匹准米二石五斗,阔白棉布,也即粗布,一匹准米一石。这样的折算率,特别是阔白棉布准米一石的比率,并非周忱始创,明廷此前已曾多次实行,但对于植棉织布的农户,当然十分合算,而且运输费用当也大为降低,实际负担大大减轻。此后,这种折算方法一直得到后任地方官的沿用。天顺二年(1458),巡抚崔恭恢复旧例,阔白三梭棉布一匹准平米一石五斗,或一石四斗至三斗。阔白棉布一匹,准平米七斗五升,或八斗至七斗[10]pp18-19。正德六年(1511),巡抚张凤恢复论粮加耗并银布折征旧例,“今后派征钱粮,俱照先年巡抚周尚书所行则例,不分东西中三乡一概粮上加耗,金花银两布匹,先尽重则官田,每银一两,折米四石,粗布一匹,折米一石,细布一匹,折米二石,白银一两,随时定价”[10]p19。明后期江南税粮折征棉布,虽然时有轻重,但大体上一直在遵照周忱所创标准实行。

在明代历史上,税粮折收棉布,溯其渊源,其实并非创始于周忱。早在洪武十八年(1385),朝廷即下令,两浙及京畿官田,凡折收税粮钞,每五贯准米一石,绢每匹准米一石二斗,金每两准米十石,银每两准米二石,棉布每匹准米一石,纻布每匹准米七斗[18]卷29《户部十六·征收》,p557。洪武三十年,朝廷又下令,各处官田粮,折收纻布等项均解京库收支[18]卷28《户部十五·会计四·京粮》,p530。永乐十一年(1413),朝廷即令“各处折征粮,金每两准米三十石,阔白棉布每匹准米一石五斗;宣德四年,又“令顺天、苏、松并浙江属县远年拖欠税粮,每绢一匹准米一石二斗,棉布一匹、丝一斤、钞五十贯,各准一石”[19]卷2《田赋二》。正统元年,令浙江、江西、湖广三布政司,直隶苏松等府县该起运南京粮米愿纳折色者折纳布绢银两[18]卷28《户部十五·会计四·京粮》,p530。天顺二年(1458)题准,湖广实征秋粮米58万石内,将20万石每石折收阔白棉布一匹,每年将10万匹送南京该库,其余10万匹贮本司及本府库,支与官吏旗军准作月粮[18]卷29《户部十六·征收》,p558。但这些折征,不但广及全国,而且往往因水旱灾欠税粮无着而起,与日后周忱专门在棉布产区为减轻业户实际负担而改行折征棉布的做法,有本质的不同。

这种折征税粮的布匹,并不是江南棉布产区民间所织的普通布匹,而有着规定的门幅尺寸。明代后期畅销于华北各地的是标布,较标布稍狭而长者称中机布,最狭而短者称小布,阔不过尺余,长不过16尺;青浦县朱家角镇所出布匹,小号布阔8寸3分,长18尺,大号门面阔9寸5分,长19尺[20]。看来江南民间通行的棉布长不过2丈左右,阔不过1尺左右。而江南进贡朝廷的官布,洪武二十六年规定:白棉布每匹长三丈二尺,阔一尺八寸,重三斤。[18]卷30《户部十七·库藏一·内府库》,p573早在实施折征之初,周忱似乎就考虑到布匹规格长阔合适又斤重达标难以做到,乃规定"不拘斤重,止取长阔,两端织红纱,以防盗翦"。无如收布部门仍以此原定标准刁难解户。到弘治六年,内库甲子库以"布匹不登原样拣出,奸人恐吓,解户揭借贿嘱,至费银八九千两"。弘治十六年四月,户部议奏,"苏松布精细而斤数不足,北方布粗厚而斤数有余。自今苏松等处解布至部,拣中送库,不得再拣,以免解户借银贿嘱之弊"[21]。到万历六年,应天巡抚胡执礼题定京库布式,并将苏、松、常三府织成样布三匹咨送到户部,尚书张学颜验得:"每布壹匹,长叁丈贰尺,阔壹尺捌寸,每匹重贰斤肆两,视旧例叁斤之数,虽少不足,但布匹细密,委与他处不同,合将样布两头用印钤盖,行验粮委官会同科道检视堪用,即将壹匹送内库收贮,壹匹存留本部,壹匹咨送巡抚,严行各府州县照式织造,永为遵守。"[3]p1015官布较之民间一般布匹,长阔门幅多出将近一倍,更加细密,质量非同一般,原来对长阔尺寸及重量均有要求,但周忱始行之初似即考虑到这一点,因而规定只论长阔而不论斤重,但收布的内廷仍以此刁难解户,到万历初年,再次重申只论尺寸而不论斤重,稍从实际出发。贡纳折征的官布门幅要求远大于民间普通布匹,因而需要专门织作,所以地方文献称"又有阔大者为官布,不常织,惟官买时为之"[22]。

二、明代江南官布的解运方式

明代江南官布解运京师，特别是松江府解运三梭细布，后来成为江南最苦的差役，解户负担极为沉重。其征解方式前后又经历了复杂的变化，而不同的方式，对于解户本身，实际负担大不一样。

（1）计里编役解运布匹。明初在完备的里甲制下，官布因为由赋税米粮改折，同田赋漕粮一样，责成粮长解送漕粮时搭运。解送之前，也按里甲应役的办法实行，里甲户十年轮役一次。布解与北运漕粮和南北运白粮均是里甲"大役"，十年轮役，邑里骚扰，不胜其烦，改为在粮区范围内五年一编审充役。在松江府，如康熙《松江府志》编者解释："成、弘以前计里编役，其布解北运、南运及解淮等差，俱于解户内点充，后诸解不胜其困，因于每区五年一编大役，充布解、北运、南运、收兑、收银等差。"[23]p3 在常州府，嘉、万时人唐鹤徵说，当地金花银、本折布匹等征于秋粮的赋税，"自隆庆以前，各以分数派之粮长，十分为率，如金花居十之几，各项各居十之几，则亦无论粮长所收之多寡，而各十分之几为金花，几为各项也"[24]卷4《钱谷志一·额赋》，p34，也是通过里甲编役的办法完成布解任务的。由里甲户直接交纳布匹，同交纳米粮一样，不但成为民间极重的负担，而且经过层层索诈勒卡，额定棉布量也往往逋欠难完。正德元年（1506）十一月，东厂太监丘聚即称，"苏州等府纳户解折粮大布三十余万匹，赴甲字库交代，自三月至今，仅收二万五千匹，余尚未完，必该库有留难之弊"[1]卷19《正德元年十一月丙戌》。八个月下来，交纳量不到定额的十分之一，里甲差役制下官布解运的窘境可以想象。

后来遇有水旱灾害，为减轻地方百姓负担，朝廷也往往采用减征办法。正统五年，命直隶松江府华亭、上海二县今年折粮大三梭布五万九千七百三十二匹免征，但征中等三梭布二万匹，每匹折粮二石，其余折征阔白棉布，以其民困于水灾故也[25]。弘治十七年，令苏州、松江、常州三府阔白棉布以十分为率，除六分仍解本色，暂将四分每匹折银三钱五分，解部转发太仓收贮。如遇官员折俸及赏赐军士冬衣不敷，照例每匹给银二钱五分，自行买用，积余银两候解边之用。[18]卷28《户部十五·会计四·京粮》，pp530-531 朝廷只有在征收无望的情形下，才下令减征。

（2）试行点佥布行解布。官布由解运漕粮时搭运，也许数额并不大，但涉及几乎全体田粮户，"人甚苦之"。成化二十二年（1486），松江知府樊莹以松江赋重役烦,体会周忱立法初意,谋求通融之策,采用"取布行人代粮输布,而听其赍持私贷以赡不足",据说"皆有惠利及民,而公事又沛然以集,巡抚使下其法于他府,俾悉遵之"[5]p69。松江府改变成法,得到巡抚的支持和推广,但延宕了一些时日。常州府武进县仿行此法,已在嘉靖初年。万历《武进县志》记载,该县京库阔白棉布25 000匹,准米25 000石,内中本外布20 000匹,此项官布,"嘉靖初招商买纳"[17]p40。大约客商不熟悉当地市场行情,就有地方光棍串通保结,充当大商,揽纳解交布匹。包揽之人"银一入手,视为已物","浪费不经,化为乌有"[14]《布解议》,p18-19。因为多为市井光棍包揽,所解布匹"稀松纰薄,不堪实用"[17]p40,额定之布解任务落空。直到明末,还有人提出,用标布客解运布匹。此法实即以前点佥大户的做法。陈继儒认为,布商非土著,既难托银,又无田土,势难签役,如果将布解之役签派客商,则"客商之布标散而乡镇之布庄亦散"[14]《布解议》,p20,只会对棉布生产和销售带来灾难性后果。

(3)编佥殷实大户充任解户。嘉靖四十一年(1562),松江知府臧继芳议以细布附北运漕船带解,贴以扛垫银,据说"行之一年,仍编民运"[23]卷13,《徭役》,p14。仍编民运,说明废止布行解布,恢复为里甲户五年一编役的做法。其时在册里甲人丁、田地与实际出入很大,再行此法,自然难以完成繁难的布解任务。

里甲编役难以维持,大约在万历初年。万历《武进县志》记:官布,"万历七年,知府穆炜议以殷实人户充之"[17]p40。地方官府收缩范围,编佥殷实大户,将解布任务指定大户承担,用富户的财力转移地方的责任。其具体做法是,五年编审一次,指定赋税大户充当解户,官府发给布价及铺垫扛贴银,解户承包解运布匹,验印解京。在松江府,布解五年编定40名,其中华亭县20名,上海县15名,青浦县5名,每年则华亭县4名,上海县3名,青浦县1名[4]卷11《役法一》,p1[23]卷13,《徭役》,p13。充当解户者,"大概有田千亩以上"[26]。大户领银解布,布银如能照价及时发放,此差未尝不可。但实施过程中,实际上弊窦百出,不胜枚举。

首先是官府点佥大户即存在买富差贫的严重不公。万历三十八年,华亭知县聂绍昌提出,每五年编定此役,以第一殷实巨富田二千余亩家累巨万金者承役,必不容势家营脱,必不使中户滥充,一旦编定,每年验系大户正身,决无包揽,先给银若干,验收布若干,"印贮库中,随即发银再买,验收既足,给文发行,即时并铺垫银给之,定勒限期,解京批回"[4]卷11《役法上》,p27。但实施时,编定巨富承包买解布匹后,却是由衙门皂快赴户房书手处催买布匹,"一佥到手,即为原差”[4]卷11《役法上》,p27,勒索诈骗,无所不用其极。天启二年,华亭署理知县孙应昆分析,布解一役,若编定者是真正大户,银必先时足给,解必依期起质,批必刻限掣销,自可一直实行。松江三线细布,一匹价银6钱1分,外加铺垫扛解盘用银2钱5分,已达银8钱6分;二线细布,一匹价银6钱1分,加上铺垫扛解盘用银1钱5分,已达7钱6分;阔白棉布,一匹价银3钱,外加铺垫扛解盘用银7分4厘,已达3钱7分4厘。如是领解之人亲自正身前去,分毫无耗,留作盘缠到京使费,实用则何尝有亏?然而因为大户之纨绔子弟,多惮远行,往往雇请亲识之人包揽代解,而包揽之人往往克扣肥家,导致解户正身破家荡产。因此,孙应昆提出,应该实行官收官解[4]卷11《役法上》,p28。明末陈继儒论道:“华亭赋烦役重,皆为役法不均,花分者多逃于囤户之外,诡寄者多藏于官甲之中,如南北两运、细布收银、兑军二六轻赍、光禄公侯等差解,大户不点,点及中户,中户不点,点及朋户,或罄家产赔补,或鬻子女赔偿,或称贷京师,流落不返,或监禁狱底,控诉无门。”[14]《清诡寄议》,p10繁重的布解差役,实际往往落到贫困小户头上。

其次是布价不按规定提前或及时发放,而往往迟发、短发甚至不发。陈继儒揭露,布价往往在验布甚至解布后再发,即使发放,“或有十不得六七者,或有千请求给仅许对支者”。解送布匹,则赁房、听验、印解有费,置办布袱油纸包索有费,解运途中舟车关闸挂号有费,抵京交纳则门单、税钞、内官、库官、吏书、司房、保识、库夫、长随、厨役有费,甚至还有摆饭茶果、土仪雇夫交纳第费,每匹除铺垫外赔银4钱2分,“稍不遂愿,任意拣退”[14]《布解议》,pp18-19。

第三也是最为突出的,收布解布多无名之费。具体而言,犹有三端:一是解户接受、办理手续遭受各种勒索;二是解运途中关卡留难;三是京中解纳布匹需付各种费用。万历二十一年,武进县知县桑学夔称,该县官布解头十名,每年买官布二万匹,“往京上纳,程途远涉,盘剥不常,烦劳为甚。及交京库,有需索之费、守候之苦,每年佥点如数”[24]卷6《钱谷志三·征输》,p62。万历三十八年,直隶巡按房壮丽说,“布解系江南第一苦累”,松江府民沈万年、徐成以至控诉,“布价不啻赴汤蹈火”[6]p339。同年,应天巡抚徐民式疏称,解布等役,“有终岁拮据始得竣事者,有水宿风餐、皲皴道路、赀空产罄、流落他乡,甚而血杖淋漓公庭,疲曳盘逼狱底,羁监三年、五年尚未得息肩者”[23]卷13,《徭役》,p8[4]卷11《役法上》,p27。后来华亭知县章允儒说,“细布解户,役中最苦”,解户收布后,“验布有费,印布有费,承行吏总常例且不赀矣”,解户额外支出不计其数[4]卷11《役法上》,p27。其实际费用,明后期人黄廷鹄说:“细布之役,夫各郡县有解粗布者,而松江三县特解细布,每年佥解户八名,每名费至千金以外,虽巨室大姓,往往立破,中间惨情,不可殚述。”[27]张鼐也称,松江一府最苦者,“尤在细布一役……此解纳内府,每年解役赔费不啻万金,他郡未有也”[8]。直到清初,华亭人董含还有深刻印象,说:“前明编审大役,有细布北运、南运种种名色,赔累者不少。”[28]同时期上海人叶梦珠也说:“吾乡之甲于天下者,非独赋税也。徭役亦然,为他省他郡所无,而役之最重者,莫如布解北运。即以吾邑论,布解每年一名,后增至三名,俱领库银买粗细青蓝素布,雇船起运,至京交卸。”[26]

(4)各种改革解交方式的动议。解户承包布匹解运,导致解户赔累不堪,破产亡家,官府只得谋求其他办法。

一是附搭袍船解进。明代苏州、松江等地均有织染局,更有苏、杭织造局,督织袍服等上用缎匹,官府配备袍船,专门解交袍服。万历三十四年,华亭知县熊剑化呈请:“布搭粮船,恐虑浅剥,欲附进表,又恐陆行。惟有织造内号外号袍缎大船,船空箱少,搭载颇便。或每匹议给坐舱银一二厘,共银若干,官商亲付船头,以为沿途顺带之费,谅亦无辞。况板坚不水发,途路不欺凌,官船不邀夺,坝闸不留难,关津不勒掯,似觉稳妥可行。候批解苏州府,会同计议可否。”[4]卷11《役法上》,pp25-26三十八年,苏松道呈请,在14万匹布匹中,“议将御用三线细布五千匹,照旧定织本色,附袍船解进[6]338。同年,巡抚徐民式也主张,鉴于布解大户赔贴不堪,不妨将二线与粗布照价改折三线布,以本色附袍船解进。但所有这些主张,“寝阁不行,朝野同惜”[23]卷13,《徭役》,p8[4]卷11《役法上》,p27,看来没有实行。

二是贴银助解。万历二十一年,武进县知县桑学夔议征收法,“如胖袄、茶蜡、朱漆、官布等项,势不可缺者,仍用解头十九名,俱照虎头鼠尾册,田及千亩者方为佥点,其一应挂号销号往返盘费,与夫煎销火耗、滴补鞘匣、扛索箱柜等项俱于积存羡余银内取给。至于贴役扛解银两,俱查原编款目照数当堂给发,虽有解头之名,实无解头之费”[24]卷6《钱谷志三·征输》,p62。常州府拟动用地方积存羡余银以补布解户的额外开支。地方人士助银解运。光禄寺丞顾正心,甚至创设义田706亩,以其所余租米480石专门资助华亭县布解户4名[4]卷13《徭役》,p15。

三是民收官解。天启二年(1622),松江府华亭知县鉴于当时布解大户纷纷破产的惨状,提出应该实行官收官解[4]卷11《役法上》,p28。崇祯二年(1629),华亭知县郑友玄提出改革官解之法。华亭一县布解4名,每年领解梭布16 185匹,棉布

48 935匹，扛价垫贴银两共计30 847两，费用已经丰赡，但“五年之内必竭数十大户之力，甚至破家而犹不得完者”。其原因在于“大户出名则人皆利之，自领银以至销批之日，在外在京等吏书而上极于内库官监无名之费，不可胜纪”。如果改为官解，则省去各种费用，解户可以无累。但向来官解不能竟其事者，在于“领买不得其人，收解不得其法，差委不得其官也”。现在改变办法，先分别二线、三线布，确定织布机户，然后分派里排，令其各买二三十匹。一二月之前即将布银交给机户，到时严限机户交布。认为这样一来，里排无受勒受赔之累。里排纳县验迄，即同扛价垫贴银一并解府，仍于扛价内每年量扣银百两，以作修理本县及粮厅座船二只之费，以供运载，而官解之。至于官解之法，也应效仿苏、常各府，由佐贰官解运，委托粮厅帮解，其领买收解俱由县中料理。所备布价，“差委与领解收买，俱无可虑，则官解行而民解可免”[4]卷11《役法上》，pp32-33。同年，松江知府方岳贡议论，布解之所以受累无穷，关键在于四病，一是发价太迟，二是扣银太重，三是衙蠹纵横，四是催批太急。布由县中大富充解，于是官员和吏胥门皂无不眈眈视之为大富，先买布后给银，则每十扣一扣五，“顶区府快拴通县快，见面钱有例，催领银有例，催买布有例，催验布催印布有例，催晒布催布出境有例”，等到押布出境，而安家路费又有例，“节节需索，而布解之膏血尽矣”。即如印布一项，铺堂有例，茶房、库房有例，书门皂快各有例，“不则践踏”。出境时，催批之票相续不绝，“每一票至，非数金相酬，难禁其凌逼，层层剥削，而布解之皮骨尽矣”。有鉴于此，方岳贡提出，由官府给发串单，令解户设柜自收。认为这样一来，重扣之弊可除。其余官府所发之票，一概取消，而令解户自具出状，某日有布可印，违限责之[4]卷11《役法上》，p30。这种由华亭知县郑友玄创行、知府方岳贡推行于上海、青浦二县的办法[14]p20，就是由官府向纳粮户发放串单，布解户设柜自收布价和铺垫扛解银，解户收银后，先期将布价发给织布机户，收取布匹，改民解为官解，将布匹交给县衙，委托粮厅帮解。这种办法有两个特点，一是可以确保解户获得布价等银，二是去除解户解交环节，减轻解户在解交过程中所受的抑勒之苦，两者均可规避解户破产的厄运。直到明末，崇祯十七年，应天巡抚祁彪佳还在呼吁将苏、松、常三府需交官布全部折价，委官带解[29]。

四是部分折布征银。征收本色布匹既给地方百姓带来十分沉重的负担，拖欠积累又不能足额解交，地方官府士民于是谋求改变之方，反复呼吁将部分布匹改折银两征收。万历三十八年，苏松道在主张三线细布附搭袍船解进的同时，就曾提出，其余布匹供赏之用者，“俱照原编银数解纳折色，庶国计民生两有裨益”[6]p338。直隶巡按房壮丽也上疏认为，如果御用三线细布照常征收本色布，而其余粗细布匹折价纳银，既不影响御用，赏赉之资也不会缺。受赏之人，得布一匹，卖出得银不过一钱半，现在一匹布折给银两三钱，实受二匹之值，被赏者应该感悦折色，“解本色官民并累，其害既如此，解折色公私两便，其益又如此”。房还现身说法，称其在京时，每遇年终，见光禄寺给放花布折银，其厨役无不踊跃欢呼，而各卫所给放本色布匹棉花，“领者什九变卖，总布与花得价尚不及贰钱之数，皆澹澹然散去”。房壮丽因而疏请：“伏乞皇上轸念苏松重地，军国攸资，财殚力竭，不堪再困，敕下户部，议覆上请，将松江二线粗布与苏州阔白布尽数改折，征银解进，其三线细布仍织本色，附袍船进御。一转移间，供用不至绌乏，百姓倒悬苦楚可以立解，讵止宽一分受一分之惠已也。”董其昌后来评论道：“此疏行，乃永赖之利也。”[6]pp339-340

天启、崇祯年间，三饷加派，民不堪命，江南赋税重地负担加重，布匹也难足额解交，积欠累累。华亭一县，岁编三梭布16 185匹，粗布48 935匹，每年三梭布虽系全完，“而领解者身家已尽，输纳者皮骨无余”。知县想方设法，每年带解粗布一万匹，其余民欠难追，只得将垫贴银2 881两抵充辽饷，减省全县加编银。天启元年七月，应天巡抚王象恒在《东南赋役独重疏》中说，江南四府，每年解交本色三梭阔白布31 2774匹，其中嘉定额派布95 050匹，太仓、昆山二县共44 950匹，武进、宜兴各20 000匹，华亭、上县二县共107 849匹，青浦县24 950匹，从来不能全完，“若从臣前疏，量免三分之一，改折十分之半，亦官民两便之策也”①。陈继儒提出，三梭细布势不容折价，而阔白粗布滥恶稀疏，北人最所厌弃，若照原价三钱七分，改折给散，北方之人“既利于得银，银又可以转买商布”，比之二线布还坚精，松江地方则可省垫贴银4 200两，可以减征，实是一举两得之良法。只有御用三线布五千匹，仍然征收本色。[14]pp20-21崇祯六年，陈继儒为华亭知县代笔，向上司陈情，“粟米与布缕兼征，梭布与粗布并解，即粗布一项之中，新派与旧欠通逼全纳，追呼则饥馑载道，敲朴则哭诉满庭”。他提出，减少征收本色棉布数额，部分折征银两交纳。自崇祯八年为始，以后每年

① 顾炎武:《天下郡国利病书》原编第6册《苏松》(引《上海县志》,第47、49页),其中解布总数原文作“三十二万二千七百七十四匹”,核其细数,对照其他志书所载,实误。

只起解粗棉布二万匹,“此外万万不能复解”,其余部分议行改折,将改折银18 021两按季随金花银差官搭解。说这样一来,“既不违十分全完之圣旨,而又可宽东南力尽之小民,似亦上下通融而无碍者”,而且南方粗布稀疏,北方布匹坚阔,南布每匹算扛解铺垫银3钱7分4厘,北布仅只2钱多,若南布折价,省却各种解运使用之费,则“何如折布易银,听凭给散,自拣自买,利军利民”[14]pp25-26。陈仁锡甚至提出:“官买官解真良规,既无扣除之苦,更无使用铺垫之费。况三线细布,入贡必须买解,然一匹议价八钱三分,松江原价四钱五分,余皆充使费耳。二线可有可无,折银买解,俱可设议。一线是犒军之需,都市尽有,止须解银折给,军且快心,应当酌议者也。”[13]p320

但文献显示,直到明亡,江南棉布改折银两征收并未实施。终明之世,布解始终是悬在苏松等地江南百姓头上的利剑,受尽折磨。

三、清代江南官布征解方式的变化

清朝定鼎后,宫廷所需布匹,仍主要由江南地区提供,但解运方式有了根本的改变,同清初的漕粮一样,改为官方采办,民间的实际负担应该大为减轻。

顺治二年(1645),江宁巡抚土国宝宣布,“除布解北运、南运各色解户收银诸役,改为吏收官解,仍照田均编经费银为解官经承吏役倾销诸项公费”[30]。次年,朝廷“总计天下财赋重地,惟江南、浙江、江西三省苏、松、嘉、湖诸府尤最,巡抚黄徽请以漕、白二粮与岁贡绢布俱官兑官解,以舒民累”[31]。可见,清朝立国之初,即将江南官布的解运方式,改为官兑官解,而且由官府依照时值估办,也即吏收官解。

顺治十年,清廷下令:“改折三梭三线布银,其本色布匹,俱照时值估办,改定料价折色银,应办本色起运者,亦随时估值,申报大吏核实编征。”[32]令典规定,本色布匹,按照时值估办;已经改征折色银,而仍起运本色棉布者,也随时估值,核实编征。当年,松江府改折三梭布棉布银共7 617两2钱,扛银解费共7 666两。三梭三线布每匹原编扛价银6钱1分,岁用垫贴银1钱5分,现为每匹折价银1两,扛费银7分5厘,每银一两,另编解费银2分。本色布匹三线布原编每匹价扛银6钱1分,铺垫扛费各1钱2分5厘,二线布每匹价扛银6钱1分,铺垫扛费各7分5厘,棉布每匹价扛银3钱,铺垫银2分4厘,扛费银5分,现在每年俱照时值估办[23]卷7《田赋二》,p6。

康熙三年(1664)重申,江苏布政司应解五色三梭布5 000匹,棉布27 036匹,“采办价值,皆由部核销”。此外,原由江苏办解的三梭棉布27 367匹,雍正三年(1725)改由山东布政司解送。[33]p19似乎由江苏采办解送的官布在减少。康熙五年,娄县知县李复兴详行均田均役法,见当时役法日敝,将其中原有的布解南北运、收仓收柜诸重役,“皆贴官料理,民得息肩矣”[34]。可见其时松江府还曾由官府贴银完成布解重负。

然则估值采办或后来的按标准报销价银而采办,是如何做的呢?据碑刻载,松江府编为小甲月首完解采办布匹,小甲月首则与官府吏书串通,向商牙布铺“滥取布匹,或几千,或几百”,“朱签逼迫,无论商贾,定下货物,立刻缴进,官价不知何时给发,牙行无从设处”。看来这种商牙采办之法,是官府并不备足货价,责任地方小甲月首包揽完成,小甲月首则向商牙铺户采取,所获布匹,或短发迟发价银,或干脆无偿攫取,严重扰累了布牙商户。顺治十七年,巡按马具题,说奉有谕旨,苏、松、常三府上传布匹,委官办解。但小甲月首滥取布匹行为未曾得到遏制。康熙三年,松江商牙控告至江宁巡抚韩世琦处,韩批令布政使查覆。布政使申令委官办解,内局布匹则由苏州织造府在苏州就相应棉布字号平买。但办解布匹时,仍是“奸蠹朋比,借影生波,上传布价,现扣地平……甚至官价朋侵,至商贾视为畏途,牙庄束手受诈”,没有多少改观。直到康熙十一年,在江宁巡抚玛祜再次批示后,松江府将布匹官办官解六款,立碑公示[35]。自后官布采办才正式官办官解,实行新的采办方式。大约官府办解布匹,每年三月奉接部文,“临期急迫,必需牙行经纪四散收买,所以价贵”[36]《请预发采办青蓝布匹价银折》,康熙三十四年九月,p6。可见清初的吏办官解布匹,由于经费无切实保障,经办官员也曾短发或不发价银,而将责任转嫁到布铺布牙头上,由其承值缴纳。

江南办解官布,具体做法后来也有所变化,主要是采办的地域范围大为收缩。同治《苏州府志》载,乾隆三十六年(1771),户部回覆江苏护理巡抚李湖奏称,江苏省年额办解物料甚多,其中“年额采办三线等布,向由吴县选铺领办。此系奉部随时派办,向无定数”[37]。此记载特别重要,它至少明晰地透示两点:一是清代所需江南各色棉布,不再像明代那样征解广及苏、松、常三府,而是收缩在苏州府吴县一县;二是吴县完成征解棉布的任务,采用的是选择布铺领办。也就是说,明代直至清初征解棉布的三个府,至迟在乾隆年间,只要交纳棉布折价银及铺垫扛贴银,财政发生了转移,由吴县一地办解布匹。从实际运作来看,官府确实也是这么做的。康熙中期,苏州织造李煦在苏州每年采办青蓝布匹数十万匹,其法已变。就此推断,清朝集中在苏州吴县一地实施采办官布,时间当在康熙早中期。其时,江南棉布踹染加工业已向苏州城市集中,苏州又是织造衙门所在地,由苏州织造在当地采办官布,大概最为方便,也最为有效。

官府采办布匹,估照时值,予以报销,自然定有报销标准。原定棉布,每匹准予核销3钱多。康熙三十四年,苏州织造李煦于当年四月方奉文“采办青蓝布匹三十万匹”,“只得仍照旧规采买,以致相沿成例,不得稍减”。临期急迫,春天三四月间,又非棉布上市季节,采办之价就高。为减省采办费用,李煦奏请,来年应办之布,先于前年十月,不用牙行经纪,预将价银给与织布之家,从容办料,乘暇纺织,待至春间陆续收染。说这样一来,每匹可省银6分多,采办30万匹,可省2万余两银[36]。《请预发采办青蓝布匹价银折》,康熙三十四年九月,p6 其时“每年领布政司钱粮十六万两有零”,采办青蓝布匹。从此,采办布匹大概即按李煦所说,先将银两给散机户,“所以历年起解无误”。到康熙四十四年,因内库布多,户部题请暂时停办[36]《采办布匹亏欠缘由并请仍派采办折》,康熙五十四年六月十五日,p180。乾隆中期,江苏巡抚陈弘谋在任时,物价持续上涨,奏定每匹价银5钱,“俟物价平减,即照旧额办理”。乾隆二十七年奏准,照时价每匹准销银5钱。次年奏准,苏州织造办解青蓝三梭布,每匹准销银3钱7分,水脚银2分2厘[33]p19,p6886。次年,徐鸣山额办棉布27 367匹,江苏巡抚庄有恭奏称,因“去秋木棉歉收,花纱贵于往昔,现在时价核算,每匹弹纺织工杂费等项,核与奏准之数有浮,未便准给,应该仍遵恩旨,照每匹五钱之价赶办”。该批棉布需价银13 683.5两,其中动用原编部价每匹3钱,该银8 211.1两外,应协贴不敷银5 443.4两,应解部饭银2 216.727两,均应于乾隆二十八年耗羡银内动支解给[38]。由此和乾隆五十二年江苏巡抚闵鹗元奏折可知,清廷采办江南棉布,户部核定每匹3钱,在定价内开支,随着物价上涨,户部没有相应调整,超出部分则由地方耗羡银内动支,实际上转嫁了宫廷财政开支。

清代在江南采办布匹的数量,既有研究尚未涉及,其实也可大致理出头绪。康熙末年,户部尚书赵申乔上奏称,江南青蓝布匹自康熙三十四年归于苏州织造李煦领价办买，三十五年办解30万匹，三十六年至四十五年俱每年办解50万匹，其间四十三年欠解110 370匹，四十四、四十五两年共应办解布100万匹，全未解到。青蓝布每匹价银3钱2分3厘，苏州织造共欠解布1 110 370匹，共价值银358 649.51两，“今库内存贮青蓝布甚多，已于四十四年停其采办，而苏州织造十年前所办布匹至今不解，十年前所领布银至今不还”，请求皇上敕下督抚严催，将所领采办布价勒限速解户部[39]。赵申乔的奏折提供了极为重要的信息。朝廷从江南采买的青蓝布，康熙三十四、三十五两年每年为30万匹，已与明代进贡棉布数相当；康熙三十六年至四十五年十年间，下发采办数增为每年50万匹，实际办解为388 963匹。通观清朝江南棉布的采办量，当是数量最多的时期。后来停办十年。乾隆五十二年，委员苏州府知事张允毅督商领办棉布27 367匹，当时每匹价格实需银5钱，共需银13 683.5两，部编价银每匹3钱之外，协贴不敷银、解部饭银在耗羡银内动支[40]。嘉庆四年(1799)议准，江南布、浙江丝绵、山东布、江西纻布，库贮均足敷用，于嘉庆五年为始，停其解交[33]p20。因为采办量远远超出实际使用量，有些年份实际短解甚至完全不解，采办布匹数量大为减少。

清廷将棉布采办范围收缩为苏州一地后，自然不全然像李煦说的那样，预发银两给布户，也非如乾隆年间江苏巡抚所说，核定价值，按照市价，而是作为差务，派令布铺字号挨次承办，轮值应差，实际上是利用苏州最为丰实的布业实力。道光八年(1828)户部咨：“江苏省额解道光八年分五色三梭布五千匹，现在各工并颁赏需用甚多，应添派三梭布六万匹，又应添派本色油墩布六万匹，限十年四月内解库。如敢玩延，立即奏参。”接到户部咨文后，江苏巡抚转行布政司饬令添办，并专文上奏。陶澍的奏折提供了清代江南棉布进贡朝廷的具体运作等大量信息，极为重要。

一是责成布铺轮值承办。据布商汪益美呈称：“自乾隆四十四年以来，每年只有额办五千匹，间有不办之年，“近来逐渐加多，差多费重，以致各铺为赔贴倒歇，十不剩一。现存二十一户，复经报歇十三户，纷纷改业。此后仅剩数户，力尽难支。”苏州府暨吴县衙详称：“查布差，向额之外，门有添派。溯查嘉庆二十五年以前，惟十一年及二十年派办至十一万余匹，为数较多。其余每年或一二万匹，至多不过六七万匹。从前原有布商四十五户，挨次承办，数年轮值一次。尚易领办。近年铺户接踵退歇，不敷轮做。所有道光六年各项布十八万九千余匹，甫据该商承领，尚未办解。又有派办七年分布二十万五千匹，先经咨部请减，或分年办解。”可知自乾隆四十四年以来，每年额办5 000匹，间有不办之年。直到嘉庆二十五年，只有嘉庆十一年与嘉庆二十年派办至11万余匹，其余年份，每年或一二万匹，至多不过六七万匹，通年牵算，每年大约四五万匹。道光初年，因典礼备赏需用较多，派办逐渐加多，道光八年增至13万匹。由此可知，清廷派办江南布匹，原来大体沿用明代定额，多至30万匹，后来因实际使用量减少，乾隆中后期减至每年五千匹，而嘉庆中期，有些年分会增至10万余匹，但通常在一二万匹，至多六七万匹，道光初年，则增至10万余匹，年年如此。

二是视实际需要酌量解办。清宫存放布匹，同丝绸一样，“总分所存足敷三年之用为度”，多则暂停解办，少则先期行文制备。嘉庆十五年，库贮江苏布匹多达80万余匹，支放有余，因而暂停派办。而道光初年，三梭布每年约用四五万匹，库贮减少，是以增加派办量。道光年间，户部在回覆陶澍“查照嘉庆二十四年以前历年旧则，酌中定数，遇有添办，每年总以若干限度”的奏折时，并未改弦更张，而议奏道：“查现在库存三梭布八万余匹，每年约用四五万匹，例应三年库贮，今核计不敷二年支放。油墩布现存四万余匹，仅敷本年支放。所有七、八两年分派此二项布匹，断难议减。应令按照前限如数解库，毋得再迟。其六年分派办布匹，据该抚奏称业经发件领办，应令照前展期限，于本年一并解交，以备支放。至三线布、棉布二项，库贮尚可敷用，酌拟暂停解办，将七、八两年分额解江南棉布，缓至道光十年，俟油墩布、三梭布解齐后，于十一年起按春秋二季分批解交。其七年分添派三线布六万匹，缓至十一年，俟江南棉布解齐后，届期核计存贮多寡，倘不敷用，再行知该抚，于十二年起按春秋二季解交，如足敷应用，仍即停止，以恤商力。”[41]户部的议决似乎理直气壮，因而毫不退让，而只是稍微放宽时限，但对派办的布价银仍未作出任何安排。

三是规定按标准报销布价。清廷派办江南布匹，户部核定每匹布价三钱银两，后来物价上涨，并不相应增加报销银两，而是由地方耗羡银两支用。苏州府暨吴县衙详称：“前据各商纷纷具禀，或请增例价，或请移产地接办，均属窒碍难行，迭经驳斥。惟查三梭布每匹例价银三钱零，油墩布每匹例价银四钱，三线布每匹例价银六钱，棉布每匹例价银五钱，均系从前部编及乾隆年间所定。”此项可以印证前述乾隆年间布匹报销银两内容。

四是由于派办布匹数量过大，掯勒铺户过甚，苏州布业铺户纷纷倒闭歇业。嘉庆、道光年间，派办之布“不能按限交纳，往往逾至半年。自道光二年后，竟迟至二三年始行交库”。出现类似明后期加派丝绸不能如期织解的拖欠现象。苏州府暨吴县衙详称，当时“生齿日繁，物力维艰，日形昂贵。应领例价，本属不敷，其解运费用，一切例无开销，添布愈多，赔贴愈重。”既是强令派办，短发少发布价，不计布匹解运费用，自是寻常之事。清廷改变明廷做法，不由富户自行解交布匹，而改由官方采买，但财政安排不足，核定价格并不到位，仍将负担转嫁到布业铺户头上。道光六年派办各项布匹189 000匹，七年又派办205 000匹，“屡经饬催，尚未据各商领办”。八年夏复奏咨派道光八年分布125 000匹，限十年四月解库，“通计两年零四个月之内，共需办解布匹五十余万，商力实属不支”。采办官布，给苏州布业铺户带来了极为沉重的额外负担。

陶澍奏折中提到的领衔棉布字号“汪益美”，是徽州布商于明代万历年间创设于苏州的著名字号，曾在康熙三十二年、四十年和五十九年的碑文中以“程益美”字样出现，在道光十二年的碑文中又以“汪益美”字样出现，到道光时，仍然兴盛，每年销布百万匹，赢利银20万两，“富甲诸商，而布更遍行天下……二百年间，滇南漠北，无地不以‘益美’为美也”[42]。官府遴选头号布商“汪益美”采办官布，显然是要借助布商的财力，转嫁财政负担，仍不脱清初肆意向商牙布铺滥取布匹的掠夺本质。直到道光时期，清廷及其苏州地方官府，仍未备足价银，按照市场价格，等价采买布匹，而是压价短价甚至不发价银，掯勒布商铺户。较之明代，清代官布的采办，只是将负担由广大业户转移收缩到了专业棉布铺户头上。清代苏州棉布字号因官府采办棉布少发迟发价银而逐渐消减，朝廷采办布匹掯勒铺户严重地影响了江南布匹市场的正常经营。

太平天国战争爆发前后，清廷派办布匹，据奏，“咸丰十年以前，苏商与松商分任办理，兵燹后，苏商乏人接充，历年欠解供布，奉部奏咨严催”。同治四年(1865)，苏城布业公举职员戴权充当董事，议由苏属九县布庄布店每匹提捐钱2文，作为帮贴。六年，该董事又以无锡、金匮、江阴三县毗连常、昭两县处所，不出此捐，不足以昭平允，议照常熟、昭文二县庄店派数捐办，其余不毗连乡镇概行免捐。十年认办五年分添派布8万匹，该董请饬常州三县辖境一体提捐，以资协济。三县议由无锡县捐廉钱500串，金匮县捐廉钱2 000串，江阴县捐廉钱1 100串，作为贴补，仍免捐办。然而此项供布终不能办齐起运，于是革退董事，改行官办官解。同治十三年以后，采用收捐之法，每匹循旧例，抽收钱2文，名曰产地捐，以作供布津贴水脚不敷之用[43]。清末，原来进解的布匹，“间数年办贡一次，无定期，亦无定数。其款捐自商户，向章由上海布捐局于征收稀套布捐时带收此捐，每匹制钱2文，按季解缴藩库储备拨用”[44]。数年办贡一次，看来数量大减。但直到清末，派办布匹的不敷脚价银等，仍责令布庄布店提捐帮贴，布户承值应差的性质主旨仍未改变。

参考文献：

[1]明武宗实录[M].台北："中研院"历史语言研究所校印本，1962.

[2]吕温.故太子少保赠尚书左仆射京兆韦府君神道碑[M]//全唐文：卷630.北京：中华书局，1985.

[3]内库供应[M]//张学颜.万历会计录：卷30.书目文献出版社，1988.

[4](崇祯)松江府志[M].明崇祯四年刻本.

[5]苏松[M]//顾炎武.《四部丛刊》三编 史部 天下郡国利病书六.上海：上海书店出版社，1935.

[6]房壮丽.为布解系江南第一苦累，议折诚为两便，恳乞圣明俯赐允从以恤劳民，以固根本事[M]//严文儒、尹军.董其昌全集：第6册.上海：上海书画出版社，2014.

[7]洪武三年九月辛卯[M]//明太祖实录：卷56，台北："中研院"历史语言研究所校印本，1962.

[8]张鼐.宝日堂初集：卷4[M]//四库禁毁书丛刊.明崇祯二年刻本.

[9]顾鼎臣.与东湖都宪[M]//顾鼎臣集 杨循吉集.蔡斌点校，上海古籍出版社，2013.

[10]田赋中[M]//(正德)松江府志：卷7.《天一阁藏明代方志丛刊续编》影印正德七年刻本.

[11]张凤.复论粮加耗并银布折征旧例[M]//(崇祯)松江府志：卷8•田赋一•赋额上.明崇祯四年刻本.

[12](万历)嘉定县志：卷5•田赋考上•田赋[M]//华中地方.台湾：成文出版社，1983.

[13]陈仁锡.陈太史无梦园集•劳集[M]//续修四库全书.上海：上海古籍出版社，1996.

[14]陈继儒.陈眉公先生集：卷59[M].明刻本.

[15]苏松二府田赋之重[M]//顾炎武.日知录.长沙：岳麓书社，1994.

[16]论三区赋役水利书[M]//归有光.震川先生集.周本淳校点，上海：上海古籍出版社，2007.

[17](万历)武进县志:卷3[M]//南京大学图书馆藏稀见方志丛刊61.北京:国家图书馆出版社,2014.

[18](万历)明会典[M].扬州:广陵书社影印本,2007.

[19]乾隆官修.田赋二[M]//清朝续文献通考:卷2.杭州:浙江古籍出版社影印,2000.

[20]范金民.明清时代的徽商与江南棉布业[J].安徽史学,2016(2).

[21]弘治十六年四月丁未[M]//明孝宗实录:卷198,台北:"中研院"历史语言研究所校印本,1962.

[22]殷聘尹.(崇祯)外冈志:卷2[M]//上海乡镇旧志丛书,上海:上海社会科学院出版社,2004:27.

[23](康熙)松江府志[M].清抄本.

[24](万历)常州府志[M]//南京大学图书馆藏稀见方志丛刊56.北京:国家图书馆出版社,2014.

[25]正统五年五月庚申[M]//明英宗实录:卷67.台北:"中研院"历史语言研究所校印本,1962.

[26]徭役[M]//叶梦珠.阅世编:卷6.来新夏点校,上海:上海古籍出版社,1981.

[27]黄廷鹄.役法原疏[M]//明经世文编:卷503,北京:中华书局影印,1962.

[28]董含.均田均役[M]//三冈识略:卷2,致之校点,沈阳:辽宁教育出版社,2000.

[29]祁彪佳.题为请折官布以甦民生以裕国用以通商贾事[M]//祁彪佳文稿.北京:书目文献出版社,1991.

[30]田赋下·赋额[M]//(光绪)重修华亭县志:卷8.清光绪五年刻本.

[31]田赋一[M]//乾隆官修.清朝续文献通考:卷1.杭州:浙江古籍出版社影印,2000.

[32]食货志·田赋二[M]//(乾隆)江南通志:卷68.扬州:广陵书社,2010.

[33]库藏·缎匹库[M]//近代中国史料丛刊三编651-660钦定大清会典事例 嘉庆朝户部.台湾:文海出版社,1991.

[34]田赋志·役法[M]//(嘉庆)松江府志:卷27.嘉庆二十三年刻本.

[35]官用布匹委官办解禁扰布行告示碑[M]//上海博物馆.上海碑刻资料选辑.上海:上海人民出版社,1980.

[36]故宫博物院清档案部.李煦奏折[M].北京:中华书局,1976.

[37]田赋八[M]//(同治)苏州府志:卷19.南京:江苏古籍出版社,1991.

[38]庄有恭.奏为循例奏明事[M]//宫中档乾隆朝奏折:第18辑·乾隆二十八年六月初十日.台北:"故宫"博物院,1983.

[39]赵申乔.赵恭毅公剩稿:卷3[M]//四库全书存目丛书·集部二二四.济南:齐鲁书社,1997.

[40]闵鹗元.奏为循例奏明事[M]//宫中档乾隆朝奏折:第66辑·乾隆五十二年十一月十五日,台北:"故宫"博物院,1987.

[41]陶澍.苏省派办布匹逾额恳请酌减折子[M]//陶澍.陶澍全集:第2册·陶云汀先生奏疏:卷22.长沙:岳麓书社,2010.

[42]布利[M]//乐钧,许仲元.三异笔谈:卷3.重庆:重庆出版社,1996.

[43]鹿传霖.奏为遵旨查禁苏州供布津贴恭折覆陈仰祈圣鉴事[M]//宫中档光绪朝奏折:第13辑.光绪二十五年九月十四日.台北:"故宫"博物院印行,1974.

[44]江苏财政说明书[M]//陈锋.晚清财政说明书:第5册.武汉:湖北人民出版社,2015.

作者简介:范金民,南京大学特聘教授、历史学院博士生导师,石河子大学绿洲学者。

原文出处:《西南大学学报》(社会科学版)2017年第1期。

转　　载:《人大复印报刊资料·明清史》2017年第5期全文转载。

后记

HOUJI

2017年6月，本社决定以《西南大学学报》(社会科学版)多年设立的主要栏目为基础，收录2005—2016年间发表的高水平代表性论文，编集《马克思主义与哲学文集》《文学与中国侠文化文集》《教育学研究文集》《心理学研究文集》和《明清史研究文集》5种专题论文集，由原责任编辑担任分册执行编辑；与自然科学版编纂的《"领跑者5000"论文集》一起，定名为"《西南大学学报》建设丛书"，作为创刊60周年暨改版10周年的纪念，由西南师范大学出版社出版。

社会科学版各集的论文入选标准是：(1)在考虑实际发文情况的前提下，入选论文应覆盖相应学科的主要分支；(2)入选论文以高转载、高被引为遴选标准，具有显著的学术影响，并兼顾本校优势学科、本刊发稿质量及作者代表作等诸方面因素；(3)入选作者在相关学科领域具有代表性，校内作者数量控制在三分之一以内；(4)一位作者一般入选一篇独立署名论文。总体上，每种专题文集入选论文20余篇，共约20余万字。

《明清史研究文集》是"《西南大学学报》建设丛书"的社科专题文集之一，所收录的文章都出自《明清史研究》栏目。

明清两代处于中国封建社会晚期，历时五百多年，在中国社会发展史上具有重要地位。在此期间，中国历史的发展变化可谓纷繁复杂，自具特色。如何整理、怎样评价，有着巨大的研究空间。因此，明清史历来是国际汉学和中国史学研究的重要领域。2005年，原《西南师范大学学报》(人文社会科学版)对《中国古代史》栏目进行调整,结合我校学科特色,决定设立《明清史研究》栏目。

到2017年底,《明清史研究》栏目共开设40期,刊发论文119篇。论文作者大多来自中国社科院、北京大学、南开大学、吉林大学、北京师范大学、厦门大学、四川大学、东北师范大学、西南大学等明清史研究实力较强的著名高校和科研机构,所刊发文章绝大多数是国家社会科学基金、教育部人文社会科学基金及其他省部级科研基金项目的成果。

根据中南财经政法大学图书馆的检索报告,在2005—2017年间,本栏目刊文被《新华文摘》、《中国社会科学文摘》、《高等学校文科学术文摘》、中国人民大学报刊复印资料《明清史》等主要二次文献共转载50篇次,转载率达42%。其中,《新华文摘》全文转载5篇、论点摘编11篇;《中国社会科学文摘》转载2篇;《高等学校文科学术文摘》论点摘要9篇;中国人民大学报刊复印资料《明清史》全文转载18篇;《法史学》全文转载2篇;《中国近代史》全文转载2篇;《经济史》全文转载1篇。特别是2016年,人大复印资料"明清史"专题共转载本栏目论文5篇,与《清史研究》《史学月刊》《中国史研究》并列第1位。另据中国知识资源总库(CNKI)的统计数据(截至2017年12月20日),栏目文章的WEB下载量最高的达到551次;中国社科院主办出版的《中国史研究动态》每年均引用和评价本栏目文章,总数达到39次。以上数据说明《明清史研究》栏目经过十余载的精心打造,其学术水准已经在明清史学界及期刊界形成良好影响,赢得了广泛的认同。

《明清史研究文集》共收录24篇论文,分为两部分,上编为"明清政治研究",下编为"明清经济与社会研究",由栏目编辑张颖超编审负责编纂成书。

编者

2017年12月